现代应用文书写作教程

XIANDAI YINGYONG WENSHU
XIEZUO JIAOCHENG

主　编　张　军
副主编　易法万　孙　旋

高等教育出版社·北京

内容提要

本书共九章,内容包括应用文概说、应用文的写作要素、党政公文、申论、日常事务文书、经济事务文书、管理事务文书、法律事务文书、毕业论文等。本书重点介绍各类文书的格式规范和写作方法,其体例系统完整,例文新鲜典型,详略结构合理。

本书可作为高等学校写作课程的教材，也可供社会读者阅读参考。

图书在版编目(CIP)数据

现代应用文写作教程 / 张军主编. —北京：高等教育出版社,2019. 8

ISBN 978-7-04-052556-4

Ⅰ.①现… Ⅱ.①张… Ⅲ.①汉语—应用文—写作—高等学校—教材 Ⅳ.①H152. 3

中国版本图书馆 CIP 数据核字 (2019) 第 163994 号

策划编辑 时俊龙 **责任编辑** 时俊龙 张晶晶 **封面设计** 张文豪 **责任印制** 高忠富

出版发行	高等教育出版社	**网　址**	http://www.hep.edu.cn
社　址	北京市西城区德外大街 4 号		http://www.hep.com.cn
邮政编码	100120		http://www.hep.com.cn/shanghai
印　刷	上海华教印务有限公司	**网上订购**	http://www.hepmall.com.cn
开　本	787mm × 1092mm　1/16		http://www.hepmall.com
印　张	18.25		http://www.hepmall.cn
字　数	438 千字	**版　次**	2019 年 8 月第 1 版
购书热线	010-58581118	**印　次**	2019 年 8 月第 1 次印刷
咨询电话	400-810-0598	**定　价**	35.00 元

物 料 号　52556-00

前　言

我们所处的时代，是一个信息高度密集、人际交往繁杂的时代。电脑已日渐普及，人们，尤其是20世纪90年代以后出生的年轻人大有“须臾难离此君”的感觉，许多事情均可用它来代劳，但写作这种高级思维活动，仍需要人去构思，去草拟，去撰写，去修改，去完成，即便如党政公务文书这种格式化的文体，也还是需要人们先确定主题，组织材料，再谋篇布局，最后方可独立成文。

写作并不神秘，它有规律可循，但它也并非“生而知之”的，它需要反复练习，勤奋摹写，细加体悟，如此才可窥其堂奥，入其殿门。作为以实用价值和惯用范式为特征的文书，应用文在实用中遵循范式的严谨，在范式中追求文气的激荡，这让它庄重，又灵动，无疑是值得人们去好好学习、深加体会的。

今天人们的活动是广泛而且繁杂的，自然地，作为人们重要交流工具的应用文也是种类繁多、内容复杂的。基于此，从实际应用角度出发，也从人的全面发展角度出发，我们在本书编写中，尽量涵盖了人文社会学科重要应用专业所涉及的主要文种，包括党政公文、申论、日常事务文书、经济事务文书、管理事务文书、法律事务文书、毕业论文等。应该说，学习者一旦真的掌握了这里所介绍的各类文书，无论是对今天的专业表述，还是对日后从事社会经济管理工作，都将是大有裨益、受用终身的。

正因如此，在编写这本书时，我们这些有着多年教学经验和实践工作经验的老师，始终是抱着严肃、认真、细致、负责的态度去对待其中的每处内容的。我个人认为，本书的特色主要表现在：

1. 体例系统完整。全书分为六大板块，除第一、二两章讲述应用文的基本理论之外，其余则分法定类、事务类、经济类、管理类、法律类、学术类几个部分加以阐述。这样排列既考虑了各类文种在现实社会生活中的重要程度和应用频率，又凸显了人文社会学科应用专业对所应掌握的应用文的特殊要求，还顾及了知识链条的前后顺序，因而就整个体例而言，本书是系统的、完整的。

2. 例文新鲜典型。作为一本理论教科书，理论知识落后于实际生活似乎是一个无法补正的缺憾。我们力图弥补的做法如下：一是将应用文中较新的研究成果和实际工作、生活中较新的应用情况写入本书，并予以提炼、归纳。

比如最近几年,各级公务员招录考试“火爆”,“申论”已成为必考考题。对此,我们专列“申论”一章,且以国家公务员考题为例加以评析,这就极大地拉近了本书与现实的距离。二是将新鲜典型的例文选入本书。新鲜给人以生命力,典型给人以说服力,为此,我们一直努力按照这两点要求来筛选例文。但愿这些还散发着油墨清香的文书能给学子们以临场感、鲜活力。三是及时适应国家政策法规的变化。应用文书具有很强的时代性,本书党政公文部分就是根据2012年7月1日开始实施的《党政机关公文处理工作条例》的规定而编写的,这就使本书的内容和例文尽量贴近了时代的脉搏。

3. 详略结构合理。在结构的安排上,考虑到学时的原因,更考虑到与今后应用的关联度问题,本书对相关内容是做了慎重处理的。比如对法定、事务、经济、管理等方面的应用文我们突出其重点,第三、四、五、六、七章都围绕这些内容来展开,而对其他类的文书则相应减轻了分量,以切合教学对象专业学习的需要。同时,文书之间也并非均衡用力,而是根据其在实际工作和生活中的运用情况然后分别加以介绍的。比如党政公文,在其十五个不同类型的文种中,鉴于有些文种与学生现在的学习和今后的工作不是十分密切,所以在文种的叙述中,我们集中笔墨讲了常用的文种,而对一些并不常用的文种则只做了简单概述,这对学生在较短时间内掌握主要的文种是有必要的。

本书各章的执笔情况是:第一章　谭少茹、易法万;第二章　夏青、李艳;第三章　易法万、王世立;第四章　徐勇;第五章　孙璇、叶华利、张勤;第六章　陈媛媛、秦宇霞、尚艳;第七章　李雪、林楠;第八章　钟一鸣;第九章　陈建华。张军对本书的全部文稿进行了核对和修改。

本书在编写过程中,参阅过不少相关资料,在此我们特向这些文章的作者致以最真诚的谢意!感谢学校领导及教务处领导对本书的编写给予的大力支持和帮助。

各位参编老师都下了不少功夫,尤其是谭少茹老师和副主编易法万老师,不仅撰写了几节内容,更对全篇结构提出了很好的建议。众人拾柴火焰高,相信有了大家的努力,有了包括高等教育出版社编辑等的各方帮助,本书的出版会给学习者以更新、更全、更有效的学习指导。这世界没有最好,只有更好,把书编得更好是我们的一贯追求。

至于书中的疏漏之处,那是我们本身的学识所限,也是我们祈望方家指教的所在。

张　军

2019年7月

目 录

第一章　应用文概说

应用文的写作,固然强调写作技巧,但考其源流,溯其历史;析其种类,别其类型;总其特点,辨其异同;明其功能,观其作用,也是相当重要的。学习这些基础知识和写作理论,可使我们的写作活动在理性认知的指导下有序进行。

第一节　文章与应用文

我们现在学习的是应用文写作,应用文写作是否就是我们平常所说的文章写作呢？如果是,那么为什么不叫文章写作？如果不是,那么他们之间有何区别呢？

其实文章和应用文是两个既有联系又有区别的概念,这两个概念之间在逻辑学上被称作属种关系。

文章是人们在社会生活中形成的反映特定对象,传播信息,表达思想,以篇章形式出现的书面作品。从词源上来看,“青与赤谓之文,赤与白谓之章”(《周记·考工记》),“文章”的本义是指织锦绣时的错杂色彩。但先秦时,“文章”并无确指。“厉王无道,天下荡荡,无纲纪文章”(《诗·大雅·荡序》)中的“文章”,所指为“礼乐法度”;“夫子之文章,可得而闻也”(《论语·公冶长》)中的“文章”,是指“著作”。两汉魏晋时,“文章”一词的含义,经过与“文”“文辞”交叉混用后,渐渐接近于我们今日广义文章的内涵。曹丕所说的“盖文章,经国之大业,不朽之盛事”(《典论·论语》),即其明证。不仅如此,随着人们交往的日益频繁和社会生活的实际需要,这一时期,人们根据文章的内容、功能和表达特征等不同,已对文章做了比较明确的划分。曹丕认为,“夫文本同而末异,盖奏议宜雅,书论宜理,铭诔尚实,诗赋欲丽”。南朝时,刘勰则以有韵与否,对“文章”作出“文”与“笔”的划分(《文心雕龙》)。萧统也试图将“事出于沉思,义归于翰藻”的“文”与“盖以立意为宗,不以能文为本”的“经子史”区别开来(《昭明文选·序》)。

至于唐代杜甫的“文章千古事,得失寸心知”(《偶题》),宋代汪洙的“天子重英豪,文章教尔曹”(《神童诗》)等所指的“文章”,就已与现代写作理论中论及的“文章”差别不大了。

现代写作理论中,人们依照文章的内容和功能,一般将广义的文章分成文学文体和非文学文体两大类。

文学文体以审美需求为宗旨,主要通过以具象和情感体验为表现形式的形象思维,来塑造艺术形象,表达作者对人生、社会的认知和情感,以唤起人的美感,给人以艺术享受。小说、诗歌、散文、戏剧等都属于文学文体范畴。

非文学文体以满足个人和社会的需求为宗旨，主要通过词项、命题、推理、论证等抽象思维形式，来传递信息，沟通思想，处理事务。说明文、议论文、应用文都属于非文学文体的范畴。

应用文是人们在日常生活和工作中，为了某种具体目的而撰写的文章的总称。这种文体涉及面广，是一个庞杂的文章体系。党政机关、企事业单位、社会团体和个人都要借助它来解决问题，而为了便于协调行动、统一管理，人们又对应用文制定了相应的格式，来规范其制作、传递、消化和处理。因此，综合上述分析，我们可以看出，应用文是党政机关、企事业单位、社会团体和个人，在处理公私事务、沟通相互关系的过程中，所使用的有着直接价值和惯用格式的实用性文章。

第二节 应用文的产生与发展

应用文是适应社会需要而产生的，也是随着社会发展而发展的。数千年来，在政务管理日渐繁复、严密，人际交往越来越频繁的情况下，应用文从文种到格式，从内容到形式都一直处在变化发展之中，特别是作为官方因管理需要而使用的公文，文种不断丰富，格式不断调整，要求不断细化、规范，内容越来越贴近现实。窥一斑而知全豹。下面我们以公文发展脉络为线索，大致梳理一下应用文的历史沿革。

一、先秦萌芽时期

应用文与文字相伴而生。上古时期文字尚未发明，人们之间的交流多以口耳相传，即所谓“古人以简策传事者少，以口舌传事者多；以目治事者少，以口耳治事者多”（阮元《文言论》）。遇到一些需要记载下来的事情，人们或结绳、结珠，或讯木、画图。

甲骨文是目前已知的最早的汉文字，约产生于殷商中期，距今有三千多年历史。这些刻在龟甲兽骨上的文字，记载着天文、气象、征伐、占卜、祭祀、狩猎，以及交易契约等，文辞简约，事理清晰，已具备了应用文的初步形态。

周代以铸在青铜器上的钟鼎文居多，内容涉及祀典、赐命、诏书、征伐、盟约等。在叙事的完整性和条理性上，钟鼎文较甲骨文又有发展。

约成书于西周末年的《尚书》是我国现存最早的一部历史文献总集，相传曾经孔子编定。这部总集中的文献多系官府处理国家大事的公务文书，后人将之分为典、谟、训、诰、誓、命六体。其中，“典”记历史史实，或“帝”纳言后的决策，因而系上古典章制度；“谟”记君臣谋略；“训”记臣下开导君主之言；“诰”同告，记勖勉的文告；“誓”记君主训诫士众的誓词；“命”记君主用于授官、封爵、赏赐的册封之辞。就此而言，说《尚书》是一部体例较为完备的应用文总集，更为准确。

二、秦汉形成时期

秦始皇统一六国后，建立了中国历史上的第一个大一统的封建帝国。为加强对这个大帝国的统治，秦始皇除统一货币、度量衡，“书同文、车同轨、行同伦”外，还统一文书体制，规范文书的种类和行文关系。如“命为‘制’,令为‘诏’”,为皇帝专用;臣下呈皇帝的议政文书为“奏”,这样就有了“制”“诏”两种下行文和“奏”这种上行文。在用语方面,他认为自己功业盖过三皇五帝,因而称王号为“皇帝”,“皇帝”自称“朕”,臣下称“皇帝”为“陛下”。在书写格式上,他规定,行文中,凡提及“皇帝”或“始皇帝”,都要另起一行,顶格书写;文末用印,这就开启了后代乃至今日仍在沿用的抬头、用印等制度。

两汉时期随着国家管理逐渐细致、具体,上下行文的种类也增加不少,格式也相对固定。这一时期的文体主要有书、议、策、论、疏、诏、制、敕、章、奏、表等,其中下行文有诏、制、策、敕等,上行文有章、奏、表、议等,平行文有书、移等。贾谊的《陈政事疏》《论积贮疏》,晁错的《论贵粟疏》和司马相如的《上书谏猎》等,都是此时的公文名篇。

三、魏晋和唐宋的发展时期

魏晋南北朝时期,公文写作实践丰富,公文写作理论出现了总结之作。曹丕在长期公文写作实践中,推出了自己论述写作的专篇——《典论·论文》。《典论·论文》将文章体式分为“四科八体”,并分析了奏、议、书、论、铭、诔的写作特点。齐梁时期刘勰的《文心雕龙》,是一部专门论述文体美学思想的著作,它以文(文学作品)、笔(应用文体)之别,分出三十三种文体,而且每一种还分有细类。

唐宋时期公文文种发生了较大变化。唐时下行文有册书、制书、慰劳制书、发敕、敕旨、论事敕书、敕牒等;上行文有奏钞、奏弹、露布、议、表、状六种,此外还有皇帝答复臣下奏疏的“批”,这与今日的“批复”有相同之义。宋时,一则文种增加。下行文有御札、敕牒、诰命等,上行文有札子,平行文有移、咨等;二则随着中央集权制的加强,公文的格式规范较前代更加严格。朝廷对公文的行文关系、首末用语、避讳、誊写、用纸都做了规定,甚至对书写文字的大小、每行的字数、落款的年月等都有要求。与之相关联的是公文中浮词冗句,所在多见。

四、明清的繁杂时期

明代和清朝前期是中国封建社会的繁盛时期,这一时期的封建皇权专制也达到前所未有的高度,文网密布,文字狱盛行。与之相应的是公文的繁杂。一是公文文种繁复。明代下行文有诏、诰、制、敕、策、谕、符等;上行文有题、奏、表、启、笺、讲章、书状、文册、揭贴等;平行文有咨、关、移等。清代规定的国家公文也有二十多种。二是格式写法严格。明清两朝都规定,凡在行文中格式、写法有误,轻则罚俸,重则降职免职,甚至因触犯忌讳,杀头丢性命都有可能。三是内容浮泛,多陈词滥调。明清时期,在专制集权统治之下,人们动辄得咎,行文也多迂回曲折,致使不少公文,拖泥带水,浮泛冗杂。明崇祯皇帝有鉴于此,不得不实行“贴黄”制度。所谓“贴黄”即大臣上奏章时,须写出百字以内的文章摘要,贴附于所写的奏章之上,以便皇帝查阅。因当时所用的纸是黄色的,故称“贴黄”。

当然,这一时期也是文体写作理论进一步发展的时期,明代吴讷的《文章辨体》,清代姚鼐的《古文辞类纂》等,都是研究各类文体,尤其是应用文体的学术巨制。

五、辛亥革命至今的变革时期

辛亥革命推翻了封建专制,也革除了封建王朝沿用了两千多年的公文程式。1912 年 1 月南京临时政府成立后,专门颁布了一项法令,宣布废除制、诏、敕、题、奏、表、笺等公文名目，代之以"令"（用于公布法令、任免官员、下达指示等）、"咨"（同级官署使用）、"呈"（对上陈情）、"状"（百姓对官府的陈述）等。用语方法，一些带有封建色彩的称谓，如"大人""老爷"等一概废除，代之以新式的平等称谓"先生""君"等。1928 年，国民党中央政府对公文程式又做了一些新规定，强调写作要用白话文，使用新式标点符号等。

早在革命战争年代，中国共产党即在其领导的民主政府内，确立了一些公文文种的处理办法，在文字上提倡白话文，在内容上要求工农化，通俗浅显。

1949 年中华人民共和国成立后，国家在健全管理体制的同时，也根据时代发展和社会政治文化建设的需要，不断完善公文制度。

1951 年中央人民政府政务院颁布《公文处理暂行办法》，把国家机关的公文定为 7 类 12 种，这是新中国第一个公文法规。1957 年国务院秘书厅又印发了《关于对公文名称和体式问题的几点意见（稿）》，对公文的制作有了更具体的要求。党的十一届三中全会后，为适应改革开放的新形势，国务院办公厅对机关公文处理办法又做了重新审订，1981 年发布了《国家行政机关公文处理暂行办法》，1987 年印发了《国家行政机关公文处理办法》，正式规定了现行公文的种类、名称、格式，其中确定的公文文种有 10 类 15 种；2000 年，国务院办公厅发布新的《国家行政机关公文处理办法》，对此办法规定的文种又有所增删。

为使党政机关公文处理工作更加科学、规范，2012 年，中共中央办公厅、国务院办公厅印发了《党政机关公文处理工作条例》，统一了党务机关和行政机关的公文处理办法，进一步调整了公文的种类、格式和适用范围。公文处理更加高效、规范。

第三节 应用文的属性与特点

应用文是国家机关、企事业单位、社会团体和个人传播、交流、处理信息的工具，具备信息媒介的属性和实用、规范等特点，把握应用文的属性和特点，有利于了解应用文的使用价值，认识应用文写作的内在规律和要求，激发学习和运用应用文写作知识的动力，提高应用文写作的水平。

一、应用文的媒介属性

要弄清应用文的媒介属性，首先需弄清什么是媒介。

所谓媒介，是指利用媒质存储和传播信息的工具。它一般由三个基本要素构成：一是信息，二是信息符号，三是承载信息符号的物质载体。应用文属于组织传播中典型的文字媒介、视觉媒介，它以文字符号作用于信息接收者的视觉，实现信息的传播、沟通和处理。

应用文是文字产生后人类记录传播和处理社会活动信息所形成的文章，它不但真实地反映了各个历史阶段社会生产生活的面貌，而且客观展现了当时社会生产力水平和文明程度。自古以来，我们的信息载体从龟甲兽骨、金石、竹简木册、缣帛、纸张，到今天的电子媒体，其存储量、便捷度、普及性不断增强。汉字符号也经历了从甲骨文、金文、大篆、小篆到隶书、楷书、行书的演变，发生了由繁体字到简体字的变革，书写印刷的效率大大提高。应用文的制作技术则从斧凿刀刻、手抄手写、手工印刷，发展到机器印刷，复制能力大大提高。这些形成于各个时代生产力水平之上的物质技术手段，确保了应用文现实功用的发挥，体现了其媒介的功能与属性。

应用文的媒介属性要求写作者既要考虑“表达什么”“怎么表达”，又要兼顾应用文制作格式的要求和接受者的情况。譬如党政公文，我们不能只局限于学习其写作方法，还必须了解其纸张（载体）格式、排版格式、印刷装订格式等知识，判断行文方向和行文关系性质，以充分发挥其媒介工具的功能。

（一）信息——应用文的内容

在工作和生活中，人们接触应用文的时候，往往关注的是其信息的实质所在。比如说，人们阅读党中央、国务院的文件，通常会认为自己是在学习党和国家的方针政策；阅读法律文书，通常会认为自己是在了解国家的法律法规；阅读单位的规划、方案，通常会以为自己是在知晓组织和自己的未来；阅读工作总结，通常是在分析成败得失。这种超越了应用文外在物质形态的精神活动，正是对应用文信息本质的体验和证明。

应用文的信息内容，主要是以国家机关、企事业单位、社会团体和个人作为特定主体，为维护自身和社会利益、解决现实问题所产生的信息，它反映了特定主体在复杂社会关系中参与社会活动的过程和结果。从总体上考察，各类主体形成的应用文呈现了国家和社会发展的总体状况。这对人们解决现实工作、生活中的实际问题，追求实现利益目标，具有依据、参考、借鉴和凭证的作用。

应用文不仅要传达特定主体在环境作用下加工处理信息的结果，还要交代加工处理的过程。比如，党政公文通常要陈述发文的核心事项，并说明发文缘由和程序，以便收文单位能完整地把握发文机关的意图和要求，高效地落实公文提出的工作事项。又比如，调查报告既要阐述调查掌握的材料和分析研究得出的结论，也要说明调查研究的过程和方法，以保证调查报告的真实性和有效性。

（二）文字——应用文的信息符号

文字产生，是人类进入文明时代的标志。应用文以文字作为信息符号，记录、反映人类社会现实生活，其传播效能远远超过了口语交流，这种交流使得异时、异地的传播成为可能，从而大大提高了信息传播的广泛性和准确度，使其能借助交通、通讯工具，进行跨区域传播，并使其不至于在传播中被扭曲、变形、重组或丢失。因此，应用文成为国家、社会组织进行管理的基本手段。

应用文是社会组织正式传播的媒介，其文字表达严谨、规范。东汉许慎《说文解字叙》写道：“盖文字者，经艺之本，王政之始，前人所以垂后，后人所以识古。”文字所承载的信息，传达了历代人们认识世界、改造世界积累起来的智慧，是社会智慧的汇聚，是推动人类创新的源泉。因此，准确传达信息是应用文的首要原则。这就要求应用文不仅要准确反映客观实际，包括环境、事项等情况，而且还要明确表述特定主体的主观性诉求，包括面对具体问题和社会事务所具有的观念、立场、态度等。

应用文是以文字进行信息编码的视觉符号，诉诸人们的视觉器官达成对信息的接收与理解。与声音、图像等信息符号比较起来，文字符号具有明显的抽象性，对阅读者的科学文化水平具有一定的要求，在一定程度上制约了应用文的传播沟通效果。在写作中，作者须根据传播范围的大小和接受对象的具体情况，来选择、使用与之相适应的文字表达方式，尽力消除由于文字表述不当而引起的阅读理解障碍。

（三）纸张、电子媒介——应用文的信息载体

信息载体是用于记录、传输、积累和保存信息的介质，是信息赖以附载的物质基础。应用文产生之后，其载体形式历经变革。造纸术的发明，给应用文提供了便捷、高效的信息传播介质。自20世纪中后期开始，计算机技术、互联网技术、数字技术给应用文传播带来新一轮的革命性变化，无纸化办公成为当今社会组织信息传播的主流趋势。

目前，以纸张为信息的载体仍是应用文传播的主要形式。文字符号的书写、印刷方式与质量直接影响着应用文阅读中的视觉感受。为了保证或提高应用文的传播效率、效果，人们在长期实践中，摸索出了应用文所用纸张的规格和品质、书写工具、印刷技术标准。

无纸化办公指的是不用纸张而是运用电子媒介进行写作、传递、储存、反馈的工作方式，它主要体现在应用文的传播当中。这种全新的方式极大地提高了组织传播效能，降低了应用文的环保成本。无纸化办公对硬件、软件与通信网络要求，尤其是对人的素质的要求，导致只有部分社会组织、部分工作可以运用这种环保办公的方式。联合国发布的《2017年全球贸易便利化和无纸贸易实施情况调查报告》表明，许多国家在贸易程序自动化及电子数据和文件的使用上面临挑战，全球跨境无纸贸易措施总实施率仅约为33%，远低于其他措施的实施率。

纸质应用文篇幅与消耗纸张、油墨和印刷劳动时间成正比例关系，文字越简洁，应用文消耗的制作成本就越小，接收者获得信息的效益就越高。

在这点上，电子媒介具有明显优势，它不需要消耗纸张、油墨，相对于纸质应用文来说，制作成本可以忽略不计。但这并不意味着电子媒介和数字化传播降低了对应用文语言简洁的要求。从接受效果的角度来看，这种要求不但没有降低，反而变得更高了。进入信息社会，人们面临着信息过量的严重问题，通过各种渠道和媒体获得的信息大大分散了人们的注意力。这就要求应用文应以简洁明了的语言形式传达出具有价值的信息，从而吸引人们的注意力，促进人们对文本的思考和理解。

二、应用文的特点

应用文以实用为目的，与文学作品相比，它在文体特征、写作特点、写作规律、写作方法、社会作用等许多方面大不相同，它是与社会生活、日常工作密切相关的各种系列应用文书的总称。

这里我们所谈的应用文的特点，主要是就其与文学作品的比较而言的。

（一）实用性

文学作品往往以作者的空灵思想，开启读者的诗性思维，启发读者的想象。它具有让读者认识生活、陶冶性情的作用，审美功能是其一大特征。应用文写作则以实用性为其出发点和归宿。它“为用而作”，是人们为实现某种实际效用，达到某种实用目的，解决实际问题而运用的一种必不可少的手段、工具。因此，南朝时的著名文论家刘勰在《文心雕龙》中对应用类文章有“虽艺文之末品，而政事之先务也”之说。

（二）规范性

应用文体都有相对固定的写作格式。按照规范格式进行写作，这是应用文的基本写作要求和最显著的特点，是应用文必不可少的组成部分。

首先，不同的文种具有不同的写作格式，这种要求不仅有利于区分不同文种，便于应用

文的分类和管理，还可以提高工作效率。其次，规范格式本身就带有一定的权威性和严肃性。比如国务院对国家机关法定公文规定了非常细致严格的格式，包括公文用纸、版面形式等，这些格式从外观上就给人以庄重、严整的印象。再次，相对固定的规范格式有利于应用文的作者根据文章的用途迅速厘清自己的思路，确定主题，选择材料，写出符合要求的文书，同时也有利于读者迅速抓住文章的主要精神，理解领会作者的写作意图，以便贯彻执行，落实工作。

（三）真实性

应用文是为办事而写的文章，现实效应是应用文的直接目的，因此，和文学作品允许虚构，强调艺术加工的创作要求不一样，材料真实、论据确凿、据实行文，是应用文作者所应具有的最基本的素质，也是应用文最基本的写作要求。否则，弄虚作假、材料不实，不仅不能解决实际问题，反而会误事、坏事，甚至会损害国家行政机关的公信力。

（四）针对性

针对性指的是应用文的写作意图清楚，作者和受文对象明确，行文目的指向单纯。

文学文体的作者并不确定，只要有能力，谁都可以写；其受文对象也是全民性的，各个阶层、各个年龄阶段的人都能看；其写作意图并不十分明确，多系作者有感而发，所以同一部作品，不同的读者就会有不同的理解，所谓“一千个人心中有一千个哈姆雷特”，原因就在于此。而应用文体一般来说都有明确的作者和受文对象，如行政公文的作者是法定的作者，行政公文的读者是特定的行文对象。请示是写给上级机关的，批复是写给来请示的下级机关和单位的等，因而其受众对象往往是受限的，这也要求应用文要根据不同的文种、不同的受众对象选择不同的写作内容和格式。此外，由于应用文是缘事而作的文体，撰文之前，其意图和目的就非常明确，这是不以作者和受文对象的意志为转移的。

（五）时效性

应用文是为解决当下的具体问题服务的，指向明确，因而有很强的时效性。这种时效性表现为制文需及时，发文需迅速，否则会耽误工作。而一旦工作完成，问题解决，其实用价值便不复存在。文学作品则不同，它往往是“十年磨一剑”写出来的，而且经典文学作品经得起时间的考验，如中国的“四大名著”、英国的莎士比亚的剧作都能够历经时间的考验而流传下来，成为我们代代相传的精神财富。这是两者之间的又一大不同之处。

第四节 应用文的作用

应用文传播的信息以及传播形式，作用于接收对象和社会环境，引发客观事物和社会关系一定的量变或质变，使社会问题得到一定程度的解决，作者利益和社会利益格局产生一定的变化。我们将应用文的这些功能，归纳为以下几种作用：

一、记录传承作用

许多记录重要社会信息的应用文，在实现现实效能后，还具有史料价值，成为随时备查的历史档案资料，供后人借鉴和研究。

二、交流沟通信息

应用文在人与人之间、单位之间起着交流沟通、上传下达的不可或缺的作用,为人与人之间、各级企事业单位及党政机关乃至各国之间的交流沟通合作提供了一个很好的工具。因而,应用文在社会活动中有着不可替代的地位。

三、宣传贯彻政策

在我国,党和国家的大政方针、决策、措施等都是通过各种应用文(尤其是公文)层层下达,广泛宣传,进而才能得到贯彻、落实和实施的。这种情况即使是在电子政务已逐渐推广的今天,依然如此。因为虽然传播的工具发生了变化,但应用文的拟写及通过应用文来传达精神的方式仍然没有改变。

四、指导规范行为

用来制定政策、发布法规、指导工作的应用文,在特定范围内对机关、组织以及个人都起着指导和规范的作用。

第五节 应用文的类型

应用文种类繁多,我们根据应用文作者、写作目的和适用范围的不同,将应用文分为公务文书和私人文书两大类。

一、公务文书

广义的公务文书是党政机关、社会团体和企事业单位在处理公务活动中形成和使用的各种内容完整、体式规范的文书。本书中,我们结合目前人文社会学科高校专业开设的情况和日后大家工作的需要,主要讲授以下几大类文书:

(一) 法定类文书

法定类文书包括法定公文和申论。法定公文是党政机关实施领导、履行职能、处理公务的具有特定效力和规范体式的文书,是传达贯彻党和国家的方针政策,公布法规和规章,指导、布置和商洽工作,请示和答复问题,报告、通报和交流情况等的重要工具。根据中共中央办公厅、国务院办公厅2012年联合印发的《党政机关公文处理工作条例》规定,党政机关公文共15种。申论是专门用于选拔公务员的应试类文书。

(二) 事务类文书

事务类文书包括日常事务文书和经济事务文书。日常事务文书是党政机关、企事业单位和社会团体、个人在处理日常事务中普遍使用的应用文书,如计划、总结、调查报告、简报、求职信、述职述廉报告、新闻稿、演讲稿等。经济事务文书是各级经济管理部门以及企事业单位、个人为了及时处理经济业务活动中的各种关系而使用的一类文书,如合同、市场调查报告、招标书、经济活动分析报告等。

（三）专用类文书

专用类文书主要适用于各个不同的专业领域，本书讲授了管理类、法律类等方面的文书。管理类文书是企事业单位为加强业务管理，尤其是经济活动管理而使用的一类文书，如稽核报告、年度报告等；法律类文书是指国家、集体和个人进行司法实践活动时，专门用来处理法律事务、反映法律问题的专门文书，如各类民事诉讼文书等。

二、私人文书

私人文书是个人处理自身事宜、表达个人意向而写的应用文书，如个人的计划、总结、申请、启事、书信、日记等，其中许多种类与公务文书中的事务类文书和专用类文书相同，只是使用的范围不同而已，如计划和总结等。学术类文书多为个人的创造性劳动成果，我们把它也列入私人文书范畴。学术类文书一般指学术论文，它是学术课题在实验性、理论性或观测性上具有新的科学研究成果，或创新见解和知识的科学记录，或是某种已知原理应用于实际中取得新进展的科学总结，用以在学术会议上宣读、交流或讨论，或在学术刊物上发表，或作其他用途。

第六节　应用文的写作主体

应用文写作是一项富有创造性的极其复杂的脑力劳动，在这个劳动过程中，写作主体，即作者本人的素质十分重要。可以说，由于作者自身素质的差异，同一事情在不同作者笔下呈现出来的文书会是不一样的。那么，为写好应用文，作者应具备哪些素质呢？

一、要有较高的政治理论素养

应用文写作是为反映客观事物，传递相关信息，解决实际问题而进行的写作，它所反映的客观事物是与国内外的形势，国家的方针、政策，以及本单位、本部门的工作实际相关的。为此，作者必须提高政治理论素养，努力学习马列主义、毛泽东思想，特别是习近平新时代中国特色社会主义思想，深刻领会党和国家的方针政策，及时了解国内外形势的发展变化。唯有如此，才能胸怀全局，登高望远，举重若轻，既可用宽广视野、宏观思维，关注本单位、本部门的实际，也可用本单位、本部门的变化，反映国家的大局；才能以正确的立场、观点和方法，去统驭纷繁的材料，透过现象看本质，从而更好地发现问题，分析问题，解决问题。

二、要有一定的文化底蕴和相当的专业知识积累

应用文写作是一个人综合素质的体现，在这个综合素质中，文化①底蕴和专业知识必不可少。为何需要文化底蕴呢？优质文章从来都是以文化作为底色的。有了文化底色，作者的胸襟、眼界、思路会更开阔，对人性伦理的把握会更加允当准确，所谓“人情练达即文章”，即此理。

---

① 这里的文化，主要是指以传统的文、史、哲三大学科为主的知识。

为何要有专业知识呢？因为许多应用文具有极强的专业性。“术业有专攻”，这就要求作者必须具备相当厚实的专业知识，才能写好应用文。如撰写经济类的文章，就需要作者具备财会、经济类的知识；撰写司法文书，就需要作者具备法律知识等。

三、要有较强的逻辑思维能力

应用文写作过程是一项高级思维活动过程，这项高级思维活动主要运用的就是逻辑思维。什么是逻辑思维呢？逻辑思维是运用概念（亦称词项）、判断（亦称命题）、推理去揭示和反映事物本质和规律的思维形式，其最大特点就是抽象性，即它总是以概括的，或间接的方式反映客观世界。我们在应用文写作中，为了准确揭示和反映事物的本质和规律，首先必须明确写作对象的内涵（逻辑学上称之为给概念下定义），厘清各个对象所指的范围（逻辑学上称之为划分概念的外延），跟着才能正确表达对象具有或不具有某种性质（即客观陈述应用文写作中某一对象的状态），最后方可用三段论、归纳、演绎、类比等推理形式，提炼作者的思想和观点。而在通篇文稿的写作中，还必须遵循同一律①、矛盾律②和排中律③等逻辑思维的基本规律，以保证文稿前后思想的一致性、无矛盾性和明确性。

总之，应用文写作离不开逻辑思维。思维是写作的内核，写作是思维的结果。只有正确运用好逻辑思维，才能保证写作用语恰当、准确，语句客观、真实，思路清晰，条理分明，段落连贯，观点明确。

四、要有深入实际调查研究的踏实作风

反映现实问题，分析并解决现实问题是应用文写作的一大功能，要做到这一点，前提和基础就是深入实际，开展调查研究。只有运用科学方法，深入开展调查研究，广泛听取各种意见，才能获取第一手材料，客观反映现实问题，并在后面的分析研究中，提出切合实际的观点和思想。古人云“纸上得来终觉浅，绝知此事要躬行”，说的就是这个道理。

要做好调查研究，一要树立吃苦耐劳、脚踏实地的工作作风，遇事勤于调查，不惧繁难，敢于吃苦，作风细致，态度认真。二要秉持客观公正的原则，不偏不倚地去听取意见。三要运用科学方法，通过现场考察、个别访谈、集中座谈、抽样调查、问卷调查、网络调查等，广泛收集各种事实数据，为写作文稿做好准备。

五、要养成多读多思多写的习惯

这里所讲的多读，除了读政治理论书籍、文化书籍、专业书籍之外，还包括阅读有关应用文写作的理论之作和应用文的典范之作。

格式化的应用文是可以通过模仿加以写作的，因而阅读应用文写作书籍，领悟应用文写作的一般规律和借鉴应用文写作的技巧和方法，是提高应用文写作水平的一条重要途径，但

① 同一律，是指在逻辑思维过程中，每一个概念判断的内容都是确定的、前后一致的。运用好同一律，就能保证思维的一致性。

② 矛盾律，是指在逻辑思维过程中，两个相互否定的思想不能同真，必有一假。运用好矛盾律，就能保证思维的无矛盾性。

③ 排中律，是指在逻辑思维过程中，两个相互矛盾的思想不能都假，必有一真。运用好排中律，就能保证思维的明确性。

仅此还不够，勤于思考，勤于动笔，持之以恒，不懈不怠才是提高应用文写作水平的不二法门。这是一个艰苦的思索过程，也是一个长期枯燥的训练过程，作者既要经历“独上高楼，望尽天涯路”的孤寂，也要承受“衣带渐宽终不悔，为伊消得人憔悴”的痛苦，最终才能收获“蓦然回首，那人却在灯火阑珊处”的喜悦。

思考与训练

1. 什么是应用文？
2. 应用文有哪些特点？
3. 联系生活实际，谈谈应用文在社会生活和工作中的作用。

第二章　应用文的写作要素

唯物辩证法指出，事物总是呈现一定的内容和形式的，内容和形式是辩证统一的关系，没有内容就没有形式，没有形式也就没有内容，两者相辅相成、相互制约。从功能上说，内容决定形式，处于主导地位；形式服从并服务于内容。一篇完整的应用文，是由特定的内容和形式构成的，其内容包括主题和材料，形式包括结构、语言、表达方式等要素。应用文写作追求的目标也是内容和形式的统一，即鲜明的思想内容和完美的表现形式的统一。具体来说，就是主题、材料和结构、语言与表达方式的统一，而要实现这些要素之间的统一，首要的是遵循这些要素自身的写作特点和要求，并有机地反映在整篇文章之中。

第一节　意在笔先——应用文写作的主题

“主题”原为德国的一个音乐术语，指乐曲的主旋律，后引申为文章的中心思想。我国古代传统写作理论中没有主题这个词，和主题意思相近的有“意”“志”“道”“旨”“主脑”等词语。作为写作术语，作者的主张、见解，包括宣布的决定、告知的情况、表明的意愿都可称为主题。

一、应用文主题的概念

应用文的主题是指文章所要表达的目的和意图。应用文写作都具有一定的倾向，它总是根据某种实际需要而写作，或为说明问题，或为处理某事，或为规范行为，主题大多是围绕某个具体事务而提出的明确的主张、看法、认识、办法、措施和要求，并直接涉及事务的处理。可以说，作为实用性的文体，应用文主题的功能就是回答“干什么”的问题。如 2017 年 5 月，中共中央办公厅、国务院办公厅印发的《关于加强文化领域行业组织建设的指导意见》，其主题就是“加强文化领域行业组织建设”；又如 2018 年 5 月，中共中央办公厅、国务院办公厅印发的《关于进一步加强科研诚信建设的若干意见》，其主题就是“进一步加强科研诚信建设”。

应用文的主题也可理解为全文的“中心”，即作者在科学说明客观事物或事理时所强调的重点内容。一般来说，说明性的应用文，其主题就是它的中心内容，即通过对说明对象的解说，使人明白它的内涵、特性或成因等，从而使人对被说明的对象有所了解和掌握，以方便人们的使用。以议论为主的应用文，主题一般被称为“基本观点”或“中心论点”，它通过事实材料、理论材料和逻辑推理阐明主要思想观点。如经济论文、经济评论中的总论点(或称中心论点)就是它的主题。叙述性的应用文,主题一般被称为“中心思想”或“中心意思”,表现为对人、对事的基本看法和处理意见,或是办理某些事项的要求与做法。这一类应用文的中心思想有两种表现情形:一是通过对具体事件、人物的叙述表达出来,并贯穿全文,如通讯、部分消息中对人、对事的主要评价,调查报告、经济活动分析报告中的主要结论等;二是在叙述某一事物时表达的“中心意思”。一些只是简单传递某种信息、起告知作用的文书,主题又可被理解为事情本身所包含的“中心意思”,如某些命令、通知中对人事任免的宣布等。

二、应用文主题的特点

下面我们以文学作品为比较对象,看看应用文主题的突出特点。

(一) 意在笔先

文学创作是独立的活动,它常常意随笔生、率性而为。当灵光一闪,作家就会进入忘我的创作状态,只要捕捉到这瞬间的感受,名篇佳作就会形成。在此过程中,作家的行文并非先设定一个主题,然后亦步亦趋地选择材料表现主题,很多时候,作家的写作只是“妙手偶得之”,至于作品的主题,甚至要等到评论家们去探讨。因此,一个真正的文学创作者是不会哗众取宠、迎合读者去创作的,他往往因为被自己心中的热情、被自己的思想所激荡而创作。从这个方面来说,他是其作品的奴隶,是他的作品得以产生的通道。当然,文学创作也有主题先行的,如一些密切配合现实之作,但放在整个文学史背景下考量,这些作品很难登大雅之堂,是经不起时间检验的。

应用文写作则不同。因为它讲求实用,是为用而写的,为布置工作、传达精神、加强沟通、解决问题而写的,所以往往先确立主旨,再根据这个主旨来遴选材料,选取使用材料的角度,并在行文过程中围绕主旨,详细展开说明。

以 2017 年 10 月湖北省人民政府办公厅发布的《省人民政府办公厅关于做好农业秋收秋冬播工作的紧急通知》这一则公文为例,标题文字就十分明确地告知此公文行文目的是通知省政府有关部门及各市、州、县人民政府,做好农业秋收秋冬播工作。在开篇的第一段,它写道:“9 月下旬以来,我省遭遇持续阴雨天气,严重影响中稻、棉花、玉米等作物收获,影响油菜、小麦秋播进度和质量,对农业生产造成较大影响。据气象部门预测,未来一周全省大部以晴到多云天气为主,气温将逐步回升。为切实做好农业秋收秋播工作,现紧急通知如下。”这段话说明了此通知为何是“紧急”通知的原因,并引出下面各级政府和有关部门的具体做法。无论是标题、正文主体均为“做好农业秋收秋冬播工作”这一主题服务。文中提及的天气情况与具体措施中的科技手段、管理方法、资金等材料内容也都是依附于主题而存在的。

(二) 主旨鲜明

文学作品的主旨往往是含蓄的、隐晦的,甚至没有什么明确的主旨,优秀的文学作品更像是一扇通往我们心灵深处,通往更高层次的精神世界的窗口,通过这扇窗口,我们能够看到更美的风景,而当我们流连忘返于这片风景的时候,往往忘记了这扇窗口的存在。但应用文应旗帜鲜明地表达作者的主张与态度。鲜明意味着缘由明确、观点明确、意义明确、措施明确、要求明确。汉代王充在《论衡 · 自纪》中曾言:“口则务在明言,笔则务在露文。”所谓“明言”“露文”,就是指文章主题的表达必须明确,旗帜鲜明,否则就达不到解决问题的目的，不利于提高办事效率。应用文的目的是让人们知道某件事情，落实某种精神，故必须直截了当、确定无疑地告诉受众自己的观点和主张，让受众一看就明白，因而不允许主题隐晦不明、含糊不清、模棱两可。如果一份公文的主题含蓄，经办者按自己的需要理解并执行了公务，往往会误事、坏事。

如湖北省人民政府办公厅发布的《省人民政府办公厅关于开展"2018 政府工作报告知多少"专题学习活动的通知》一文，文章主题是"开展'2018 政府工作报告知多少'专题学习活动"，文章内容围绕着学习内容、参加人员、参与方式、有关要求四个方面展开，层次分明，并在每个部分都提出细致具体的要求。比如参加人员明确给定了范畴："各市、州、直管市及神农架林区人民政府所辖区域内各级政府工作人员，省政府各有关部门及所属单位工作人员。"参与方式："关注'中国政府网'微信、下载国务院客户端，在线学习'2018 政府工作报告解读'专题并答题。答对题目可获赠手机流量。"规定了平台、学习形式及激励方式等。

（三）意蕴单纯

文学作品的主题意蕴丰富，具有复杂性、多元性的特点，所以优秀的文学文本可以做多角度的解读。鲁迅先生曾这样评论《红楼梦》："单是命意，就因读者的眼光而有种种：经学家看见《易》，道学家看见淫，才子看见缠绵，革命家看见排满，流言家看见宫闱秘事……"正因为"横看成岭侧成峰"，千百年来，文学经典总是吸引一代又一代的读者去探寻其中的奥秘。

应用文的主旨则要求单一、集中，讲究就事论事。比如请示要一事一请，《关于我校职工住宅楼危楼改造的请示》就是针对学校职工住宅楼危楼进行改造这一项工作的请示。而年终总结则必须集中于这一年的工作来写，当然，工作的内容可以分为几个方面来谈，但这些方面都必须围绕这一年的工作来展开。如《2019 年××党支部工作总结》可以从支部班子建设、党员队伍建设、党的群众教育活动、单位氛围建设、精神文明建设以及存在的问题等几个方面展开，但具体内容则围绕着 2019 年这个时间范畴来写。

（四）求实重用

文学作品一般不追求实用，仅看重其审美熏陶功能，极端的作家甚至宣称只为自己的内心写作。确实有些作品只是情动于中不得不发的产物。作家在创作时也许并没有要产生经济效益与社会效益的想法，但这并不影响文学作品的核心价值。

实用性是应用文主题的最本质特点。无论哪一种应用文，都有极为明确、直接、现实的目的，或宣传某种思想，或介绍情况，或传播信息，或汇报经验，或立字为据，其产生、确立、提炼的过程十分特殊。首先，要受到领导、决策部门、约稿单位的制约，写出来的文章要符合他们的要求。其次。要受到现行方针、政策和有关法律、法规的制约。再次，还要受到具体情况、群众意愿以及行文规则的制约。其写作大多不是作者有感而发的，而是出于客观需要，是被动的写作行为。

三、应用文主题的要求

（一）正确

正确是对应用文主题的最基本要求。主题正确，即必须符合党和国家的路线、方针、政策和法规，必须尊重公序良俗，必须反映客观实际，揭示事物的本质和发展规律。

清代学者章学诚在《文史通义 · 言公中》中说："文，虚器也；道，实指也。文欲其工，犹弓矢欲其良也。弓矢可以御寇,亦可以为寇,非关弓矢之良与不良也。”意即文章可以说明正确的道理,也可以宣传错误的思想,这与文章技巧好与不好没有关系,就像弓箭可以抵御强盗,也可以为强盗所用,这与弓箭好不好没有关系一样。应用文有了正确的主题,才具有社会价值,且其正确性往往与实际工作、经济效益直接挂钩。大多数应用文要立足于宣传国家的路线、方针、政策,指导实际工作。

例如2018年11月湖北省人民政府办公厅发布的《省人民政府办公厅关于做好机构改革期间政府网站相关工作的通知》一文,在开篇中写道:“为落实省委、省政府关于机构改革的工作要求,确保机构改革期间政府网站平稳有序运行,根据《国务院办公厅关于印发政府网站发展指引的通知》(国办发〔2017〕47号)以及《国务院办公厅关于加强政府网站域名管理的通知》(国办函〔2018〕55号)要求,现将涉及机构改革的省直部门网站调整有关事项通知如下。”通过标题和文章开篇就能很明确地了解到,“做好机构改革期间政府网站相关工作”需要以《国务院办公厅关于印发政府网站发展指引的通知》和《国务院办公厅关于加强政府网站域名管理的通知》这两个政策文件的要求为政策依据和方向指引。

要做到主题正确,作者除了要保持正确的世界观、掌握正确的方法论外,还要吃透上下两头的意思:一头是深刻领会上级的指示精神和有关政策;另一头是深入了解下面的实际情况,对这两头都不能有丝毫的马虎。

(二)集中

所谓集中,就是文章不能有多个主题。应用文写作要做到“立意要纯”,因为“意多乱文”。如果在一篇文章中,既想表达这个意思,又想表达那个意思,势必如蜻蜓点水,什么都想说又什么也说不清楚,什么也说不透彻。因此,对于应用文来说,要坚持“四个一”,即一稿一事,一事一议,一个主题,一个中心,尽量把口子开得小一点。

一篇文章中只能有一个中心,这就要求我们只能围绕一个主题把问题说清楚,而不能把关系不大甚至不相关的问题写入文中,那样写出的文章就会出现多中心、多主题的问题。所以,写应用文时,必须时刻提醒自己,全文是否围绕着一个中心?这个中心既是全文的统帅,又对文章内容起着制约作用,在此基础上,全文才有可能不枝不蔓、条理分明。

比如《市科技局2018年工作要点》一文,是武汉市科技局对2018年工作内容的计划和展望。文章开头提出“全市科技工作将以习近平新时代中国特色社会主义思想为指导,以学习贯彻党的十九大精神为主线,按照市委、市政府的工作部署和要求,紧紧围绕科教兴国和创新驱动发展战略,以‘五大工程,两大改革’为抓手,聚力改革创新,奋力拼搏赶超,为建设具有强大带动力的创新型城市和现代化、国际化、生态化大武汉提供科技支撑”,就基本构建了文章的内容框架和体系,后面的具体内容,如“全面深入学习贯彻党的十九大精神,奋力谱写新时代中国特色社会主义的武汉科技新篇章”“大力实施高校院所科技成果转化对接工程”“全面启动‘院士经济’发展工程”“大力实施高新技术企业培育工程”“大力实施知识产权强市创建工程”“大力实施综合性国家科学中心建设工程”等均是围绕这一框架,有逻辑地铺陈开来的。

(三)深刻

古人说,“义深则意远,意远则理辨”。主题是不是深刻,往往与作者对生活认识的程度相关,也与作者思考问题的胸襟眼界及透过现象看本质的能力相关。比如,某校有一年组织“三下乡”活动,调查某边远山区留守儿童的九年义务教育状况。调查之前,小分队就调查报告如何确立主题进行探讨。甲同学认为，调查的目的是了解新形势下农村儿童辍学的现状；乙同学则认为仅仅了解现状还不够，应分析造成这种现象的原因；丙同学则认为，只了解现状，分析原因还不够，应当提出相应的建议与措施，才是调查的最终目的。很显然，甲同学提炼的主题比较浅显，乙同学虽进了一步，但还不符合调查的根本目的，因为社会调查，不仅仅是为了做文章，而是要提出解决问题的方案。

（四）新颖

文章的主题不仅要深刻，而且要别开生面，使人耳目一新，这就要求作者具有创新意识。一般情况下，写别人没有涉及过的事物或没有触及过的问题，出新较为容易，而面对同一个事物或同一个问题，要写出新意就比较困难，但这也并非无法办到的。古人作文有“移步换形”法，所谓“移步”，就是变换角度；观察事物的角度一变，所看到的事物的面貌也必然随之变化，这就叫作“换形”。对同一件事或同一问题，我们如能从不同角度和不同层面去观察思考，必能看出和悟出新意。当然，我们在追求新意的时候，不能离开客观事物的固有本质而执意标新立异，以免牵强附会、弄巧成拙。

党的十九大是中国在全面建成小康社会关键阶段、中国特色社会主义发展关键时期召开的一次十分重要的大会，具有非同寻常的意义。各大媒体对这一盛会的宣传从报道模式、报道角度及图文设计等方面纷纷推陈出新。中央媒体《人民日报》推出《决胜全面小康　开启新的征程 · 党的十九大特别报道》，充分报道了大会情况以及国内国际对党的十九大的积极反响；《光明日报》也特别推出了多个版面的《欢庆党的十九大》特刊。地方媒体则以立足于当地、展现地方特色的专题报道为主，《新疆日报》的《天山儿女颂党恩》，讲述新疆改革发展的变化；《贵州日报》推出《总书记，我们向您报告》，讲述当地干部群众对党的心声；《吉林日报》《湖北日报》等加大图表在版面中的应用，将复杂的数据可视化。正是有了多角度的新颖全面的呈现，才使得对十九大会议精神的宣传形成了国内舆论的新高潮。

四、表现主题的方法

（一）标题揭旨

标题揭旨即用文章的标题直接概括出主旨，使读者仅看标题就对文章的主旨了然于胸。如《××省教育厅关于禁止高校乱收费的通知》《农民种地不用再交税了》《行政许可法实施近半年，未达预期效果》等。

（二）开篇明旨

开篇明旨即开门见山、开宗明义，在文章的开头点明主旨。如国务院于 2018 年 9 月 18 日发布的《国务院关于推动创新创业高质量发展　打造“双创”升级版的意见》（国发〔2018〕32 号），开头写道：

创新是引领发展的第一动力，是建设现代化经济体系的战略支撑。近年来，大众创业万众创新持续向更大范围、更高层次和更深程度推进，创新创业与经济社会发展深度融合，对推动新旧动能转换和经济结构升级、扩大就业和改善民生、实现机会公平和社会纵向流动发挥了重要作用，为促进经济增长提供了有力支撑。当前，我国经济已由高速增长阶段转向高质量发展阶段，对推动大众创业万众创新提出了新的更高要求。为深入实施创新驱动发展战略，进一步激发市场活力和社会创造力，现就推动创新创业高质量发展、打造“双创”升级版提出以下意见。

这一段话开宗明义，指出了创新的意义，并归纳总结了近年来大众创业万众创新的持续发展现状和成绩，指出当前我国经济形势的变化对大众创业万众创新提出了新的更高要求，点明了政府提出打造“双创”升级版意见这一主题。

（三）篇末显旨

篇末显旨是指文末点明主旨。如论文《探矿权与中外合作中的探矿权投入》的结尾：

从以上探讨中，我们可以看到……正确地界定探矿权的法律属性，厘清行政许可和探矿权物权属性的关系，将极大地促进矿业体制，特别是探矿体制的现代化，对于矿业经济的发展，使地下矿产资源尽快转化为生产力，也将具有十分积极的意义。

这就是篇末显旨，它起着总括全篇的作用。

第二节　言之有物——应用文的材料

章学诚在《文史通义·文理》中说：“夫立言之要，在于有物。”意即文章所立之“言”——主题要以“物”即材料来表现。如果说主题是文章的统帅和灵魂，决定着文章思想的深度，那么材料则是为表现主题服务的，是文章的基石。主题如果离开了材料，就成了无源之水，空洞干瘪，无从表现，就达不到教育人、感染人的目的。

所谓材料，是指作者为了某一写作目的，从生活中收集并写入文章中用以说明主题的系列事实或论据。它是文章的血肉，支撑着主题的表现。一篇文章，最忌东拼西凑、材料散乱。也就是说，材料固然众多，但一定要能为主题服务。表现主题是取舍材料的主要依据。

一、材料的类型

从不同的角度来看，材料可以分为不同的类型：

从材料的来源来看，有直接性材料与间接性材料之分。前者主要指作者通过观察、实验、实地调查等途径获得的材料；后者主要指作者通过阅读文件、书籍、报刊以及听取别人谈话获得的各种材料。习惯上，人们又常常把这两种材料分别称作第一手材料和第二手材料。

从详略角度来看，有具体性材料与概括性材料之分。前者比较具体、详尽，注重反映细节与局部；后者简略、概括，重在勾勒轮廓。

从时间角度来看，有历史性材料与现实性材料之分。距写文章的时间较远的称为历史性材料，距写文章的时间较近的称为现实性材料。这两种材料是相对而言的，今日的历史材料曾是昔日的现实材料，今日的现实材料将来又会变成历史材料。

从材料的性质来看，有正面材料与反面材料之分。前者在性质上具有先进的、积极的、经验性的、可褒奖的特点；后者则具有落后的、消极的、需吸取教训的、可贬斥的特点。

从材料在文章中的地位及重要程度来看，有主体材料与辅助材料之分。前者在文章中占主导地位，其作用是不可或缺的；后者则处于从属地位，是捧月的“众星”，是衬托红花的“绿叶”。

从形态特点上来看，有事实材料和理论材料之分。事实材料，又称实证材料，是文章中最有说服力的部分，是应用文体的基本材料。事实材料包括如下内容：

（1）经验材料。这是作者自己或相关的人、相关的单位通过观察或实践得来的材料。

（2）实验材料。实验是根据科学研究的需要，人为地控制研究对象和模拟客观条件，排除偶然因素的干扰，以更好地显示事物的本质和规律的一种活动。通过这种活动获得的材料，称为实验材料，其可靠性比较大。

（3）调查材料。这是根据一定的目的和行动方案深入实际调查研究所得的材料。通常情况下，调查材料既真实可靠，又丰富生动。调查按范围来分，有普遍调查、重点调查、抽样调查、典型调查等。

理论材料则表现为典籍中的话语、各类权威专家的言论等。

二、材料的收集原则和方法

（一）材料的收集原则

收集材料要力求全面。具体地说，收集时要注意以下几个方面的问题：

其一，既要掌握直接性材料，又要掌握间接性材料。直接性材料真实可靠，富有活力，富有价值；间接性材料具有广泛性、客观性、全面性的特点，同样也有价值。

其二，既要了解现实材料，又要了解历史材料。任何事物都有它的现实和历史，现实是历史的继续，历史是现实的前身，我们只有把现实材料与历史材料有机地结合起来，才能了解和掌握事物发展的全部过程。

其三，既要掌握点上材料，又要掌握面上材料。点上材料是指重点、具体的材料，面上材料是指全面、概括的材料。点上的材料有助于说明事物的具体情况，便于表现事物的深度。面上的材料有助于了解事物的全貌，便于反映事物的广度。只有点面结合，才能把问题反映得更清楚、更深刻。

其四，既要重视正面材料，又要重视反面材料。正面材料是指新人新事、成功的经验等；反面材料是指存在的问题、失败的教训等。任何事物都是辩证的统一体，有正面，也有反面，两者在矛盾中相互依存，不断发展。因此，我们在收集正面材料的同时，也要收集反面材料，只有正反两方面的材料相互比照，才能全面、深刻地了解、反映客观事物的本质。

（二）材料的收集方法

1. 查阅文献

文献查阅分为两个方面：一是纸质文本的查阅，包括相关的报刊书籍、各种记录、报表、统计数字、部门或企业档案的检索与阅读；二是电子文本的查阅，除了常用的搜索引擎查找资料外，还应到图书馆查阅各种专门的数据库。

2. 留心观察

观察可分为定点观察、移动观察、比较观察、连续观察。定点观察是选择某个观察点，从一定的角度去观察。如对某一超市进行观察，获取这个超市的经营情况、超市周遭地区人们的消费水平等资料。移动观察则是不断变换位置、变换时间、变换角度进行观察。如某电视台为了解武汉市民有无让座习惯，工作人员便分头乘坐不同线路的公交车，以观察乘客的言谈举止来获取材料，所用的就是移动观察法。比较观察是对不同的观察对象进行对比观察或是对同一个观察对象的不同方面、阶段进行对比观察。比如可以对武汉市规模相近的超市的经营状况进行对比观察，获取不同地区的消费特点，以及不同超市的经营状况、经营特点等资料。连续观察是对事物做长期观察，获取某一较长时间段内的资料。如对留守儿童做连续观察，考察他们的成长轨迹、心理变化等。

3. 调查采访

调查可以分为普遍调查法、重点调查法、典型调查法、抽样调查法。要想客观真实地了解对象，普遍调查可作为首要选择，但受人力、物力所限，普遍调查并不总能随时随地进行，我们只好选取其他的调查方法来替代。值得说明的是，若做抽样调查，一定要注意抽样的科学性，否则所得的支撑材料不科学，对说明问题将没有帮助。

三、材料的使用

如果说收集材料要全面，那么使用材料则要典型，好文章总是用最经济的笔墨解决问题。对应用文写作来说，也应力求用最小的篇幅阐明主题。这就涉及对收集到的材料的分析、选择与使用的问题。

首先要分析研究材料。对材料进行分析时，一要鉴别材料的真伪，不得有失实和浮夸现象，因为虚假浮夸的材料必然导致错误的结论。特别是间接材料，一定要多方核实，理性分析，以免被别人的材料牵住鼻子，致使以讹传讹，贻笑大方。此外，要鉴别材料是否符合国家的法律规章和方针政策，因为依法行文是应用文写作的基本原则。

分析材料的总原则：去粗取精，去伪存真，由此及彼，由表及里。经过这番工作之后，可以舍弃一些不必要的材料，这是使用材料的第一步。

其次是选择材料。选择材料是作者在理解和分析材料的基础上，对众多材料作出取舍。取舍的原则有四条：一是选择能支撑主题的材料。凡是与主题有关，并能有力地表现主题的材料，就取而留之；凡是与主题无关或关系不大的材料，无论多么生动，都应坚决舍弃。一些初学写作应用文者，常常不忍割爱，总想把收集来的材料都塞进文中，结果造成材料堆砌，这样不仅增加了文章的“水分”，而且降低了文章的质量。二是选择准确真实的材料。这是应用文写作的基本要求。三是选择典型的材料。即选择那些最能说明事物的本质和特点，最能反映客观事物的发展规律，因而最有代表性和说服力的材料。应用文是通过个别事物来反映一般规律、通过个性来反映共性的。只有选择典型材料，才能证明带有普遍意义的观点，所以，必须对材料进行反复比较、鉴别，从中选取那些最生动、最突出、最有说服力的材料。四是选择新颖的材料。新颖的材料能给读者以新鲜感，具有吸引力，让人喜欢看，从而达到应用文应有的效果。写作应用文，应该尽量用新人、新事、新成果、新经验、新思想、新情况去反映新面貌，去讲新道理，使文章具有时代特色。

最后，行文的过程也是利用材料说明主题的过程。使用材料是最能展现作者写作功力的步骤。即使前面的工作都做好了，作者也会发现写作并不如想象得那样轻松，有时还要对相关材料进行调整、补充，只有反复酝酿，反复修改，才有可能拿出一篇经得起推敲的好文章。

常见的使用材料方法有列举法、综合法和列举综合结合法。列举法是按照主题的要求，将材料分条列项列举出来。综合法是将所使用的材料按照内在的逻辑关系加以综合运用。将列举法和综合法结合使用是应用文最常见的材料使用方法。

[例文 2-1] 学校“刷脸”考勤 换个马甲也能识

刷脸开屏、刷脸支付、刷脸进站可能很常见，但是刷脸进校园，你见过吗？下个月起，石门中学将全面启用人脸识别智能系统，届时学校正门、宿舍区域都会直接通过“刷脸”方式进出，"刷脸"1 秒左右即可进出。"刷脸"系统还将记录学生请假、迟到等考勤情况，佛山学校将迎来"刷脸"时代。

对此，校方表示，石门中学在佛山率先运用人脸识别系统进行系统化管理，此举将有利于学校实现精准考勤，保障学生安全，进一步提高校园管理水平。

新鲜："刷脸"1 秒即可进出校园和宿舍

记者昨日从石门中学了解到，该校与广州视翰电子科技有限公司合作，将于下月全面启用人脸识别智能系统，届时学校师生将可"刷脸"进出校园。

……

智能：摘眼镜、换发型都能识别

面对新事物，学生们的反应如何？石门中学德育处主任聂辉告诉记者："系统试运行一个多星期，学生们对新鲜事物非常好奇，经常在摄像机前尝试各种测试。"据透露，有的学生会特意把眼镜摘掉，有的学生还会扎个新发型，但系统总能非常"聪明"地认出他们，测试效果还不错。

……

升级：二期建设更智能　掌握校园轨迹

……

一期建设只是信息化建设的基础，石门中学还计划进行"智慧校园"二期建设。据透露，未来"走班制"将成为高中学习常态，为了更好地解决走班制考勤问题，二期建设将为教室设置电子班牌、刷脸签到等，而通过人脸识别对学生的校园轨迹进行分析也在未来的设想中。

展望：有望推广至更多佛山学校

人脸识别智能系统有没有推广到佛山其他学校的可能性？对此，上述项目投资方中国农业银行南海分行相关负责人透露，目前，南海还有另外三所学校在推进包括人脸识别智能系统在内的"智慧校园"建设。这些"智慧校园"的建设不乏量身定制的设计，"比如九江中学计划控制教室自动开启、关闭电源，届时每年将可节省 200 多万元电费。"上述负责人表示。

……

（原载于《广州日报》2018 年 11 月 21 日）

［评析］这是记者以学校相继开展"智慧校园"建设为时代背景，写作的一篇旨在报道、宣传及推广佛山"智慧校园"建设先进经验的新闻稿件。标题很好地表现了佛山"智慧校园"项目的可感知性特点，结合"智慧校园"服务教学中最引人关注的热点"刷脸考勤"为切入点，延伸出对"智慧校园"项目应用方式、应用范围及应用效果的全面分析和展示。

全文共分四个部分，第一部分介绍佛山石门中学建设"智慧校园"应用于校园管理的情况，及在考勤管理和学生安全管理上发挥出的作用；第二部分介绍学生对"智慧校园"系统的反应和态度；第三部分介绍石门中学"智慧校园"的未来建设规划和预期效果；第四部分介绍"智慧校园"的优势和推广价值。全文以叙述见长，主题突出、中心明确。在材料的运用上，文章采访面广，辅以数据说话，讲事实，摆道理，信息丰富全面，较好地体现了新闻报道的一般写法。

第三节　意脉贯通——应用文的结构

明确了应用文写作的主题，收集好了与主题相关的写作材料，接下来就要进入谋篇布局了。与散文强调“形散而神不散”，诗词讲究铺陈比兴、含蓄蕴藉，小说提倡“法而无法”、纵横捭阖、汪洋恣肆不同的是，应用文的结构强调的是约定俗成的格式和套路。具体来说，就是要根据文章表达主旨的需要，遵循一定的外在形式和内在的逻辑要求，把有关材料组织成层次清晰、段落分明、首尾连贯的不可分割的有机整体。总之，作者只有按照应用文体的相关法则合理组织，严密安排，才能达到“以不变应万变”的表达效果。

刘勰在《文心雕龙·附会》中对文章的结构有一段精辟的总结，他把文章结构安排的过程叫作“附会”，即“附辞会义”，“谓总文理，统首尾，定与夺，合涯际，弥纶一篇，使杂而不越者也。若筑室之须基构，裁衣之待缝缉矣”。刘勰的这段话几乎囊括了文章结构安排的各个重要环节，他强调结构的作用是统率文章命意，联系首尾段落，组合章节，包举全篇；结构的要求是使内容表达丰富而行文集中。那么，怎样才能使应用文的结构起到事半功倍的效果，真正服务于应用文写作的实用性和针对性要求呢？这就需要我们从外在和内在两个方面入手，力求使应用文结构的程式化和逻辑性相得益彰。

一、应用文外部形态的程式化

应用文作为一种特殊的文体形式，为了保证它的严谨性和严密性，自古以来就逐渐形成了一套相对稳定的程式化的格式和规范，现代应用文的写作更是如此。这些外部形态的要求一方面来自国家或有关部门、有关行业所制定和颁布的法规，如针对党政公文的写作规范，国家制定了《党政机关公文处理工作条例》；针对学术论文的写作要求，国家制定了《科学技术报告、学位论文和学术论文的编写格式》，而撰写合同就必须参考《中华人民共和国合同法》的相关规定等。另一方面来自实际运用过程中约定俗成的一系列特殊规范和格式，例如书信的写作，尽管主体内容相对自由，但在外部形态上它依然有一个普遍认同的样式。由此可见，“没有规矩，不成方圆”，应用文的写作需要我们严格遵循一定的程式化的规定，尽管这种外部形态的特殊规定看上去有些机械和烦琐，但是只要掌握了这些格式规律，按部就班地组织好行文的结构，写作过程就会变得有章可循，水到渠成。

我们不妨将应用文的外部形态按照文章写作的具体过程分为以下四个部分，即标题、开头、主体、结尾，处理好这四个部分的格式安排，就能把一篇文章的基本框架搭建起来。下面我们就结合这四个部分的结构特性分别加以介绍。

（一）标题

标题是文章的名称。对应用文而言，标题应力求做到准确、简明和醒目地概述文章的主旨，它的基本要求就是语言设计精准到位，主旨反映鲜明突出。根据这些要求以及针对不同文种需要，在具体拟定标题时，有以下两种方式：

1. 公文式标题

公文式标题即参照公文标题的写作规范而拟定的标题。这类标题一般说来规范性要求更高，它由发文单位、事由和文种词三个要素组成，如《中共中央关于加强和改进党的作风建设的决定》《国务院关于在全国推开“证照分离”改革的通知》。

2. 文章式标题

文章式标题较之公文式标题形式更加灵活，它不再拘泥于公文的特定格式，主要应用于调查报告、演讲、新闻等文体。这类标题有的是概括和提炼文章主旨和基本精神，如《改革开放40年全国个体工商户增长500多倍》《“武船造”再传捷报　我国首艘载人潜水器母船在汉下水》；有的是点明所论范围，如《21世纪秘书工作的发展趋势》《80后生活状况实录》等。

（二）开头

俗话说“万事开头难”，正文的开头部分往往需要用精练的语句开门见山地点明主旨，高屋建瓴地概括命题，这对于一篇应用文而言至关重要。一般说来，应用文的开头常用两种方式：

1. 概述目的式

概述目的式旨在交代行文的目的和意图，概括文章的基本内容，开宗明义地引出下文。这种开头方式，多见于调查报告、总结等文体。下面是一篇题为《2017中国海归就业创业调查报告》的文章，它的开头部分正是围绕这些要素展开的：

改革开放以来，我国人才培养方式日臻多样化，与人才发展息息相关的就业问题备受社会关注。教育部数据显示，2017届全国普通高校毕业生预计达到795万人，相比2016年（765万人）增加30万人。另一方面，据2017年留学人员回国服务工作部联席会议公布的数据，截至2016年底，我国留学回国人员（以下简称“海归”）总数达到265.11万人，仅2016年就有43.25万留学生毕业回国，新增海归人数已经超过高校毕业生预计增量。可以看到，我国经济社会快速发展下“人才磁铁”效应正在发挥积极作用，与此同时，海归群体的快速增长使其就业压力更甚从前，需要国家和社会的共同关注。

2. 引据说明式

引据说明式大多引用中央或上级文件精神，或有关法律法规，作为撰写文件的根据，并在文首部分简要说明发文的背景和意义。这种开头方式，多见于条例、公告、批复、通知等文体。下面这篇文章就是按照引据说明式开头的：

为深入贯彻《国务院关于扩大对外开放积极利用外资若干措施的通知》（国发〔2017〕5号）和《国务院关于促进外资增长若干措施的通知》（国发〔2017〕39号）精神，进一步扩大对外开放，着力营造法治化、国际化、便利化的投资环境，提高本市利用外资质量，推动经济高质量发展，现提出如下意见。

（《北京市人民政府关于扩大对外开放提高利用外资水平的意见》京政发〔2018〕12号）

（三）主体

主体是文章核心内容具体展开的部分。因为应用文体服务于一定的机关、单位、团体或个人，注重实用性和实效性，因此，正文核心部分为了更加明晰地部署工作，传递信息，其外在表现形式往往采用一系列程式化的格式，具体格式有以下三种：

1. 条款式

条款式是用序号标识，并分条列项地展开文章的具体内容。在公告、决定、计划、合同、会议纪要等文体中常常使用这种格式。对于篇幅比较长的应用文，要注意合理运用系数词和序数词厘清结构。系数词是表示“一、二、三……十”的个体数目的，序数词是在系数词前加“第”，如第一、第二等，或者借用阿拉伯数字、罗马数字、拉丁字母表顺序。系数词和序数词的运用要遵循一定的层级关系，这样才能清楚地传达信息。具体来说，条文层次序数第一层为“一”，第二层为“（一）”，第三层为“1.”，第四层为“（1）”。图 2－1 中呈现的就是这种格式的模板样式。

一、××××××××
（一）××××××××
1. ××××××××
（1）××××××××
（二）××××××××

图 2－1

2. 分块式

分块式旨在把全文的内容分成若干个部分，每个部分的前面可以有一个反映段落主旨的小标题。例如，总结由基本情况、具体做法、经验体会、存在问题、今后打算几块组成；也可以用一、二、三等系数词把文章的内容划分成几个既相互独立，又在一个大标题下共同表现一个主旨的若干部分。如图 2－2 所示。

一
　　×××××××××××××××××××××××××××
×××××××××××××××
二
　　×××××××××××××××××××××××××××
×××××××××××××××××××××
三
　　×××××××××××××××××××××××××××
××××××××××××××××××××

图 2－2

3. 篇段合一式

篇段合一式一般用在篇幅仅为一段的文章中，因为篇幅短小，不分段，一段就构成一篇文章，所以这种文章往往不需要复杂的结构划分，只需把要阐述的内容或传达的信息用简洁的语段表达清楚即可。这种格式主要运用在通知、决定、批复等文体中。

（四）结尾

应用文的结尾部分同开头部分一样，虽然篇幅较小，但如果能够处理得当，同样可以起到画龙点睛的作用。然而，应用文的结尾毕竟不同于文学类的文体，它不求余味无穷，只讲简洁明了，为此我们可以从以下几种常用的方式中，找到一些结尾的技巧：

1. 总结强化式

在结尾处，很好地呼应主题，深化观点，就能使应用文首尾贯通，让人印象深刻。这种方法可以用在总结、调查报告等文种中。

2. 强调说明式

在一些特定的公文文书写作中,往往在结尾处需要强调内容的意义和重要性,并说明其用途,表达请示批准等愿望,如“特此申请”“上述报告,如无不妥,请批转”“望认真研究,贯彻执行”等。

3. 号召祝愿式

在结尾处,发出号召,寄托希望,表示祝贺,常常鼓舞斗志,增强感染力。

4. 建议祈使式

针对主体阐述的情况、提出的意见和建议,希望在以后的工作中加以改进和推进,这也是调查报告和总结等常用的结尾方法。

当然,也有些篇幅短小或条款明晰的文体在主体部分已经言尽意明的情况下,就不必再专门结尾,只需自然收束即可。

二、应用文内部结构的逻辑性

应用文不同于文学作品,应用文的审美愉悦功能让位于社会功用目的,正是因为其特殊的写作目的和受众对象,所以在实际运用过程中,应用文尤其强调写作的客观性和准确性,而要做到这一点就必须强调写作的内在逻辑性。如果说,外在的程式化结构是为应用文的写作搭建起一个基本的框架的话,那么文章内部的逻辑性就是要保证这个框架能够更加稳固和可靠。具体来说,应用文在写作过程中要尽量做到:条理清晰,段落之间具有明显的逻辑关系;文章的内容讲究因果,材料能够证明观点;陈述的事项界限清晰,事项与事项之间互不交叉等。针对这些基本要求,我们可以对应用文的内部逻辑关系进行如下划分:

(一)纵向组合结构

所谓纵向组合结构,就是要在文章中明确先说什么,后说什么,要按照事物存在、发展的时空顺序纵向展开说明和论述。根据不同的情况,可以把这种纵向结构分成如下几种形式:

1. 直线式

直线式是以时间先后为序,按照事情发生、发展、变化过程的顺序安排层次,直线推进。它线索单纯,便于将事情的来龙去脉交代清楚,常用于内容较为简单、叙事性较强的应用文,如消息、通讯、会议纪要等文体。如《2017 年黎川县人民政府第五次常务会议纪要》一文:

2017 年 4 月 24 日,县长江志坚主持召开了 2017 年县政府第五次常务会议。主要内容纪要如下:

会议通报了 2017 年县政府第四次常务会议议决事项督查落实情况,会议传达学习了《关于两起违反中央八项规定精神典型问题的通报》《关于五起基层“微腐败”典型案例的通报》《转发省纪委〈关于七起扶贫领域腐败问题典型案例的通报〉的通知》,会议审议了《关于推进我县土地开发复垦工作的请示》《黎川县省学前教育改革发展实验区实施方案(送审稿)》《黎川县城市棚户区改造实施方案(送审稿)》《关于要求批准实施〈黎川县预拌混凝土搅拌站布点方案〉的请示》《关于新城家园安置房办理不动产权证书的请示》《关于要求启动德胜现代农业科技示范园征地工作的请示》《关于要求提高我县社会救助保障标准的请示》《黎川县人民政府购买村级卫生计生服务实施方案(送审稿)》《黎川县医养结合工作实施方案（送审稿）》《关于进一步提升全县乡村卫生计生服务能力建设的方案（送审稿）》。会议还就其他有关事项进行了审议讨论。

该文采用了非常明显的直线式结构，以时间为主线，记录了会议的全部议程及内容。

2. 递进式

递进式是按照事理的展开顺序或对事物的认识深化过程顺序安排层次，分析论证，递进式地表现主题。在应用文中，这种结构形式可以程式化为“叙事—说理—结论”，或者“提出问题—分析问题—解决问题”，或者“基本情况—做法经验—存在问题”。说理性强的应用文常用这种结构方式，比如调查报告、总结、经验介绍等。

3. 因果式

因果式是以前因后果或前果后因的顺序安排层次，体现的是因果关系的逻辑思路。应用文中的通报、请示、决定、申请等文体常常使用这种结构方式。

（二）横向组合结构

横向组合结构是按事物的不同方面或材料的不同性质，把文章分为若干部分，部分与部分之间的关系或为简单的并列关系，或为总分（分总）式的并列关系，或为对比关系。它的思路是分类提炼，横向铺排。

1. 简单并列式

简单并列式是围绕主题，把选取的材料逐条逐项并列地加以展开的结构。当然在写作过程中有时也需要对相关材料进行必要的分类和概括，通过对一系列的条款进行整理，可以适当地进行组合归纳，从而概括出并列的几个方面，一个方面归纳为一个观点，并用这个观点把有关材料组织在一起，列为一个层次。这种并列式结构往往表现为条理分明、简洁醒目的特点。法规、规章、方案、合同、协议书等的正文的结构安排，一般可采用这种方式。

2. 总分并列式

总分并列式要么先总说，后分说，要么先分说，后总说，抑或是先总说，后分说，再总说。它是一种辐射状展开的结构，其特点是中心突出、层次分明、思路清晰，能够鲜明地体现出领属关系或整体与部分的关系。通告、通知、会议纪要等的正文结构常用这种结构方式。

3. 对比式

对比式是用相对或相反的材料安排层次，以比较的方式突出观点。这种方式的特点是重点突出、论述有力。调查报告、总结等文体常用这种结构方式。

（三）纵横交叉式结构

纵横交叉式结构是将纵向推进和横向展开综合起来交叉安排层次的结构方式。其实，一些内容复杂、时空变换大的应用文运用一种结构方式往往不能很好地驾驭全篇内容，这个时候，就需要我们综合使用两种结构方式来统一全文。尽管如此，我们在组合两种方式时仍然需要突出重点，以免结构混乱。也就是说在结构全篇时，要么以纵向为主，以横向为辅；要么以横向为主，纵向为辅，不能平均用力。如《改革开放四十年　西部重大改革模式调查报告》，篇幅较长，全文主要按照并列式关系即横向组合的结构方式，将西部地区出现在各个城市或地方的具有代表性的改革模式进行详细诠释。但在每一种模式的调查研究中，将改革开放四十年的纵向时间线融入改革模式的探索中，按照时间的推进展开叙述，另一方面又将微观分析的方法运用在数据的对比列举中，这样一来，全文的布局就形成了纵横交叉的结构形式。

第四节　晓畅简洁——应用文的语言

如果说文章的主题是灵魂，结构是骨骼，那么语言就如同身体的肌理，它构成作者思维的载体，并直接形成文章的全貌。

曹丕在《典论・论文》中指出："夫文本同而末异。"这里的"本同"是说文章的基本规律对于不同文体而言是共有的，而"末异"是指不同的文章体裁有不同的形式特点。的确，文学语言表述上追求潜台词的丰富，在作品的意义上讲究多义性、象征性和隐喻性。而应用文以事务性交际与传播信息为目的，它的写作或为了告知事项，或为了请求批准，或要求贯彻执行……因此，它的功能是单一、明确、具体而直接的，它的语言应该是拒绝隐喻、象征、朦胧与模糊的。那么，应用文的语言究竟具有怎样的特点，在写作过程中应该注意哪些具体问题呢，这便是本节介绍的主要内容。

一、应用文语言的特点

任何文章都需要借助语言才能得以表达，但不同的文体又受制于不同的语体形式。一般来说，文学作品运用文艺语体；说明文运用科技语体；议论文运用政论语体；应用文运用事务语体。尽管由于交际语境的纷繁，一定的语体与一定的文体并不完全形成简单的一成不变的对应关系，但是总的来说，应用性的文体对语体的要求更加严格和规范，它所遵循的语言规律和准则形成了这种文体独特的表达方式。具体来说，应用文语言的基本要求是明确、简洁、平实、得体。

（一）明确

应用文的作用在于解决人们在工作和生活中出现的问题，直接作用于人们的实际需要。因此，应用文具有很强的现实针对性，并且，它一经完成并传达，便即时对现实发生作用，产生现实的约束力，这就要求我们在语言表达中充分遵循明白准确的原则。我们可以从以下两个方面来实现这一要求。

（1）撰写应用文要具备正确的指导思想，准确把握有关的方针政策、法律法规，切实做到文章中的每一个事实、细节和数据都要准确无误。比如，在制定《2019 年××省普通高校招生主要政策规定》时，××省教育厅首先需要参照上级教育管理部门的相关政策，并在此基础上拟定条款，对招生时间、地点和办法作出详细介绍，对包括报名、考试、评卷、录取等各个环节作出明确规定，这其中的每一个款项都要做到科学、认真、细致，只有这样才能避免信息误导，有效地落实政策。

（2）撰写应用文需要仔细辨析词义的性质、范围、程度和表述对象，避免语法、逻辑、文字和标点等的错误，从而做到用词准确、语意完整。在应用文撰写过程中，往往只是一字之差或是一个简单的标点符号的错误使用，就会导致严重的后果。比如，"订金"不同于"定金"，购买汽车和商品房时预付"订金"，不能写成"定金"，如果将来交易不成，"定金"就不能退还。再比如，在某供应合同中，付款条款对付款期的定义是"货到全付款"，而该供应是分批进行的。在合同执行中，供应方认为，合同解释为"货到，全付款"，即只要第一批货到，购买方即“全付款”；而购买方认为，合同解释应为“货到全，付款”，即货全到后，再付款。从字面上看，这两种解释都可以，致使双方各持己见，争执不已，终至对簿公堂。可见，应用文的明确性要求是从每个词语的使用开始的。

（二）简洁

简洁即要求语言有张力，以最经济的文字直陈语意，做到“文约而事丰”。应用文要求高效、迅速地传递信息，处理公私事务，因此，它的语言除了准确之外，还应做到简洁畅达、精练明快，以使读者能够迅速、正确地获取信息，理解主旨。为此，我们可以从以下几个方面入手。

1. 句式上多使用陈述句和祈使句，以使行文严肃、简约

在说明事务，陈述事实的行文中，我们可以用陈述句来明确主旨；在表达请求、命令、禁止的语气时，我们可以用祈使句来强化主旨。比如，在科研类文书中，“多媒体技术就是把声、图、文、视频等媒体通过计算机集成在一起的技术”，运用陈述句下定义，可以使读者明晰地把握多媒体技术的主要特点。在党政公文的写作中，祈使句使用频率较高，比如“以上报告，如无不妥，请批转各地区各部门执行”“严禁国家工作人员搞权钱交易”等。

2. 句式上常用变式句，如无主句、倒装句等，从而使行文简洁有力

比如在《中共中央关于构建社会主义和谐社会若干重大问题的决定》一文中，文章对构建社会主义和谐社会提出了六项原则：“必须坚持以人为本。始终把最广大人民的根本利益作为党和国家一切工作的出发点和落脚点……必须坚持科学发展。切实抓好发展这个党执政兴国的第一要务……必须坚持改革开放。坚持社会主义市场经济的改革方向，适应社会发展要求……必须坚持民主法治。加强社会主义民主政治建设，发展社会主义民主……必须坚持正确处理改革发展稳定的关系。把改革的力度、发展的速度和社会可承受的程度统一起来……必须坚持在党的领导下全社会共同建设。坚持科学执政、民主执政、依法执政……”这六个“必须”句都统一采取了无主句的句式，但并不影响整个语意表达的准确性，反而使行文更加庄重严肃。

3. 正确使用简称和缩略语

简称和缩略语是人们在实际工作中经过多年加工提炼，约定俗成的语言。因为它们随现实需要应运而生，又取得了广泛的社会认同，所以具有简便实用的特点。比如“人大”“中共中央”“海协会”等简称，以及“三个代表”“入世”“申奥”“三农”等缩略语都经常出现在应用文中，这样也能使应用文简洁明了。

4. 适当使用文言词汇

应用文的应用历史悠长。文言词汇在长期使用过程中，传承下来一些精练的词语，比如，“以上意见妥否，请批示”“承蒙贵公司大力支持，特表谢意”“希予接洽为荷”等句子中的“妥否”“承蒙”“为荷”等词语，它们在现代写作中运用起来，既使文章更加庄重大方，又体现了应用文简洁晓畅的特点。

5. 广泛使用专业性强的词汇

应用文在长期的社会实践中逐渐形成了一套比较稳定的专业惯用词汇，这些词汇能够将相对模式化的内容表现得更加简明扼要、条理清晰，所以在写作过程中应多加使用。为方便记忆，特做如下总结：

（1）称谓用语，用来称己方和对方。如本、贵、该等。

（2）领叙用语，用来引出所叙事情的依据。如据、根据、依据、按照、本着（……的原则）、查、鉴于、据悉、为了……特、……现……如下等。

（3）补叙用语，如另、再等。

（4）经办用语，用来引出对事情过程的叙述和说明。如经、业经、前经、并经等。

（5）承转用语，用来作为过渡，或对上文进行总结，或对自己的观点进行阐述。如为此、故此、据此、综上所述、总而言之、有鉴于此、由此可见等。

（6）请示用语，用来提出请求或希望。如祈请、拟请、恳请、烦、希、希即、希予、尚祈、务盼、切盼等。

（7）征询用语，用来征询意见或期望对方予以答复。如妥否、当否、能否、是否可行等。

（8）受事用语，为表示感激承受而使用。如蒙、承蒙、荷、是荷（这里表示感谢的意思）、为荷等。

（9）感盼用语，如深表谢意、以……为感（用于平行文）、以……为盼、切盼等。

（10）判断用语，如系、确系、果系、纯系等。

（11）令知用语，如责令、责成、务必、严禁、不得等。

（12）告诫用语，如不得有误、毋违、切切等。

（13）见解用语，如应、理应、确应、应予、应将、应以、均应、本应、准予、特予、不予、同意、不同意、我们认为、以为、可行、宜等。

（14）时态用语，如兹、顷、业经、嗣后、即、即日、不时、届时、值此、逾期、亟待、俟等。

（15）目的用语，如特此、以资鼓励、以利、以便等。

（16）报送用语，如呈请、呈报、呈送、呈上、报送、送达等。

（17）颁行用语，如颁发、公布、下达、批转、转发、执行、遵照执行、认真贯彻执行、参照执行、暂行、试行等。

（18）核查用语，如审核、审定、审议、核发、核销、查询、查收、备查等。

（19）结尾用语（命令），如此令、毋违、以上命令由……执行、自……起施行、不得有误等。

（20）结尾用语（决定），如自……起实行、特此决定等。

（21）结尾用语（请示），如当否、请批复、请批复为盼、请审批等。

（22）结尾用语（报告），如特此报告、请批示等。

（23）结尾用语（函），如特此函告、特此函复、此复、请即见复为盼、请示复、……为盼、……为荷、此致、谨致谢忱等。

（三）平实

一般来说，除了演讲稿、广告文案、书信等具有一定个性化特征的文体外，绝大多数应用文都追求平易近人、质朴无华的表达效果，以直接告诉人们做什么，怎么做。为此，我们应注意以下几点。

（1）实事求是，不说空话，不讲大话，不滥用溢美之词。

（2）直陈其意，不绕弯子，不故作高深，不追求华丽的辞藻或奇巧的形式。

（3）注重论述，不随意使用描写、抒情等表达方式，不滥用夸张、拟人等修辞手法。

（四）得体

得体是指语言得当，恰如其分，即根据不同的内容、不同的目的、不同的对象选择相应的用语。譬如就行文对象而言,上行文的用词要谦和而不阿谀奉承,常用“请”“恳请”“拟请”“特请”等词,结尾收束常用“当否,请指示”“如无不当,请批转”“如无不妥,请批准”“特此报告”“以上报告,请审核”等;下行文的用词要郑重严肃,要关爱下级而不简单粗暴,常用“希”“望”“尚望”“请”“希予”等词,结尾收束常用“为要”“为宜”“为妥”“希遵照执行”“特此通知”“此复”“现予公布”等;平行文的用词要以诚相见,相互尊重,常用“请”“拟请”“特请”“务请”“如蒙”等词,结尾收束常用“此致敬礼”“为盼”“为荷”“特此函达”“特此证明”“尚望函复”等。

就不同的文种而言,语言的使用也有相应的要求。公告、通告的语言要深入浅出;商业广告的语言则要生动活泼、灵活多变;报喜信、祝捷信、祝贺信、感谢信、慰问信等日常事务文书使用的语言应当热烈、欢快、真挚……因此,运用语言要“因体而异”,合理选择,做到恰当得体。

二、应用文的撰写规范

应用文的语言特点对其撰写提出了相应的规范性要求,尤其是一些惯用语和数字符号的使用更应符合国家统一规定的标准。为此,我们对其中容易出错的部分做如下介绍。

(一)简称的规范使用

随着社会现代化和信息化的发展,人们学习、工作和生活节奏加快,简称已经成为现代交际中不可缺少的词汇表达形式,是词汇体系的重要组成部分。上文中谈到应用文语言的简洁性要求时,我们提到简称的运用可以让行文更加简练,可正因如此,人们在日常运用中为了方便省事也容易出现滥用,致使行文失范的情况。其实,简称的运用是有条件的。以下几种情况可以使用简称。

(1)人们普遍熟悉的名称可以用简称。如“中等专业学校”可以简称为“中专”,“奥林匹克运动会”可以简称为“奥运会”,“普通高等学校招生全国统一考试”可以简称为“高考”,“北大西洋公约组织”可以简称为“北约”等。

(2)中央领导机关规定使用简称的名称,可以简称。如“中共中央纪律检查委员会”可以简称为“中共中央纪委”,“中国文艺界联合会”可以简称为“中国文联”,“政治协商会议”可以简称为“政协”等。

(3)著名的地名连写,或者著名地名与相关特色名称组合形成的普遍认同的名称可以用简称。如“北京、天津地区”可以简称为“京津地区”,“青海到西藏的铁路”可以简称为“青藏铁路”等。

(4)对于一篇文章中多次重复出现的名称,第一次已经注明使用简称之后,下文可以用简称。

(二)数字的规范使用

在应用文撰写过程中,数字使用频率较高。我国通用的数字包括汉字数字和阿拉伯数字两种。参照国家标准《出版物上数字用法(GB/T 15835—2011)》,两种数字在运用时有不同的规范性要求。

1. 阿拉伯数字的使用规范

一般来讲,凡是可以使用阿拉伯数字而且又很得体的地方,特别是当所表示的数字比较精确时,均应用阿拉伯数字。遇特殊情况,可以灵活变通,但全篇体例应相对统一。以下情况应当使用阿拉伯数字。

（1）统计表中的数值，如正负整数、小数、百分比、分数、比例等，必须使用阿拉伯数字。如 28、-3、0.5、20%、3/5、5：8 等。

（2）公历世纪、年代、年、月、日、时、分、秒等表时间的数字，必须使用阿拉伯数字。如公元前 10 世纪、20 世纪 90 年代、2008 年 5 月 12 日 14 时 28 分等。

（3）表示长度、质量、时间、电流、热力学温度、物质的量等物理量值，必须使用阿拉伯数字。如 10 千米、500 克、37℃等。

（4）日常生活中使用的一般量值，通常情况下应当使用阿拉伯数字。

（5）代码、代号和序号、番号以及文件编号、证件号码和其他序号，必须使用阿拉伯数字。如 8341 部队、国标 GB2312－80、中发〔2011〕1 号等。

（6）对年份用公元加注在括号里，不加公元，不加年。如（前 31—前 20）、（1893—1976）。

2. 汉字数字的使用规范

汉字数字在应用文写作中也有严格的规定。

（1）定型的词、词组、成语、惯用语、缩略语或具有修辞色彩的词语作为语素的数字必须使用汉字数字。比如四书五经、四通八达、五四运动、第一学年等。

（2）中国干支纪年、农历月日必须使用汉字数字。如甲子年三月、八月十五中秋节等。

（3）星期几必须采用汉字数字，比如星期一。

（4）相邻的两个数字并列连用表示概数，必须使用汉字数字，并且连用的两个数字之间不得用顿号隔开，比如一两个小时、三四次、四十五六岁。

（三）标点符号的规范使用

公文中标点符号的使用应严格按照国家标准《标点符号用法（GB/T 15834—2011）》。

（1）文件中独立成行的小标题末尾一般不用句号。

（2）完整引文的句号应该标在双引号内侧（“……。”），部分引文的句号应该标在双引号外侧（“……”。）。

（3）数字和拉丁字母作序号时，后面标点符号应使用实心圆点（.）。

1.　2.　3.　　　　　　　　　（规范）

1、　2、　3、　　　　　　　　（不规范）

加了括号的序号，不再加标点符号。

（一）　（二）　（三）　　　　　（规范）

（一）、（二）、（三）、　　　　　（不规范）

第五节　表述得当——应用文的表达方式

表达方式是撰写文章运用的表述方法和形式，是文章反映客观事物的方式和手段。一般来说，文章常见的有叙述、描写、议论、抒情、说明五种表达方式。应用文写作因写作对象、写作目的、写作内容不同，通常选择叙述、议论和说明三种表达方式。

一、叙述

叙述，又称记叙，顾名思义，它是一种有次序的叙说，介绍人物的言行、经历或事物发生发展变化过程的表达方式。叙述是文章的基本表达方式之一，在应用文写作中经常用到。如通报、工作报告、情况报告、事故报告、简报、通讯、经济活动分析报告、市场调查报告、总结、纪要、合同等，多用叙述方式，或陈述事实，或做议论文的依据。

司法文书中叙述方式尤为重要，它是是非曲直的基础。如果叙述不当或叙述有误，都会造成案件的误判。

应用文写作中叙述的方式通常有顺叙、倒叙、插叙、平叙和夹叙夹议。

顺叙是按照时间先后顺序或事物发展过程来组织材料，安排段落层次的一种写作方法，如通报等。这种方法在应用文写作中最为常用，其优点是头尾清晰、层次分明。

倒叙是先写结局或事件的某一重要情节，然后再依事件的发生、发展过程进行叙述，常见于“消息”“调查报告”等。这种写作方法能使文章结构富有变化，有波澜。

插叙是在叙述过程中出于表达的需要，中断原有叙述，插入另一段相关内容，以对主要事件和情节做必要的铺垫、照应、补充说明。插叙完毕，仍按原线索继续叙述，常见于调查报告、通讯等。

平叙是叙述同一时间发生的两件或两件以上的事时，采取并列叙述的写作方法，或先甲后乙，或时甲时乙，轮番叙述。古语所讲的“花开两朵，各表一枝”即平叙。平叙的优点是把纷繁的事情叙述得有条不紊、头绪清楚，常见于报告等。

夹叙夹议是叙述之中或之后，加以分析议论的写作方法。这种方法是材料（叙述）和观点（议论）的有机结合。材料说明观点，观点统率材料，作者的思想和观点就此得到了很好的体现。当然，夹叙夹议不同于文学作品中的叙述，这里的叙述是简略的、概要的，常见于总结、述职报告等。

需要说明的是，在一篇应用文中，作者运用的叙述方法可能不是一种，许多时候是多种方法交叉并用的。

二、议论

议论是通过事实材料和逻辑推理，对客观事物进行解说，以表明作者立场、观点和态度的一种表达方式。议论是凸显主题、揭示文章思想内涵的主要方法。议论常是概括式的，即在叙述某人或某事的情况之后，再予以画龙点睛的评述。

（一）议论由论点、论据和论证三要素构成

论点是作者对所论述的问题提出的见解、观点和看法。论点是根据论据而得来的，统率整篇文章；论点要求正确、集中、深刻、新颖。

论据是用来证明论点的事实和数据等材料，论据要求真实典型。

论证是运用论据证明论点的过程和方法。论证的方式有立论和驳论两种，立论是通过充分有力的论据，正面阐述自己的论点；驳论是通过反驳他人的论点来确定自己的论点。在具体的论证过程中，无论是立论还是驳论，都要求论点论据统一，推理合乎逻辑。

（二）论证的主要方法

（1）例证法：用典型事例和数据来证明论点的论证方法。

（2）引证法：用名人的言论，或党和国家的方针政策及一些法规性文件作为论据的论证方法。

（3）反证法：用证明与自己论点相反的论点是错误的，从而证明自己论点是正确的论证方法。

（4）归纳法：通过对个别事例的分析和研究，推导出一般性结论的论证方法。

（5）演绎法：通过一般性的结论而推导出个别论断的论证方法。

（6）对比法：通过比较不同情况或事物，从而阐明事理、映衬结论的论证方法。

（7）归谬法：先假设对方论点正确，然后根据这一论点，引申出荒谬结论，从而反驳对方论点的论证方法。

三、说明

说明是用简洁明了的语言，把事物的形状、性质、特征、成因、功能、用途、用法等和人物的经历、性格等表述清楚的一种表达方式。

常见的说明方法有：

（1）定义说明。即下定义，它是用简明的语言，阐述事物本质属性的一种说明方法。用下定义的方法说明事物，既能使人对被说明的事物有一个清晰准确的了解，也能使被说明事物与其他事物之间，界限分明，说明时不易混淆。

（2）举例说明。它是用典型事物来说明事理的一种方法。这种方法能将抽象的事例具体化，从而给人留下深刻印象。

思考与训练

1. 应用文的主题有何特点？
2. 如果写一份学期总结，你应该收集哪些资料？
3. 应用文的结构有哪几个方面的要求？
4. 应用文的语言有哪些特点？
5. 怎样实现应用文语言的简洁？

第三章　党 政 公 文

第一节　党政公文概述

一、党政公文的概念

中国共产党机关和国家行政机关公文简称党政公文，它是党政机关实施领导、履行职能、处理公务的具有特定效力和规范体式的文书，是传达贯彻党和国家方针政策，公布法规和规章，指导、布置和商洽工作，请示和答复问题，报告、通报和交流情况等的重要工具。

理解党政公文的含义，应把握以下几个要点：

(1) 制发党政公文的作者必须是各级党政机关或者得到授权的党委、政府的部门。

(2) 党政公文是党政机关或者得到党政机关授权的党委、政府的部门管理党和国家事务、社会事务和机关内部事务的重要工具。

(3) 党政公文形成并作用于党务、政务管理过程之中。

(4) 党政公文具有特定的效力和规范的体式。

二、党政公文的基本特点

(一) 效用的现实性

党政公文是党政机关行使党务、政务权力的工具，是为解决现实问题而制发，为达到现实效果而运行的文本形式，其运作过程对社会现实状态必然产生一定的影响。当然，具体的党政机关所行使的某一具体的党政权力，也受到时间和空间的限制。

(二) 效力的强制性

强制性是党政公文特定效力的体现，来源于党和国家法律的授权。党政机关是党和国家意志及公共利益最集中、最正式的代表，行使着综合管理党和国家事务、社会事务的权力，因而其行文代表着特定权力，代表着党和全体社会成员或大多数社会成员的利益，自然具有很大的强制性。具体来说，这种强制性表现为强制传达、强制阅读、强制理解、强制执行等。

(三) 程序的合法性

依法治党和依法行政要求党政公文必须做到内容合法、程序合法。所谓内容合法，即要求党政公文必须符合国家宪法和法律，符合党的章程和国家的行政法规以及国家现行的各项政策。所谓程序合法，即要求党政公文的制作和发布程序必须符合党和国家的法定规章制度。

（四）体式的规范性

党政公文具有统一、规范的体式。这一体式体现在公文的文体、构成要素及其格式安排上。《党政机关公文格式》对党政公文的用纸、版面、印刷装订和书面格式等均做了明确的规定，是各级党政机关制发公文的规范标准。

规范党政公文格式，具有重要的意义：第一，公文格式规范可理解为党政机关政策文本的规范，体现公共权力的严肃性、权威性。第二，规范党政公文格式有利于提高党政机关信息传递过程中编码、译码的效率，降低党务、政务管理成本。第三，规范党政公文格式有利于运用现代科学技术手段处理公文，提高公文办理的成效。

（五）执行的可接受性

党政公文的本质属性——现实执行性表明，党政公文的制发是基础，执行是关键。党政公文既是推行党和国家决策、政策的工具，又往往代表着党和国家及社会现实甚至未来状态下的价值归属。忽视党政公文的价值因素，容易导致其可接受性降低，从而难以达到党政机关的预期决策目标。

在政治日益民主、信息高度公开的今天，党政公文的可接受性往往决定其实际效力。党政公文的可接受性，主要表现为内容的可接受性和形式的可接受性。

内容的可接受性，首先要求党政公文内容合法，应符合党的章程和国家法律法规以及法律原则、法律目的的要求；其次，要求党政公文内容正确，即能够正确表达党和国家的意志和利益，正确地反映公共意志和利益，符合各种利益群体的要求。

形式的可接受性，要求公文的文字表达简要、明白、具体、易懂。简要，即要言不烦，简明扼要，忌套话、空话、废话；明白，即态度鲜明，用语准确，忌含糊不清；具体，即求真务实，表述详细、周全，忌过于抽象；易懂，即通俗生动，浅显易懂，忌故作深沉、乱用专业术语、生编词语。

三、党政公文的作用

党政公文是党和国家各级组织及其所属部门履行管理职责，运用管理职权，处理党和国家事务、社会事务及机关内部事务的基本工具，其作用和功效具有多层次、多方面的表现，而且在不同社会阶段表现不同。概括来讲，党政公文的作用主要有：

（一）指导作用

党政公文的上下级行文关系，可以分为领导与被领导关系（上一级党组织和人民政府与下一级党组织和人民政府之间的关系、各级党组织和人民政府与其直属机构之间的关系）、指导与被指导关系（上一级党组织部门和人民政府业务职能部门与下一级党组织部门和人民政府业务职能部门之间的关系）两种。党政机关传达贯彻党和国家的方针政策，颁行上级或本级机关的决策政策，发布法规或规章而形成的公文，在其特定职权范围内，必然对下属机关产生领导作用或指导作用。

（二）规范作用

党政公文的规范作用主要表现在两个方面：一是对下级党政工作的目标、任务和程序具有约束作用，能有效规范党政机关的行为；二是党政公文发布的法规、规章、命令、决定、行政措施等，对区域范围内的中共党员和社会成员也起着规范作用。

（三）宣传教育作用

党政公文在传达某一方针政策，规定人们应该如何行动的同时，还要说明为何要这样行动。党政公文传递出来的信息往往包括国际国内宏观环境、党和国家及社会公共利益的立场、特定时期的主流价值观念等，对中共党员和社会成员的思想认识起到宣传、引导和教育作用。

（四）沟通作用

沟通是党政机关提高工作效率的必要保障。人类社会自文字产生以来，公文即成为国家政府体系沟通信息最基本、最重要的手段。党政机关之间的许多工作是通过公文进行联系、协调的，许多具体问题因此而得到及时处理，许多重要信息也借此而获得沟通。在民主社会里，公文还成为党和政府公开党务政务、与民沟通的桥梁。

（五）依据和凭证作用

党政公文反映了执政党和国家行政机关的意图，具有法定的效力，同时，它还是证实这些意图的最好凭证，是国家档案资料的重要来源。

四、党政公文的种类

（一）党政公文的基本分类

（1）根据行文关系和行文方向，分为上行文、平行文和下行文。

（2）根据适用范围，分为通用公文和专用公文。

（3）根据保密要求，分为秘密公文和普通公文。保密程度有绝密、机密和秘密三种。

（4）根据时限要求，分为紧急公文和普通公文。紧急程度又有特急和加急两种。

（5）根据性质与作用，分为指挥性公文（命令、决议、决定、批复）、知照性公文（公告、公报、通告、通知、通报）、报请性公文（请示、报告）、商洽性公文（函）、记录性公文（纪要）、提议性公文（议案、意见）。

（二）党政公文的具体种类

按照2012年中共中央办公厅、国务院办公厅印发的《党政机关公文处理工作条例》（中办发〔2012〕14号）的规定，党政公文主要有15种。

（1）决议：适用于会议讨论通过的重大决策事项。

（2）决定：适用于对重要事项作出决策和部署、奖惩有关单位和人员、变更或者撤销下级机关不适当的决定事项。

（3）命令（令）：适用于公布行政法规和规章、宣布施行重大强制性措施、批准授予和晋升衔级、嘉奖有关单位和人员。

（4）公报：适用于公布重要决定或者重大事项。

（5）公告：适用于向国内外宣布重要事项或者法定事项。

（6）通告：适用于在一定范围内公布应当遵守或者周知的事项。

（7）意见：适用于对重要问题提出见解和处理办法。

（8）通知：适用于发布、传达要求下级机关执行和有关单位周知或者执行的事项，批转、转发公文。

（9）通报：适用于表彰先进、批评错误、传达重要精神和告知重要情况。

（10）报告：适用于向上级机关汇报工作、反映情况，回复上级机关的询问。

(11) 请示：适用于向上级机关请求指示、批准。

(12) 批复：适用于答复下级机关请示事项。

(13) 议案：适用于各级人民政府按照法律程序向同级人民代表大会或者人民代表大会常务委员会提请审议事项。

(14) 函：适用于不相隶属机关之间商洽工作、询问和答复问题、请求批准和答复审批事项。

(15) 纪要：适用于记载会议主要情况和议定事项。

第二节　党政公文格式

党政公文具有规范的格式，党政公文格式是公文书面结构的各个项目在载体上排列的规格与样式，包括公文用纸格式、排版印装格式、书面格式等，其意义在于维护公文的严肃性和权威性，便于公文的管理和处理。

一、公文用纸格式

（一）公文用纸主要技术指标

公文用纸一般使用纸张定量为 60 g/m^2 ~ 80 g/m^2 的胶版印刷纸或复印纸。纸张白度 85%~90%，横向耐折度为≥15 次，不透明度≥85%，pH 值为 7.5~9.5。

（二）公文用纸幅面尺寸

公文用纸采用 GB/T 148 中规定的 A4 型纸，其成品幅面尺寸为 210 mm×297 mm。

（三）公文页面与版心尺寸

公文用纸天头（上白边）为 37 mm±1 mm，公文用纸订口（左白边）为 28 mm±1 mm，版心尺寸为 156 mm×225 mm。

二、公文排版规格和印装要求

（一）排版规格

如无特殊说明，公文格式各要素一般用 3 号仿宋体字。一般每面排 22 行，每行排 28 字，并撑满版心，特定情况可以做适当调整。

（二）制版要求

版面干净无底灰，字迹清楚无断划，尺寸标准，版心不斜，误差不超过 1 mm。

（三）印刷要求

双面印刷；页码套正，两面误差不超过 2 mm。黑色油墨应达到色谱所标 BL100%，红色油墨应达到色谱所标 Y80%、M80%。印品着墨实、均匀，字面不花、不白、无断划。

（四）装订要求

公文应当左侧装订，不掉页，两页页码之间误差不超过 4 mm，裁切后的成品尺寸允许误差±2 mm，四角成 90°，无毛茬或缺损。

骑马订或平订的公文应当：

（1）订位为两钉外订眼距版面上下边缘各 70 mm 处，允许误差±4 mm。

（2）无坏钉、漏钉、重钉，钉脚平伏牢固。

（3）骑马订钉锯均订在折缝线上，平订钉锯与书脊间的距离为 3 mm～5 mm。

包本装订公文的封皮（封面、书脊、封底）与书芯应吻合、包紧、包平、不脱落。

三、公文书面格式

公文书面格式包括版头、主体、版记三部分。公文首页红色分隔线以上的部分称为版头；公文首页红色分隔线（不含）以下、公文末页首条分隔线（不含）以上的部分称为主体；公文末页首条分隔线以下、末条分隔线以上的部分称为版记。

（一）版头

1. 份号

份号是公文印制份数的顺序号。涉密公文应当标注份号。

如需标注份号，一般用 6 位 3 号阿拉伯数字，顶格编排在版心左上角第一行。

2. 密级和保密期限

密级和保密期限分别是指公文的秘密等级和保密的期限。涉密公文应当根据涉密程度分别标注“绝密”“机密”“秘密”和保密期限。

如需标注密级和保密期限，一般用 3 号黑体字，顶格编排在版心左上角第二行；保密期限中的数字用阿拉伯数字标注。

3. 紧急程度

紧急程度是指公文送达和办理的时限要求。根据紧急程度，紧急公文应当分别标注“特急”“加急”。

如需标注紧急程度，一般用 3 号黑体字，顶格编排在版心左上角；如需同时标注份号、密级和保密期限、紧急程度，按照份号、密级和保密期限、紧急程度的顺序自上而下分行排列。

4. 发文机关标志

发文机关标志由发文机关全称或者规范化简称加“文件”二字组成，也可以使用发文机关全称或者规范化简称。联合行文时，发文机关标志可以并用联合发文机关名称，也可以单独用主办机关名称。

发文机关标志居中排布，上边缘至版心上边缘为 35 mm，推荐使用小标宋体字，颜色为红色，以醒目、美观、庄重为原则。

联合行文时，如需同时标注联署发文机关名称，一般应当将主办机关名称排列在前；如有“文件”二字，应当置于发文机关名称右侧，以联署发文机关名称为准，上下居中排布。

5. 发文字号

发文字号由发文机关代字、年份、发文顺序号组成。联合行文时，使用主办机关的发文字号。

编排在发文机关标志下空二行位置，居中排布。年份、发文顺序号用阿拉伯数字标注；年份应标全称，用六角括号“〔〕”括入；发文顺序号不加“第”字，不编虚位（即 1 不编为 01），在阿拉伯数字后加“号”字。

上行文的发文字号居左空一字编排，与最后一个签发人姓名处在同一行。

6. 签发人

上行文应当标注签发人姓名。签发人由“签发人”三字加全角冒号和签发人姓名组成，居右空一字，编排在发文机关标志下空二行位置。“签发人”三字用3号仿宋体字，签发人姓名用3号楷体字。

如有多个签发人，签发人姓名按照发文机关的排列顺序从左到右、自上而下依次均匀编排，一般每行排两个姓名，回行时与上一行第一个签发人姓名对齐。

7. 版头中的分隔线

发文字号之下4 mm处居中印一条与版心等宽的红色分隔线。

下行文版头、联合下行文版头、联合上行文版头分别如图3-1、图3-2、图3-3所示。

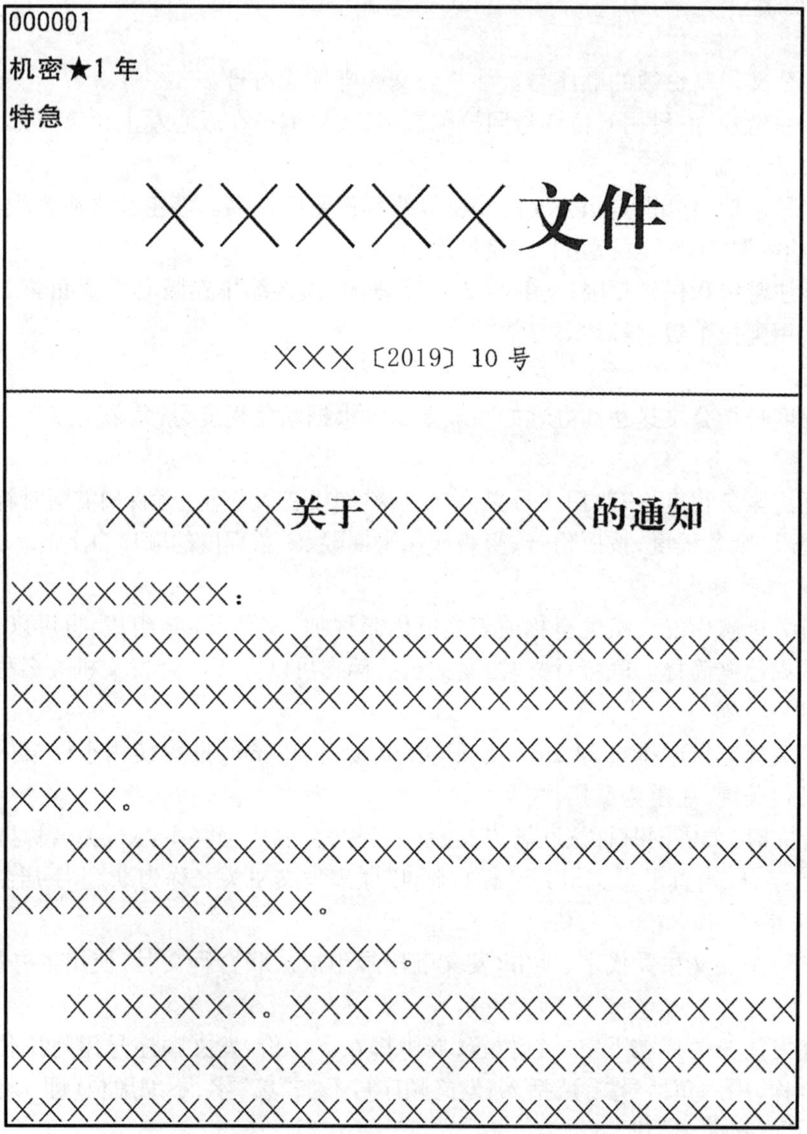

图3-1

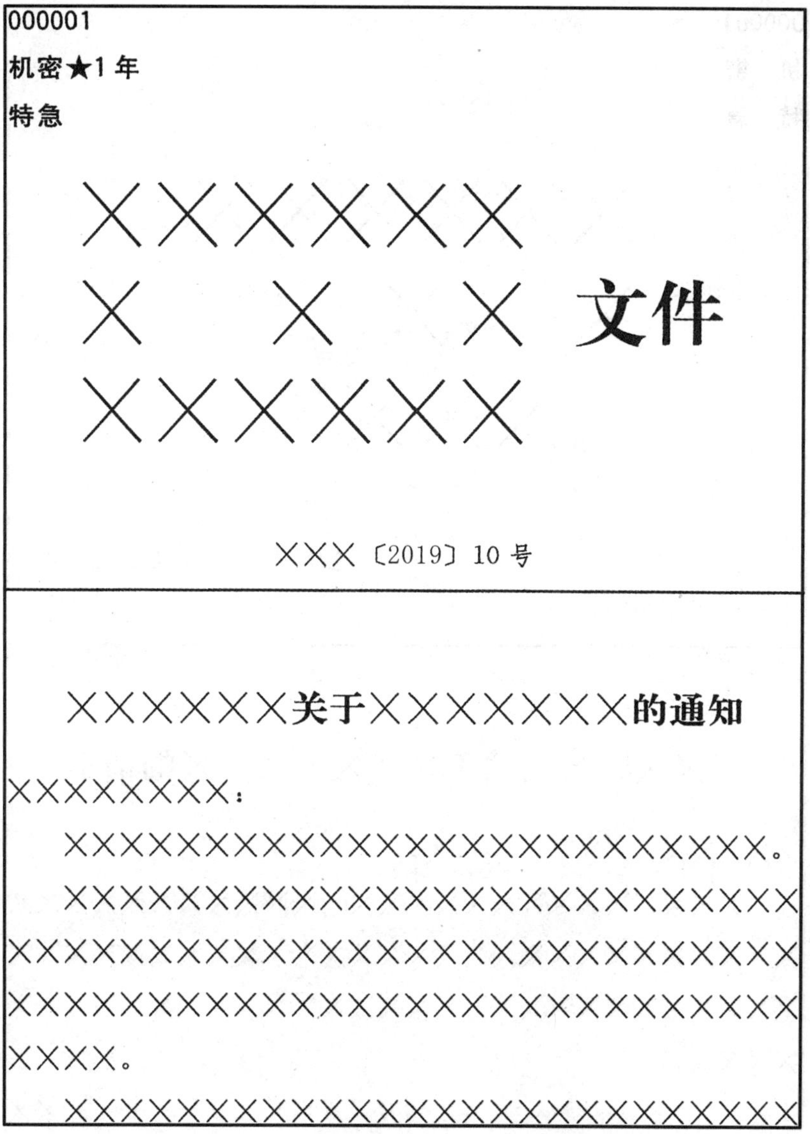

000001

机密★1 年

特急

××××××
×　×　×　**文件**
××××××

×××〔2019〕10 号

××××××关于×××××××的通知

××××××××：

　　×××××××××××××××××××××××××。

　　××××××××××××××××××××××××××
××××××××××××××××××××××××××××
××××××××××××××××××××××××××××
××××。

　　××××××××××××××××××××××××××

图 3－2

000001
机 密
特 急

××××××
× × ×
××××××

签发人：××× ×××
×××〔2019〕10号 ×××

××××××关于×××××××的请示

××××××××：

××××××××××××××××××××××××××
××××××××××××××××××××××××××××
××××××××××××××××××××××××××××
××××。

××××××××××××××××××××××××××

图3-3

（二）主体

1. 标题

标题由发文机关名称、事由和文种组成。

一般用2号小标宋体字，编排于红色分隔线下空二行位置，分一行或多行居中排布；回行时，要做到词意完整，排列对称，长短适宜，间距恰当，标题排列应当使用梯形或菱形。

2. 主送机关

公文的主要受理机关，应当使用机关全称、规范化简称或者同类型机关统称。

编排于标题下空一行位置，居左顶格，回行时仍顶格，最后一个机关名称后标全角冒号。如主送机关名称过多导致公文首页不能显示正文时，应当将主送机关名称移至版记。

3. 正文

正文是公文的主体，用来表述公文的内容。

公文首页必须显示正文。一般用3号仿宋体字，编排于主送机关名称下一行，每个自然段左空二字，回行顶格。文中结构层次序数依次可以用"一、""（一）""1.""（1）"标注；一般第一层用黑体字、第二层用楷体字、第三层和第四层用仿宋体字标注。

4. 附件说明

附件说明是指公文附件的顺序号和名称。

如有附件，在正文下空一行左空二字编排"附件"二字，后标全角冒号和附件名称。如有多个附件，使用阿拉伯数字标注附件顺序号（如"附件：1.××××"）；附件名称后不加标点符号。附件名称较长需回行时，应当与上一行附件名称的首字对齐。如图3－4所示。

5. 发文机关署名、成文日期和印章

发文机关署名署发文机关全称或者规范化简称。

成文日期署会议通过或者发文机关负责人签发的日期，联合行文时，署最后签发机关负责人签发的日期。成文日期中的数字用阿拉伯数字将年、月、日标全，年份应标全称，月、日不编虚位（1不编为01）。

（1）加盖印章的公文。

成文日期一般右空四字编排，印章用红色，不得出现空白印章。

单一机关行文时，一般在成文日期之上、以成文日期为准居中编排发文机关署名，印章端正、居中下压发文机关署名和成文日期，使发文机关署名和成文日期居印章中心偏下位置，印章顶端应当上距正文（或附件说明）一行之内。如图3－5所示。

联合行文时，一般将各发文机关署名按照发文机关顺序整齐排列在相应位置，并将印章一一对应、端正、居中下压发文机关署名，最后一个印章端正、居中下压发文机关署名和成文日期，印章之间排列整齐、互不相交或相切，每排印章两端不得超出版心，首排印章顶端应当上距正文（或附件说明）一行之内。如图3－6与图3－7所示。

（2）不加盖印章的公文。

单一机关行文时，在正文（或附件说明）下空一行右空二字编排发文机关署名，在发文机关署名下一行编排成文日期，首字比发文机关署名首字右移二字，如成文日期长于发文机关署名，应当使成文日期右空二字编排，并相应增加发文机关署名右空字数。

联合行文时，应当先编排主办机关署名，其余发文机关署名依次向下编排。

××××××××××××××××。

　　××××××××××××××××××××××××××××

××××××××××××××××××××××××××××××

×××××××××××××。

　　附件：1. ×××××××××××××××××××××××
　　　　　 ×××××
　　　　2. ××××××××××××××

××××××××

×　×　×　×

2019 年 7 月 1 日

（×××××）

图 3－4

XXXXXXXXXXXXXXX。

　　XXXXXXXXXXXXXXXXXXXXXXXXXX
XXXXXXXXXXXXXXXXXXXXXXXXXXXX
XXXXXXXXXXX。

中华人民共和国XXXX部

2019年7月1日

（XXXXX）

抄送：XXXXXXXX，XXXXXX，XXXXX，XXXXX，
　　　XXXXX。

XXXXXXXXX　　　　2019年7月1日印发

图3－5

××××××××××××××××。

　　××。

2019年7月1日

（×××××）

抄送：××××××××，××××××，×××××，×××××，×××××。

×××××××××　　2019年7月1日印发

图3－6

××××××××××××××××。

××。

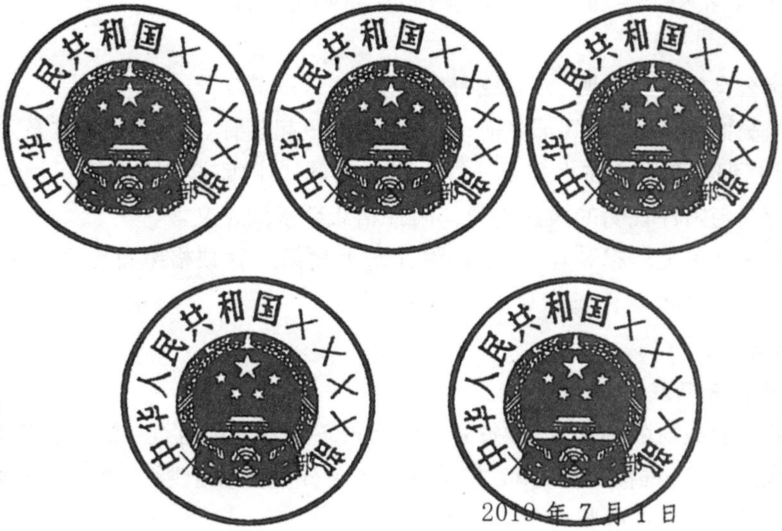

2019年7月1日

（×××××）

抄送：××××××××，××××××，×××××，×××××，×××××。

××××××××××　　2019年7月1日印发

图3－7

(3) 加盖签发人签名章的公文。

单一机关制发的公文加盖签发人签名章时，在正文(或附件说明)下空二行右空四字加盖签发人签名章，签名章左空二字标注签发人职务，以签名章为准上下居中排布。在签发人签名章下空一行右空四字编排成文日期。

联合行文时，应当先编排主办机关签发人职务、签名章，其余机关签发人职务、签名章依次向下编排，与主办机关签发人职务、签名章上下对齐；每行只编排一个机关的签发人职务、签名章；签发人职务应当标注全称。

签名章一般用红色。

6. 附注

附注是指公文印发传达范围等需要说明的事项。

如有附注，居左空二字加圆括号编排在成文日期下一行。

7. 附件

附件是指公文正文的说明、补充或者参考资料。

附件应当另面编排，并在版记之前，与公文正文一起装订。"附件"二字及附件顺序号用3号黑体字顶格编排在版心左上角第一行。附件标题居中编排在版心第三行。附件顺序号和附件标题应当与附件说明的表述一致。附件格式要求同正文。

如附件与正文不能一起装订，应当在附件左上角第一行顶格编排公文的发文字号并在其后标注"附件"二字及附件顺序号。

(三) 版记

1. 版记中的分隔线

版记中的分隔线与版心等宽，首条分隔线和末条分隔线用粗线(推荐高度为 0.35 mm)，中间的分隔线用细线(推荐高度为 0.25 mm)。首条分隔线位于版记中第一个要素之上，末条分隔线与公文最后一面的版心下边缘重合。

2. 抄送机关

除主送机关外需要执行或者知晓公文内容的其他机关，应当使用机关全称、规范化简称或者同类型机关统称。

如有抄送机关，一般用4号仿宋体字，在印发机关和印发日期之上一行、左右各空一字编排。"抄送"二字后加全角冒号和抄送机关名称，回行时与冒号后的首字对齐，最后一个抄送机关名称后标句号。

如需把主送机关移至版记，除将"抄送"二字改为"主送"外，编排方法同抄送机关。既有主送机关又有抄送机关时，应当将主送机关置于抄送机关之上一行，之间不加分隔线。

3. 印发机关和印发日期

印发机关和印发日期分别指公文的送印机关和送印日期。

印发机关和印发日期一般用4号仿宋体字，编排在末条分隔线之上，印发机关左空一字，印发日期右空一字，用阿拉伯数字将年、月、日标全，年份应标全称，月、日不编虚位(即1不编为01)，后加"印发"二字。

版记中如有其他要素，应当将其与印发机关和印发日期用一条细分隔线隔开。

四、公文的特定格式

（一）信函格式

发文机关标志使用发文机关全称或者规范化简称，居中排列，上边缘至上页边为30 mm，推荐使用红色小标宋体字。联合行文时，使用主办机关标志。

发文机关标志下 4 mm 处印一条红色双线（上粗下细），距下页边 20 mm 处印一条红色双线（上细下粗），线长均为 170 mm，居中排布。

如需标注份号、密级和保密期限、紧急程度，应当顶格居版心左边缘编排在第一条红色双线下，按照份号、密级和保密期限、紧急程度的顺序自上而下分行排列，第一个要素与该线的距离为 3 号汉字高度的 7/8。信函格式首页版式如图 3－8 所示。

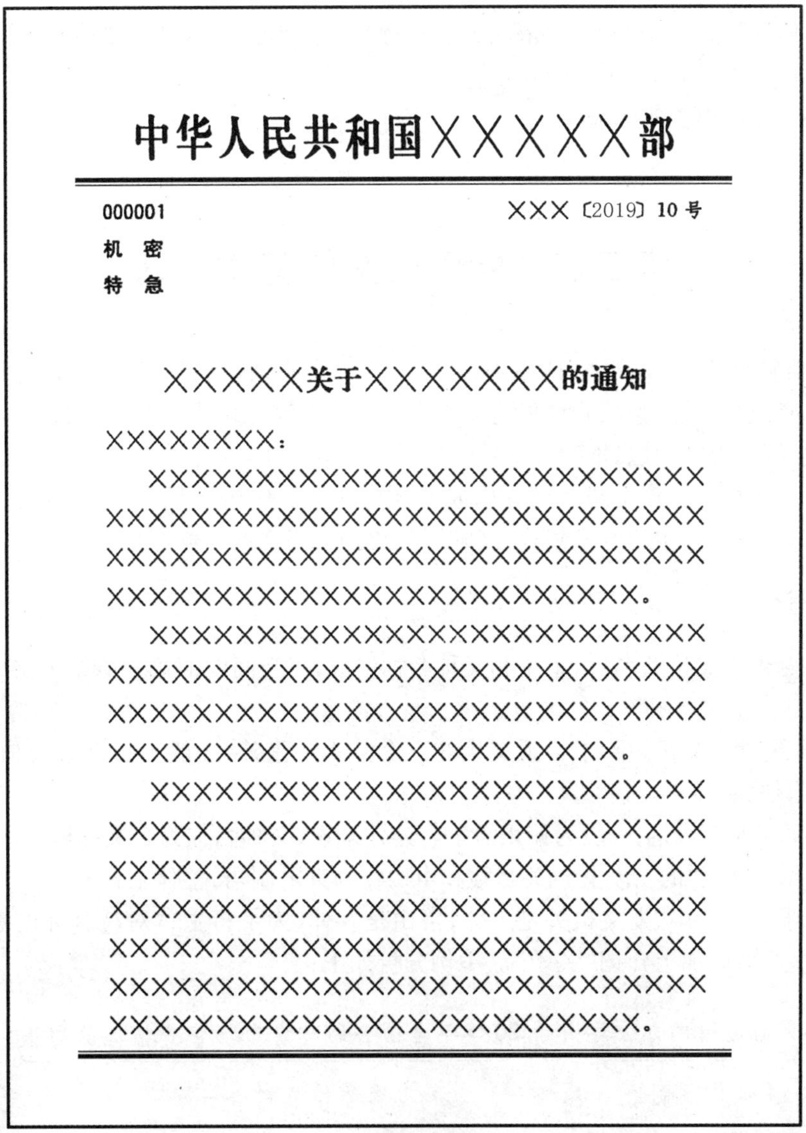
中华人民共和国XXXXX部

000001　　　　XXX〔2019〕10 号

机　密

特　急

XXXXX关于XXXXXXX的通知

XXXXXXXX：

XXXXXXXXXXXXXXXXXXXXXXXXXX
XXXXXXXXXXXXXXXXXXXXXXXXXXXX
XXXXXXXXXXXXXXXXXXXXXXXXXXXX
XXXXXXXXXXXXXXXXXXXXXXXXXX。

XXXXXXXXXXXXXXXXXXXXXXXXXX
XXXXXXXXXXXXXXXXXXXXXXXXXXXX
XXXXXXXXXXXXXXXXXXXXXXXXXXXX
XXXXXXXXXXXXXXXXXXXXXXXXX。

XXXXXXXXXXXXXXXXXXXXXXXXXX
XXXXXXXXXXXXXXXXXXXXXXXXXXXX
XXXXXXXXXXXXXXXXXXXXXXXXXXXX
XXXXXXXXXXXXXXXXXXXXXXXXXXXX
XXXXXXXXXXXXXXXXXXXXXXXXXXXX
XXXXXXXXXXXXXXXXXXXXXXXXXXXX
XXXXXXXXXXXXXXXXXXXXXXXXXX。

图 3－8

发文字号顶格居版心右边缘编排在第一条红色双线下，与该线的距离为 3 号汉字高度的 7/8。

标题居中编排，与其上最后一个要素相距二行。第二条红色双线上一行如有文字，与该线的距离为 3 号汉字高度的 7/8。首页不显示页码。版记不加印发机关和印发日期、分隔线，位于公文最后一面版心内最下方。

（二）纪要格式

纪要标志由"×××××纪要"组成，居中排布，上边缘至版心上边缘为 35 mm，推荐使用红色小标宋体字。

标注出席人员名单，一般用 3 号黑体字，在正文或附件说明下空一行左空二字编排"出席"二字，后标全角冒号，冒号后用 3 号仿宋体字标注出席人单位、姓名，回行时与冒号后的首字对齐。

标注请假和列席人员名单，除依次另起一行并将"出席"二字改为"请假"或"列席"外，编排方法同出席人员名单。

纪要格式可以根据实际制定。

第三节　党政公文的基本写法

根据"准确规范、精简高效"的原则，党政公文写作必须遵循格式规范，以保证党政公文的权威性和有效性，以完整准确地传达上级党政机关执政行政的意志和主张，有力有效地指向现实问题，解决现实问题，推动经济社会发展。

党政公文由标题和正文两大部分构成，其中，正文部分包括开头、主体和结尾。我们按照标题、开头、主体、结尾的要素划分，来掌握党政公文的基本写作方法。

一、标题写作

公文标题由发文机关名称、事由和文种名称组成，应当简要准确地概括公文的主要内容和公文种类。

简要，即要求公文标题除了必须交代的三个基本要素外，一般不掺杂其他信息，以确保标题文字简明扼要。

公文标题的语言表达，一般为偏正短语。具体来说，文种名称为公文标题的核心词语，在其前面加上结构助词"的"，发文机关名称和事由作为其限制语，整体上构成一个偏正短语。

在两个限制成分中，发文机关是主体，事由是客体，为了将主体对待客体的意旨表述明白，一般在事由前面加上介词"关于"。举例分析如下：

交通运输部办公厅关于 20××年全国公路建设市场督查情况的通报

主体作限制语　　　　客体作限制语　　　　核心词语

名词短语

准确，即要求公文标题应清楚交代公文主体、客体和效力，缺少其中任何一个信息，或者某一个信息表述不正确，都会影响公文标题的准确性。

公文主体即发文机关名称，以示在公文运行中的主动性。

公文客体是公文指向的问题以及解决问题所形成的工作、事务、活动等，即发文事由。

公文效力在标题中体现为文种名称。党政公文的每一个种类都有规范名称，即文种名称，以表明公文的性质、用途，也体现公文主体的身份等信息，具有法定效力。

发文机关名称作为文种名称的定语，限定公文作者身份（又叫“发文名义”）。作者的管理层级和范围，决定公文的效力大小。一般来讲，作者的管理层级越高，管理范围就越大，效力也就越大。相同的文种名称，如果由不同层级的党政机关制发，其效力会有明显差别。同一党政机关在公文中传达的意志和利益不同，行文方向不同，选择的文种名称也会不同，效力也存在差异。因此，为了使受文机关准确把握公文的主旨和效力，公文标题一般应当标明发文机关。

事由，意为“理由”“原委”“来由”，作为在党政公文的专用语，也叫“由头”，我们称之为公文的“核心事项”。撰写公文事由的关键，在于运用高度精练的语句概括出公文的事由。在公文写作实践中，事由的语言表达方式主要有两种：

一是使用动宾短语来概括表述具有动态意义的事由，表示正在做、将要做某项工作。为了准确表达工作内容和要求，通常在动词和宾语前面加上限制语。例如，《国务院关于促进综合保税区高水平开放高质量发展的若干意见》的事由部分，动词“促进”与宾语“开放”“发展”构成动宾短语，表明国务院的态度指向和基本目标；其中，宾语“发展”的前面加了“综合保税区”“高质量”等限制语，以限定工作对象和目标任务。

二是使用名词性短语来表述具体的事物或事务，表示正在或将要面对的重要问题。写作中通常在名词前面加上限制语。例如，《国务院办公厅关于科技节水建议的复函》（国办函〔2005〕21号），事由部分用“科技节水”作限制语，“建议”为中心语，构成名词性短语。

文种名称作为公文标题的核心词语，表明党政公文的行文方向和强制力特征，对公文办理过程，尤其是信息内容的落实执行具有重要影响，任何情况下都不能省略，必须出现在标题之中。

二、开头写作

公文的开头部分用以陈述发文缘由和核心事项，篇幅简短，意义重大。

发文缘由是发文机关面对特定问题而制发公文的出发点，包括发文背景、依据、目的、意义等。公文开头通常运用介词“依据”“根据”“依照”“为了”“为”“由于”等，简要说明发文的直接依据、原因、目的、意义，凸显公文行文的必要性、合法性、合理性和可行性。

党政机关的权责范围和用权履责行为均受法律制约，不可任性而为，滥发、乱发公文，尤其是涉及国家和人民群众重大利益的法规、政策、决策、措施等，一经发布，必给国家和人民的利益带来重大影响。公文体现党的执政能力和政府的行政能力，表现在公文开头部分即应体现决策的理性，包括发文的必要性、合法性、合理性和可行性。

首先，发文必须具备必要性，即发文确属实际情况和工作需要，确需运用公文这种最正式的方式来传播信息。党政机关应当把制发公文视为最后一张底牌来使用。凡是通过面谈、电话、传真、电子邮件、微信等传播方式可以完成的信息沟通活动，就不应该制发公文。

制发公文有着严格而复杂的程序，消耗大量的公共资源，滥发、乱发公文必然导致党政机关的公共权威性受损和资源的浪费。

其次，发文必须具备合法性，即党政机关依法制发公文，一是发文需在作者法定权限范围之内，二是经过了法定程序，三是公文内容必须符合国家法律法规。

再次，发文必须具备合理性，即合乎党中央、国务院确定的中心工作要求和方针政策，合乎人民群众的根本利益，合乎实际工作的客观规律，合乎作者自身实际情况。

最后，发文必须具备可行性，即内容具体、明确，切合实际问题和工作需要。

核心事项是对标题中事由部分的呼应，但不是简单重复。开头部分通常运用“经……研究决定”“经……批准”等，交代核心事项产生的程序和效力，然后运用精准简练的语句陈述交代核心事项。例如，《国务院办公厅关于开展城镇小区配套幼儿园治理工作的通知》（国办发〔2019〕3号）的开头部分这样写道：

城镇小区配套建设幼儿园是城镇公共服务设施建设的重要内容，是扩大普惠性学前教育资源的重要途径，是保障和改善民生的重要举措。2018年11月，党中央、国务院印发《关于学前教育深化改革规范发展的若干意见》，提出规范小区配套幼儿园建设使用，并对小区配套幼儿园规划、建设、移交、办园等情况进行治理作出部署。为落实相关要求，经国务院同意，现就开展治理工作有关事项通知如下。

这份公文先用三个判断句说明城镇小区配套幼儿园治理工作的意义，然后用一个陈述句交代发文依据——党中央、国务院指示精神，再用“为”字引出发文目的，最后用“经……同意”表达式，说明发文程序和核心事项。

三、主体写作

主体部分是对公文核心事项的具体化，在开头交代“是什么”“做什么”的基础上，通过说明、叙述、议论等方式对公文核心事项加以具体展开，告诉受文单位“怎么样”“怎么做”等信息。

主体部分一般具体陈述思想理念、原则规则、目标任务、工作步骤、措施方法、具体要求等内容。一份公文究竟需要写出哪些内容，取决于三个主要因素：第一，文种名称。不同文种，性质和用途不同，其内容取向也不相同。第二，公文传受关系。传者与受者之间关系的远近亲疏，影响公文写作内容的选择，影响文字表达的主次详略。第三，受文单位对核心事项相关信息的认知程度。一般来说，主体部分应选择受文单位当知而未知或知之甚少的信息，或是在工作中容易忽视、疏漏的事情，以确保公文主体的信息量。

主体部分如果内容较为简单，头绪单一，通常用一个或若干个自然段构成。例如《国务院关于2018年度国家科学技术奖励的决定》（国发〔2018〕44号），正文共有三个自然段，第一段是开头部分，第二段、第三段是主体部分，全文如下：

国务院关于2018年度国家科学技术奖励的决定

国发〔2018〕44号

各省、自治区、直辖市人民政府，国务院各部委、各直属机构：

为深入贯彻落实习近平新时代中国特色社会主义思想，全面贯彻党的十九大和十九届二中、三中全会精神，坚定实施科教兴国战略、人才强国战略和创新驱动发展战略，国务院决定，对为我国科学技术进步、经济社会发展、国防现代化建设作出突出贡献的科学技术人员和组织给予奖励。

根据《国家科学技术奖励条例》的规定，经国家科学技术奖励评审委员会评审、国家科学技术奖励委员会审定和科技部审核，国务院批准并报请国家主席习近平签署，授予刘永坦院士、钱七虎院士国家最高科学技术奖；国务院批准，授予"量子反常霍尔效应的实验发现"国家自然科学奖一等奖，授予"黄瓜基因组和重要农艺性状基因研究"等37项成果国家自然科学奖二等奖，授予"云—端融合系统的资源反射机制及高效互操作技术"等4项成果国家技术发明奖一等奖，授予"小麦与冰草属间远缘杂交技术及其新种质创制"等63项成果国家技术发明奖二等奖，授予"水下发射固体运载火箭系统研制"等2项成果国家科学技术进步奖特等奖，授予"凹陷区砾岩油藏勘探理论技术与玛湖特大型油田发现"等23项成果国家科学技术进步奖一等奖，授予"主要蔬菜卵菌病害关键防控技术研究与应用"等148项成果国家科学技术进步奖二等奖，授予简·迪安·米勒教授等5名外国专家中华人民共和国国际科学技术合作奖。

全国科学技术工作者要向刘永坦院士、钱七虎院士及全体获奖者学习，不忘初心、牢记使命，继续发扬科学报国的光荣传统和追求真理、勇攀高峰的科学精神，以实现国家富强、民族振兴、人民幸福为己任，深入实施创新驱动发展战略，坚定不移走中国特色自主创新道路，着力实现原始创新重大突破，攻克关键核心技术，破解创新发展难题，为加快建设创新型国家、建设世界科技强国，决胜全面建成小康社会、夺取新时代中国特色社会主义伟大胜利、实现中华民族伟大复兴的中国梦作出新的更大贡献。

国务院

2018年12月28日

主体内容如果较为复杂，头绪较多，通常采用分条列项方式，逐条逐项加以表述，确保条理清晰，内容准确、具体。例如，2019年1月3日发布的《中共中央　国务院关于坚持农业农村优先发展做好"三农"工作的若干意见》，对确保顺利完成承诺的农村改革发展目标任务最后两年的工作发表指示，内容涉及优先发展"三农"工作的基本理念和思路、主要方法和措施、领导体制和管理机制等，其主体部分共提出了"聚力精准施策，决战决胜脱贫攻坚""夯实农业基础，保障重要农产品有效供给""扎实推进乡村建设，加快补齐农村人居环境和公共服务短板""发展壮大乡村产业，拓宽农民增收渠道""全面深化农村改革，激发乡村发展活力""完善乡村治理机制，保持农村社会和谐稳定""发挥农村党支部战斗堡垒作用，全面加强农村基层组织建设""加强党对'三农'工作的领导，落实农业农村优先发展总方针"共八条意见，然后在每条意见之下列出若干项，对意见加以具体表述。

主体通常把说明、叙述和议论结合起来，很少有单独使用一种表达方式的情况。在不同文种中，有的侧重于说明、叙述，有的侧重于议论。可以通过阅读公文例文，来仔细领会公文主体表达方式的这种特点。

四、结尾写作

公文结尾大都运用专用结语。公文结语是党政公文为了强调公文效力、表示结束的专用语词。公文结语简短明了,一般用“特此”表示正文结束,用文种名称强调发文效力,形成如“特此通知”“特此通报”“特此报告”“特此请示”等专用语言表达方式。

公文结语并非通用的,也就是说,不是所有公文都用相同的结语,而是每一个公文文种都有专用结语。

有些下行文不使用结语,而是对下级机关提出要求、希望。也有少数公文自然结束,没有专门结尾。

第四节 常用党政公文的写作

根据15种党政公文在实际工作中的应用情况,本节将介绍常用党政公文的写作。

一、通知

(一)通知的概念

通知是公文中使用频率最高、使用范围最广的一种晓谕性公文。其使用范围如下:批转下级机关及转发上级机关和不相隶属机关公文;发布规章;传达要求下级机关办理和需要有关单位周知或者共同执行的事项;任免和聘用干部等。

(二)通知的特点

1. 使用范围的广泛性

因为通知承载着很多不同的功能,所以它在党政机关中广泛使用。通知一般情况下为上级机关对下级机关或有关单位的发文,它的内容很广泛,上到传达中央重要指示、精神、方针、政策,下到反映基层单位的日常事务等,都可以用通知行文。

2. 写作方法的灵活性

通知的写作灵活自由,形式多种多样,篇幅也可长可短,长可数千言,短则三言两语,如一些发表上级重要指示的通知,可以是长篇,而一些转发性质的通知,通常只有一两句话;在写作内容上,通知没有固定的模式,有的写一件事,有的则涉及几个问题;在语言表达上,通知语气平缓,不拘一格,比较灵活。

3. 受文对象的确指性

通知多针对具体单位或人员来发文,受文对象一般为下级机关或有关人员,因此受文对象确指性较强。

4. 发文功能的指导性

作为一种晓谕性的公文,多数通知都有着或多或少的、或直接或间接的指导作用,体现着上级机关的意志,有的通知还直接写明要求下级机关办理事务的原则及方法等,因而它带有一定的约束力。

5. 发文效果的时效性

通知是一种时效性很强的文体,其所列事项一般都要求及时办理,不容有拖延,尤其是一些重要的会议通知、干部任免通知等,只在一定时间内有效,如果不及时办理,就会出现重大失误。

（三）通知的种类

根据通知的内容、性质和作用，通常把通知分为6类：指示性通知、发布性通知、转发性通知、批转性通知、事务性通知、任免性通知。

1. 指示性通知

指示性通知主要用于上级机关对下级机关部署工作，下达任务，并作出相关规定，具有较强的强制性和指挥性。有关行政法规、办法、措施等不宜用命令（令）发布的事项，也可使用这种通知行文。需要注意的是，制发指示性通知，必须是工作中迫切需要解决的重大事项，既要有较强的针对性，又要有普遍的指导意义。

2. 发布性通知

发布性通知主要用于发布某些法规和规章制度，一般以印发通知的形式出现。

3. 转发性通知

转发性通知用于转发上级机关、同级机关和不相隶属机关的公文给所属人员，让他们周知或执行。

4. 批转性通知

批转性通知用于上级机关批转下级机关的“报告”“意见”等，以发给更大范围的下级机关，让他们周知或执行。

5. 事务性通知

事务性通知用于处理日常工作中带事务性的事情，常把有关信息或要求用通知的形式传达给有关机构或人员，它包含的范围比较广，所涉及事项比较具体。这类通知可分为两种：

（1）用于向下属机关告知仅需知道而不需要直接执行或办理的事项，如节日庆祝，成立、调整、合并或撤销机构，启用或作废某单位印章，更改电话、文件差错等，它只起通报情况的作用。

（2）用于要求下级办理的一般性事项，如布置一般工作、召开会议、组织学习、报送相关材料或告诉某项经费开支范围、上缴某种款项等。其中，会议通知、学习通知使用频率较高，是此类通知的典型代表。发这种通知时，上级机关除交代任务外，一般还在通知里写明办事的原则和要求，以便下级机关落实执行。

6. 任免性通知

任免性通知用于告知下级机关或个人有关人事任免和聘用的事宜。

（四）通知的结构和写法

通知主要由标题、正文组成，但因为其写法和使用灵活，所以各种类型的通知写法也不尽相同。下面介绍各类通知这两部分的写作方法。

1. 标题

通知的标题有完全式和省略式两种，完全式标题是指标题当中包含公文标题的三要素，而省略式标题则根据需要省略除文种“通知”外的一项或两项要素。具体说来，通知标题通常有四种形式：

（1）完全式标题，由发文机关、事由和文种三部分组成，如《××市教育局关于加强中小学生思想道德教育的通知》。

（2）省略发文机关，由事由和文种组成的标题，如《关于中国证券监督管理委员会列入国务院直属事业单位序列的通知》,这个标题便省略了发文机关"国务院"。一般说来,省略发文机关有两种情况:一是标题太长,二是发文机关众所周知,非常明显。但有的时候,发文机关是不能省略的,那就是两个以上单位联合发通知,这时必须写明联合发文的所有机关。

(3)发文机关和事由全部省略,只写文种"通知"。这样的通知一般使用范围小,常见于基层单位所发的事务性的通知或一般性会议通知。

(4)省略标题中冗长多余的"关于""通知"等词语。通知的标题应简洁明了,但在一些转批、转发类的通知中,由于所转的通知里面已经含有"关于""通知"等词语,如果这时再按照正常的标题结构去写,势必出现标题超长,且内容重复、啰唆的情况。如《××县人民政府关于转发〈××市人民政府关于转发《××省人民政府关于转发农业农村部关于加强农田水利建设的通知》的通知〉》,这个标题涉及的机关有四层,结构也有四层,如果完全保留各种信息的话,不仅内容很长,而且读起来也非常别扭,让人不好理解。这时,可以省去多余的"关于""通知",只保留末次发文机关和始发文机关就可以。据此,上面的标题可以改为《××县人民政府转发农业农村部关于加强农田水利建设的通知》,这样就使标题简洁、清楚了。

需要补充说明的是,批转、转发类的通知,需要在标题中加"批转""转发"等字样;特殊情况下的通知还应在标题中"通知"的前面加修饰语,以示强调。如果通知的事项很重要、很紧急,则要标明"重要通知""紧急通知",如果是几个单位联合发文,则写为"联合通知"。如果是对前发文有所补充,则写为"补充通知"。

2. 正文

通知的正文主体主要包括缘由、事项、要求三部分,其中事项部分是重点。这三部分可用"三么"来概括,即"为什么做""做什么""怎么做",具体写法也因通知种类不同而变化。

(1)指示性通知。

正文一般由缘由、事项和执行要求三部分组成。

① 缘由。这部分主要是阐述下达该通知的背景、原因、意义等,要求概括准确、简洁明了、理由充分。一般写完缘由后还要用"特作如下通知""特通知如下"等承接语加以过渡,引出通知事项,使行文流畅。

② 事项。这部分要详细交代要求受文对象办理的事务及具体的实施步骤、方法等。

③ 执行要求。这是通知正文的结尾,要有很强的针对性,且要做到简洁有力。一般常用的结尾有"以上事项,请认真贯彻执行""望结合当地实际情况抓紧贯彻落实"等;也有的进一步提出"执行中有什么问题和经验,请及时反馈"或"请将贯彻执行情况于×月×日上报"等具体要求。

(2)发布性、转发性、批转性通知。

这类通知一般都有附件,即批转或转发、印发的文件或材料。在此类通知中,附件与正文共同构成通知的整体,不可分割,当批转或转发公文的时候,实际已经表明了发文机关对所批转或转发公文的认同或推荐,因此两者是一体的,都是发文机关意志的体现。

发布性、转发性、批转性通知的正文,一般包括发文的缘由、对附件的评价(即批语)、有关意见和要求等内容。这三类通知标题当中一般有"印发""转发""批转"等字样,篇幅短小。

(3)事务性通知。

事务性通知依据事务种类的不同而有不同的写法，正文要求文字简练、准确。但总的说来，同样要遵循“三么”原则，写清楚行文的目的、理由、意义和具体事项。有时因为事务简单，可省略发文的意义和理由等项目。下面介绍常用的两种通知：

① 会议通知。会议通知在各级党政机关和企事业单位行政事务中运用非常广泛，一般紧急、临时、小型的会议可以口头或其他形式通知，但一些重大的、正式的等不宜用电话和其他形式通知的重要会议，事先要用正式文件通知。

会议通知要写得具体，很多要素不可或缺。一般会议通知包含的要素有：召开会议的机关或单位（部门），召开会议的原因、目的，会议名称，会议基本内容，会议的起止时间，会议地点，参加会议的人员，需要准备的相关材料以及交通食宿和报到时间、地点等。

② 学习通知。在日常工作中，本单位或上级部门经常下达一些学习任务，通知学习上级某个报告、文件、某篇文章或先进典型事迹等。撰写这类通知时，要重点写清学习的内容，学习的意义，以及学习的重点和精神实质，安排学习的时间、方法、步骤、组织领导等。此类通知和会议通知很相似，只是具体内容不同。它要求内容周密、语言准确、表述清楚。

（4）任免性通知。

任免性通知写法较单一，格式也相对固定。只需将何时、何种会议、因何原因作出任免何人、何种职务的决定就可以了。有时，直接写明任免职事项，省去任免理由。

此外，通知的结语没有固定的模式，需根据不同种类而定。一般的通知以“特此通知”作为结尾，有的通知，则在文末提出希望和要求，作为结语。

（五）通知的写作要求

（1）不可滥发通知。通知作为一种下行文，从其发文的性质来看，多少带有指示性，所以使用时，要区分对象。平行机关之间，或下级向上级行文时，就不能使用通知，而要选择“函”“请示”等其他种类的公文。

（2）通知的种类很多，使用时应注意不同种类通知的规范。如批转性的通知不能写成转发性的。

（3）注意篇幅，该详则详，当简则简。指示性的通知和会议通知内容要尽量详尽周到；印发通知、转发性通知、批转性通知及任免性通知则要相对简约。

（4）通知事项必须清楚明确。要明白无误地提出工作的任务和要求，切忌泛泛而谈，让人不得要领。

（六）例文评析

1. 指示性通知例文评析

［例文 3－1］

国务院关于进一步完善城乡义务教育经费保障机制的通知

国发〔2015〕67 号

各省、自治区、直辖市人民政府，国务院各部委、各直属机构：

为深入贯彻党的十八大和十八届二中、三中、四中、五中全会精神，认真落实党中央、国务院决策部署，统筹城乡义务教育资源均衡配置，推动义务教育事业持续健康发展，国务院决定，自2016年起进一步完善城乡义务教育经费保障机制。现就有关事项通知如下：

一、重要意义

义务教育是教育工作的重中之重，在全面建成小康社会进程中具有基础性、先导性和全局性的重要作用。自2006年实施农村义务教育经费保障机制改革以来，义务教育逐步纳入公共财政保障范围，城乡免费义务教育全面实现，稳定增长的经费保障机制基本建立，九年义务教育全面普及，县域内义务教育均衡发展水平不断提高。但随着我国新型城镇化建设和户籍制度改革不断推进，学生流动性加大，现行义务教育经费保障机制已不能很好适应新形势要求。城乡义务教育经费保障机制有关政策不统一、经费可携带性不强、资源配置不够均衡、综合改革有待深化等问题，都需要进一步采取措施，切实加以解决。

在整合农村义务教育经费保障机制和城市义务教育奖补政策的基础上，建立城乡统一、重在农村的义务教育经费保障机制，是教育领域健全城乡发展一体化体制机制的重大举措。这有利于推动省级政府统筹教育改革，优化教育布局，实现城乡义务教育在更高层次的均衡发展，促进教育公平、提高教育质量；有利于深化财税体制改革，推动实现财政转移支付同农业转移人口市民化挂钩，促进劳动力合理流动，推动经济结构调整和产业转型升级；有利于促进基本公共服务均等化，构建社会主义和谐社会，建设人力资源强国。

二、总体要求

（一）坚持完善机制，城乡一体。适应新型城镇化和户籍制度改革新形势，按照深化财税体制改革、教育领域综合改革的新要求，统筹设计城乡一体化的义务教育经费保障机制，增强政策的统一性、协调性和前瞻性。

（二）坚持加大投入，突出重点。继续加大义务教育投入，优化整合资金，盘活存量，用好增量，重点向农村义务教育倾斜，向革命老区、民族地区、边疆地区、贫困地区倾斜，统筹解决城市义务教育相关问题，促进城乡义务教育均衡发展。

（三）坚持创新管理，推进改革。大力推进教育管理信息化，创新义务教育转移支付与学生流动相适应的管理机制，实现相关教育经费可携带，增强学生就读学校的可选择性。

（四）坚持分步实施，有序推进。区分东中西部、农村和城镇学校的实际情况，合理确定实施步骤，通过两年时间逐步完善城乡义务教育经费保障机制，并在此基础上根据相关情况变化适时进行调整完善。

三、主要内容

整合农村义务教育经费保障机制和城市义务教育奖补政策，建立统一的中央和地方分项目、按比例分担的城乡义务教育经费保障机制。

（一）统一城乡义务教育"两免一补"政策。对城乡义务教育学生免除学杂费、免费提供教科书，对家庭经济困难寄宿生补助生活费（统称"两免一补"）。民办学校学生免除学杂费标准按照中央确定的生均公用经费基准定额执行。免费教科书资金，国家规定课程由中央全额承担（含出版发行少数民族文字教材亏损补贴），地方课程由地方承担。家庭经济困难寄宿生生活费补助资金由中央和地方按照5∶5比例分担，贫困面由各省（区、市）重新确认并报财政部、教育部核定。

（二）统一城乡义务教育学校生均公用经费基准定额。中央统一确定全国义务教育学校生均公用经费基准定额。对城乡义务教育学校（含民办学校）按照不低于基准定额的标准补助公用经费，并适当提高寄宿制学校、规模较小学校和北方取暖地区学校补助水平。落实生均公用经费基准定额所需资金由中央和地方按比例分担，西部地区及中部地区比照实施西部大开发政策的县（市、区）为8∶2，中部其他地区为6∶4，东部地区为5∶5。提高寄宿制学校、规模较小学校和北方取暖地区学校公用经费补助水平所需资金，按照生均公用经费基准定额分担比例执行。现有公用经费补助标准高于基准定额的，要确保水平不降低，同时鼓励各地结合实际提高公用经费补助标准。中央适时对基准定额进行调整。

（三）巩固完善农村地区义务教育学校校舍安全保障长效机制。支持农村地区公办义务教育学校维修改造、抗震加固、改扩建校舍及其附属设施。中西部农村地区公办义务教育学校校舍安全保障机制所需资金由中央和地方按照5∶5比例分担；对东部农村地区，中央继续采取“以奖代补”方式，给予适当奖励。城市地区公办义务教育学校校舍安全保障长效机制由地方建立，所需经费由地方承担。

（四）巩固落实城乡义务教育教师工资政策。中央继续对中西部地区及东部部分地区义务教育教师工资经费给予支持，省级人民政府加大对本行政区域内财力薄弱地区的转移支付力度。县级人民政府确保县域内义务教育教师工资按时足额发放，教育部门在分配绩效工资时，要加大对艰苦边远贫困地区和薄弱学校的倾斜力度。

统一城乡义务教育经费保障机制，实现“两免一补”和生均公用经费基准定额资金随学生流动可携带。同时，国家继续实施农村义务教育薄弱学校改造计划等相关项目，着力解决农村义务教育发展中存在的突出问题和薄弱环节。

四、实施步骤

（一）从2016年春季学期开始，统一城乡义务教育学校生均公用经费基准定额。中央确定2016年生均公用经费基准定额为：中西部地区普通小学每生每年600元、普通初中每生每年800元；东部地区普通小学每生每年650元、普通初中每生每年850元。在此基础上，对寄宿制学校按照寄宿生年生均200元标准增加公用经费补助，继续落实好农村地区不足100人的规模较小学校按100人核定公用经费和北方地区取暖费等政策；特殊教育学校和随班就读残疾学生按每生每年6 000元标准补助公用经费。同时，取消对城市义务教育免除学杂费和进城务工人员随迁子女接受义务教育的中央奖补政策。

（二）从2017年春季学期开始，统一城乡义务教育学生“两免一补”政策。在继续落实好农村学生“两免一补”和城市学生免除学杂费政策的同时，向城市学生免费提供教科书并推行部分教科书循环使用制度，对城市家庭经济困难寄宿生给予生活费补助。中央财政适时提高国家规定课程免费教科书补助标准。

（三）以后年度，根据义务教育发展过程中出现的新情况和新问题，适时完善城乡义务教育经费保障机制相关政策措施。

高校、军队、农垦、林场林区等所属义务教育学校经费保障机制，与所在地区同步完善，所需经费按照现行体制予以保障。

五、组织保障

（一）加强组织领导，强化统筹协调。各地区、各有关部门要高度重视，加强组织领导。省级人民政府要切实发挥省级统筹作用，制定切实可行的实施方案和省以下各级政府间的经费分担办法，完善省以下转移支付制度，加大对本行政区域内困难地区的支持。各省（区、市）要将实施方案、省以下资金分担比例和家庭经济困难寄宿生贫困面，于2016年3月底前报财政部、教育部。县级人民政府要按照义务教育“以县为主”的管理体制，落实管理主体责任。国务院有关部门要发挥职能作用,加强工作指导和协调。

(二)优化教育布局,深化教育改革。各地要结合人口流动的规律、趋势和城市发展规划,及时调整完善教育布局,将民办学校纳入本地区教育布局规划,科学合理布局义务教育学校。加快探索建立乡村小规模学校办学机制和管理办法,建设并办好寄宿制学校,慎重稳妥撤并乡村学校,努力消除城镇学校"大班额",保障当地适龄儿童就近入学。加强义务教育民办学校管理。深化教师人事制度改革,健全城乡教师和校长交流机制,健全义务教育治理体系,加强留守儿童教育关爱。

(三)确保资金落实,强化绩效管理。各级人民政府要按照经费分担责任足额落实应承担的资金,并确保及时足额拨付到位。县级人民政府要加强县域内教育经费的统筹安排,保障规模较小学校正常运转;加强义务教育学校预算管理,细化预算编制,硬化预算执行,强化预算监督。规范义务教育学校财务管理,创新管理理念,将绩效预算贯穿经费使用管理全过程,切实提高经费使用效益。

(四)推进信息公开,强化监督检查。各级人民政府要加大信息公开力度,将义务教育经费投入情况向同级人民代表大会报告,并向社会公布,接受社会监督。各级财政、教育、价格、审计、监察等有关部门要齐抓共管,加强对义务教育经费保障机制资金使用管理、学校收费等情况的监督检查。各级教育部门要加强义务教育基础信息管理工作,确保学生学籍信息、学校基本情况、教师信息等数据真实准确。

(五)加大宣传力度,营造良好氛围。各地区、各有关部门要高度重视统一城乡义务教育经费保障机制的宣传工作,广泛利用各种宣传媒介,采取多种方式,向社会进行深入宣传,使党和政府的惠民政策家喻户晓、深入人心,确保统一城乡义务教育经费保障机制各项工作落实到位。

本通知自2016年1月1日起执行。凡以往规定与本通知规定不一致的,按本通知规定执行。

国务院

2015年11月25日

[评析] 通知传达了国务院对进一步完善城乡义务教育经费保障机制提出的各方面要求,针对性很强。通知先指出发文的目的,然后从重要意义、总体要求、主要内容、实施步骤、组织保障五个方面对相关工作进行了说明和安排。此通知要求各地方、各部门认真领会通知精神,体现了国家机关的权威性,也体现了指示性通知的特点。

2. 发布性通知例文评析

[例文3-2]

关于印发《中央文化企业国有产权交易操作规则》的通知

财文资〔2013〕6号

党中央有关部门,国务院各部委、各直属机构,全国人大常委会办公厅,全国政协办公厅,高法院，高检院，有关人民团体，各民主党派中央，有关中央管理企业，上海文化产权交易所，深圳文化产权交易所：

为规范中央文化企业国有产权交易行为，根据《企业国有产权转让管理暂行办法》（国资委　财政部令第3号）等有关规定，我们制定了《中央文化企业国有产权交易操作规则》。现印发给你们，请遵照执行。执行中有何问题，请及时向我们反映。

附件：中央文化企业国有产权交易操作规则

财政部

2013年5月7日

［评析］这则通知是发布性通知的代表。正文首先简要说明印发缘由，然后指出所印发文件的名称，文末附带提醒该操作规则执行过程中如果遇到问题的处理办法，这就使得该通知的行文表述十分严谨。

3. 转发性通知例文评析

［例文3-3］　国务院办公厅关于转发卫生计生委等部门全国精神卫生工作规划（2015—2020年）的通知

国办发〔2015〕44号

各省、自治区、直辖市人民政府，国务院各部委、各直属机构：

卫生计生委、中央综治办、发展改革委、教育部、公安部、民政部、司法部、财政部、人力资源社会保障部、中国残联《全国精神卫生工作规划（2015—2020年）》已经国务院同意，现转发给你们，请结合实际认真贯彻执行。

附件：全国精神卫生工作规划（2015—2020年）

国务院办公厅

2015年6月4日

［评析］一般转发性通知，行文比较简单，说明所转文件内容，并提出执行要求即可，字数一般不多。这则通知开篇即说明了转发内容为《全国精神卫生工作规划（2015—2020年）》，进而提出执行要求，简洁明了，是典型的转发性通知。但如遇所转文件事关重大，还可对转发原因及意义等再做补充说明。

4. 批转性通知例文评析

[例文 3-4] 国务院批转发展改革委关于 2013 年深化经济体制改革重点工作意见的通知

国发〔2013〕20 号

各省、自治区、直辖市人民政府,国务院各部委、各直属机构:

国务院同意发展改革委《关于 2013 年深化经济体制改革重点工作的意见》,现转发给你们,请认真贯彻执行。

附件:关于 2013 年深化经济体制改革重点工作的意见

国务院

2013 年 5 月 18 日

[评析] 此通知的写法比较简单,篇幅短小。标题中"批转"二字已表明此通知的目的,也表明了对所转内容的态度。一经国务院批转,这份文件便有了行政约束力,要求有关方面认真执行。正文只有三句话,第一句表明态度,第二句说明发文目的,第三句提出执行要求,简洁明了,也充分体现了此类通知的写作要求。

5. 事务性通知例文评析

[例文 3-5] 教育部关于成立"教育部国家重大科技基础设施专家委员会"的通知

教技函〔2015〕62 号

部属有关高等学校:

为充分发挥高校在基础研究和前沿高技术领域的多学科协同优势,增强高校承担国家重大科技基础设施的组织建设和协同创新能力,促进高校重大科技基础设施的开放共享,服务一流大学和一流学科建设。现决定成立教育部国家重大科技基础设施专家委员会(名单见附件)。

专家委员会主要职责是:对高校情况开展调研,就集成高校优势建设国家重大科技基础设施提出意见建议;参与高校拟建项目的建设方案、可行性研究、初步设计等方面的咨询和评审工作;对在建项目进行监督和指导;为教育部培育直属高校重大科技基础设施项目提供决策咨询建议。

请各有关高校支持专家委员会的工作,为本单位专家开展工作创造条件、提供便利。

附件:教育部国家重大科技基础设施专家委员会名单

教育部

2015 年 12 月 3 日

［评析］ 事务性通知的功能之一是向有关方面传达一种需要周知的信息，仅需知道而不需要直接执行或办理的事项，写法直截了当，故行文简洁，篇幅一般不长。这则通知明显地体现了这种特点。文章首先指出成立“教育部国家重大科技基础设施专家委员会”的意义，再明确专家委员会的主要职责，文末用附件形式详细列出组成人员名单，透明公开。全文语言简洁，层次清晰，叙述详尽，值得借鉴。

［例文 3－6］ 关于召开全省低碳试点工作座谈会的通知

陕发改气候函〔2015〕1432 号

各设区市发展改革委，韩城市发展改革委，杨凌示范区发展改革局，西咸新区经济建设局，神木县、府谷县发展改革局，各低碳试点单位：

为全面总结“十二五”我省低碳试点工作进展情况，确保“十三五”低碳试点工作取得实效，经研究，拟于 2015 年 12 月中旬召开全省低碳试点工作座谈会，现将有关事项通知如下：

一、会议时间地点。拟于 12 月 10 日（星期四）在省发改委 5 楼第二会议室召开，会期一天。其中：各市区发改委及试点市、县上午（8:30—12:00）参加会议；各试点园区、企业下午（14:30—18:00）参加会议。（详见附件 2）

二、会议主要议题。按照省政府办公厅印发的《陕西省低碳试点工作实施方案》确定的主要目标、重点任务及重点行动（见附件 1）逐项对照评价，认真总结“十二五”低碳试点经验教训；评估 2015 年低碳试点工作及碳强度目标完成预期；部署明年及“十三五”低碳试点主要任务；调整省级低碳试点单位；通报各市、区温室气体排放清单编制工作及企业温室气体排放报告报送情况。

三、参会人员。各市（区）发改委主管主任，承办应对气候变化工作的科室负责人；低碳试点县（区）发改局长；低碳试点园区主管领导；低碳试点企业主管负责人。

四、材料准备。请各低碳试点市、县、园区及企业于 11 月 30 日之前将本单位近 5 年低碳试点情况进行全面梳理总结，形成书面材料一式 8 份报省发改委（电子版发邮箱 sxfgwqhc@126.com）。我们将组织专业机构和专家对各试点单位的阶段性工作总结进行全面系统的分析评估。

请各市、区发改委负责组织辖区内试点单位报送材料，并按时参会。请于 12 月 4 日前将参会人员名单报省发改委气候处。

联系人：纳新武　电话：029－87292742

附　件：1. 陕西省低碳试点工作主要目标及任务

2. 陕西省低碳试点单位名单

陕西省发展和改革委员会

2015 年 11 月 23 日

[评析] 这是一则会议通知。该通知首先说明了召开此次会议的目的,然后用“现将有关事项通知如下”作为过渡语引出会议的具体事项。值得注意的是,会议通知往往细节比较多,很容易出现纰漏,让参会人员产生误会,而该通知很好地避免了这一问题。事项部分以分条列项的方式详细交代了会议的时间和地点、主要议题、参会人员、材料准备等和会议相关的重要信息,内容准确而全面,层次非常清晰,格式规范,多方面体现了会议通知的要求,是一篇比较好的范文。

6. 任免通知例文评析

[例文 3-7]

中共工业和信息化部党组关于杨冶高晚欣同志职务任免的通知

工信部党任〔2015〕26 号

中共哈尔滨工程大学委员会:

工业和信息化部党组决定:

杨冶同志任哈尔滨工程大学党委副书记,任职时间自 2015 年 6 月 1 日党组会决定之日起计算,同意其作为哈尔滨工程大学工会主席候选人预备人选,请按有关规定办理选举手续。

免去高晚欣同志的哈尔滨工程大学工会主席职务。

中共工业和信息化部党组

2015 年 6 月 12 日

[评析] 该通知的内容包括任职和免职两部分,故行文时,按照先任后免的原则,先写任职人员,再写免职人员。有的通知写免职事项时,还简单交代免职理由。由于此则通知内容只涉及两人,故两人的名字都出现在标题中。如果任免通知涉及多位人员,一般标题中只写一位作为代表,以免标题复杂。需要指出的是,如果一份通知所涉及的人员比较多,标题及正文的排列顺序要遵循职位高低的原则,这一点在写作任免通知的时候,需要注意。

二、通报

(一)通报的概念

通报是用于表彰先进、批评错误、传达重要精神与情况的公文。

(二)通报的特点

1. 真实性

通报必须求实,真实性是通报的第一要义。对通报的内容务必仔细查实,不虚报,不瞒报，要做到信息准确，实事求是，“不虚美”，“不隐恶”。对一些先进集体和个人的表扬，不能过分拔高，更不能借贬低他人来抬高受表彰者；对一些反面典型的批评和教育，也要客观公正。

2. 典型性

通报是一种晓谕性公文，其精神实质是通过表扬和批评，或者重要情况的传达，达到交流经验，吸取教训，教育干部、职工群众，推动工作的目的，因此被通报的对象一定要有广泛的代表性，这样才具有典型意义，才能产生较大的影响。

（三）通报的种类

（1）表彰性通报。此类通报用于上级机关表彰下级机关或先进集体和个人，以树立典型，弘扬正气，倡导新风尚。

（2）批评性通报。此类通报用于在一定范围内就某单位或个人犯下的错误进行批评，以引起有关方面的注意，达到惩前毖后的目的。

（3）情况性通报。多用于传达重要情况，以供受文对象作为工作参考，如重要财政信息、财政收支形势、重大工作的进展情况等。情况性通报和其他两种通报一样，一般属于下行文，但有的时候，情况性通报也用在平行机关之间。

（四）通报的结构和写法

通报的结构由标题和正文构成。

1. 标题

通报的标题有完全式和省略式两种情况，可以参照通知标题的写作方法。需要注意的是，当被通报的事情比较重要的时候，发文机关和事由这两个要素不能省略。

2. 正文

通报的正文按其种类不同而写法有异。

（1）表彰性通报。此类通报的正文主体一般包括三个部分：第一是叙述表扬对象的先进事迹；第二是对先进事迹进行分析，指出其典型意义及经验。第三是表达发文单位的态度和意见，一般是提出表彰和发出号召。

（2）批评性通报。此类通报的正文主体也包含三个部分：第一是叙述事故或错误发生的情况，主要是时间、地点、事件、简要经过等。第二是分析事故的原因及危害、影响等。第三是提出应该吸取的教训，今后应当采取的措施等。

（3）情况性通报。此类通报与通知写法相似，在全面掌握事实的情况下，不仅要传达情况，还要对情况本身进行简要分析，指出其意义，并有针对性地提出指导意见和注意事项。

（五）通报的写作要求

写作通报的时候，要充分考虑这种文体的特性，因此真实和典型是写作时最起码的要求，关于这两点，前文已有论述，不再赘言。下面补充两点要求。

1. 注意时效性

发通报主要是为了交流，是通过先进典型或反面事例的宣传，使人接受教育，达到提高工作效率的目的，如果通报一些过时的事件，就会大大降低事件本身的典型性，同时也使得人们失去了接受的兴趣，因而也就达不到宣传交流的目的。就此而言，通报一定要贴近生活，依据工作实际，发现鲜活生动的例子，突出时效性的特点。

2. 注意用语分寸

通报的用语要谨慎,要充分考虑通报发出后可能产生的影响,因此把握好一个合适的尺度十分重要。即要依据上级或有关法律法规的精神,对所通报的对象进行合理的定位,是表扬的,该表扬到何种程度;是批评的,该以何种方式进行批评。不能凭主观喜好进行褒贬,否则有失公允。另外,在遣词造句的时候,一定要做到客观公正,尽量少用一些文学性的语言,以免带有主观情绪,误导人们。

(六)通知与通报的区别

通知与通报是两种不同的公文,两者之所以容易混淆,就在于它们都有告知性,但仔细考察它们在性质与功能上的差异,其区别还是很明显的。

1. 行文目的不同

通知的主要目的是告知下级机关某种工作要求,要求下级机关去执行,涉及为什么、什么事、怎么做三方面的问题。通报是通过典型事例的宣传,达到教育的目的,只涉及"什么事"和"为什么"两个层面的问题,在告知事项的同时,还要分析事件的实质、产生的原因及影响等,所以在行文目的方面,前者重在执行,后者重在教育。

2. 内容范围不同

通知的内容多是发布行政法规或文件,传达需要办理和周知的事项,批转或转发公文等,内容相对较广。通报则报道正面、反面的事例,或重要的情况,达到传达重要精神,教育人的目的,内容相对较窄。

3. 写作要求不同

通知一般只需要把告知的事项用叙述和说明的文字写清楚,告知人们什么事、怎么做就行,叙述很具体,语言平实;而通报除简单告知事项外,一般还需辅以议论的文字进行分析,强调要告知事项的性质和重要性以引起重视。因此在表达方式上,通报富于变化,可以叙述,也可以议论、说明,有较强的感情色彩。

(七)例文评析

1. 表彰性通报例文评析

[例文 3-8]　关于表彰 2014 年度先进集体和个人的通报

青地税发〔2015〕8 号

市地税局各单位、各部门:

2014 年,在市委、市政府和省局党组的正确领导下,全市地税系统各级各部门面对复杂严峻的经济税收形势,特别是营改增带来的政策性减收压力,牢牢把握稳中求进的工作总基调,尚实干、勇作为、敢担当,圆满完成了以组织收入为中心的税收各项工作任务。全年完成各项收入 642.7 亿元,增长 12%,地税收入总量首次突破 600 亿元大关,其中地方公共财政预算收入完成 512.3 亿元,增长 10.9%,均创历史新高,为全市经济社会发展作出了重要贡献。

为表彰先进,树立典型,市局党委决定对在 2014 年度各项工作中表现突出的全市地税系统先进集体和个人,给予通报表彰(名单附后)。希望受到表彰的集体和个人,珍惜荣誉,再接再厉,再创佳绩。全系统各级、各部门和广大干部职工,要以先进为榜样,以组织收入为中心,以开展“纳税服务年”活动为载体,凝心聚力,奋发有为,圆满完成2015年各项税收工作任务,确保实现走在前列的工作目标,为服务经济发展新常态,加快建设宜居幸福的现代化国际城市作出新的更大贡献。

附件:全市地税系统2014年度先进集体及个人名单

青岛市地方税务局
2015年1月27日

［评析］这是一则表彰性通报。该通报的特点是简洁、清楚。全文分两个部分,先概述了所表彰的事实及积极意义,然后作出表彰决定,最后发出学习号召。整个通报要素齐全,层次分明。因该通报是集体性的表彰通报,所以先进事迹部分采用了概述的写法,篇幅较短,但如果是个人性的表彰通报,如好人好事,还应注意将受表彰事实写得更具体一些,以突出典型。

2. 批评性通报例文评析

［例文3-9］

国家安全监管总局办公厅关于近日两起危险化学品较大事故的通报

安监总厅管三〔2015〕117号

各省、自治区、直辖市及新疆生产建设兵团安全生产监督管理局,有关中央企业:

11月27日,黑龙江省鹤岗市旭祥禾友化工有限公司发生一起中毒事故,造成租用该公司设备进行乙嘧酚工业化试验的安达市胜益化工有限公司3名员工死亡。经初步分析,事故原因为乙嘧酚工业化合成试验过程中,因冬季气温低,致使尾气负压系统管道冻堵,尾气吸收系统失效,生产过程中产生的甲硫醇气体外泄,导致中毒事故发生。

11月28日,河北省邯郸市龙港化工有限公司发生一起液氨泄漏事故,造成3人死亡、4人受伤。经初步分析,该公司2#液氨储罐备用进料管线上一加有盲板的法兰(有8条螺栓)在2条螺栓已断裂(事故前已发现)的情况下,同侧第3条螺栓又发生断裂,法兰裂开导致液氨泄漏。

目前,上述两起事故正在调查中。这两起事故暴露出一些企业违法出租生产经营场所和设备,设备设施管理不到位,隐患排查整治不彻底等问题。为深刻吸取事故教训,有效防范事故发生,现提出如下要求:

一、严格依法生产经营。危险化学品企业要认真贯彻落实《安全生产法》,严格依法生产经营,不得将生产经营项目、场所、设备发包或出租给不具备安全生产条件或相应资质的单位和个人,严禁在危险化学品工业化生产装置进行试验性生产。各级安全监管部门要加大执法检查力度,严肃查处各类安全生产违法行为,严格按照《安全生产法》等法律法规实施处罚;导致发生生产安全事故的,严肃追究承包方、承租方及其相关责任人的责任。

二、切实加强设备管理。危险化学品企业要认真贯彻落实《国家安全监管总局关于加强化工过程安全管理的指导意见》(安监总管三〔2013〕88号)要求,开展设备完整性管理,建立并不断完善设备管理制度,强化设备安全运行管理,特别是要高度重视液氯、液氨、液化气等有毒有害、易燃易爆物质储罐区安全阀、金属软管、盲板、阀门管件等设施的管理,建立日常检维修制度,存在问题的要立即停止使用并及时维修或更换,确保安全。

三、认真开展隐患排查治理。危险化学品企业要高度重视隐患排查治理工作,认真落实《国家安全监管总局关于印发危险化学品企业事故隐患排查治理实施导则的通知》(安监总管三〔2012〕103号)要求,建立隐患排查治理工作责任制,完善隐患排查治理制度;要积极引导鼓励岗位员工参与隐患排查治理,实现隐患排查常态化;要建立隐患排查治理闭环管理机制,对已排查出的隐患,要及时治理,短期内不能治理的,要确保责任、措施、资金、时限、预案切实到位。

四、做好冬季安全生产工作。冬季气温较低,影响危险化学品安全生产的不利因素较多,历来是危险化学品生产安全事故易发季节,有关企业要针对冬季安全生产特点,制定"冬防"方案,做好防冻、防凝、防滑、防火、防爆、防泄漏、防静电等工作,确保生产安全。地方各级安全监管部门要结合本地区实际情况,强化监督检查,切实做好冬季危险化学品安全生产工作。

安全监管总局办公厅

2015年12月10日

[评析] 这是一则批评性通报。该通报层次非常分明,全文分两大部分:第一部分先对近日两起危险化学品事故的时间、地点、事故后果等情况做了详细介绍,然后深入分析两起事故的原因,并对有关方面提出严厉批评;第二部分是通报的重点,分四个方面阐述了为防范类似事故的发生所制定的相应措施,提出了今后的工作要求。文章层次清楚,要素齐全,表达流畅,较好地体现了此类通报的特点。

3. 情况性通报例文评析

[例文3-10] 国家卫生计生委办公厅关于2015年游泳场所卫生监督检查情况的通报

国卫办监督发〔2015〕50号

各省、自治区、直辖市卫生计生委,新疆生产建设兵团卫生局,监督中心:

根据《国家卫生计生委办公厅关于印发2015年国家公共卫生重点监督检查计划的通知》(国卫办监督函〔2015〕30号)要求,全国31个省(自治区、直辖市)对游泳场所开展了卫生监督检查。现将有关情况通报如下:

一、监督检查情况

本次监督检查内容包括游泳场所9项卫生管理制度落实情况和游泳池水质6项指标达

标情况。全国共检查游泳场所 12 056 家,其中卫生管理制度全部按要求落实的有 9 435 家,合格率为 78%;共对 11 506 家游泳场所水质进行抽检,其中检测指标全部达标的 8 775 家,合格率为 76%。

(一) 卫生管理制度落实情况。12 056 家游泳场所中,11 707 家设立了卫生管理部门或配备专(兼)职卫生管理人员,合格率为 97%;10 781 家按规定建立了完整的卫生管理档案,合格率为 89%;11 436 家从业人员取得了有效健康合格证明,合格率为 95%;11 154 家设置了醒目的禁止吸烟警语和标识,合格率为 93%;10 417 家按规定对空气、微小气候、水质、采光、照明、噪声、顾客用品用具进行了卫生检测,合格率为 86%;10 862 家按规定公示了卫生许可证、卫生信誉度等级和卫生检测报告,合格率为 90%。2 016 家使用集中空调通风系统的游泳场所中,1 797 家按规定建立了完整的集中空调通风系统卫生档案,合格率为 89%;1 507 家按规定对集中空调通风系统进行了卫生检测或卫生学评价,合格率为 75%;1 635 家按规定对集中空调通风系统进行了清洗消毒,合格率为 81%。

检查结果显示,游泳场所卫生管理制度落实情况总体良好,绝大多数单位在卫生管理上基本符合卫生要求。存在的突出问题是,部分游泳场所不按规定对空气、微小气候、水质、采光、照明、噪声、顾客用品用具进行卫生检测和不按规定对集中空调通风系统进行卫生检测或卫生学评价,未达到相关卫生管理要求。

(二) 水质抽检情况。水质检测项目为:细菌总数、大肠菌群、尿素、混浊度、游离性余氯、pH 值。抽检水质的 11 506 家游泳场所中,学校游泳场所 640 家,其他游泳场所 10 866 家。

1. 学校游泳场所水质抽检结果。抽检的 640 家学校游泳场所中水质指标全部合格的有 500 家,合格率为 78%。共检测游泳池水细菌总数样品 1 510 份,合格 1 453 份,合格率为 96%;检测大肠菌群样品 1 480 份,合格 1 459 份,合格率为 99%;检测尿素样品 1 453 份,合格 1 338 份,合格率为 92%;检测混浊度样品 1 473 份,合格 1 467 份,合格率为 99%;检测游离性余氯样品 1 441 份,合格 1 308 份,合格率为 91%;检测 pH 值样品 1 440 份,合格 1 405 份,合格率为 98%;检测浸脚池水余氯样品 791 份,合格 748 份,合格率为 95%。

2. 其他游泳场所水质抽检结果。抽检的 10 866 家其他游泳场所中水质指标全部合格的有 8 275 家,合格率为 76%。共检测游泳池水细菌总数样品 24 425 份,合格 23 082 份,合格率为 95%;检测大肠菌群样品 24 192 份,合格 23 541 份,合格率为 97%;检测尿素样品 23 004 份,合格 21 232 份,合格率为 92%;检测混浊度样品 24 008 份,合格 23 875 份,合格率为 99%;检测游离性余氯样品 23 664 份,合格 20 689 份,合格率为 87%;检测 pH 值样品 23 737 份,合格 23 192 份,合格率为 98%;检测浸脚池水余氯样品 12 226 份,合格 11 105 份,合格率为 91%。

检测结果显示,游泳场所水质的整体合格率比去年提高 2 个百分点,其中游泳池水游离性余氯和浸脚池水余氯合格率比去年提高 3 个百分点。

(三) 违法行为查处情况。针对监督检查中发现的问题,各地卫生计生部门已责令 2 621 家卫生管理制度落实不符合要求的游泳场所和 2 731 家水质不达标的游泳场所限期整改,并进行了相应的行政处罚。截至目前,未发生因水质卫生状况引发的群体性危害健康事故。另外,北京、河北、辽宁、上海、江苏、浙江、安徽、四川等省市不断加大宣传力度,通过网络、手机 APP、媒体等媒介及时向社会通报游泳场所监督检查情况,通过发挥社会舆论监督的作用，进一步促进了游泳场所落实公共卫生安全责任，强化了监督执法效果。

二、下一步工作要求

（一）加大监督执法力度，督促游泳场所经营者严格贯彻落实《公共场所卫生管理条例实施细则》、公共场所相关卫生标准和卫生规范的要求，全面落实各项卫生管理制度，加强硬件设施设备的升级改造维护，保障游泳场所水质卫生。对屡教不改或违法行为情节严重的，要依法严肃查处。

（二）继续借助媒体力量开展宣传，普及游泳场所卫生管理相关法律法规和卫生知识，向社会公示游泳场所卫生监督量化分级结果、水质抽检不合格信息，提升广大群众的卫生安全意识。充分发挥新闻监督和群众监督的作用，全面营造保障游泳场所公共卫生安全的良好舆论氛围，扩大卫生计生监督执法的公信力。

附件：2015 年各地游泳场所监督检查结果汇总表

国家卫生计生委办公厅

2015 年 10 月 8 日

［评析］此则通报主要是原国家卫生计生委办公厅向各有关部门通报 2015 年游泳场所卫生监督检查情况，属于典型的情况性通报。文章首先详细介绍了检查结果，重点从卫生管理制度落实、水质抽检、违法行为查处三个方面通报了监督检查情况，并总结主要问题，接着提出了今后加强游泳场所卫生监督的具体措施和要求，体现了这类通报的特点。

三、报告

（一）报告的概念

报告是下级机关向上级机关汇报工作、反映情况、提出建议或意见、答复上级机关询问、呈送文件或物件的陈述性公文，是上行文之一。它是上级机关制定方针、政策、法规等的重要依据，也是下级机关及时向上级机关汇报工作，反映情况的重要途径。

（二）报告的特点

1. 真实性

报告必须以事实为基础，本着实事求是的原则。虚报或瞒报，致使上级了解不到真实的情况，从而作出错误的判断，都将会给工作带来巨大的影响和损失，甚至会损害党和政府的形象。

2. 概括性

报告是向上级反映情况、说明问题的，报告不能引起上级部门的重视和关注，也就没有达到报告的目的。为此，报告需语言准确，条理清晰，重点突出，概括性强。

3. 时效性

报告也是一种时效性很强的文体，要想上级在第一时间了解本单位发生的新情况、新变化，就要保证报告内容与现实生活的同步，否则，也就失去了报告的意义。

（三）报告的种类

报告的种类很多，从内容大小的角度，可分为综合报告和专题报告。综合报告内容具有综合性，是全面反映情况的报告；专题报告内容单一，只是就工作中某一方面而写的报告。按行文目的不同划分，可分为呈报性报告和呈转性报告。直接报送上级机关而不要求批转的报告，如答复报告、报送文件物件的报告、检查报告和部分工作报告、情况报告都是呈报性报告。呈送给上级机关并要求批转有关部门参考或知晓的报告，如部分建议报告、工作报告、情况报告都是呈转性报告。

从具体功能的角度，报告大致可分为以下五种。

1. 工作报告

工作报告是向上级汇报本单位、本部门某一阶段的工作安排、进展及具体方法、成绩、经验、不足、今后打算等的报告。

2. 情况报告

情况报告主要反映工作中的突发事件和重大事件，以及在一定范围内带倾向性的情况。如严重自然灾害、重大安全事故、重大案情、敌情、重要的社情民情、重大活动及会议等。

3. 建议报告

建议报告旨在向上级提意见或建议。这类报告是争取上级部门支持，推动本部门工作进展的重要手段。

4. 答复报告

答复报告主要答复上级机关询问的有关事项，对上级机关调查或关切的有关问题作出解释。

5. 呈送报告

呈送报告主要用于向上级机关呈送有关文件或物件。

（四）报告的结构和写法

1. 标题

报告的标题有两种写法。

（1）发文机关+主要内容+文种的写法。如《湖北省审计厅信息公开工作报告》。

（2）主要内容+文种的写法。如《关于进一步加强我市环境综合治理工作的报告》。

可以看出，报告的标题可以根据需要省略发文机关，但不能省略事由，这和前面所讲的通知和通报等文体不太一样。

2. 主送机关

报告应报送自己的直接上级机关，一般情况下不能越级行文。报告一般只有一个主送机关，但在特殊情况下，有时可写多个主送机关，如在情况紧急，需要多级领导机关尽快知道灾情、疫情时。

3. 正文

报告的正文一般由前言、主体和结语构成。

（1）前言。

前言应概述报告的基本内容或报告的主旨，统领全文。亦即交代报告产生的现实背景、根据，或在开头简要叙述事件的情况，或阐述发文的目的等。

（2）主体。

报告主体一般包括基本情况、存在问题或具体意见以及对今后工作的设想等几方面。下面介绍每种报告主体的具体写法。

① 工作报告。这类报告的正文内容较多，篇幅较长，在写作的时候，要注意安排好层次，如有必要，可以加一些数字符号或序号，甚至是小标题。其具体内容包括：工作基本情况、进展程度、主要成绩、经验、体会、问题和教训、今后改进措施等。在叙述基本情况的同时，要有所分析、归纳，找出规律性认识，类似于工作总结。

② 情况报告。这类报告因为是向上级报告重大事件和突发情况，所以在写作的时候，务必要及时，让上级在第一时间了解事件情况，制定相应对策；所写的内容要集中，重点突出，要用最简洁准确的语言把事情的来龙去脉讲清楚。此外，还要注意结构安排，一般可采用“情况—原因—教训—措施”四步写法。

③ 建议报告。这类报告的主体包括情况分析和建议两部分，其中建议部分是重点。前一部分主要介绍基本情况，说明建议的原因和目的，一般用一些过渡语如“具体建议如下”“特提出以下意见（建议）”等，引出下面的内容；后一部分是在前一部分的铺垫之上，集中说明对某项工作的具体想法、意见、措施、安排等，由于有时建议比较多，同时为了方便领导阅读，可在写作形式上采用分条列项的方法逐层表达。

④ 答复报告。答复报告是被动行文，这也是它区别于其他报告的重要标志。它一般是先交代报告缘由，再根据上级询问的问题或提出的要求予以回答。写作时要求语言准确、得体，对于上级的提问，做到有问必答，同时要有针对性，不能答非所问；另外，对于所答问题的态度一定要明确，不能模棱两可。

⑤ 呈送报告。这类报告的写作比较简单，一般只写明报告的目的、依据，以及所报文件或物件的名称和数量等信息即可。

（3）结语。

报告的结语比较简单，一般可以采用模式化的习惯用语结束全文。如“特此报告”“专此报告”“以上报告，请审阅”“请指示”“如无不妥，请批转××参照执行”等。这些习惯用语的运用，要根据不同性质的报告加以选择。当然，除了用这些固定模式化语句结尾外，还可以重申报告的意义、提出一些设想等，但绝对不能有请示的内容。

（五）报告的写作要求

1. 内容真实、具体

报告是上级机关了解情况的重要途径，也是上级机关制定政策的客观依据，所以汇报的情况必须客观真实，必须深入实践去调查，获得第一手资料，不能道听途说，把不确定的材料写进报告。另外，在占有大量事实材料的基础上，要善于分析、取舍，务必做到真实具体。

2. 重点突出，观点鲜明

报告的内容有时很多，必须对内容进行取舍，做到详略得当。尤其是写综合性的报告，应注意抓住核心内容，突出主要矛盾和矛盾的主要方面，并在此基础上列出若干观点，分层次阐述。专题性报告，要一事一报，体现其专一性，切忌在同一专题报告中反映几件各不相干的事项和问题。在突出重点的同时，必须依据党和国家的有关政策法规，鲜明地表达行文的观点。

3. 报告中不能夹带请示事项

报告是不用上级机关答复的，如确需上级机关解决一些问题，就应该另外用“请示”行文。做到一文一事，专文专用。切不可请示、报告不分，更不能出现“请示报告”的文种。

（六）例文评析

1. 工作报告例文评析

[例文 3-11]　　武汉市教育局关于2014年政府信息公开工作的报告

2014年，我局严格按照《中华人民共和国政府信息公开条例》（国务院第492号令）、《武汉市政府信息公开暂行规定》（市政府第156号令）及政务信息公开承诺整改的相关要求，在市政府办公厅等部门的指导下，转变职能、改进作风、强化公开，不断提高工作透明度，切实保障群众的知情权、参与权、表达权和监督权。现将有关工作情况报告如下：

一、信息公开执行情况

2014年，主动公开政府信息5 853条，其中网站295条，政务微博178条，新闻媒体5 380条；受理34件依申请公开的事项。

二、主要做法

（一）规范网站栏目建设

在《武汉市政府信息网上公开指导规范（试行）》指导下对局政务网站进行了改版。经过扁平化调整之后，一级栏目由原来8个调整为3个，将公开相关栏目整合为"政务公开"专栏并占据主页最醒目位置。"政务公开"专栏除了经过修订的公开指南和目录、机构概况、各学段教育信息外，还开设了"行政权力和政务服务事项清单""部门和三公经费预决算信息""财政专项资金信息""工程建设领域项目信息"等小专栏，同时保留了"依申请公开"网上申请渠道。而且，为了凸显"服务"，将服务不同群体的"招生考试""教育科研""教师培训""学生资助"等链接归并到"教育服务"专栏，一目了然。

（二）落实行政权力事项公开

经过6轮清理，我局共保留行政权力和政务服务事项73项（含通有权力7项）。"权力清单"于今年3月下旬在局政务网站公布。所有权力事项的外部流程图（办事指南表，即"程序清单"）经市编制、法制、财政部门和市政务服务中心对口审查后，于8月下旬在政务网站公布。权力行使责任规范实施细则（即"责任清单"）经审查后，于10月初在政务网站公布。同时，将权力事项外部流程图（办事指南表）、权力运行内部流程和权力行使责任规范实施细则分别汇编成册，印发给各区教育局和我局直属单位，并摆放到市民之家服务窗口。

（三）推进财政事项公开

我局按照"规范、全面、完整、及时"的要求做好财政相关信息的公开。部门预算和"三公"经费预算于4月中旬在局政务网站公布；市级财政专项资金安排情况于9月中下旬陆续在局政务网站公布；2013年部门决算于10月底在政务网站公布。

（四）简化信息公开流程

我局原有的信息公开流程是在文件（即信息源）制发之后，再经过一轮处室负责人、办公室信息公开负责人、分管领导的层层审批，环节较繁复。遵循"以不公开为例外"的原则，从10月1日开始，我们改进了信息公开审批方式，在文件（送审稿）纸上设计增加了信息公开项目，将信息公开审批与公文制发有机结合。此举实现了在信息源头介入，既扩大了信息公开范围，也提升了信息公开时效。

（五）加强重点领域信息公开

我局不断强化信息主动公开，充分发挥政务网站作为政府信息公开第一平台的作用，加快信息更新和发布。今年有一批群众关注度高的信息得到了广泛关注，如“2014年春、秋季武汉市各级各类学校收费政策”“关于教育部门审批的民办培训机构检查清理结果”“关于2014年师范类毕业生就业暨公开招聘教师工作的公告”“关于2014年高中阶段教师资格认定的公告”“推荐省第九批特级教师人选公示公告”以及各种招生考试信息等。其中，招聘教师公告5天内访问量达1万多人次。今年受理的34件依申请公开的事项全部按时回复，其中有一位申请人一次提出5个申请事项并且相互交叉，涉及我局多个职能部门。我局对此十分重视，认真研究，加强督办，因正值“两考”需要延期回复也通过电话和邮件沟通征得申请人同意，最终在第18个工作日回复了申请人。此外，我们主动回应群众关切，如在今年“电视问政”曝光的中小学在职教师有偿家教问题，引起委、局领导高度重视，第一时间在局政务网站发布《市教育局关于中小学教师有偿家教问题的承诺整改方案》，并公布了市教育局和各区教育局举报电话，接受社会监督。

（六）拓展信息公开渠道

我局注重利用新媒体加强信息发布和解读。“武汉教育”政务微博作为扩大政务信息公开、服务社会和师生的载体，运行2年多发布微博3 300余条，四个平台粉丝总数超过40万，已成为我们密切联系群众、宣传教育工作、掌握教育舆情、了解社情民意、疏导社会情绪、改进工作作风的重要平台。一是及时发布提升社会关注度。“武汉教育”政务微博及其下属15个区教育局政务微博，形成了“武汉教育政务微博群”，对师生和家长、社会关心的热门话题主动发布信息，对网上出现的重要舆情第一时间回应，强化了信息发布的权威性。二是聚焦热点把握舆情话语权。开设了“教育微播报”“教育抢先看”“武汉中高考”“招考加油站”等平台，及时发布更新相关政策，服务广大学生和家长，获得网友积极转发和肯定。三是健全机制扩大政务影响力。通过政务微博积极建立“网上反映—网下处理—网上反馈”的协调联动、回复解决机制，受理、转办、督办和反馈网友意见。对网友信访一般问题做到24小时内给予处理解决，较难问题在48小时内处理解决，复杂问题72小时内处理解决，对暂时不能解决的问题，通过私信方式向网友说明原因，得到网友的理解和支持。今年9月，“武汉教育”政务微博荣获“华中政务微博传播力奖”，是华中五省获此荣誉唯一一家教育类政务微博。

（七）完善信息公开长效机制

面对信息化社会的高速发展和人民群众对政府信息公开要求的高度提升，为了更好地贯彻市政府关于信息公开的各项要求，6月3日徐定斌局长主持召开局长办公会讨论研究信息公开工作。会后，成立了由其任组长的信息公开领导协调小组，负责研究、协调、推进信息公开工作。制定了《武汉市教育局政府信息公开实施方案》（简称《实施方案》），明确了各职能处室以及具有行政职能的直属单位作为信息公开责任人要按照各自责任分工认真做好信息公开工作，办公室等部门要承担起协调及追责等任务；规范了信息公开的流程与公开时限；强调了依申请公开的各项要求。《实施方案》为我们落实信息公开责任、加大信息公开力度奠定了制度基础，也构建了各部门共同做好信息公开这一系统工程的合力机制。

三、下一步工作打算

（一）加强检查，注重实效。督促各有关处室按照《实施方案》的要求，及时公开政府信息，把事关人民群众“三最”（最关心、最直接、最现实）的政府信息作为公开重点，并定期对各责任部门信息公开工作进行检查，将检查情况在机关定期进行通报。

（二）加强政务网站信息内容建设。通过强化信息发布更新、加大政策解读力度、做好社会热点回应、加强互动交流等方式，加强政务网站信息内容建设，更好发挥政务网站信息公开主渠道作用。

武汉市教育局

2015 年 3 月 27 日

［**评析**］此报告主要向上级领导汇报一年的工作情况，是典型的工作汇报。因为汇报的工作情况内容较多，所以此类报告的篇幅一般较长。这则报告最大的特点是层次清楚，结构合理。先总体回顾一年来的工作情况，然后分七个方面介绍具体的工作措施，重点汇报加强重点领域信息公开及拓展信息公开渠道等内容，使人一目了然，结尾部分指出今后的工作打算。由于工作汇报往往具有工作总结的性质，因此如果能在结尾加上一些对以往工作不足的认识将会使整个报告更客观、更全面。总体看来，此报告内容翔实、格式规范，是写得比较规范的工作报告。如果是更全面的工作汇报且事情重大，则会在大会上宣读。

2. 情况报告例文评析

［例文 3－12］ 省璜镇人民政府关于 2015 年“4·4”“4·5”森林火灾情况的报告

璜政〔2015〕49 号

县森林防火指挥部：

2015 年 4 月 4 日我镇官洋村和 4 月 5 日佳垅村各发生了一起森林火灾，特别是官洋村的火灾，火情蔓延至其他村庄，给我镇森林资源造成了损失，并造成了不良影响。充分暴露出我镇在森林防火工作中存在火灾防范措施不够落实、预警响应机制不健全和应急处置能力不强等问题。为了切实做好森林防火工作，确保不再发生森林火灾，我镇认真吸取上述两起森林火灾教训，深刻分析原因和存在的问题，并进行认真整改。现将发生森林火灾情况检查报告如下：

一、森林火灾发生原因分析

分析上述森林火灾发生的原因，虽有气候干燥、空气流动性强、可燃物载量大、阻隔设施差、民俗用火骤增等客观因素，但更暴露了我镇森林防火工作还存在许多薄弱环节和漏洞，尤其是应对高火险天气能力较差等。主要表现在：一是宣传力度不足，导致禁火令后违章违禁用火仍然出现；二是禁火令下发后，对野外用火管控不严，巡查不够到位，尤其是对山场边缘火源管控与防范不到位；三是管理机制不健全，火险信息传送不够及时、不够规范；四是村级扑火力量薄弱，群众参与扑救意识弱；五是预警响应尚有差距；六是村级责任还需加强，村级防火能力更需提高；七是防火工作督查有待加强。

二、整改措施

为坚决遏制我镇森林火灾的高发势头，彻底扭转我镇森林防火工作的被动局面，我镇将认真对照存在问题，制定整改方案，强化整改措施，对镇村森林防火工作进行全面整改。

1. 加强领导，进一步明确森林防火工作责任。特防期间镇林业分管领导专抓森林防火工作，同时强化镇领导干部包村，村干部包组，村组干部包山头的形式，确保防火责任以及工作要求落到实处。

2. 营造氛围，切实做好森林防火宣传教育。安排专门车辆，组织开展声势浩大的森林防火宣传活动；各村利用鸣锣、村广播、标语等形式进行广泛宣传森林防火知识和野外安全用火规定；镇统一为各村制作三块固定标语（火险等级高严禁进山用火）固定在各村重点路口、人员集居区域进行宣传，使“护林防火，人人有责”家喻户晓，人人皆知。同时要求各村护林员和林技员要积极对村组、山头进行宣传；各村干部、学校要积极主动做好防火宣传教育工作，让群众充分认识森林防火的重要性，发现火情及时报告，以免贻误最佳扑救时间。

3. 强化巡查，严禁一切野外用火。要求各村护林员、林技员、镇巡查扑火队员要经常性下山间地头巡查，切实履行好职责，确保杜绝一切野外用火。加强重点人群管控、重点时段巡查，对重点部位严防死守。特别是在高森林火险等级期间，全力组织镇巡查扑火队伍、护林员、林技员等进行全方位、全覆盖的巡查。镇包村领导要带领工作队驻村入户，组织村主要干部划分责任、包山头地块和主要进山路口的火源督查，切实做到“有烟就查、有火就灭”。

4. 完善机制，确保政令信息畅通。进一步完善防火工作管理机制，确保政令信息及时、规范传送，确保预警有效快速响应。

5. 严格管理，提高镇村扑火队伍战斗力。调整充实镇村森林防火扑火队员，加强应急演练培训，提高战斗力。我镇在原有15人镇专业巡查扑火队员的基础上增加10人，成立森林防火巡逻队，增加巡查扑火力量；重新调整充实村级半专业扑火队伍，保持在岗在位，确保一有火情，第一时间“召之能来，来之能战”，快速展开扑救，争取在最短的时间内实现“打早、打小、打了”的目标。

6. 加强防范，严肃工作纪律。森林防火禁火令期间取消休假，全体镇干部必须坚守工作岗位，各村干部必须保持通讯畅通，不得外出，对于擅离工作岗位者一经查实，立即给予经济处罚。

7. 增加投入，及时补充扑火物资。我镇今年将购买300把扑火把配发给各村10把，要求各村做到：堆放有序，管理完善，随时能用。

8. 强化督查，严格责任追究。加大森林防火工作专项督查，对工作责任不落实、工作不到位的给予通报批评，限期整改。要督促镇巡查扑火队、村护林员、林技员加强进山巡逻，及时发现并制止野外违章用火行为，做到有烟就查、有火就灭。加大对森林防火案件的查处力度，积极配合森林公安从重从快打击火灾肇事者。对因责任不落实，工作不到位导致森林火灾发生的，严格按照《闽清县监察局　闽清县林业局〈关于实行森林防火领导责任追究制度的实施意见〉通知》（梅委办〔2009〕55号）的有关规定以及县2015年森林防火责任书的要求，按照镇2015年森林防火责任状的规定，严格追究责任。经研究决定：对上述发生火灾的官洋村、佳垅村给予全镇通报批评，并向镇党委、镇政府分别作出书面检查；给予官洋、佳垅村分别经济处罚3万元；扣除官洋、佳垅村分管林业的干部一年工资；扣除官洋、佳垅村护林员、林技员一年工资。官洋、佳垅村要针对存在的问题，认真制订整改方案，强化整改措施，并将书面检查、整改方案于2015年4月20日前上报镇政府和镇防火办。

三、认真做好灾后工作

1. 受灾户的安置工作。目前佳垅村受灾户已妥善安置在村小学校舍内。

2. 受灾户的林木和房屋烧毁的理赔工作。目前各村林木烧毁情况和投保正在统计当中，房屋烧毁户正在联系财保公司理赔。

3. 积极抓好烧毁林地的复绿工作。一是统计苗木数量和种类，及时上报林业部门；二是尽一切力量抓好苗木的种植并确保成活率，三是加强烧毁林地防火林带建设；争取在4月底前完成。

通过此次深刻的检讨，我镇将引以为戒，扬长避短，千方百计，更加认真细致地开展森林防火工作，把工作落实到位，避免森林火灾的再次发生。

附件：省璜镇森林防火工作整改方案

省璜镇人民政府
2015年4月10日

[评析] 此报告是地方政府向上级汇报突发性的重大事件，属情况报告范畴。报告先简要回顾了两起火灾发生的全过程，然后分三部分详细说明了受灾的基本情况、整改措施及灾后工作安排。文章结构清楚，条理明晰，报告内容详尽而不拖沓，是一篇较好的范文，一般遇到紧急情况或重大事故可仿此文写法。

3. 建议报告例文评析

[例文3-13] 甘肃省安全生产监督管理局关于报送防范遏制重特大事故对策建议的报告

甘安监发〔2016〕60号

国家安全生产监督管理总局：

根据总局《关于请提供防范遏制重特大事故对策建议的通知》精神，我局书面向14个市（州）86个县（市、区）征求了意见，并组织机关业务处室进行座谈，形成如下对策建议，现报告如下：

一、防范遏制重特大事故，必须严格落实安全责任

以两个"五覆盖"为抓手，突出完善安全生产责任体系，加强安全生产组织领导，全力推动"党政同责""一岗双责""三个必须""政府主要负责人担任安委会主任""定期向组织部长报送安全生产情况"五个全覆盖，并做到省市县乡村"五级五覆盖"。推动安全监管体制改革，强化煤矿、非煤矿山、危险化学品、烟花爆竹等高危行业领域的行业监管责任，建立分工明确、责权明晰的安全生产监管体制，落实"管行业必须管安全"；赋予安全监管部门"综合监管"职能内涵，防止责任"无限化"。严格安全生产目标管理考核与奖惩兑现，对各层面的安全生产工作编制出具体的责任清单，并细化分解落实到具体责任岗位，把遏制重特大事故发生作为问责考量的重要指标。依法强化企业安全生产主体责任，围绕健全安全管理机构、完善安全生产制度、加强教育培训、加大安全投入、排查治理隐患等方面，严格落实企业安全生产法定职责和义务，推动建立企业安全生产责任体系"五个全覆盖"。制订出台安全生产的负面清单，把企业安全生产状况和投资融资、行业准入、关联贸易等强制手段结合起来,通过市场的手段倒逼企业落实主体责任。

二、防范遏制重特大事故,必须加强安全基础建设

一是政府层面。采取有效措施,积极创建安全发展示范城市、大力开展企业安全标准化建设、推进安全社区创建、建立健全隐患排查治理体系,加快实施危险化学品和化工企业生产、仓储安全环保搬迁工程,解决涉及安全生产的根本性问题,为实现安全生产形势根本好转创造重要基础。二是监管层面。将安全生产法律法规落实到位,使各级安全监管人员真正做到学法用法,严格执法,依法行政。进一步建立和完善行政执法流程,严格按照法定程序行使职权,履行职责。及时总结日常安全生产监督管理工作中行之有效的管理办法,进一步提炼、固化为规章制度和标准规范,形成制度、长期坚持,促进安全生产监管制度化、规范化。三是企业层面。加大人力、物力和财力投入,深入开展以岗位达标、专业达标和企业达标为主要内容的安全生产标准化建设活动,约束从业人员的不良习惯,规范岗位操作规程,严格现场管理,实现安全管理标准化,作业程序标准化,生产操作标准化,生产设备、安全设施标准化,作业环境、工具摆放标准化,安全用语、安全标志标准化,个体防护用品使用标准化,杜绝"三违"现象,确保生产作业安全有序。

三、防范遏制重特大事故,必须狠抓隐患排查治理

一是完善隐患排查治理长效机制。构建生产经营单位自查、自报、自改;行业部门专业监管,跟踪落实;安监部门综合监管,监督检查;各级政府挂牌督办,追究问责的隐患排查治理长效机制,实现安全隐患排查常态化、过程管控科学化、隐患治理归零化、监督检查规范化、追究问责法制化、预防减少各类生产安全事故发生。认真落实企业在隐患排查治理中的主体责任,建立企业自查隐患登记上报和整改定责等制度,抓好隐患整改的推进和协调工作,做到整改内容、责任、措施、资金和期限五个落实。二是实现隐患治理闭环管控。建立完善的隐患排查治理和风险预控工作机制,落实隐患排查、建档、评估、整改、验收、销号闭环管理,建立完善事故隐患电子数据库,实现网上报送、动态监控、分级管理,对重大安全隐患实行挂牌督办、跟踪治理、逐项销号制度;落实危险源辨识、风险评估、分级、分责、监控、预警、预报制度。三是隐患公告警示到位。建立安全隐患举报制度和重大事故隐患公告制度,充分调动社会力量监督和推动事故隐患的排查整改。加大非法违法信息曝光力度,邀请新闻媒体参与暗查暗访,对非法生产或建设、安全生产条件严重不达标、拒不接受安监部门执法检查或拒不执行监管监察指令等非法违法行为,依据有关规定坚决依法予以曝光,警示生产经营单位和政府有关部门,形成"一企有隐患,万企受教育""一地有隐患,全国受警示"的工作机制。同时,始终保持"打非治违"的高压态势,不断提升企业安全生产合法化、本质化、行为化的治本攻坚能力,防范各类事故的发生。

四、防范遏制重特大事故,必须实施科技兴安战略

根据安全生产工作实际和国家产业政策,组织实施一批重点领域的安全生产科技项目,以"互联网+安全"的新模式开展安全监管工作。重点加强矿山、重大建设工程以及火灾、危险化学品泄漏等事故灾害的预防、监控及应急处置技术;重点行业安全生产关键技术及应用;重大事故的模拟仿真与虚拟技术;重大危险源监控与预警技术;应急处置和救援的决策支持系统;桥梁、隧道、交通运输的安全监测、监控、预警与应急救援技术等关键技术攻关。加强先进适用技术推广应用,及时跟踪安全生产科学技术的最新成果,对成熟的新技术、新成果及时引进、推广,建设一批安全生产技术示范工程,以科技示范促进本质安全化作业条件和作业环境。制定和完善产业政策,逐步淘汰不具备安全生产条件的技术、装备与工艺。建立完善安全生产科技创新的投资和引导机制,加大对安全生产科技投入,设立安全生产科技专项资金,支持安全生产科技项目研发、成果转化及先进适用技术试点示范工程建设,通过科技创新,不断提升企业安全生产自动化程度,切实解决企业本质安全问题。

五、防范遏制重特大事故,必须健全应急保障体系

一是要加强企业应急预案编制和演练工作。所有企业必须结合行业特点、原材料和产成品物理化学性质,制订严密的事故应急救援预案,进行必要的应急救援物资储备,预案要报监管部门备案,并与协作的应急救援机构做好预案对接,组织应急演练,熟悉处置程序。二是要加强应急救援队伍建设。要整合社会、企业和消防等各种资源,建立专职化的安全生产综合应急救援队伍,由国家给予经费、装备等保障。同时,鼓励社会应急救援力量参加救援活动,并给予经济补偿。三是要建立健全应急管理数据库。对高危行业重点企业、重大危险源、要害生产部位进行全方位监控。四是要完善应急救援协调机制。明确各部门应急管理职责,完善重大事故应急响应程序,坚决杜绝因盲目施救而引发次生事故和灾害。企业应急管理必须按照“三个第一时间”(第一时间发现、第一时间报告、第一时间处置)进行管控到位。五是要做好舆情应对工作。及时准确报道安全生产先进做法或重大事故隐患挂牌督办和事故处置进展及调查处理情况等方面,释放出更好的正能量作用,重点把握事故舆情的归口发布,及时准确报道,提醒社会大众吸取各类事故教训,避免类似事故发生。

六、防范遏制重特大事故,必须强化安全宣传教育

以大宣传、大培训为抓手,努力构建“政府统一领导,各界齐抓共管,安全监管部门组织协调,宣传、教育、新闻、文化及行业主管部门密切配合”的安全宣传教育工作新格局,加大对领导干部、企业负责人、监管人员、从业人员的培训力度,注重面向基层、面向企业、面向农村、面向学校、面向社区,根据不同层次、不同对象、不同类型需求,采取更有针对性的宣传教育方式,使宣传教育更深入、更持续、更实效。注重加强对高危行业从业人员、农民工、中小学生等重点人群的宣传教育力度,使安全生产红线意识和法治观念,深深根植于广大基层干部和企业负责人心中,真正把安全生产作为不能触碰、不可逾越的高压线,把红线作为守护生命安全的保护线。面向全社会开展安全生产大宣传,使安全知识广为传播,潜移默化地规范人的安全行为,培养良好的安全心态,建立起全方位、全过程、全员参与的安全环境,引导和规范人们生产、生活的安全行为,提高全民安全意识和技能,营造全民防范遏制重特大生产安全事故的浓厚氛围。

甘肃省安全生产监督管理局

2016年7月3日

[评析] 这是一则建议报告。该报告主要是向上级安全部门提交防范遏制重特大事故对策建议,目的是安全生产。报告先介绍了建议提出的背景,然后再分六个方面写明意见与建议的具体内容,系统且全面地表达了全省安全部门对防范遏制重特大事故所达成的共识。文章脉络清晰,结构基本完整。另外,该报告在语言表达过程中,很好地注意了公文语言平实庄重的特点,表达意见合情合理,分寸掌握得当。结尾如用“以上当否,请批示”这样的惯用语作结会显得更自然。

4. 答复报告例文评析

[例文 3-14] 关于2015年“六五”普法工作的自查整改情况报告

根据县普法宣传教育领导小组办公室《关于开展“六五”普法督查的通知》的要求,我局立即着手进行“六五”普法工作的自查整改,现就自查整改情况进行汇报。

一、高度重视,抓好法制宣传领导机构落实

我局成立普法宣传教育领导小组,由局党组书记、局长为组长,纪检书记为副组长,各股室负责人为成员,做好法制宣传教育的指导、协调、监督、考核、验收工作。各分局、房屋征收事务所成立法制宣传领导小组,协调做好本单位的法制宣传工作。

二、抓好法制宣传计划的落实

一是制定《2015年房屋征收局普法工作要点》,明确指导思想、工作目标和任务,把任务落实到具体职能股室,分阶段步骤实施,保证规划实施的连续性和有效性。二是制定法制宣传活动月计划,以房屋征收安置治安综合治理为核心,围绕保障房屋征收安置秩序的中心工作,以法制讲座、宣传橱窗、张挂横幅等举措,展开丰富多彩的宣传活动,营造良好的氛围。

三、采取多种形式,扎实推进六五普法工作

“六五”普法期间,我局采取多种形式,争取相关部门的支持配合,上下联动,有效地促进普法宣传工作的开展。

(一)坚持领导干部法制学习制度

为提高全局干部、职工的思想政治觉悟和业务水平,以适应新形势发展的需要,我局制定机关学习制度,采取形式多样、生动活泼的学习方法,坚持自学、集中学习和请专家进行培训相结合,加强干部的法制学习……

(二)开展形式多样的普法宣传活动

“六五”普法活动开展期间,我局紧紧围绕房屋征收安置的中心工作,不断强化组织领导,加大宣教工作力度,以开展多种形式的宣传教育活动为载体,积极营造有利于推动征收安置工作的舆论氛围,取得了较好的效果。……一是加强日常的宣传教育工作,利用网络,介绍普法活动新动态和新法规;二是印发宣传信息,分送到局领导、各股室、各分局以及各征收事务所;三是组织法律进村(社区)实践活动,共赠资料100多份。此外,在我局党组统一部署下,还利用悬挂横幅标语、知识讲座等活动,积极做好“六五”普法的宣传工作;四是积极组织普法骨干人员参加普法培训活动,加强普法经验交流,并踊跃参加县普法知识竞赛。

(三)充分利用人力资源大力开展法制教育活动

2015年1至5月,结合“六五”普法工作的大背景,对全体在职人员开展以“树理想,树正气,反谋私”为主要内容的主题教育活动,通过专题授课,邀请专家授课,集中组织学习相关法律、法规,以达到人人参与、人人接受教育的目的。在新进职工的岗前培训教育活动中,将法律知识作为必修内容加以讲解。

(四)与专项整治行动结合,推动普法工作新局面

“六五”期间,我局通过多种形式开展打击违法犯罪行为,各分局、征收事务所利

用班组学习、派班会、工作休息之余学习反面案例，极大地推动了我局普法工作的开展。

四、建章立制，强化普法教育工作保障

我局对“六五”普法和依法治理工作高度重视，把普法和依法治理工作纳入年终考核，加强了对法制教育工作的领导，强化了目标管理，及时解决普法工作中存在的困难和问题。充分发挥了监督作用，督促各项任务落到实处，确保了普法和依法治理工作的顺利进行。

五、把普法与日常工作有机结合起来，促进工作更好地开展

普法宣传是一项长期工作，我们把普法宣传教育与日常工作有机结合起来，起到潜移默化的教育作用，也更好地促进工作的开展。

六、工作中存在的问题

在“六五”普法工作中，我局扎实有效地开展了工作，取得了一定的成效。但对照“六五”普法的总体要求，还存在着一定的差距。主要体现在以下几方面：

(1) 普法工作的深度和广度上拓展不足。在单位内部的法制宣传教育方面，由于业务工作繁重，存在着学习教育时间不足，与工作实际的结合不充分等现象。在面向社会方面，没有做到充分地发挥文化资源优势，法制宣传教育形式、内容不够丰富。

(2) 普法工作的创新意识和创新力度不够。深入研究新形势新情况下大力开展普法工作的新方法新举措不足。

(3) 普法工作档案资料收集工作不足。虽然做了较多的法制宣传教育和法制实践活动，但因为人员变动等，在档案整理归档方面工作不力，存在着普法工作档案资料不齐全的现象。

七、今后的工作思路及整改措施

新时期对普法依法治理工作提出了更新、更高的要求，我局将以此次普法中期检查为契机，针对我局“六五”普法工作中存在的问题和不足，认真制定整改措施，进一步加强我局的法制宣传教育工作，努力把我局普法工作推上一个更高的层次。今后，我局将从以下几方面入手，扎实整改，做好普法工作。

（一）认真做好“六五”普法工作的检查提高工作

认真回顾和总结前期普法工作的经验和不足，认真查找差距，制定改进对策，做好自查整改工作，不断提高普法工作质量。

（二）积极拓展“六五”普法工作新思路

我局要在总结把握普法工作规律的基础上，立足当前，着眼于发展，以高起点和高标准来认真研究下一步的普法工作，以创新为动力，积极研究和借鉴普法工作的新方式、新方法，努力推进我局的普法工作扎实有效地开展。

（三）认真做好普法工作的档案资料收集整理归档工作

建立完善普法档案资料收集整理制度，对每一阶段、每一活动形成的各种文字音像资料进行分类整理，建立完备的普法工作档案，为今后的普法工作提供良好的基础。

总之，普法教育宣传工作是一项长期的战略任务，我们要在认真总结前期普法工作的经验的同时，通过这次中期检查督导，发掘问题和不足，学习先进，取长补短，在县委、县政府及普法办的帮助和指导下，进一步加大学法、用法的力度，促进“六五”普法工作深入开展，确保依法治理取得实效，为我县又好又快发展作出贡献。

安岳县房屋征收局
2015年6月25日

［评析］此则报告是应上级部门《关于开展“六五”普法督查的通知》的要求而作出的回应，属答复报告范畴。报告正文先简要交代了报告的背景，然后分七个方面就该县房屋征收局进行“六五”普法工作的自查整改情况进行了详细汇报，条理清晰，重点突出，言简意赅。文末首尾呼应，自然作结，如在结尾处加上“专此报告”，则更能显示答复报告的特性。

5. 呈送报告例文评析

［例文3－15］　江西省水利厅关于呈送2014年工作总结及2015年工作安排的报告

赣水字〔2015〕6号

省人民政府：

现将《省水利厅2014年工作总结及2015年工作安排》呈上，请予审阅。

附件：省水利厅2014年工作总结及2015年工作安排

江西省水利厅
2015年1月30日

［评析］呈送报告的内容一般很单一，故篇幅很短，写法也比较简单，一般不需任何说明，一语即可，这则呈送报告就很好地体现了这些特点。有一些呈送报告，可以简要说明呈送的原因，但篇幅也不要太长。还有一些呈送报告是上级要求下级做的，因此也可以看作答复报告。

四、请示

（一）请示的概念

请示是用于向上级机关请求指示、批准的一种上行公文。

使用请示一般有以下几种情况：① 涉及方针、政策界限等方面的重大问题，请求上级给予明确具体的解释；② 在工作中遇到疑难问题，请求上级给予指示；③ 工作中遇到新情况，需要上级支持；④ 本单位意见分歧，需上级作出裁决；⑤ 超出本机关职权处理范围的一切事项，如机构设置、人员编制、重大奖惩、财政支出、资产购置等；⑥ 因情况特殊，难以执行上级的统一规定，需要灵活变通处理的问题；⑦ 其他按上级规定应当请示的问题。

（二）请示的特点

1. 请求性

请求性是“请示”的使用范围决定的。只要本单位、本部门权限范围内无法决定的重大事项，以及在实际操作中遇到的新问题、新情况而又没有明确依据可循的时候，本单位、本部门都可用“请示”行文，请求上级机关就有关问题给予指示、决断或答复、批准。这种祈请上级机关的特性，就是请求性。

2. 求复性

请示是针对具体问题或具体事项而写的上行文。它不仅向上级反映问题，而且需要上级就相关问题的处理意见给予答复。因此，上级机关对呈报的请示事项，无论同意与否，都必须给予明确的“批复”回文。

3. 单一性

请示的单一性主要表现为两点：一是请示内容上的单一性，即一文一事；二是主送单位的单一性。请示一般只写一个主送机关，即使需要同时报送其他机关，也只能用抄送形式。

4. 时效性

请示必须事前行文，等待上级批复后才能付诸行动。如果在事情得到解决后行文，则没有任何意义。

（三）请示的种类

根据内容和写作意图的不同，请示可分为三类。

1. 请求指示的请示

请求指示的请示多涉及政策上、认识上的问题，即多是无章可循、不理解、不明确的事，或想变通处理的事，需上级给予明确的指示。

2. 请求批准的请示

请求批准的请示主要用于下级机关针对某些具体事宜向上级机关请求批准的事项，目的是解决如人力、财力、机构等方面的实际困难和具体问题。

3. 请求批转的请示

当下级机关就某一涉及面广的事项提出处理意见和办法，需有关方面协同办理，但按规定又不能指令平级机关或不相隶属部门办理时，就需上级机关审定后批转执行，这时所用的文书当是请求批转的请示。

（四）请示的结构和写法

请示一般由标题、主送机关、正文、发文机关、日期五部分组成。

1. 标题

请示标题必须规范化。标题首先要标明“请示”这个文种，同时要用请示的“事由”去限制，说明是关于什么问题的请示。例如《中国烟草总公司关于设立卷烟销售公司的请示》，这个标题就目标集中，规范明确。

2. 主送机关

请示的主送机关要明确，只能写一个主送机关，且多根据机关的隶属关系和职权范围来确定。受双重领导的要向直接领导机关请示，不要齐头报送，以免造成误会：双方都不批，贻误工作；或双方都批而意见不一，难以执行。有些明知直接上级机关无权决定，而需由更高一层领导机关解决的问题，也应逐级上报，不能越级请示。

3. 正文

请示的正文包括事由、事项、结语三个部分。

（1）事由。

请示的事由需要写在正文的开头，主要内容是提出请示的原因、背景和依据。这部分的写作内容需反映出请示事项的必要性，对背景的分析需透彻，理由需充分，依据应科学、合理。另外，用语也应以简洁明确为要。

（2）事项。

请示事项部分是全文的核心。请示事项的写作需做到对情况的描述全面具体，对问题的表达切实客观，对问题的解决手段和方法应提供可行性较强的方案。下级机关在考虑解决方案时，可在请示中提供多个方案供上级从大局出发择优而取。如果请示的事项比较复杂，则需要分清主次来写，有必要的话可以分自然段写。如果请示内容简单，则可以不分段。

（3）结语。

请示中常用的结语有“以上请示，请批复”“以上意见是否妥当，请批示”“妥否，请指示”“特此请示，请批复（请审批、请核批）”。不同类型的请示应恰当地选用不同的结语。

（五）请示的写作要求

请示是非常重要的一个公文文种，使用频率高，其写作更直接关系到发文者行文目的是否达到、发文愿望是否得到满足等现实问题。为了写好请示，我们有必要了解并力避以下写作禁忌。

1. 事前不请示，“边斩边奏”或“先斩后奏”

请示的最大特点就是“请求性”，即针对工作中出现的“新”与“难”的问题而请示上级，希望得到上级的支持帮助，使问题得以解决。同时，“请示”这一文种的设置，还包含有请批手续的意思，即上级制定相关的规章制度，使下级于工作中有章可循，必须按章请示，否则，就是违规违章。因此，事前不请示，“边斩边奏”或“先斩后奏”都是不允许的。

2. 行文标题有误

实际运用中，请示的标题很易写错，错误的类型大致有三种。

第一种是“请示报告”式。例如《××关于固定资产折旧出售的请示报告》，就是误将“请示”写成为“请示报告”，是文种使用上的一种混乱，应把“报告”去掉。

第二种是“申请（请款）报告”式。例如《××局关于更新锅炉设备的请款报告》《××市财政局关于申请追加广播事业费预算指标的报告》。这两例都把“请示”写成了“报告”，尽管貌似以“请款”“申请”替代了“请示”，但落脚点还是在“报告”上，没能很好地表达“请求指示和批准”的内涵，应分别把“请款”“申请”去掉，把“报告”改为“请示”。

第三种是“申请—请示”式。例如《××教育局关于申请追加教育经费的请示》，就是对概念做了无意义的限制，用“申请”限制“请示”，重复多余，应把“申请”去掉。

以上三种类型的错误，具有一定的普遍性，尤其是一些基层单位写的请示，这类错误更多，应引起重视。

3. 多头主送、越级主送或主送领导个人

公文行文规则规定：请示只报一个上级机关，抄送有关机关（不含下级机关），不得多头上报，不得越级上报，不得主送领导个人。

多头主送、越级主送或主送领导个人，这是请示行文中易犯的错误，这种行文上的错误体现在写作上，将直接导致公文主送机关的误标。主送机关写得不正确，犹如南辕北辙，接到这种请示的有关上级要么彼此推诿，相互扯皮；要么束之高阁，不理不睬；要么将请示打回让发文单位重写。不管是哪种结果，都会影响工作。

4. 请示缘由不充分

请示是一种“说服”的艺术，凡请示总是希望得到上级的批准、同意或指示。亚里士多德说过：“蠢人用他知道的道理说服我，智者用我知道的道理说服我。”同样道理，拟写请示的缘由时也不能只从本机关、本单位的立场出发去考虑问题，还应该用换位思维的方式来陈述理由，即善于站在上级机关的角度，从全局出发来考虑问题，争取用上级的道理说服上级，以求得到预期的答复。

具体说来，可从四个方面着手：一要写出客观需要，使上级机关感到请示事项有尽快解决的必要性；二要写出已具备的一定条件，使上级机关感到请示事项有解决的可能性；三要写出亟待解决的问题的程度，使上级机关有尽快解决请示问题的紧迫感；四要写出恳切的语气，使上级机关能够同意而尽快批复。

5. 事项不明确、不正确、不具体

请示事项回答的是“请示什么”的问题，如果表述不明确、不正确、不具体，要么使上级机关不知所云，无法批复；要么不能引起上级机关的重视，耽误工作。

6. 多事一请示

请示要一事一请示，一文一事，不要把多个事项都列入一个请示当中，否则，就会由于诸多请示事项难易不一、性质不同、多头管理而相互牵扯，影响上级快速及时批复。

7. 结语缺失或结语不当

请示结语在请示写作中并非可有可无的，其作用是在陈述请示缘由、表明请示事项的基础上，更进一步地强调请求的目的，敦请上级指示或批准。谦和恳切的请示结语有助于强化请示的语体特色，同时也能使上级乐于尽快批复。

另外，请求拨款的应附预算表；请求批准规章制度的，应附规章制度的内容；请示处理问题的，本单位应先明确表态；正式印发请示送上级机关时，应在文头注明签发人姓名等，也是请示写作中应该注意的事项。

（六）例文评析

1. 请求指示的请示例文评析

[例文3－16]　　兴隆街道关于安全隐患整改工作的请示

兴办发〔20××〕4号

区政府：

近期，我街道组织开展了安全大检查和专项整治，消除了一批安全隐患，经检查，仍有部分隐患无法整改。具体情况是苍山路社区梦都大街176－3号、融侨社区巴山路10－7号、桃园居社区应天大街928号3家废品收购点（均为有证收购点），经营户安全意识淡漠，存在较大安全隐患：一是存在“三合一”现象，经营户在店内生火做饭，夜间住人；二是消防器材设备不足；三是堆积大量易燃物品。

上述问题,一旦发生火灾,后果将十分严重。虽然街道、社区多次联合消防、辖区民警进行劝阻和整改,但效果甚微,恳请区政府及相关主管部门协调处理。妥否,请批示。

附:安全隐患排查信息表

建邺区人民政府兴隆办事处

20××年1月26日

[评析] 这是一份请求指示的请示。该请示来自基层,事项单一,所请求的事项即加强街道安全整改,消除安全隐患,属于请示单位力所不能及的事情,因此需要上级机关指示。行文的缘由、事项、要求也都比较清楚。为了让上级部门详细了解该街道的安全状况,文末还附上了《安全隐患排查信息表》,让这份请示有理有据。

2. 请求批准的请示例文评析

[例文3－17] 关于香槟街区等四处地名命名的请示

锡民区〔2015〕34号

无锡市人民政府:

根据江苏安富置业无锡有限公司和滨湖区马山街道办事处申报,有一处商业用房、两条道路和一座桥梁要求命名。依据地名命名有关规定,经实地踏勘,并与开发建设单位协商一致,拟提出如下命名意见:

一、香槟街区:根据无锡市滨湖区发展和改革局(锡滨发改许〔2014〕164号)批复,由江苏安富置业无锡有限公司在滨湖区河埒街道管理区域内开发建设的商业、商务办公、酒店及酒店式公寓用房,规划用地面积20 681.1平方米,总建筑面积124 568.5平方米。其范围:东为北华路,南邻梁溪原筑和稻香新村,西沿青祁路,北至建筑路。拟命名为"香槟街区"。

二、滨湖区马山街道管理区域内两条道路、一座桥梁:

1. 梁霞路:与梁春路平行,位于梁春路东侧,南起康乐路,北至渔花路,长815米,宽8米。拟命名为"梁霞路"。

2. 梁乐路:与梁晖路平行,位于梁晖路东侧,南起康乐路,北至常康路,长408米,宽12米。拟命名为"梁乐路"。

3. 振兴桥:坐落在梁乐路上,上跨朝霞河,桥南堍为湖山路,桥北堍为康乐路,长20米,宽12米,拟命名为"振兴桥"。

以上请示,请予批复。

无锡市民政局

2015年12月23日

[评析] 这是一份请求批准的请示。全文事由充分,事项列举清楚,交代详细,便于上级机关审核批复,这是本请示最值得我们学习的地方。

3. 请求批转的请示例文评析

[例文3－18] 贵阳市地方志编纂委员会办公室关于批转《贵阳市推进城市区志续修工作的指导意见》的请示

市政府：

编纂地方志是一项长期的具有连续性的社会主义文化建设事业，是承上启下、继往开来、服务当代、有益后代的千秋大业，对积累和保存地方文献，传承历史文脉，都有着十分重要的意义。城市区志的编修是地方志事业的重要组成部分，是全面系统地记述市属各区自然、政治、经济、文化和社会的历史与现状的资料性文献。贵阳市属各区于2008年全面完成各区首轮城市区志的编修工作后，及时启动了第二轮城市区志续修工作。

为贯彻落实第五次全国地方志工作会议精神、全省地方志机构负责人会议精神，根据中国地方志指导小组在《全国地方志事业发展规划纲要(2014—2020)》中提出的“至2020年，全面完成各地第二轮修志规划的任务”的要求，进一步推进全市各区城市区志的编修工作，确保按时保质完成编修任务，充分发挥地方志“存史、育人、资政”的功能作用，拟请市政府转发《贵阳市推进城市区志续修工作的指导意见》。

当否，请批示。

附件：贵阳市推进城市区志续修工作的指导意见

贵阳市地方志编纂委员会办公室

2015年2月25日

[评析] 这是一份请求批转的请示。这类请示的正文，一般包括发文的缘由、对附件的评价(即批语)、有关意见和要求等内容。本例文行文规范，要素齐全，主体内容放在附件上，符合批转类请示的行文要求。为避免标题过于冗长，本例文标题中发文单位可以考虑省略。

五、批复

(一) 批复的概念

批复是上级机关回复下级机关请示事项的答复性公文。

(二) 批复的特点

1. 权威性

批复发自上级机关，代表着上级机关的权力和意志，对请示事项的单位有约束力，特别是那些关于重要事项或问题的批复，常常具有明显的法规作用。

2. 针对性

凡是批复，必须针对下级机关请示事项而发，内容单纯，针对性强。

3. 指示性

批复的目的是指导下级机关的工作，因此批复在表明态度以后，还应概括地说明方针、政策以及执行中的注意事项。

（三）批复的结构和写法

批复的结构与请示类似，主要由标题、主送机关、正文、结语组成。

1. 标题

批复的标题由发文单位、事由、公文种类三部分组成。事由要明确指出批复的针对性，以便收文机关（即原请示的发文机关）及时了解受文的对象。标题中的事由大致有两种写法：一种是用表示关联范围的介词“关于”加上请示或批复的事项来表述，如《国务院关于2001—2011年全国治沙工程规划要点的批复》；另一种是在“关于”和请示或批复事项中间再插入一个表态动词来表述，如《国务院关于同意开放×××航空口岸的批复》。

2. 主送机关

批复的主送机关十分明确，即向上级机关呈送请示的机关或单位，具有指向单一的特征。

3. 正文

批复的正文一般由三个部分组成。

（1）引语。

批复的开头通常要引述来文作为批复的依据。引述的方法有四种：第一种是结合请示的日期引述，如“××××年×月×日来文收悉”；第二种是结合来文的日期和文号引述，如“××××年×月×日×号文收悉”；第三种是引来文日期和来文名称，如“××××年×月×日《关于××的请示》收悉”；第四种是引述来文日期和请示事项，如“××××年×月×日关于××问题的请示收悉”。

（2）批复意见。

批复意见是批复的主体，这部分应针对下级机关请示的事项，表示同意与否，有时还要阐述同意或不同意的理由。答复请示事项针对性要强，要简明扼要，准确无误。

（3）结尾。

批复结尾的写法有三种：第一种是提行写“此复”或“特此批复”；第二种是写希望和要求，给执行请求事项的答复指明方向；第三种是秃尾，就是请示事项答复完毕就告结束，此种结尾方法使用的频率越来越高。

批复语言要求言简意赅，结尾如提出希望要求，也要高度凝练，体现很强的针对性。

（四）例文评析

［例文3－19］

国务院关于全国水土保持规划（2015—2030年）的批复

国函〔2015〕160号

各省、自治区、直辖市人民政府，发展改革委、财政部、国土资源部、环境保护部、水利部、农业部、林业局：

水利部《关于报请审批〈全国水土保持规划（2015—2030年）〉的请示》（水规计〔2015〕59号）收悉。现批复如下：

一、原则同意《全国水土保持规划（2015—2030年）》（以下简称《规划》），请认真组织实施。

二、《规划》实施要深入贯彻党的十八大和十八届二中、三中、四中全会精神，认真落实党中央、国务院关于生态文明建设的决策部署，树立尊重自然、顺应自然、保护自然的理念，坚持预防为主、保护优先，全面规划、因地制宜，注重自然恢复，突出综合治理，强化监督管理，创新体制机制，充分发挥水土保持的生态、经济和社会效益，实现水土资源可持续利用，为保护和改善生态环境、加快生态文明建设、推动经济社会持续健康发展提供重要支撑。

三、通过《规划》实施，到2020年，基本建成水土流失综合防治体系，全国新增水土流失治理面积32万平方公里，年均减少土壤流失量8亿吨；到2030年，建成水土流失综合防治体系，全国新增水土流失治理面积94万平方公里，年均减少土壤流失量15亿吨。

四、要以全国水土保持区划为基础，全面实施预防保护，重点加强江河源头区、重要水源地和水蚀风蚀交错区水土流失预防，充分发挥自然修复作用；以小流域为单元开展综合治理，加强重点区域、坡耕地和侵蚀沟水土流失治理。

五、要强化水土保持监督管理，完善水土保持监测体系，推进信息化建设，进一步提升科技水平，不断提高水土流失防治效果。将水土保持知识纳入国民教育体系，强化宣传引导，加强社会监督，增强全民水土保持意识，有效控制人为水土流失。

六、各省（区、市）人民政府要按照《规划》确定的目标任务，加强组织领导，落实责任分工，加大支持力度，完善政策措施，切实推进本区域水土保持工作。国务院有关部门和单位要根据职责分工，密切配合，在规划计划编制、政策实施、项目安排等方面予以积极支持。水利部要牵头做好《规划》的组织实施工作，加强跟踪监测、督促检查和考核评估，认真研究解决《规划》实施中出现的问题，工作进展情况每年向国务院报告。

国务院

2015年10月4日

［评析］这份批复态度明确，内容针对性强，语言简洁明了。正文第一部分交代批复的依据，即水利部《关于报请审批〈全国水土保持规划（2015—2030年）〉的请示》，言简意赅。第二部分是正文的核心，首先明确表态，“原则同意”该规划；然后，对该规划实施中的要点和要求等作出明确指示，这就使得行文内容完整，下级机关也便于执行。

这份批复还有一处特殊地方必须注意。按照行政公文运行规则和批复的使用要求，批复的主送机关一般只能是一个，但国务院的这份批复却出现了多个受文机关。对此，我们可以理解为是对一般格式和行文规则的变通，以便减少行文层次，加快公文运转速度。因为水利部《全国水土保持规划（2015—2030年）》上行时经过了两个环节，一是国家发改委、国土资源部、环境保护部等部门的初步审核、评估，二是国务院的审批。这是中央政府行政权力配置状况的反映。因为《全国水土保持规划（2015—2030年）》涉及全国各个地区，还需多个部门共同完成，所以国务院在同意该规划之后，就没有必要再循原路径发文，于是直接批复给水利部及需要周知和执行的其他相关部门，这样对规划的实施就更为有利。

六、函

（一）函的概念

函是适用于平行机关或不相隶属机关之间相互商谈工作，询问和答复问题，请求批准和答复审批事项的一种公务文书。

（二）函的特点

1. 多向行文

函没有特别规定的行文方向，这一点是不同于请示和批复的。函的行文方向是多向的，既可以是上行文、下行文，又可以是平行文，但是大多数的函都用于平行机关。

2. 用途广泛

函的使用灵活方便，适用范围非常广泛。主要包括：① 可用于平级机关或不相隶属的机关单位之间商洽工作、询问和答复问题。② 可用于向无隶属关系的业务主管部门请求批准有关事项。③ 业务主管部门答复或审批无隶属关系机关单位的请求事项。④ 机关单位与群众或个人的公务联系。

3. 短小精悍

函一般较为简短，内容单一，措辞精要，故函有公文“轻骑兵”之说。

4. 效用的商洽性

函主要使用于平级机关或无隶属关系的机关之间的相互往来。因行文方和受文方相互不存在领导与被领导的关系，故函不具有强制性和约束力，多以商讨形式，并结合双方或多方意见，达成共识，解决问题。

（三）函的种类

依据不同的标准，函可划分成不同的类别。一般分为以下几种。

1. 按照行文方向划分，可分为去函和复函

去函，又叫来函或问函，是本机关主动向其他机关发出的函。复函，则是针对来函所提出的问题或供商议的事项进行答复的函。

2. 按照性质划分，可分为公函和便函

公函用于机关单位之间正式的公务往来；便函则用于处理日常事务性工作。公函和便函的区别在于：公函属于正式公文，行文郑重，格式规范，需写上标题、主送机关、正文、落款，也要编上发文字号，既可由机关办文部门按发文统一编号，也可按函件单独编号。便函不属于正式公文，没有公文格式要求，甚至可以不要标题，不用发文字号，只需要在尾部署上机关单位名称，成文时间并加盖公章即可。便函不存档，不列入正式文件范围，但是需要登记。

3. 按照内容和用途的不同，函可以分为商洽函、通知函、催办函、邀请函、询问答复函、转办函、催办函、报送材料函等

以下介绍经常使用的三种：

（1）商洽函。

商洽函是用于平级机关或不相隶属的机关之间就某一事项或工作进行联系和商谈的函，比如商调干部函、洽谈业务函、联系租赁函、联系参观学习函、请求协助函等。

（2）通知函。

通知函用于把某一事项或活动告知对方，不要求回复。

(3) 询问答复函。

询问函用于向其他平级机关或不相隶属的机关征求意见,了解情况,询问问题。答复函则用于对来函机关提到的问题或情况进行答复。

(四) 函的结构和写法

1. 标题

函的标题写法多样,常见的有三种。

(1) 发文机关+事由+回复函对象+文种。如《国务院办公厅关于悬挂国旗等问题给湖北省人民政府办公厅的复函》。

(2) 发文机关+事由+文种。如《××部关于选择出国人员的函》。

(3) 事由+文种。如《关于请求拨款举办“民间艺术节”的函》。

去函与复函在形式上区别不大,需要注意的是,如果是复函则须在文种中写明“复函”。如《国务院办公厅关于悬挂国旗等问题给湖北省人民政府办公厅的复函》就是一个完整的复函标题。

2. 主送机关

主送机关即受文并办理来函事项的机关单位。一般情况下,函只有一个主送机关,要求写明受文单位的全称或规范简称,但有时也出现多个主送机关的情况,这就要求一定要写得明确、具体,切忌使用概括性的名称。如原国家环保总局《关于开展中东部地区生态功能区划的函》(环办函〔2003〕408 号),主送单位包括 19 个省、直辖市政府办公厅,需要一一点明,不可遗漏。如果用笼统的概括性名称,比如写成“中东部各省市区人民政府办公厅”,则会使一些相近的省市提出疑问。所以“函”的主送单位如果交代不明,让人把握不准,就会给工作带来不便,甚至造成严重后果。

3. 正文

函的正文分为开头、主体、结尾三个部分。由于去函和复函的正文写法有一定差别,我们将分别介绍其正文的写作方法。

(1) 去函。

去函的正文开头应写明发函的原因,写明商洽、请求、询问或告知事项的依据、缘由等情况。主体部分应写明函告的事项。

(2) 复函。

复函的写作同批复基本一样,需要在开头引叙来文,之后给予答复意见。引叙来文完成后,使用承上启下的过渡语(函复如下)进入答复意见部分。答复意见即针对来函中的具体事项作出回答。如果来函是询问态度,则需要表明同意或不同意,不同意是何原因;如果来函是询问意见,则应该表明应该怎么办,不应该怎么办;如果来函是询问事项或问题,则应对询问的事项或问题作出说明。

4. 结语

(1) 去函的结语:“即请函复”“请研究函复”“盼复”“特此函请查照,并希见复”“同意与否,即请函复”“敬请函复”“请复”。

(2) 复函的结语:“特此函复”“此复”“专此函达(函复)”“特此函告,即希查照”等。

(五) 函的写作要求

1. 开门见山,直陈其事

函是一种较为简易的行政公文,其特点就是短小精悍,讲求快捷。所以函的写作一般要求语言简明扼要，条理清晰，便于快速理解，避免出现套话、空话、虚话或不知所云的废话。

2. 措辞得体，礼貌待人

函使用的语言非常讲究，必须谦逊有礼，态度诚恳。尤其在对平级机关行文时，要以礼相待，使用商议、商谈或征求意见的语气，而不要用压倒式的命令口吻说话。一般不要使用指示性词语，比如“必须”“应该”等。

3. 复函要及时

函的时效性要求较高，因此在答复对方来函时，要尽快回复，不要贻误时机。

（六）例文评析

1. 商洽函例文评析

［例文 3－20］ 市安委会办公室关于推荐安全生产专家的函

宜安办函〔2017〕5 号

各县市区安委会办公室，市直相关部门，各有关单位：

根据《市人民政府办公室关于印发〈宜昌市聘请安全生产专家排查事故隐患暂行办法〉的通知》（宜府办发〔2016〕98 号）要求，市安委会办公室拟在全市各行业领域遴选一批安全生产专家，进一步充实全市安全生产专家队伍，优化安全生产专家结构，为全市安全生产形势持续稳定好转提供人才保证和智力支持。现函请各地、各部门、各单位向市安委会办公室积极推荐矿山、危险化学品、烟花爆竹、职业健康、交通运输、建筑施工、消防、油气管线、旅游、特种设备、工业商贸企业等行业（领域）的安全生产专家，并将填好的《宜昌市安全生产专家推荐表》（见附件）加盖公章后，于 3 月 15 日前报市安委会办公室。

联系人：赵兴无　电话：6223300，13507241953

附件：宜昌市安全生产专家推荐表

宜昌市安委会办公室

2017 年 2 月 7 日

［评析］这是一份商洽函，内容为市安委会办公室函请各地、各部门、各单位向其推荐相关行业（领域）的安全生产专家。由于发文单位与有些收文单位之间并不存在隶属关系，因此函件使用了商洽语气，事项交代也非常明确。

2. 通知函例文评析

［例文 3－21］ 农业部关于加强远洋渔业监督管理工作意见的函

农渔函〔2015〕2 号

各有关省、自治区、直辖市及计划单列市人民政府：

近年来，随着国家“走出去”战略的实施和海洋经济的发展，各地发展远洋渔业的积极性较高,在中央及地方有关扶持政策的带动下,远洋渔业企业和渔船数量快速增加,远洋渔业发展总体形势良好。但由于国际形势复杂多变,一些国家政局和政策不稳定,加上部分从业企业管理不规范,遵纪守法和安全意识薄弱等,我国远洋渔业发展存在一定风险和安全隐患,已发生多起涉外事件和安全生产事故,给渔民生命安全造成威胁,给企业造成经济损失,对内对外也造成不良影响。为全面贯彻落实习近平总书记重要指示、李克强总理等其他中央领导重要批示精神,加强远洋渔业监管工作,防范远洋渔业风险,提高远洋渔业国际竞争力,促进远洋渔业持续健康发展,现提出以下意见。

一、提高认识,加快转变远洋渔业发展方式

目前,我国远洋渔业已经进入提升整体水平和应对激烈国际竞争的关键时期,请各地继续按照《国务院关于促进海洋渔业持续健康发展的若干意见》(国发〔2013〕11 号)和全国现代渔业建设工作电视电话会议要求,充分认识和主动适应全球海洋秩序和国际渔业管理的变化和趋势,顺应全球渔业资源现状和管理实际,从远洋渔业可持续发展大局出发,切实转变远洋渔业发展方式,更加注重远洋渔业发展质量,优化提升远洋渔业企业的规模、实力和抗风险能力,调整规范渔业对外合作模式,有效规避和防范各种风险。采取有效措施,切实加强远洋渔业管理和国际履约能力建设,推动远洋渔业管理向动态化、精细化和全过程管理发展,杜绝涉外违规违法事件,确保不发生重特大远洋渔业安全生产事故。对拟开发的新远洋渔业项目认真、全面、科学地进行可行性论证,充分进行风险评估,科学谨慎决策。

二、落实责任,督促企业合法合规生产

坚持企业和渔船属地政府负责制,按照有关部门分工协作、地方政府分级管理原则,切实加强对远洋渔业企业监督管理,教育督促企业认真遵守有关国际条约、入渔国法律法规和相关管理规定,预防和减少涉外事件发生。建立健全远洋渔船事故报告和应急管理制度,完善突发事件应急救援和处理机制,及时处理远洋渔业涉外和安全事件。强化企业主体责任,远洋渔业企业法定代表人和远洋渔业项目主要负责人,要对远洋渔业项目的执行、经营管理、渔船的活动和船员的行为负责,并承担相应法律责任。对违反国内、国际和入渔国相关法律法规发生涉外事件或安全生产事故,造成不良影响和损失的,相关管理部门要对涉事企业依法进行处罚,并追究企业法人、项目负责人及相关责任人的责任。

三、自查自纠,全面进行综合治理

请各地结合 2014 年度远洋渔业项目年度审查工作,在远洋渔业行业内开展自查自纠,及早发现问题和排除隐患。各远洋渔业企业特别是赴他国管辖海域生产的企业要对照我国及入渔国相关法规开展排查,发现不符合法规的生产经营行为,应及时予以整改。要确保渔船和船员证书证件齐全并符合相关规定,确保渔船按照捕捞许可证规定的作业区域、作业方式、捕捞品种和网具要求开展生产,对无证或证件不齐的作业渔船和船员,在补齐证件手续前一律停止生产。对现行远洋渔业项目要密切关注形势变化,随时进行安全风险评估,及时采取应对措施和作出调整。有关省(区、市)及计划单列市渔业行政主管部门(以下简称“省级渔业主管部门”)要对所辖远洋渔业企业开展自查自纠工作进行部署和指导,督促企业认真排查并限期整改。企业自查自纠报告及省级渔业主管部门审查意见随 2014 年远洋渔业年审材料一并上报我部渔业渔政管理局。

四、加强培训,提高风险防范和守法意识

有关省级渔业主管部门要制订工作计划,有步骤地开展远洋渔业企业,特别是新成立远洋渔业企业经营管理人员的教育和培训工作,增强法制观念和遵纪守法的自觉性,提高企业防范和抵御风险的能力。鼓励企业参加政策性保险,减少因入渔国战乱、政权变更、政策调整等造成的经营损失。远洋渔业企业和聘用派出船员必须依法办理有关手续,严格执证上岗,按标准配齐船员,严禁未取得职务船员证书或专业训练合格证的船员出境从事渔业生产。远洋渔业企业要对派出的船员进行外事纪律、法律知识的教育培训,强化安全意识、技术操作和风险防范技能,教育船员严格遵守入渔国法律法规和有关国际公约协定,遵守当地风俗习惯。

五、强化监测,做好远洋渔船动态监管

有关省级渔业主管部门要根据我部远洋渔船船位监测管理办法相关要求,做好所辖远洋渔业企业远洋渔船船位监测工作的监督管理,对远洋渔船船位进行日常动态监测,如发现渔船有违法作业或非正常作业情况应立即通知有关企业,及时纠正和整改。远洋渔业企业应配备专门人员负责对本企业的远洋渔业项目渔船船位进行日常监测。保证船载设备的正常运行,有故障要及时修复,不得人为关闭监测设备,不得弄虚作假。中国远洋渔业协会要做好远洋渔船船位监测系统的技术维护、组织协调及技术培训等工作,保证系统正常运行。

六、长抓不懈,确保远洋渔业生产安全

有关省级渔业主管部门要按照责任分工,根据相关法规和《农业部关于加强远洋渔业安全生产工作的通知》(农渔发〔2011〕28号)相关规定,高度重视和下大力气抓好远洋渔业安全生产,进一步完善企业安全生产制度,落实安全生产责任,开展经常性检查督查,督促企业做好渔船日常保养和维修,及时排除事故隐患。加快更新改造老旧远洋渔船,配齐通信导航、救生、船位监测等安全生产设施装备。做好船员管理工作,改善船员工作生活条件,保障船员合法权益,及时妥善处理矛盾纠纷,促进建立和谐劳动关系。

请相关省(区、市)及计划单列市人民政府高度重视远洋渔业监管工作,进一步加强领导,督促相关部门和企业落实有关工作措施,努力提升远洋渔业管理水平,促进远洋渔业持续健康发展。

农业部

2015年1月14日

[评析] 这是一份通知函。原农业部就切实加强远洋渔业监督管理工作向各级政府和主管部门发布事项。缘由部分指出发文的背景,简述我国远洋渔业发展的现状及目前存在的风险和安全隐患,同时指出远洋渔业在国家发展战略中的重要意义,然后就远洋渔业监管提出具体意见。由于该函通知事项较多,因此采用了分条列项的方式,分六个方面详细提出了意见,让人一目了然。

3. 邀请函例文评析

[例文3-22] 关于邀请加入“中国绿色发展联盟”的函

各有关单位:

环境保护部主管的中国环境报是全国唯一权威性的环境新闻媒体,是环境保护部对外环境宣传的窗口,在全国设有30个记者站,国内外公开发行,日发行量近30万份。创刊30

多年来,中国环境报社立足环保,面向社会,大力弘扬主旋律,积极宣传新环保法,严格对环境违法行为进行舆论监督,已经成为提高全民环境意识、传递环保科技产业信息、塑造企业绿色形象的重要阵地和舆论平台,在社会各界拥有越来越广泛的影响力。

国务院《关于加快推进生态文明建设的意见》中首次提出"绿色化",充分表明"绿色化"在生态文明建设中的重要性,体现了党中央建设生态文明的坚定决心;绿色循环低碳之路是经济发展转型的大势所趋,也是贯彻推进生态文明建设的内在要求。经批准,中国环境报社牵头发起,将在全国遴选一批环保水平高、社会责任感强、公众美誉度好的环保诚信企事业单位,以"联合发起人"的身份成立"中国绿色发展联盟"。

中国绿色发展联盟的愿景是成为绿色产业最具影响力的环保公益组织,成为中国绿色产业的代言人,绿色公益事业最坚实的推动者。联盟的创立是为了推动企业应对新环保法所带来的严峻挑战,更好地促进企业绿色和可持续发展,提升行业整体环保水平,拓宽企业和环保部门之间的沟通与交流渠道,反映企业环境诉求;加强企业间低碳环保技术的应用推广和合作,带动绿色环保技术和绿色环保产业健康蓬勃发展,推动更多绿色环保企业涌现,努力将其打造成为树立中国行业环保典范和绿色标杆的高端平台。

有关申请参加事宜请与秘书处联系。

联系方式:

联盟秘书处:北京市东城区广渠门内大街28号环境大厦1108室(兼)

电话:010-67113674　67117345

传真:010-67113674

邮箱:lclm67113674@163.com

附件:1. "中国绿色发展联盟"章程

2. "中国绿色发展联盟"申请登记表

中国环境报社

2015年8月10日

[评析] 这是由中国环境报社邀请相关单位加入环保组织"中国绿色发展联盟"而发出的一份邀请函。由于中国环境报社是该环保组织的主要发起人,为体现发起人的影响力,开头即详细介绍该报社的办报历史和社会影响,接下来介绍成立该环保组织的背景与缘由,最后指出"中国绿色发展联盟"成立的重大意义和发展愿景,同时向有关单位发出邀请。该函语言简洁、条理清晰。因该函为普发性的周知文书,且发文主体非党政机关,故主送机关用模糊的代称"各有关单位"代替,符合发文单位身份与该函的性质。

4. 答复函例文评析

[例文3-23]　国务院办公厅关于同意在上海等9个城市开展国内贸易流通体制改革发展综合试点的复函

国办函〔2015〕88号

上海市、江苏省、浙江省、福建省、山东省、河南省、湖北省、广东省、四川省人民政府,商务部:

你们关于请求批准在上海等9个城市开展国内贸易流通体制改革发展综合试点的请示收悉。经国务院批准,现函复如下:

一、国务院同意在上海市、南京市、郑州市、广州市、成都市、厦门市、青岛市、黄石市和义乌市9个城市开展国内贸易流通体制改革发展综合试点。

二、试点工作要坚持市场化改革方向,以建设法治化营商环境为主线,以新的流通创新为引领,通过深化改革,推动政府转变职能、简政放权,打破地区封锁和行业垄断,充分发挥市场配置资源的决定性作用,优化内贸流通发展的体制机制,完善流通法规、规则和诚信体系,逐步形成政府依法行政、企业守法经营、中介组织规范自律、社会公众有效监督的法治化营商环境和分工明确、协调高效的内贸流通管理体制,增强内贸流通服务经济社会发展全局的能力。

三、试点城市人民政府要根据《国内贸易流通体制改革发展综合试点方案》,围绕探索建立创新驱动的流通发展机制、建设法治化营商环境、建立流通基础设施发展模式、健全统一高效的流通管理体制等主要任务,结合实际,突出特色,制订本市试点工作方案,报商务部备案。

四、试点城市人民政府要加强对试点工作的组织领导,搞好综合协调,强化政策保障,认真落实各项试点任务,及时总结报送试点工作进展及取得的经验。试点城市所在省级人民政府要高度重视,加强对试点工作的指导和政策支持。

五、商务部要会同发展改革委、工业和信息化部、财政部、交通运输部、工商总局、质检总局、邮政局和供销合作总社做好宏观指导和督查落实,适时开展考核评估,并将考核结果报国务院。

附件:国内贸易流通体制改革发展综合试点方案

国务院办公厅

2015年7月29日

[评析] 这是一份答复函,开头用“现函复如下”,自然导入了回复的具体内容。全文写作规范,过渡自然,事项交代明确,值得学习模仿。

七、纪要

(一)纪要的概念

纪要是记载、传达会议情况和议定事项使用的一种党政公文。它是根据会议记录和会议文件以及其他有关材料加工综合整理而成的,是概括性强、高度凝练的文件,是反映会议基本情况和精神,并要求有关单位执行的纪实性公文。

(二)纪要的特点

1. 纪实性

纪要是会议情况的真实反映,会议的各项重要内容,包括时间、地点、参会人员、会议事项、会议精神等,都应该在纪要中得到反映,制文者不能凭自己的主观喜好对会议内容或事项进行增加和改动。真实全面地反映会议情况是纪要的第一要义。

2. 概括性

既然是纪要,那就意味着要有取舍选择,不能面面俱到、每事必录,一定要对会议中各种材料进行综合分析和概括提炼,抓住要点,把握会议的核心议项和议题,这样便于受文者领会和传达会议精神,否则纪要就成了记流水账,违背了写纪要的初衷。

3. 备考性

纪要既可以作为与会人员向本单位领导汇报参会情况的材料,还可以作为向社会传达会议情况的文字依据。因此,把会议的主要情况通过书面的形式保存下来,有备于今后查阅之用。

4. 指导性

指导性包含两层意思:一是会议本身的权威性;二是纪要集中反映了会议的主要事项和精神,一经下发,便要求有关单位和人员遵守、执行,其指导性和约束力,类似于命令或决定等指挥性公文。

(三)纪要的种类

根据会议性质,纪要主要有以下两种。

1. 办公会议纪要

办公会议纪要是传达机关或企事业单位等对重要工作进行讨论、研究、议决等的一种纪要。办公会议纪要又可分为例行性办公会议纪要以及现场办公会议纪要两种,前者记述例行办公会议情况及其议决事项,后者记述因要解决某项重大或紧急突发事件而召集有关方面在现场进行的研究、协商或决议。

2. 专题会议纪要

专题会议纪要用于记载围绕某个特定的事项和议题而召开的专门性会议,如联席(协调)会议、座谈会议、学术研讨会等。这类纪要的主要特点是观点意见的纷呈性与主题的集中性相结合,行文既要有统一的认识,又要将各种不同观点和意见都归纳出来,以便有关人员尽快知道会议的基本情况和主要精神。

(四)纪要的结构和写法

纪要由标题和正文构成。在格式上有几点与其他公文不同:一是不用发文字号,纪要一般没有标准的发文字号,而是直接标明会议日期,有的例行办公会议,将年号和顺序号等写在标题下面;二是不用主送机关和落款;三是不用加盖公章。

1. 标题

纪要的标题通常由两部分组成,即会议名称和文种,没有发文机关,写法相对简单。一般写法就是在“纪要”前加上会议名称;有的在“纪要”前再加上一个“关于”,如《关于××的纪要》;有的把召开会议的单位写进标题;有的例行会议则把会议名称写在眉首上,正文就省略标题;少数的纪要也采用双行标题,即正副标题的形式,正标题反映会议主要议题,副标题写会议名称和文种,如《探讨红学研究的新方向——中国红学研究会第二次学术研讨会纪要》。

2. 正文

纪要的正文由前言、主体、结尾三部分组成。

(1) 前言。

前言部分主要概述会议的基本情况,包括会议名称、目的、主要内容、主持单位、参会单位或人员、时间、地点、议程、主要议题等。这部分的写作要求简单明了，让人很快了解会议的基本情况，否则就会喧宾夺主。

(2) 主体。

主体部分是纪要的重心，它反映会议的主要精神、讨论的问题和意见、议决事项、提出的任务要求等。根据会议性质、规模、议题等不同，大致有以下几种写法。

① 综合法：也叫集中概述法，就是通过概括叙述，把会议的主要内容和议定事项进行整体的阐述和说明。此写法多用于小型会议或议题较少的会议，其讨论的问题比较集中单一，意见比较统一。这种写法的特点是简洁清楚，易于突出重点，且容易操作，篇幅相对短小。在写作的时候，要注意分清主次，还要注意内容的概括性。

② 分项叙述法：即把会议的主要内容按逻辑归类，分成几个大的部分，每个部分加小标题，然后在小标题下面逐条逐项介绍。一般召开大型会议或议题较多的会议，使用此种纪要最多。此种方法的特点就是条理性很强，一目了然。

③ 发言摘要法：这种写法是从具有代表性、典型性的会议发言中整理和提炼出内容要点和精神实质，然后根据内容性质或者发言者的发言顺序，对所提取内容分别加以阐述。一些研讨会或上级需要了解与会者不同意见的会议，可采用这种写法。这种写法的特点是能真实地反映与会者的观点，现场感很强。写作的时候，要抓住发言者的主要观点，不可断章取义，另外还要尽量保留发言者的谈话风格。

(3) 结尾。

纪要的结尾一般是提出希望或口号，有的还重申会议精神或对今后工作进行展望。有的纪要则是自然作结，写完主体之后就结束，没有专门的结尾用语。

(五) 纪要的写作要求

1. 如实反映会议情况

要坚持实事求是的原则，不可对发言者或会议的客观情况进行随意改动，失实的纪要会对有关人员产生严重误导，也会给机关形象带来负面影响。有的人为了给人留下会议团结和谐的印象，会议上明明有分歧意见，却在写作纪要的时候加以掩盖；还有的人因为个人好恶，对和自己观点相左的意见加以扭曲或避而不录等，这些都是违背纪要写作原则的。

2. 突出重点

纪要不是记流水账，不必对会议情况面面俱到，而一定要对会议内容进行取舍，抓住会议重点内容和精神、与会者的主要观点，然后加以归纳和提炼。

3. 注意条理化

纪要是会议活动的实况反映，涉及的内容非常多，尤其是一些大型会议，往往还不止一个议题，如何合理安排结构，使内容条理化，结构清晰，让人在短时间内对会议全貌有个大致了解，这对纪要的写作而言，就显得十分重要。

4. 不可与会议记录相混淆

纪要与会议记录是两种非常相似的文体，在使用时，经常容易混淆，其实两者的性质完全不一样，功能也不同，在使用时要严格区分。

(六) 纪要与会议记录的联系和区别

1. 两者的联系

会议记录是写作纪要的基础，它为纪要提供原始材料，从某种意义上讲，没有会议记录就没有纪要。两者同出一源,都以表现会议内容为目的。

2. 两者的区别

纪要与会议记录的区别主要表现在以下几个方面:① 文体性质不同。纪要是法定的党政公文,会议记录则是会议讨论发言的实录,属事务文书。② 写作要求不同。纪要只记会议要点,不必面面俱到,其特点在"要",会议记录则在"全",几乎是有闻必录,内容详尽、具体。③ 使用功能不同。纪要通常要在一定范围内传达或传阅,有的还要求有关单位贯彻执行,且带有约束性;而会议记录一般不公开,无须传达或传阅,只作资料存档,供内部查阅之用。

(七) 例文评析

1. 办公会议纪要例文评析

[例文 3-24]

贵州省煤矿企业兼并重组工作领导小组专题会议纪要

2015 年 8 月 27 日下午,副省长、省煤矿企业兼并重组工作领导小组(以下简称领导小组)副组长王江平在省政府 3 号楼 808 会议室主持召开领导小组会议,听取全省煤炭工业经济运行和煤矿企业兼并重组工作情况汇报,研究部署煤矿企业兼并重组有关问题,讨论审议《关于煤矿企业减负 30 条政策措施落实情况的调研报告》《贵州省煤矿企业兼并重组工作实施细则(讨论稿)》。领导小组相关成员单位及省法院负责同志参加会议。

2015 年以来,我省煤炭工业经济仍然维持下行态势,煤矿停产现象增多,兼并重组中涉法涉诉煤矿大幅增加,兼并重组工作有所放缓。截至目前,全省公告确认兼并重组主体企业 111 家,其中,101 家主体企业实施方案已经领导小组办公室(省能源局)会审,同意批复 97 家,已批 95 家。

会议要求,领导小组办公室(省能源局)要深入研究新常态下煤矿企业兼并重组工作的各类有利和不利因素,为我省煤炭产业转型升级和健康发展谋篇布局。一是领导小组办公室(省能源局)要做好全省"十三五"煤炭工业规划编制工作,科学建立我省煤炭供需动态平衡机制,做大做强主体企业,提升矿井"四化"水平。二是领导小组办公室(省能源局)在 2015 年 12 月 31 日前要对 111 家公告确认的主体企业进行分级评估,对评级高的主体企业在金融、财税等方面要继续加大支持力度。三是领导小组办公室(省能源局)要继续加大工作力度,确保按时完成今年国家下达我省 200 处煤矿的关闭任务,省安全监管局要依法加强监管和停产停业整顿,对不具备安全生产条件的煤矿要加大监管执法力度。

会议经研究,议定以下意见:

一、关于延期和取消部分企业基本具备兼并重组主体资格问题。同意领导小组办公室(省能源局)关于对 2015 年 7 月底过户规模仍达不到相应要求的煤矿企业的处置建议。一是同意贵州盛鑫矿业集团投资公司、金发能源股份公司、徐矿集团贵州能源公司、贵州汉诺矿业公司、贵州汇巨能源集团投资公司、盘县盘南煤业投资公司等 6 家公司企业过户规模满足相应要求的期限放宽到 2015 年 12 月 31 日,到期主体企业实施方案仍未获得批复,则视为放弃主体资格,其下属煤矿可继续参与兼并重组,并同等享受相关优惠政策。二是同意领导小组办公室(省能源局)按程序公示后直接公告取消贵州星海投资公司、贵州百里杜鹃润景能源投资公司、贵州黔北龙马矿业公司、贵州拓实能源公司、六盘水市铭兴煤业公司、贵州天道煤业投资公司等6家公司基本具备兼并重组主体的资格，资格取消后原下属煤矿需抓紧寻找新的主体企业进行兼并重组。

二、关于2015年度第一批关闭煤矿问题。原则同意领导小组办公室（省能源局）关于2015年度第一批拟关闭煤矿的建议，由领导小组办公室（省能源局）按程序公示后及时向社会公告2015年度第一批拟关闭的83处煤矿。

三、关于修改煤矿企业兼并重组工作实施细则问题。原则同意领导小组办公室（省能源局）关于修改《贵州省煤矿企业兼并重组工作实施细则（讨论稿）》的建议，待完成备案审查后，由省能源局、省公安厅、省国土资源厅、省环境保护厅、省水利厅、省工商局、省安全监管局（贵州煤监局）等8厅局会签，联合行文印发执行。

四、关于煤矿采矿许可证延续问题。原则同意领导小组办公室（省能源局）关于煤矿采矿许可证到期或即将到期办理延续的建议。一是对在兼并重组中已明确处置意见，批复的主体企业实施方案明确为保留煤矿的，按照简化报件的方式办理。经省能源局审核同意后，依采矿权人申请，采矿许可证可延续至2016年12月31日。二是对在兼并重组中尚未明确处置意见，生产规模30万吨/年以上的煤矿，可按简化报件方式办理，但所需要件不得缺少2个以上，并经省能源局审核同意后，依采矿权人申请，采矿许可证可延续至2016年12月31日。

五、关于"四个一体化"煤矿兼并重组主体企业确认问题。原则同意领导小组办公室（省能源局）关于贵州耀辉矿业发展公司和贵州首黔资源开发公司申请成为我省"四个一体化"煤矿兼并重组主体企业的建议。由领导小组办公室（省能源局）按程序公示后公告确认。

六、关于切实抓好煤矿企业减负政策贯彻落实问题。领导小组各成员单位要结合职责分工，认真对照《关于煤矿企业减负30条政策措施落实情况的调研报告》中指出的问题，逐条梳理分析，提出具体管用的对策措施并抓好执行落实。省政府督查室、省能源局要牵头加大督查督办力度。

贵州省煤矿企业兼并重组工作领导小组办公室

2015年9月9日

［评析］这是日常工作会议形式的纪要。文章采取综合法与分项叙述法相结合的方式进行写作，先用概述性的文字介绍了本次会议内容的基本情况，然后归纳介绍本次会议形成的共识。文章层次清楚，概述部分简洁明了，会议时间、地点、议题、参会人员等都一应俱全，客观再现了会议的全过程，给人一种很强的现场感和真实感；归纳意见部分条分缕析，重点突出。另外，文中使用了纪要独有的模式化口吻，不仅符合纪要这种文体的特性，而且也有提示阅读的作用，有助于受文对象快速准确地领会会议的主要内容。

2. 专题会议纪要例文评析

［例文3－25］ "为社会创新的美术教育"国际学术研讨会纪要

2015年6月12日上午9点，由中国美术家协会美术教育委员会和中央美术学院联合主办的“为社会创新的美术教育”国际学术研讨会在中央美术学院美术馆学术报告厅举行了开幕式。中国美术家协会美术教育委员会秘书长、中央美术学院校长助理、教务处长王晓琳女士担任本次国际学术研讨会开幕式的主持人。中国美术家协会美术教育委员会主任、中央美术学院党委书记高洪，中国美术家协会分党组书记、常务副主席吴长江，教育部高等教育司副司长刘贵芹分别致辞，阐述了本次研讨会的主旨和主要讨论内容，表达了对来自不同领域美术教育者思想碰撞的期待，并预祝研讨会取得圆满成功。

“为社会创新的美术教育”国际学术研讨旨在通过对美术教育领域的前瞻问题的探索和关注，积极倡导“社会创新”教育理念，履行美术教育在社会发展中责任，积极为面向社会创新、面向多元化发展美术教育的先行者和实践者搭建思考与沟通的平台。中国美术家协会美术教育委员会副主任、中央美术学院艺术管理与教育学院院长余丁担任随后“为社会创新的美术教育”国际研讨会的主持人。

研讨会的首位发言嘉宾为美国哥伦比亚大学教育学院艺术与艺术教育学教授朱迪斯·伯顿，她以《针对创新实践和社会变革的四项提议》为题，以艺术教育者的经验提出关于创新实践与社会变革的思考与建议。随后作为中国美术家协会美术教育委员会秘书长、中央美术学院校长助理、教务处长的王晓琳女士则从中央美术学院的工作经验出发，以《“大教务”与高端艺术人才培养》为主题畅谈了中国现代高等美术教育发展史，不仅回顾了中央美术学院的历史，更从学术结构、教学模式、教学经验与未来发展四个方面阐述了中央美术学院的“大教务”与高端艺术人才培养成果与未来计划。德国柏林自由大学文化与媒体管理学院院长克劳斯·西本哈尔带来《“未来需要渊源”：在文化连续性和文化创新语境下的艺术与艺术教育》的发言，以对美术教育历史的回顾启发当下。华东师范大学美术学院教育研究中心执行主任、博士生导师钱初熹以《以学校美术教育培养青少年创造力的问题及其对策》发言，更多从实例分析中提出培养青少年创造力的问题及其对策。山东师范大学美术学院教授、博士生导师孔新苗以《何为“优先级”——美术教育与文化自觉的思考》为题，提出“学习西方”的“优先级”概念和视觉文化中的文化自觉问题。美国博物馆协会博物馆教育项目协调人帕特里夏·罗德瓦尔德以《创新型参与：博物馆教育的新实践》为题，皮博迪·埃塞克斯博物馆美术馆教育部主任茱莉亚特·弗里希以《艺术教育的当下与未来趋势》为题分享了博物馆与美术馆在公共教育与互动活动中的创新实践。最后一位发言嘉宾中国美术馆公共教育部副主任，哥伦比亚大学美术教育与艺术管理博士杨应时以《艺术博物馆教育人才培养探索与思考》为题，结合自身在中国美术馆公共教育部门的相关工作，提出应当加紧开展艺术博物馆教育的理论研究和人才培养。

研讨会的末尾，余丁院长作出最后总结。与会的8位发言人以不同角色从不同领域通过丰富的案例与工作经验讨论了为社会创新的美术教育的各种可能性，无论是从展览、具体学科教学、高等美术教育、幼儿基础美术教育、美术馆与博物馆的公共教育及相关人才培养上都提出了具有针对性与启发性的看法与建议，视角多样，主题突出，层次丰富。

在中国当代社会转型过程中，对于创新人才的培养成为时代与社会发展的要求，成为当下教育改革的重要目标，并由此引发了教育界对于创新教育、创新人才培养的内涵、方式方法的讨论。美术教育作为素质教育的重要内容，对于提升全社会审美修养、丰富精神世界、培养创新意识、推动社会主义文化大发展大繁荣具有重要意义。美术教育以艺术为载体，以培养具备审美感受能力、形象思维能力、创造表现能力、战略实践能力的智力人才为目标，在满足社会需求、促进社会进步、创造社会价值等方面具有重要的作用。中国美术家协会美术教育委员会致力于推动中国美术教育事业的发展,本次研讨会也是美术教育委员会2015年年会的重要组成部分。

中国美术家协会美术教育委员会

2015年6月15日

[评析] 这则纪要是常见的学术会议纪要。前言部分先详细交代了会议的背景、议题等情况,主体部分则主要采用发言摘要法行文,在围绕会议主题展开的讨论中,引用了有代表性的重要发言,使得文章既条理清晰,又言之有物,有生动的现场感。因为该会议议题较单一,所以可以采用发言摘要法行文。但遇到大型会议或议题较多的会议时,建议采用分项叙述法与综合法,或将发言摘要法与前两者相结合,以便于全面客观地介绍会议全过程。

思考与训练

1. 依据下列材料,以"×市新闻办公室"的名义写一份通知,注意格式,发文字号、主题词、发文日期等自拟。

近日,某市政府接到中央外宣办、国务院新闻办公室联合发布的《关于规范互联网新闻发布的紧急通知》,并依据通知精神和《互联网新闻信息服务管理规定》,当日便向各有关部门及各网站发布通知,决定从6月3日至5日,由市公安局网监处配合,对该市辖区内所有新闻网站、商业网站、企业自办网站进行集中整治(整顿)。整治(整顿)的重点是:违反《互联网新闻信息服务管理规定》第十六条第二款、第二十八条规定,违规登载新闻、自采新闻,包括"嘉宾访谈""网上新闻调查"等变相新闻采访栏目等,或擅自篡改新闻标题,滥用夸张词汇等行为。

此次整治要求各网站接到通知后,立即开展自查自纠,主动删除新闻栏目和转载新闻,不得再出现违规刊载。同时,各网站对开辟的论坛要加强管理、编审,对那些随意发布的虚假、色情、暴力、有政治倾向性的帖子应立即删除。市政府新闻办公室将对各个网站的整治情况和结果进行监督、巡查,6月5日后,如发现还有网站在违规登载新闻的行为,市政府新闻办公室将依据《互联网新闻信息服务管理规定》予以查处,直至关闭取缔该网站。

2. 依据下列材料,以"福建省人民政府办公厅"的名义给国务院写一份报告,注意格式,发文字号、主题词、发文日期等自拟。

2013年6月7日,厦门天气晴好。到了下班时间,市民开始匆匆忙忙往家里赶,其中不乏穿着校服的学生,整个城市和以往一样。然而,当天18时20分左右,一团火焰打破了这个城市的平静:一辆BRT快速公交车在厦门金山站附近的高架桥上突然起火燃烧,大火共造成47人死亡、34人受伤。6月8日19时左右,厦门一度停运的BRT公交线路恢复运营。6月8日上午,厦门市政府召开新闻发布会称,起火公交车轮胎正常、油箱完整，现场发现的助燃剂经检验为汽油，而该公交车使用的是柴油发动机，由此可排除安全生产事故。经初步认定，这是一起严重刑事案件，警方通过全力侦查，目前该案犯罪嫌疑人已锁定，案件取得突破性进展。当天18时许，厦门市政府新闻办发布消息称：经公安机关缜密侦查，7日发生在福建省厦门市的公交车纵火致多人死伤案件告破。犯罪嫌疑人陈水总被当场烧死。据介绍，案件发生后，随同国务院工作组于8日凌晨一同抵达厦门的公安部刑侦部门负责人及有关专家，立即会同当地公安机关开展案件侦查工作。经过现场勘验、调查访问和物证鉴定、DNA比对，最终锁定了犯罪嫌疑人。犯罪嫌疑人名为陈水总，厦门本地人，1954年生。警方在其家中查获遗书，证实陈水总因自感生活不如意，悲观厌世，而泄愤纵火。

3. 下面这则公文在格式、结构、逻辑、语言等方面均存在问题，请找出并作修改。

××乡人民政府关于申请拨款、解决孙庄村群众出行难问题的请示报告

区交通局：

村支部村委经过研究和多方论证，决定修建房庄—张庄—芦庄—伊庄共4.3千米的道路。可解决全村1 280人的出行问题，现已筹措资金4万元，缺口还很大，特向上级申请30万元拨款，用于改善我们乡的交通问题。

××乡孙庄村位于××乡东南部，是出入××市的必经路口，距市区仅3千米，全村15个村民小组14个自然村，3 190人。近年来，政府加大道路建设力度，该村现有乡村小路穿村而过，但由于村域面积大，村庄多，仍有6个自然村距离主干线太远，遇到雨雪天气，全村半数以上群众出行艰难，给生产和生活造成诸多不便，群众迫切要求早日改善目前困境。恳请上级领导尽快拨款，给予扶持为盼。

顺便说一下，我们乡的育红小学校舍由于年代久远，已经严重老化，学校师生的安全很成问题，因此我们决定为该小学重建新校舍，不过资金困难，也请领导给予支持。

以上报告妥否，请批复

××乡人民政府

20××年×月×日

4. 指出下列公文文稿的错误之处，说明正确做法，并根据公文写作的要求，重新改写一份公文。

请示报告省高教厅：

将于2019年暑假举行的省第×届大学生运动会由我校承办，鉴于我校目前比赛场地仍很简陋，比赛用器材也比较缺乏，为保证运动会顺利进行，需要改善设备和补充器材。经核算，共需经费110万元。目前我校已自筹60万元，尚缺少50万元。希省厅能拨给专用经费50万元，请审批。

另外，我校离休干部的医疗费问题也亟待解决，请一并批准。

此事关系到省第×届大运会的顺利举办和离退休人员的人心稳定，请速予批准。

××大学

2019年6月2日

第四章　申　论

作为一种应试文体，申论最早出现于2000年中央国家机关公务员录用考试之中。经过多年的实践和改进，申论考试已经成为国家公务员录用考试的一门基本科目，日益受到人们的重视。申论考试具有综合性特点，涉及对考生的知识积累、阅读理解能力、分析解决问题能力以及语言表达能力的全面、真实、集中的考查。

第一节　申论概述

一、申论的概念

“申论”意为“申而论之”，即申述、申辩、论述、论证的意思。申论也就是对某个问题阐述观点、论述理由，合理地推论材料与材料以及材料与观点之间逻辑关系的一种写作文体。申论要求准确把握一定的客观事实，作出必要的说明、申述，并在此基础上发表见解，提出策略，进行论证。

作为一种专门用于选拔录用公务员的应试文体，申论借鉴了我国古代科举考试中“策论”的一些经验与做法。策论作为一种选拔考试的方法始于西汉文帝时期。策论分为两种：“射策”和“对策”。射策是密封若干问题，要求被选拔者抽签作答；对策是公开提问，要求被选拔者当场应对。这两种方法都要求被选拔者根据一定的问题逐条应对，故又称“策问”。回答策论要求有独到的见解和一定的表现力，能够深刻反映社会政务的需要，并能针对现实问题提出切实可行的办法。

策论和申论都是选拔人才的一种方法，要求考生具备较强的文字表达能力、分析判断能力，提出的对策要有可行性。但申论在内容上比策论更具有现实针对性，在形式上比策论更加灵活多样。策论要求考生就一些重大问题展开论述，即论证某项国家政策或对策的可行性与合理性，侧重于考查考生解决问题的能力。申论则要求考生从一系列反映日常现实问题的材料中去发现问题、解决问题，全面考查考生收集和分析各类日常信息的素质与潜能，它充分体现了信息时代的特征，也适应了当今公务员实际工作的需要。申论考试的目的是选拔公务员，其测试的内容实际上是公务员日常工作流程的一个缩影。作为一种测试考生写作水平的方法，申论与一般的议论文也有一定的区别：

（1）用途不一。议论文用途广泛，可以应试，可以发表，可以应用。而申论则是公务员考试的专用文体。

（2）要求不一。一般议论文不一定要解决某个具体的问题或拿出什么具体的办法。而申论考试模拟的是公务员日常工作的情景，这就必然要求选择符合公务员工作实际的现实性话题，其论证也必然集中在解决问题对策的必要性、可能性和合理性上。

（3）论证不一。一般议论文可以就材料发议论，也可以引申、联想，借题发挥，选择一定的角度，兴之所至，议之所至，相对自由。而申论必须围绕给定的材料展开论证。

（4）文风不一。议论文风格多样，可以自由地运用多种表现手法甚至是文学手法。而申论文风严谨朴实，要求以严肃之笔论严肃之事，表现为特定的公文风格。

二、申论的特点

作为一种应用文体，申论具有如下几个方面的特点。

（一）形式的灵活性

与传统的作文不一样，申论由概括、方案、议论三个相对独立的部分组成。它不受体裁的局限，可以在三个部分分别运用记叙文、说明文、议论文的文体。概括部分可以选择记叙文、说明文、议论文文体；方案部分则是记叙文与说明文文体；议论部分则自然是议论文文体。申论既测试了普通文体的写作能力，又考察了公文写作能力，形式非常灵活。

（二）材料的广泛性

申论所给定的材料几乎没有范围的限制，涉及政治、经济、文化等各个方面，虽然其概括的要点是已经形成的结论，但这种结论是唯一的，它有利于检测应试者的分析、判断、解决问题的综合能力。

（三）观点的确定性

申论背景材料的广泛性，并不意味着主题的多样性。申论的观点概括要求考生认真阅读材料，从杂乱无序的原始材料中找到现象的根源，并用简要的语言概述出来，以重点考查考生由表及里、透过现象看本质的洞察能力。

（四）内容的导向性

申论的背景材料是考生在生活、工作中经常接触到的事情，或是社会生活中的热点问题，或是国家治理过程中的难点问题。它要求考生针对材料中提出的问题，联系实际，自选角度，拟写一篇议论文。申论对策论证的写作，是在具有强烈时代性特征的背景材料前提下进行的，是以党和国家的法律、法规和政策为依据，针对社会实践中出现的问题而展开的论述，具有内容的导向性特点。

（五）答案的不确定性

申论测试的答案必须具有针对性和可行性，但它并不是唯一的。其资料背景都是当前政治、经济、法律、教育等社会问题，有的已有定论，有的还没有定论。这样，考生可以选择宏观的战略层面进行对策论证，也可以从微观的某一领域的层面进行对策论证，所以，考生不受材料的局限，可以充分展示自己的水平，给予精彩的回答。

（六）测试的前瞻性

申论测试注重考查考生综合运用所掌握的知识解决实际问题的能力。整个社会在不断地发展变化，公务员考试命题不但会与这种发展趋势相适应，而且会体现出一定的前瞻性。

三、申论的测试目的和测评要素

（一）申论的测试目的

申论的测试目的自然是为国家选拔人才，而具体落实到对人的素质的审评，则是检测考生的分析、概括、提炼、加工能力；检测其运用马克思主义哲学、法律、行政管理等理论知识和解决实际问题的能力，以及检测其阅读理解、综合分析、提出问题的能力和文字表达的能力。

（二）申论的测评要素

从申论考试的内容和特点，可以看出申论考试主要侧重于考查考生对给定资料的阅读理解能力、综合分析能力、提出和解决问题的能力以及语言表达能力，这是与行政机关的工作性质和对合格公务员能力素质的要求相一致的。作为能力测试，申论要求考生注重四种能力的培养。

1. 阅读理解能力

阅读理解能力是指分析事物和概括问题的敏捷性和准确度。阅读理解能力强即善于从各类材料中把握事物的本质和事物之间的联系；善于区分问题的类别、性质、主次等；善于发现问题的异同；善于发展地、辩证地看问题。申论考试所要求的阅读理解能力，是要真正读懂材料的内涵；准确认知材料中的词句；能对不够准确、不够清晰的“半成品”材料进行加工。

2. 综合分析能力

申论考试所要求的综合分析能力是指在正确理解材料的基础之上，运用概念、判断、推理、分析、综合等逻辑思维方法筛选、加工、提炼材料所反映的主旨。综合分析能力是公务员从事日常管理工作必备的能力。

3. 提出和解决问题的能力

公务员在日常管理工作中常常会遇到各种各样的问题，申论考试所要求的提出和解决问题的能力，是指公务员要针对各种问题能够提出行之有效的措施、对策，并能够及时、快速地解决问题。测试应试者提出和解决问题的能力是申论考试的核心目标。

4. 语言表达能力

申论中的语言属于应用文语体，要求用语准确、合乎逻辑、简明扼要、庄重规范。申论考试中语言表达能力是阅读理解能力、综合分析能力、提出问题和解决问题的能力的综合表现。

四、申论考试的趋势

（一）考试内容更贴近生活，具有时事性

近年的申论试题反映的都是当前社会的一些现实性问题，生活化、时事性是国家和地方选择申论考试内容的趋势，因此考生应该关注身边发生的事情，了解出现此类事情的原因，社会各界尤其是政府相关部门采取的是何种解决方案，相应对策的效果如何。

（二）阅读量增大，要求考生具有快速的阅读能力和更全面提炼材料的水平

近年来无论是国家公务员申论考试还是地方公务员申论考试都有阅读量增大的趋势。这就要求广大考生在练习的时候，重点练习快速阅读和快速提炼重点信息的技能，以便能在有限的时间内，高质量地完成所有题目。

（三）作答题目增多，考查方式多样化

目前，申论的作答题目增多，分值缩小。2007 年之前，申论考试一直都是三个问题的模式，第一题是分值约为 20 分，字数约为 200 字的问题概括，第二题是分值约为 30 分，字数约为 500 字的对策论证，第三题是分值约为 50 分，字数约为 1 000 字的大文章。但 2007 年出现了根据市（地）以下和省级（含副省级）以上两种职位进行分别答题的情况，其中市（地）以下为四道题目，其中第三题又分为两个小问，这样就有五道题目需要解答，省级（含副省级）以上的和市（地）以下的情况也一样，也有五道题目。分值为第一题 30 分，第二题 15 分，第三题的两小题分别为 10 分和 15 分，第四题为 30 分。作答的字数较之以往增加了 300 字左右。这就需要考生花费更多的时间在答题上，所以加快答题速度就特别重要了。

（四）命题作文或者半命题作文成为申论最后一道题目的趋势

近年来国家申论考试最后一题写作一般都是针对某个问题，写一篇限定字数的文章，很多地方申论考试也效仿了这种模式，如山东、上海、天津都出现了类似的命题或者半命题类型的题目。这种变化应当引起广大考生的注意。

（五）在传统的申论写作中，融入演讲稿、调查报告、汇报等应用文形式

近年来申论考试陆续出现了各种关于演讲稿、调查报告、汇报等应用文形式的文章写作，所以在平时的练习中，应多注意各种应用文写作的格式、注意事项，以便在考试中遇到此类文种时能够准确地完成答题。

第二节　申论考试的环节与应试方法

申论考试的试卷有较为规范的结构，大体分为三大部分。

一是提出“注意事项”。这是给考生重要的指导性建议和要求。考生拿到试卷首先要阅读“注意事项”，以便在答题过程中正确分配时间，按要求依次回答问题。

二是给定一篇或一组资料。给定资料一般为 3 000 ~ 6 000 字，内容涉及社会生活的方方面面，形式多种多样，这是申论作答的依据。

三是提出“申论要求”。要求考生在梳理清楚给定资料的基础上完成若干题目。通常情况下，“申论要求”涉及三个主要方面的内容：

（1）阅读、分析、归纳、综合所给定的材料，并就某一方面进行概括。

（2）对材料所反映出的主要问题提出对策和可行性的解决方案。

（3）针对主要问题及相应的方案、对策进行分析论证。

申论考试的全部过程，可归纳为阅读材料、概括要点、提出对策、进行论证四个主要环节。

一、阅读材料

所谓阅读材料，就是根据题目的意思和要求，对给定材料进行阅读、审视、分析、理解、把握，以确定材料反映的主要内容、主要观点、主要问题，从而为下一步回答问题做好准备。阅读材料是申论考试的基础性环节，这个环节虽然不用在答卷上直接反映，却是完成其他三个环节的前提条件，而且在时序上居于首位。只有认真读懂读通全部给定材料，才能把握材料所反映的事件的性质，才能准确地概括出给定材料所反映的主要问题，完成第二个环节的要求；也才能针对主要问题，就给定材料所涉及的范围和条件，提出切实可行的解决问题的对策和方案，完成第三个环节的要求。最后，还要充分利用给定材料，抓住主要问题，全面阐明、论述考生本人对给定材料所反映的主要问题的看法，以及解决问题的方案，完成第四个环节的要求。阅读给定背景材料一定要给予充分的时间。如果考试时间为 150 分钟，在合理分配时间的前提下，阅读的时间一般不要少于 40 分钟。多用点时间阅读，对着手题目作答有好处。因为细读了给定材料，真正掌握了材料内容，才能保证以下三个环节的答题质量。

（一）阅读材料的原则

一般地讲，在阅读材料时应该遵循以下原则。

1. 整体性原则

仔细阅读给定材料，整体把握给定材料，找出给定材料的隐含信息，紧扣给定材料的中心来拟题。

2. 多角度原则

运用“发散性思维”，分析给定材料，列出 2～5 个观点。然后找出一个对自己写作有利的角度去写。多角度原则可以理解为一种“实效性原则”，就是说，只要紧扣给定材料，写哪个角度对你有利，能使你发挥得更好，就写哪个角度。

3. 筛选性原则

给定材料中很可能包含许多干扰信息、多余信息，如果不从总体去概括材料的“寓意”，而只是抓住“只言片语”，常常容易陷入误区，导致跑题。

（二）阅读材料的方法

一般而言，阅读的方法主要有辨识阅读、理解阅读、评价阅读和创意阅读。

1. 辨识阅读

辨识阅读是辨认识别文字、图形、标点等各种符号，并在大脑中形成意义的过程。辨识阅读通过对材料中的词语、句子、句群、段落的辨别理解，形成独立的认识。

2. 理解阅读

理解阅读是通过分析、比较、抽象、概括等思维活动，了解材料所表达的意思，掌握材料的基本观点的过程。理解阅读通过对材料的词语、句子、句群、段落的深层认识，以及对材料具有的感情色彩的理解，来认识材料的意义和基本观点。

3. 评价阅读

评价阅读是在更深入地比较、分析、鉴别、判断、推理、联想的基础上，去伪存真、由表及里地认识材料的本质意义的过程。它要借助考生具备的直接经验和间接经验，对材料进行真与假、主与次、现象与本质的鉴别判断，形成对材料全面的、综合的、完整的认识。

4. 创意阅读

创意阅读是经过进一步的比较分析和联想，引发出对材料的总体看法，构思出解决问题的初步设想的过程。创意阅读的结果实质上就是确定和创造新的信息，即形成主要观点和对策思路的内容，也就是阅读最终所得到的主要观点。

(三) 申论考试阅读材料的方法

从阅读材料的角度来看,申论考试就是一种给材料作文,而给材料作文就必须从给定的材料出发,把握议论对象、议论范围和议论重点。对此,我们可以采取以下几种方法。

1. 通读全文,抓住关键

首先是通读全文,形成总体印象,初步掌握材料的基本内容,并结合考试要求抓取材料的意义,思考这些材料的主题。这时候,既要注意材料的重点词句,又要利用给定的材料激发联想,不断补充相关材料。

2. 透过现象,抓住本质

文意是文章的灵魂。从表现手法来看,它分为字面意和隐含意;从表现范围来看,可以分为总体意和局部意。字面意是指文章所涉及的人、事、理。隐含意是指这些人、事、理的关系和蕴藏在人物和事件中的作者的态度。总体意是指文章表达的主要思想和认识。局部意是作者在表达主要思想过程中不经意暴露的与主题关系不大的文意,阅读材料时必须区别清楚不同的文意,必须透过字面去理解材料中蕴含的比喻意义或象征意义,以免答题时犯就事论事的错误。

3. 借助联想,抓针对性

要使议论不离题、偏题,审读材料不仅要准确,而且要深刻,这就要借助联想,把握议论对象概括的生活现象,从而明确文意的针对性。而一篇文章的议论总是有感而发的,而这感想又要针对实际,不能无病呻吟、无的放矢,所以,立意的针对性十分重要。

二、概括要点

申论考试第二个环节是概括要点,这是承上启下的重要环节。一方面,它是阅读环节的小结,另一方面又影响提出的对策是否更具有针对性,影响论证是否有扎实的立论基础。概括要点的关键,在于准确把握给定材料。有的材料较为复杂,问题纷呈,彼此交错;有的材料问题比较集中。前者,要分析出主要症结所在;后者,要具体问题具体分析。但不管哪一类材料,都要进行归纳、整理、分析及比较,阐明给定材料反映的主题或者主要观点、主要内容等,否则,解决问题就难以把握适当的尺度。

(一) 概括要点的原则

从给定材料中提炼观点,往往需要多种方法综合和灵活的运用。运用得成功与否,则取决于考生的认识水平、知识结构和分析概括能力,其中的关键是平日的素养。从材料中提炼观点,要力求做到以下四点。

1. 准

从材料中概括要点要准。考生要善于进行发散思考和连类比较,即不但对材料本身做多侧面、多角度、多方位、多层次的思考和权衡,而且将类似的材料拿来进行斟酌比较,从而找到对材料来说最为恰当、中肯的理性概括。

2. 实

从材料中概括要点要实。考生必须从实际出发,联系国家公务员的实际工作,客观地反映国家行政管理过程中出现的新情况、新问题,有针对性地进行思考,提出具体可行的办法。提出的观点必须符合中国国情,必须站在马克思主义的立场上,所运用的方法也应具有合理性、科学性。

3. 深

从材料中概括要点要深。考生不仅要切中问题的要害，反映事物的本质规律，而且要进一步深入把握其内涵，对观点进行深层的提炼，使之符合国家的最高利益，符合最广大人民群众的利益，符合法律、法规的规定。

4. 新

从材料中概括要点要新。这要求调动创造性思维能力，善于多角度思考和逆向思考。从材料中提炼作为行文论点的观点，不一定非材料的基本观点不可。从材料中取其一端，加以生发，甚至与材料本来的观点唱反调，只要言之成理，往往也能写出新意，给人启迪，也能提高文章的品位，但并非每份材料都可以标新立异，故宜慎重。

（二）概括要点的方法

1. 求同辨异法

如果给定材料中包括多种相互区别或对立的观点、情况，就需要运用求同辨异法。通过寻找和把握这些材料内容的共同点和不同点，以概括出整个材料所表达的观点，或者由此确定整个材料反映的主要情况。

2. 追本溯源法

追本溯源法主要用于阅读为人们提供各种经验教训的材料。各种经验教训的总结，往往源自对事物成败缘由的分析。根据材料中的提示或对材料的分析，把握材料中有关事物成败的原因、根源，并找出其中的经验教训，也就找到了材料所表达的观点。

3. 联想类推法

联想类推法主要用于阅读某些以小见大、以少见多的材料。通常给定材料提供的是一些带有典型性或启示意义的小事，目的在于让我们去做由小到大、由近及远或由少到多的联想和类推，由小事想到大事，由局部想到全局，由小道理悟出大道理。这个联想类推到的全局性大道理，就是材料所表达的观点。

4. 抽象概括法

抽象概括法主要用于阅读各种包含哲理或伦理观念因素的材料。这些材料往往提供出一些带有明显哲理或伦理色彩的感性事实、生活现象，而特定哲理、伦理观念却隐藏其中。通过由此及彼、由浅入深、由表及里的思考，使感性认识上升为理性判断，也就是用一个哲理或伦理观点对材料作出概括，而这就是材料所要表达的观点。

5. 发散凝聚法

发散凝聚法主要用于阅读包含多项语义即可以表达多种观点的材料。我们可以先做发散思考，对材料做多侧面、多角度、多层次的审视，得出种种结论。然后加以比较、辨别，或找出它包含的主要观点，或确认哪种观点自己更熟悉、更易于发挥，便将它确立为自己所要阐发的观点。

三、提出对策

提出对策是申论的关键环节，对策是针对前面概括出的问题而产生的。前面概括出几个方面或几个层次的问题，本部分就提出几个方面或几个层次的对策。这部分重点考查考生思维的开阔程度及创新意识、应变能力和解决问题的能力。它给考生提供了充分发挥主观能动性的空间，考生可根据各自的知识阅历，对同一问题各抒己见、见仁见智。需要注意的是，必须结合给定材料所涉及的范围和条件，才可能提出有针对性的切实可行的对策。

（一）提出对策的原则

1. 具有针对性

考生提出的对策必须具有很强的针对性，这种针对性包括两层意思，其一是指对策应该与所给定材料的倾向性相吻合。申论给定的材料都反映了某种社会问题，并设定了解决问题的倾向。考生所提供的对策必须结合给定材料涉及的范围和条件，与材料倾向性相一致。其二是指对策要围绕前面概括材料所提出的主要问题，提出的对策应该直接针对这些问题。

2. 具有现实性

申论考试的材料大多来源于媒体，基本上都是现实生活中出现过的热点问题。申论考试的目的就是考查考生处理公务活动中所遇到的各种实际问题的能力，因此考生要从实际出发设计对策，切忌脱离实际的空想。

3. 具有可行性

考生在提出对策时一定要进行深入分析，对对策的可行性进行理性思考，对对策的细节问题进行剖析，综合考虑对策可能取得哪些效果，在实施过程中可能会出现哪些问题，实施此对策的成本等。对策的可行性具有以下几个方面的意义。

（1）问题要有明确的“归口”，要让能直接解决问题的政府部门或职能机构去处理、落实，不能只做通常的“呼吁”，这里考查的是解决实际问题的能力。

（2）对策要有解决问题的具体步骤和方法，不能笼统、空泛。

（3）要考虑解决问题的时效性和必备条件，切忌忽略现实中主客观条件对对策的影响和制约。

（二）提出对策的方法

1. 明确问题

所谓问题就是材料所反映的矛盾，只有明确了问题，对策才具有针对性，这主要表现在以下几个方面：

（1）要明确是谁的责任，即要弄清楚谁是解决问题的主体，即由谁来就题目所给的问题进行决策，必须从主体的角度来拟定对策。

（2）要评估风险，决策都会有风险，决策者需要综合考虑风险可能造成的损失，不要提出超越决策者权力和能力范围之外的对策。

（3）要意识到哪些因素将影响问题的解决，并采取相应的措施。

2. 确定身份

申论考试的命题者预先都会给考生一个确定的公务员角色，这就要求考生在根据主要问题提出对策时必须明确自己的这个虚拟身份，即自己处在哪个职位上提出对策。这包含两层意思：

（1）考生必须体现政府行为。

（2）考生必须确定自己体现的是怎样的政府行为，即哪一级别、哪一职位的政府行为。

3. 分析问题

作为给定角色的“政府官员”或其他方面的管理者，考生需要有效和正确地分析问题。

这体现在以下几方面：

(1) 明确决策的时间性。有些给定材料对于问题的解决有一定的时间限制。如遇到类似的问题，就要根据材料反映问题的性质，明确提出方案的紧急程度，并在决策中明确地表现出来。

(2) 解决方法的多样性。对同一问题，在思考时尝试用不同的方法来解决，定式思维难以找到最佳解决办法。

(3) 处理的及时性。材料有可能反映几个问题，不必等到把所有的问题都想清楚了再做决策，一个问题分析清楚了就要及时解决这个问题。

4. 解决问题

找到了产生问题的原因，原因的构成要素也就清晰了，接下来要做的就是针对不同的原因提供不同的对策。问题主要有以下几种：

(1) 由"人"引起的问题。这种问题可以从奖惩措施、职能部门问题、思想认识问题、人才问题、领导问题、做事方法问题、宣传教育问题等方面来考虑对策。

(2) 由"政策、法规"引起的问题。这种问题可以从补充机制、内容正确、可执行、加大宣传等方面来考虑对策。

(3) 由"经济利益"引起的问题。这种问题可以从发展生产、提高效益、完善取得经济利益的方式、安全生产等方面来考虑对策。

(4) 由"宣传、教育"引起的问题。这种问题可以从扩大宣传、调整宣传教育政策、狠抓落实等方面来考虑对策。

问题的表现形式各异，产生的原因也各不相同，以上只是概括了几种主要的问题，在解决具体的问题时，考生应该在此基础上发散思维，具体分析，提炼对策。

5. 表述对策

考生在完成以上思考后面临的是如何有条理地表述对策的问题。按照对策的不同情况或思维的逻辑顺序，可以有以下三种表述方法：其一是依据解决问题的时间期限分为长期、中期和短期目标。其二是依据解决问题的目标分为最优目标和满意目标。其三是依据对策实施的轻重缓急来考虑当下目标和远期目标。

(三) 提出对策的一般步骤

一般地讲，提出对策主要经过以下一些步骤：

首先，要全面把握材料的信息。在概括要点的基础上，进一步分清层次、理顺关系以对材料做到了然于胸。

其次，要抓住重点，把握主要矛盾，要确定解决问题的关键，即解决问题的突破口。确定了这个关键，问题就解决了一大半。

再次，确定解决问题的基本步骤。从开始的第一步，到关键步骤，到预期的结果，都要做到心中有数。最后，写出方案草稿，进行修改、定稿。

四、进行论证

申论考试的第四个环节是进行论证，它检测考生的"理论思维"能力。这部分内容要求考生充分利用给定材料，紧扣主要问题，全面阐明、论证自己的见解和观点，实际上就是给材料写议论文。从申论写作的全过程来看，论证是前三个环节的理论升华，前面三个环节则是论证的铺垫。论证环节,需要浓墨重彩、淋漓尽致,一是因为它所占字数最多、分值相对较高,二是这一环节能更全面、充分地展示考生的知识基础、理论水准、思维水平及文字表达等方面的能力。

(一) 论证的基本类型

1. 析理型论证

析理型论证是从提供的材料中辨析深寓的道理,其特点是着重于辨析,写作时应注意:

(1) 析理是以述事为基础的,述事要根据辨析的需要。

(2) 辨析要进行比较,可以是一物与另一物比较,也可以是一物的此方面与彼方面的比较。

(3) 辨析要注意辩证法,说理要全面、深刻。

2. 引申型论证

引申型论证是以某事物或事件作为引子,生发开去,引起对相关事物的议论,从而得出结论的论证,其特点是由此及彼、言此意彼。写作时应注意:

(1) 引申要恰当,被引的事物与原事物之间要有内在的关联,切忌牵强附会。

(2) 引申要有层次,前后要相接,不要在一个平面上打转。

(3) 引申要和现实结合起来,要有针对性和启发性。

3. 评述型论证

评述型论证是针对材料中提及的事物,在述说的基础上进行分析和评价,其特点是有述有评、述事评理、就事论理。写作时应注意:

(1) 明确评与述的关系,评是目的,以评为主,以述为辅。

(2) 述要有选择,评要有针对性。对材料的引述必须精要,这样论证才能切中要害。

(3) 要使评与述结合成一个整体。

4. 辩诘型论证

辩诘型论证是针对不同意见进行论辩,从而确立自己的观点。辩诘性论证中受责难的一方观点未必不正确,甚至在一定条件下还可以成立。写作时应注意:

(1) 文章要针对对方来写。

(2) 紧抓对方持论中的漏洞。

(3) 要讲究辩论技巧。

(二) 论证的原则

1. 紧扣主题

申论考试必须充分利用给定的材料,紧紧抓住主要问题,突出主旨进行论证,不可天马行空、任意挥洒。

2. 立意独到

申论考试必须围绕主要问题,选择新的角度去立论,新颖的角度能增强文章的吸引力、感染力和说服力。

3. 结构严谨

在谋篇布局的时候,首先要确定中心思想与材料之间、整体与部分之间、部分与部分之间的内在逻辑关联,精心安排好各部分、各要素在整体结构中的位置。

4. 层次分明

申论文章要层次分明、条理清晰。

（三）论证的方法

1. 准确审题并拟好恰当的标题

材料是申论文章的窗口，考生依据材料总结概括出的主要内容或反映的主要问题就是申论文章的精神实质，是申论写作的依据。申论的考试要求是对论证的限制，所以认真审读考试要求十分重要。只有全面、准确地理解题意才能对给定的材料进行最周密的分析，从而迅速准确地破题。

文章的标题与文章的内容密切相关，与文章的主题也密切相关。申论的论证从文体上来说属于议论文，因此论证标题要符合一般议论文的要求和标准，即要贴切、鲜明、新颖、精练。

2. 选择最佳角度确立论点

确立议论文的中心论点也叫立论。立论的原则是联系实际，即联系社会现实和考生自己的工作、生活、思想实际，从而提炼出对事实的独特的观点和见解。立论和选题是议论部分写作中不可分割的两个方面。选题是立论的基础，立论则是选题的思想升华。如果说选题旨在提出问题，那么，立论则是经过思考酝酿而形成的解决问题的论断，它是决定文章质量高低的关键。因此要把握好以下几点：

（1）深入研读材料。论点来自材料，是在深入研读材料后概括和抽象出来的，不是根据主观意志强加给材料的，因此立论的前提是深入研读材料。

（2）论点要有针对性、准确性、现实性、新颖性、前瞻性、同一性。这些要求不是孤立的，而是相互关联不可分割的，是评论作品立意好坏的标准。

3. 合理谋篇布局

（1）谋篇构思的思路与要求。

其一，构思要围绕主题展开。主题是文章的精髓，是使文章条理清晰、脉络分明，并且贯穿全文的主线，它体现了作者的观点与见解。文章影响读者主要就是通过其主题来实现的。因此，下笔撰文之前，谋篇构思要围绕主题，构思要为主题服务。其二，构思布局要结构完整、统一。在对一篇文章构思时，有时需要按时间顺序写，有时需要按空间顺序写，但更多的还是需要按逻辑关系写。但不管属于何种情形，都应做到合乎情理、连贯完整。

（2）构思的基本方法。

构思的方法主要有以下几种：其一，想象法。想象法是一种有目的的、主动的、创造性的思维活动，是对已有表象进行加工改造而创造新形象或新观念的心理过程。其二，分析法。分析就是把客观事物的整体分解成各个部分、方面、要素等，逐个加以研究的方法。其三，综合法。综合法是在分析的基础上，把对象的各个部分、各个方面、各个要素联结成一个统一的整体进行思考的方法。其四，联想法。联想是由一事物想到另一事物的心理过程，它是客观事物普遍联系的规律和大脑的联系功能在心理活动中的反映。

（3）重视编写结构提纲。

杂乱是结构文章的大忌，为了使论证井井有条，不致因为思路不清而受到干扰，最好在正式行文之前拟订一个结构提纲。结构提纲可以帮助作者勾画出文章的框架或轮廓，体现了作者经过对材料的消化与进行逻辑思维后形成的初步设想，例如先写什么，后写什么，前后如何表述一致，重点放在哪里，哪里需要进行一些注释或解说。按此计划写作，可使整篇文章层次清晰、前后照应、内容连贯、表达严密。

4. 灵活运用各种论证方法

在论证过程中，根据需要采取相应的方法进行论证，才能保证更有说服力。论证方法主要有以下几种：

（1）事实论证。

事实论证是一种从材料到观点，从个别到一般的论证方法，是从对许多个别事物的分析和研究中归纳出一个共同结论的推理形式。事实胜于雄辩，事实最有说服力，因为它是客观存在的可以感知的真实。

（2）理论论证。

理论论证的目的是证明论点具有普遍性和规律性。通常情况下论点都是从具体材料中概括产生的，但这种归纳式的论证方法在许多条件下是不完全的，因此在运用归纳法的同时，加以理论论证能增强其观点的可靠性。

（3）比较论证。

比较论证是一种由个别到个别的论证方法。运用对比论证要注意比较双方应具备可比性，要建立合理的参照系。

（4）因果论证。

客观事物之间一般都具有普遍和必然的因果联系，通过提示原因来论证结果，这就是因果论证。在论证中解剖结果寻找原因，或者分析原因推导结果，这种分析的透彻与否在一定程度上决定了论证的深度。

（5）反证法。

反证法是一种间接论证方式，是通过证明与原论题相反的论题的虚假性来确立原论题的真实性。其论证步骤是先假定原论题的矛盾论题是真的，然后用演绎推理从该矛盾论题中推出一些明显的荒谬结论来，进而证明原论题是真的。反证法不运用直接的论据，它的依据是形式逻辑。

5. 注意语言表达的技巧

申论文章对语言的基本要求是表达得体、清晰、连贯，但要使申论文章更出彩就必须使语言表达简洁、准确、生动、鲜明。

就申论而言，特别要注意：

（1）论证主要使用陈述、说明、议论的表达方式，一般不用文学化的抒情的描写。

（2）语言要自然得体、平易通俗，既不要矫揉造作、故作高深，也不要讲外行话或幼稚的话。

6. 谨慎修改和果断定稿

修改申论时要立足全篇，纵观全局，首先从主题、观点、思想内容等大处着手，其次考虑局部问题，最后斟酌语言技巧等问题。申论定稿中尽量不要出现改动痕迹，如果定稿中留有改动痕迹则一定要用比较规范的修改符号表示清楚。

需要特别强调的是，在考生执笔行文时，不能忘记申论考试对论证的要求：用有限的文字，最充分地表述对所论证的问题的认识，阐述解决问题的方法。

第三节　申论考试实例剖析

2019年国家公务员考试(副省级)申论真题及参考答案

一、注意事项

1. 本题本由给定资料和作答要求两部分构成。考试时限为180分钟。其中,阅读给定资料参考时限为50分钟,作答参考时限为130分钟。满分为100分。

2. 请用黑色字迹的钢笔或签字笔在题本、答题卡指定位置上填写自己的姓名、准考证号,并用2B铅笔在答题卡上填涂准考证号对应的数字栏。

3. 请用黑色字迹的钢笔或签字笔在答题卡指定区域内作答,超出答题区域的作答无效!

4. 待监考人员宣布考试开始后,你才可以开始答题。

5. 所有题目一律使用现代汉语作答,未按要求作答的,不得分。

6. 当监考人员宣布考试结束时,考生应立即停止作答,并将题本、答题卡和草稿纸都翻过来放在桌上。待监考人员确认数量无误、允许离开后,方可离开。

严禁折叠答题卡!

二、给定资料

1. S市积极响应十九大报告中"要坚持农业农村优先发展,按照产业兴旺、生态宜居、乡风文明、治理有效、生活富裕的总要求",坚持将乡风文明建设放在全市发展大局中进行谋划,大力推动农村综合改革、美丽文明村居建设、基层大治理等工作,把乡风文明建设作为重要内容加以部署。为加强基层治理,推动乡村振兴,今年3月13日,S市召开工作大会,对村居建设做了整体部署:到今年年底完成30个美丽文明和谐示范村建设,到2020年底完成50个示范村居、5个标杆村居建设,按照典型引领、整体推进、总体提升的方针,将乡风文明建设进一步推向深入。

S市一直重视基层党建工作,大力实施固本强基工程,突出村级党组织领导核心作用,按照"党领导一切"原则出台了一系列政策,努力健全以党建为统领、以法治为核心的基层治理体系,通过党组织的有力领导,促进矛盾纠纷的化解和法治观点的强化,逐步提高乡风文明水平。

今年S市选派了104名机关干部任村居第一书记,公开招考205名优秀大学生担任村干部,并推进基层党建下沉到村民小组,落实支部建在小组上。该市党建工作示范村A村牢记习近平总书记"农村党建要让群众更满意"的殷切期望,积极探索"党建+"融合基层治理发展模式,以党建引领基层自治、共治、法治、德治。

S市注重提升城市形态,大力推动城市升级,"美城行动"从中心城区延伸到村居社区。在乡风文明建设过程中,S市以改造乡村人居环境为核心,深入推进农村环境综合治理和生态文明建设,全面提升农村整体环境,取得了明显成效,绿化、美化水平显著提升。

S市共投入2 000多万用于文化遗存的修缮和活化。全市现有国家级、省级、市级非物质文化遗产共28项,国家级、省级、市级非遗传承人共27人。S市坚持"一村居一品牌"的工作思路，挖掘提炼村居历史文化特色，打造村居文化品牌活动。

目前全市已建成30个村居主题公园，143个农村公民道德讲堂，每个村居都设置了善行义举榜或好人榜，让核心价值观随处可见、随时可学、随心可感。

S市不断加强核心价值观宣传教育，推进主题公园、标识景观、公益广告建设，开展农村道德模范和身边好人学习宣讲活动，引导村民树立正确价值观念。同时，S市还大力加强农村思想道德建设，深入挖掘农村传统道德教育资源，引导村民在思想观念、道德规范、知识水平、素质修养、行为操守等方面继承和弘扬优良传统，形成积极、健康、向上的社会风气和精神风貌。

2. 有着良好区位优势和自然条件的Y县城关镇山岔村，多年来却受人多地少、农业基础薄弱、产业结构单一等因素制约，2012年全村人均纯收入仅为3 800元，约三成的人口处在贫困线下。在各方努力下，该村2013年实现了整村脱贫，2015年建成省级美丽乡村，2016年被评为市级卫生村，2017年列入小康村建设项目。日前，调研组对山岔村进行了调研，以下是调研记录：

村党支部书记L介绍说，为了彻底改变贫困面貌，2013年，村上联系帮扶单位省环保厅、相关银行，反映发展意见，争取帮扶资金。山岔村通过整合帮扶资金，建成了180平方米的文化宣传基地，安装太阳能路灯10盏，硬化村内道路3公里，硬化西环路至山岔村道路3.5公里，还积极争取财政、建设、文化、扶贫等部门资金，实施了清溪小学及幼儿园新建工程。

该村还积极鼓励农户成立合作社，通过土地流转，形成合作社式的劳作模式，发展现代设施农业、养殖业，并引导群众有计划地种植经济作物。

杨自龙家以前是村里有名的贫困户。原本东奔西走做临时工的他，在村党支部的鼓励下，争取到帮扶贷款90万元以及村级发展互助资金协会所注入的资金30万元，牵头成立了吉隆田农产品产销专业合作社，先后搭建起17座大棚种植草莓。因为绿色环保，来采摘的人很多，经济收入年年增长。

据记载，山岔村以前有九盘水磨，它们在清朝同治年间被焚烧殆尽。清光绪初年，本村村民王生贵、王好存父子重新修建一盘水磨，用于解决老百姓无处磨面的问题，加工场面十分红火。这盘具有传奇色彩的水磨保留到了今天，它不但让后人了解先辈生活，也激励了大家齐心奔小康的勇气，被Y县人民政府授为县文物保护单位。

"我们确立了'一心多景、一轴三廊、四片联动'发展格局。"城关镇党委书记X如是说。他介绍，山岔村2014年被纳入了市级美丽乡村建设行列，城关镇抓住这一机遇，积极为该村出良策，确定以"传承九磨文化、做足山水文章"为主线，因地制宜发展乡村旅游业。该村下决心把发展乡村旅游作为带动全村致富的一个新举措，依托自然资源，发挥山岔村天然水源的优势，彰显历史印记，融合文化元素，做活水的文章，打造避暑休闲的美丽村庄。

L书记说，该村2014年修建了占地650平方米的老年文化活动广场，2015年利用省市县三级配套资金打造了占地7 800平方米的水磨文化广场，2016年建成了2 000平方米的人造草坪球场并精心打造了400米长的历史文化艺术墙。这些设施不仅丰富了群众文化生活，而且使村民在潜移默化中受到教育，社会风气也越来越好。

山岔村古时就因县八景之一的"烽火夕照"而负盛名。夕阳将落未落之时，晚霞赤红如血，涂遍半边天空，如一幅色彩溢漾的油画。置身此处，山川河流尽收眼底，其景象在夏日最为艳丽壮观。据此,山岔村2016年建成烽火夕照长城墙、山神庙观景平台和小游园,同时恢复了重阳民俗文化活动。

“我们村已通过省、市美丽乡村建设验收,打造了一个不要门票的乡村旅游景点。到这里来,能品野菜、听蛙声、忆水磨、体验农耕文化,看得见山,望得见水,留得住乡愁。”L书记高兴地告诉我们。

依托美丽乡村建设,部分村民办起了农家乐。周云是村里的致富带头人,2014年市级美丽乡村建设时,他看到了商机,有效利用自家宅院,开办“农家乐”。“道路全部硬化,环境干净整洁,景观美丽还有故事,这吸引来了不少游客,生意一天比一天好,1个月纯利润有1万多元。”周云笑呵呵地说。

L书记介绍说:“周云的农家乐开办为山岔村的乡村旅游业发展开了个好头,好多村民纷纷效仿,家庭收入开始增长,生活条件明显好转了。可是新的问题出现了,男人们一闲下来就喝酒,女人们一闲下来就传闲话。镇、村都意识到了这个问题。习近平总书记说:‘实施乡村振兴战略要物质文明和精神文明一起抓,特别要注重提升农民精神风貌。’我们全面落实习近平总书记的有关指示,大力倡导文明树新风。”他指着一些农家大门边墙说:“精神文明建设的第一步就是从每一家找家训、立家规,然后制作成漂亮的牌子挂在门口,时时提醒着进出的每一个人。”他强调,家和万事兴,家庭和睦、邻里亲近,做任何事都容易。

山岔村把家训作为优秀传统文化传承发扬,在全村范围内从家谱村史、牌匾楹联、经典家训中广泛征集好家训,使该村成为户户挂家训、家家立家规的“家训村”,以文明家风推动良好社会风气形成。周云家的大门口贴的是“家庭和谐、邻里相亲”,对于周云来说,好的家训是他家庭和睦、创业致富的根本。周云说:“自从挂上了家训牌,全村的人就开始讨论张家或者李家的家风,不但监督别人,而且反观自己、要求自己、教育孩子。大家和睦相处,邻里亲近。”

3. 某学者发表文章,介绍了中国现代史上著名实业家卢作孚在乡村建设方面作出的历史贡献。该文章摘录如下:

卢作孚于1893年出生在原四川省合川县一个世代农耕的家庭。作为一个没有念过大学的农家子弟,他却创造了中国现代经济史、社会史、文化史、教育史上的奇迹。卢作孚创办的民生公司是中国近现代最大最有影响的民营企业集团之一。

1927年,卢作孚开始在中国西部开展以北碚为中心的嘉陵江三峡乡村建设实验,被誉为“北碚之父”,和晏阳初、梁漱溟并称中国现代史上“乡村建设三杰”。他的核心思想是:中国的现代化,基础在“乡村现代化”。他认为:“乡村是不断供给城市人口的地方。如因教育缺乏,供给的都是无知识的人口,那不惟于城市文明没有帮助,反而妨碍不小。乡村教育不发达,不但是乡村问题,而且变成城市问题了。”而“乡村经济事业如没有(和城市)同样的速度进展,亦必引起城市原料的恐慌”,大量农村人口涌向城市,“城市人口无休止地逐渐增多,更会成了城市问题。”——这些近百年前说的话,仿佛针对的就是当下的现实。他始终抓住城市与乡村发展的关系,来思考中国的发展问题,从而突出乡村建设的基础意义,抓住了要害。

“乡村现代化”,既是一个奋斗目标,更规定了推动乡村运动的范围与方法。这也是最具启发性之处:从事乡村运动,既要落实为一个个具体问题(教育问题、救济问题等)的解决,但又不能局限于此,要有一个“乡村现代化”的大视野、大目标,既立足局部,又着眼全局。

卢作孚在设计嘉陵江三峡乡村建设时,一开始就提出了“要将嘉陵江三峡布置成为一个生产的区域、文化的区域、游览的区域”的目标，并且具体规划为经济建设、文化教育建设、社会建设、环境建设、自治建设等几个方面。这表明，卢作孚的“乡村现代化”是一个“全面现代化”的概念，并不局限为物质的建设，而追求乡村政治、经济、文教、社会、环境的全方位的改革。其一，卢作孚规划中的文化教育建设，不仅以“教育事业”为中心，而且把“研究事业”放在突出的位置。在他看来，乡村建设必须建立在科学研究的基础上，他因此强调服务于乡村建设的研究，“要注意应用的方面，有生物的研究，有理化的研究，有农林的研究，有医药的研究，有社会科学的研究”。后来北碚建立了西部科学院，就具体体现了他的这一思想。在城镇设立研究机构，当时这在全国是一个独创。其二，卢作孚特别重视社会建设。他不仅积极发展公共文化娱乐建设，创办博物馆、图书馆、运动场，而且大力推动“公共事业”，开展“社会工作的运动”，这背后又是“人”的建设。他要通过这些公共事业，培育新的“人民”：“皆有职业，皆受教育，皆能为公众服务，皆无（不良）嗜好，皆无不良习惯。”其三，他对环境建设也倾注极大热情，提出“凡有市场必有公园，凡有山水雄胜的地方必有公园”，他的理想是把北碚乡村建设实验区建设成“皆清洁，皆美丽，皆有秩序，皆可居住”的人间净土、乐园。其四，他在推动乡村社会建设时，特别关注的是，所有的公共事业，都要“大众出钱，大众出力，而且是大众支持。由这些具体的活动引起大众管理公共事务的兴趣，以形成大众管理公共事务的方式”。

如何着手乡村现代化？卢作孚的回答是：“政治、经济、文化这三方面的建设诚当并重，但更当以经济建设为中心，更当集中一切力量于经济建设。”只有经济建设的发展，才能“增进人们的富力”，人民富裕了，才能增进其“完纳赋税的负担力”，从而增强国力。而卢作孚更要强调的，是“经济活动为国家最大多数人所必须参加的活动”，经济建设是最能动员最广泛的民众参与的。

他自己也身体力行，以民生实业公司总经理和北碚峡防局局长的双重身份，动员民生实业公司的财力、物力和人才、技术优势，全力支持北碚峡区的乡村建设，着手五大工程建设，即投资煤业，开创峡区煤矿业；投资交通业，修筑铁路；投资纺织业，建立大明染织厂；投资科学研发，创建科学院、博物馆；投资教育，创办兼善实业股份有限公司，以企业养学校。而民生公司自身也从中获得了发展新机遇：不仅获得经济利益，而且利用乡村建设所提供的良好的社会、学习环境，培训了近千名的建设骨干人才。卢作孚力图构建一个“以工辅农，工（工商业）农（乡村建设）互动”的发展模式，其意义和影响是深远的。这一点在强调以工哺农，建设新农村的今天，就看得更加清楚了。

卢作孚乡村建设思想最核心的一个层面，即他所提出的“训练人是一切问题的中心问题”的命题与任务。他提出以“人人都能自立，人人都能立人”为乡村建设的根本目标。这应该包含两层意思：一是乡村现代化建设最终要落实到“立人”，即我们今天所说的“人的现代化”。二是乡村现代化建设又要依靠“人人都能自立”的建设者去推动。

4. 关于如何重新认识乡村生活的意义，有学者撰文指出：

美国作家梭罗曾经倡导一种简朴的物质生活和丰富的精神生活，他 28 岁时只身一人来到家乡城外的瓦尔登湖，自建小木屋，自耕自食两年有余，“过一种经过省察的生活，去面对人生最本质的问题”。可以说，梭罗在乡村生活中重新发现了我们在城市的现代文明中过分重视物质资源而失去的东西，进而启发我们思考“作为精神资源的乡村文化”对人类所具有的重要意义。

人在乡村中,最能感受到大自然的熏陶。“人在自然中”,真正地“脚踏大地,仰望星空”,这本身就是一个最基本、最重要、最理想的生存状态,同时也是最基本、最重要、最理想的教育状态。别的不说,单是在乡居生活中能够每天“按时看日出”(这是作家福楼拜提出的一个著名的生命命题),就足以使我们感悟生命的意义,尽享生命的欢乐了。梭罗曾因看早晨的阳光,而产生“黎明的感觉”,即每天都以新的眼光,以一种新鲜感去重新观察、重新发现已经司空见惯的生活,从而获得新生。作家 M 说,在大自然中,“体验阳光,体验美,体验幸福,体验纯净,体验温馨,体验柔情,体验思念和怀想,这样的精神生活,这样的心理空间,实在太有魅力”。正是在大自然中,我们成为一个“精神明亮的人”,这才是一个健康的人。

“仁厚黑暗的地母呵,愿在你怀里永安她的魂灵!”鲁迅在《阿长与〈山海经〉》的结尾书写的“地母”,很容易让人联想到希腊神话里的英雄安泰,他在失败之时总是投向大地,从母亲那里获得力量。鲁迅对故乡民间世界的依恋也颇类似于此。民间文化伴随着童年记忆构成他回忆中极具温情的人生体验,他对民间风俗的津津乐道,对民间人物不无温情的回顾都表现出民间文化对他的吸引力。鲁迅正是在他家乡的民俗、民间文化的熏陶下被培育出来的。

在中国,有一位当代作家 H,他也在农村建屋,自由游走、生活在城市与乡村之间。H 认为,人们对乡村的“投奔”,实质上是在投奔乡村所呈现的“文明意义”,这种“文明意义”有三:其一是自然造化的“没有一片叶子是完全相同”的“个异性”,而这样的个异性在严格雷同的“技术高精度”和大量重复的“规模经济”中已经被完全屏除。其二是“永恒”的感觉,“除了不老的青山、不废的江河、不灭的太阳,还有什么东西更能构建与不朽精神相对应的物质形式”。其三是“共有共享”的理想,“大自然无比高远和辽阔的主体,至少到目前为止还无法被任何人专享与收藏,只可能处于人类共有和共享的状态”。

5.“城市和农村要互补发展,”某官员日前指出,“有些经济学家总是简单地认为,只要把农村的人口搬到城市里来,就完成了城镇化,生产效率会自动提高、社会分工会自动推进,这其实是有问题的。”该官员特别强调了一个误区,即将城乡一体化变为城乡“一样化”。当前,村庄大量被拆,数量急剧减少,部分基层干部梦想一步就把农村变成城市。其所造成的后果不是城乡互补发展,而是城乡“一样化”,这不仅可能导致宝贵的乡土旅游资源的丧失,也不利于现代化农业的建设。

据此,该官员认为,未来的城镇化发展应该坚持“两条腿”并行,城市、农村协调统一,宜城则城、宜乡则乡,统筹区域发展、体现地方特色、做好产业支撑、保证公共服务、保护生态环境,让农村和城市同样美丽。

有专家指出,我们在城乡关系认识上存在一些误区。他认为,不是城市文明高于农村文明,也不是农村文明高于城市文明,两者是相互依存、功能互补的关系,所以既不能把城市文明凌驾于乡村文明之上,也不能把乡村文明凌驾于城市文明之上。

城市文明和乡村文明,人造文明和自然文明,都是应该而且可以互补的;理想的生活状态可能还是在城、乡之间自由游走。

三、作答要求

(一) 根据“给定资料 1”,概括 S 市在乡风文明建设方面的举措。(10 分)

要求:准确、全面,不超过 150 字。

（二）假如你是被派到Y县的调研组的一员，请根据“给定资料2”中的调研记录，就山岔村值得肯定的做法写一份调研报告提纲。（20分）

要求：（1）紧扣资料，要点完整；

（2）内容具体；

（3）不超过500字。

（三）某省政府办了一个农村发展战略研习班，其中一项研习内容是“卢作孚的乡村建设构想”。假如你是工作人员，请根据“给定资料3”，围绕卢作孚的乡村建设理念及现实意义，写一份导学材料，以指导学员更好地学习。（20分）

要求：（1）内容全面准确；

（2）层次清楚，分条作答；

（3）不超过600字。

（四）根据“给定资料4”，谈谈你对“作为精神资源的乡村文化”的理解。（10分）

要求：准确、全面、有条理。不超过250字。

（五）“给定资料5”结尾写道：“城市文明和乡村文明，人造文明和自然文明，都是应该而且可以互补的；理想的生活状态可能还是在城、乡之间自由游走。”请结合你对这句话的思考，自选角度，联系实际，自拟题目，写一篇文章。（40分）

要求：（1）观点明确，见解深刻；

（2）参考“给定资料”，但不拘泥于“给定资料”；

（3）思路明晰，语言流畅；

（4）总字数1 000~1 200字。

参考答案

第一题

1. 召开工作大会，对村居建设做整体部署。
2. 重视基层建设工作，出台政策，健全基层治理体系。
3. 选派村支部第一书记，招考大学生村干部，推进基层党建，落实支部建在小组上。
4. 注重提升城市形态，大力推动城市升级，深入推进农村环境综合治理和生态文明建设。
5. 投入资金用于历史文化遗存的修缮。提炼村居历史文化特色，打造村居文化品牌活动。
6. 加强核心价值观宣传教育，加强农村思想道德建设，深入挖掘农村传统道德教育资源。

第二题

调研提纲

1. 联系帮扶单位省环保厅和相关银行，反映发展意见，争取帮扶资金。
2. 整合帮扶资金，建立文化宣传基地，安装太阳能路灯，硬化村内道路。
3. 争取资金，新建幼儿园。
4. 鼓励农户成立合作社，通过流转土地，形成合作社式的劳作模式，发展现代农业、养殖业。

5. 引导群众有计划地种植经济作物。

6. 将水磨授为县文物保护单位。

7. 确定“一心多景、一轴三廊、四片联动”的发展格局。

8. 以“传承水磨文化、做足山水文章”为主线，因地制宜发展乡村旅游业，依托自然资源，发挥天然水资源优势。

9. 修建基础公共设施，丰富文化生活，扭转社会风气（修建老年文化广场；利用三级配套资金，打造水磨文化广场，打造人造草坪球场；建立历史文化艺术墙）。

10. 建成烽火夕照长城墙、山神庙观景平台和小游园，恢复重阳民俗文化活动。

11. 打造不要门票的乡村旅游景点。

12. 办农家乐致富。

13. 倡导文明，树新风，找家训，立家规，制作牌子挂门口。

14. 把家训作为优秀传统文化，传承发扬。

15. 以文明家风推动社会进步。

第三题

建设观念：

1. 中国的现代化，基础在于“乡村现代化”，乡村是不断供给城市精神资源的地方。

2. 抓住城市与乡村发展的关系，思考发展问题，突出乡村建设的基础意义。

现实意义：

1. 乡村建设不发达，就会变成城市问题。

2. 乡村建设如没有与城市同样的发展速度，就会引起城市的恐慌。

3. 乡村建设既要立足局部，又着眼全局。

4. 乡村现代化是一个全面现代化的问题，需要进行全方位改革。

5. 建立研究机构，重视社会发展，开展娱乐活动，推动社会公共事业发展，培育新人民。

6. 公共事业要大众出钱出力和坚持，形成大众管理公共事务的方式。

7. 政治、经济、文化建设改革并重，以经济建设为中心。

8. 构建“以工辅农，工农互动”的模式。

9. 乡村现代化建设要落实到立人。

10. 乡村建设要靠“人人都能自立”的建设者去推动。

第四题

这句话是正确的，我们要重视并大力发展乡村文化。

1. 在乡村生活中重新发现我们在城市现代文明中过分重视物质生活而失去的东西。

2. 人在乡村中最能感受大自然的熏陶。

3. 成为“精神明亮”的人，健康的人。

4. 鲁迅是在乡村世界中获取力量，在家乡民俗、民间文化的熏陶下被培养出来的。

5. 民间文化伴随着童年记忆，构成鲁迅回忆中极具温情的人生体验。

6. 对乡村投奔实质是投奔乡村呈现的文明意义，包括“个异性”“永恒”的感觉、“共有共享”的理想。

第五题

作文的中心论点是：城市文明和乡村文明结合起来，才是理想的生活。

分论点是(A与B的关系)：

城市文明重要；

乡村文明同样重要；

城市文明乡村文明相辅相成、相互依赖。

对策：建设以人为本的乡村文明。

思考与训练

1. 申论考试中提炼材料的方法有哪些？
2. 在申论考试中提出对策，应遵循怎样的原则？
3. 谈谈你对申论写作中“合理谋篇布局”的理解。

第五章 日常事务文书

日常事务文书是党政机关、企事业单位、社会团体和个人在处理日常事务中经常使用的一类应用文的统称。这类文书文种繁多，主要的有计划、总结、调查报告、简报、求职信、述职述廉报告、新闻稿、演讲稿、欢迎辞、答谢辞等。

第一节 计 划

一、计划的概念和特点

（一）计划的概念

计划是单位、部门或个人为完成未来一定时期内工作、学习等任务而预先拟订目标要求、措施方法、实施步骤的一种文书。

（二）计划的特点

1. 预期性

计划是在总结前期实践活动并分析现状的基础上对未来一定时期具体工作的设想，这种设想是以对前期工作进行系统总结为前提，以对客观事物发展规律的清醒认识为基础所作出的科学预见。

2. 可行性

计划虽是对未来的预想，但对目标的确立及实现这一目标的措施办法应有充分的估计和分析，应能够提出相应的科学可行的应对方案。只有目标具体、措施得当、办法可行才能保证计划的顺利完成。

3. 指导性

计划一经确立，就对制订者和实施者具有严格的约束力，对具体工作起着指导与约束作用。只有在工作中依照计划，合理安排工作，才能避免被动，减少工作的盲目性。

二、计划的种类

在实际运用中，计划名称不一，形式多样。依照不同的标准可作如下分类：

（1）计划是个总的名称，在日常工作、学习中常用到的“安排”“打算”“规划”“设想”“意见”“要点”“方案”，都是对未来实践活动作出的部署和安排，都是计划的具体形态。它们的区别主要体现在内容的详略和时间的长短上。具体来说,安排是对近期要做的事情从内容到时间都较为具体的计划;打算则是对近期要做的事情尚不具体、有待部署的计划;规划是对某项工作全局性、方向性的计划,时间一般较长;设想则是对未来较长一段时间的尚不完善的计划;意见是具有原则性、方向性、指导性且内容较完整的计划;要点则往往是上级对下级工作的具体要求与安排的计划;方案是对某项工作,从目的要求、目标任务到实施步骤都作出全面、具体部署的计划,此种计划的专业性较强。

(2) 按适用范围,划分有国家计划、部门(单位)计划、个人计划等。

(3) 按时间范围,划分有年度计划、季度计划、月度计划等。

(4) 按内容划分,有生产经营计划、工作计划、教学计划、学习计划、科技发展计划等。

(5) 按性质划分,有综合性计划、专题性计划。

三、计划的结构和写法

计划的格式与写法多样,可以用文件式、条文式、表格式、条文表格结合式来安排其结构,但无论哪种形式,一般均由标题、正文、落款三部分组成。

(一) 标题

1. 完全式标题

完全式标题由单位名称、适用期限、内容、计划种类四个部分组成。如《××大学 2019 年度教学工作计划》。

2. 非完全式标题

非完全式标题中省略单位名称或适用期限,有时两者均省略。如《2016 年工作计划》《销售计划》等。

(二) 正文

正文是计划的核心部分,一般由前言、主体、结尾组成。

1. 前言

前言写明制订计划的目的依据。如上级的要求、本单位的基本情况、制订计划的指导思想等,即说明“为什么”。这部分可根据具体情况确定写作侧重点,不必面面俱到。

2. 主体

主体包括目标和任务、措施和步骤等内容。目标和任务是计划应达到的总要求,往往以前言所提到的目的、现状等为依据,明确将来一定时段要完成的实践活动,即“做什么”。目标应尽量具体、切实、可行,切忌笼统含糊、空洞无物。措施和步骤为实现计划将要采取的方法和步骤,一般要写明计划实施的组织安排、完成任务的先后顺序、任务进程或阶段的划分、各项任务的完成时限等,说明“怎样做”“做到什么程度”。这部分要求方法措施具体恰当,时间、步骤井然有序,以保证计划的顺利落实。

3. 结尾

大多数计划在阐明计划措施和步骤后自然收尾,不必画蛇添足;有的计划则在结尾处提出希望或检查监督计划的办法等,一般要求写得简明扼要。

(三) 落款

落款包括署名和日期。署名是指在计划文尾的右下方写上制订计划的单位名称或个人姓名;如果在标题中已经标明单位名称或个人姓名,此处可省略,只需写上制订计划的日期。

四、计划的写作要求

（1）计划要从实际出发，量力而行。制订计划不仅应讲求态度的科学性、预见性，目标的先进性，还应兼顾实施的可行性，应留有余地。

（2）计划要写出特点，突出重点，内容要具体明确，切忌空洞。计划内容要体现单位或个人工作的中心和特点，反映出与以往不同的新意。在目标和措施的制订中，不能含糊不清，要明确具体，以便于贯彻落实。

（3）语言应简洁、准确，以说明和叙述为主要表达方式。

五、例文评析

［例文5－1］　　2019年度企业审计工作计划

一、指导思想

2019年内部审计工作将紧密围绕集团公司的发展目标，树立科学的审计理念，坚持“围绕中心、突出重点、求真务实”的工作方针，即围绕增强集团公司经济效益这个中心，重点对集团公司的热点和难点问题以及带有普遍性和倾向性的问题进行专项审计，同时还要及时对重大经济事项进行专项审计调查，求真务实是指审计工作要合理地分析评价，辩证地作出评价结论。努力构建与集团公司发展态势相适应的审计监督模式和审计服务体系，着力提升审计服务质量，切实履行审计监督职能，为集团公司的发展提供保障。

二、工作目标

紧紧围绕2019年经济工作目标，依据各项法律、法规、制度，认真履行公司赋予监察审计部门的各项职责，全面监督财务收支的真实、合法、效益性，突出重点领域、项目、资金和环节，在加大常规监察审计力度的同时，更加注重事前跟踪和事后整改过程控制，以监督促过程，从治理机制和完善制度的层面揭示问题，提出建议，改善公司经营，提高可持续发展的能力。

（一）进一步建立健全的内部审计制度，建立并完善《内部审计工作手册》。

加强审计制度的建设，通过审计制度的建立和完善，明确预防机制、监督机制和纠错机制，实现内部审计工作的科学化、制度化和规范化。

（二）加强审计人员培训，进一步提升审计工作质量，力争审计报告优秀率（由上级评价90分以上为优秀）达30%以上。

加强审计队伍综合素质能力建设，满足内审工作要求的适应程度、提高内审业务质量。

（三）参照《企业内部控制基本规范》（财会〔2018〕7号，以下简称《基本规范》）和《企业内部控制配套指引》（财会〔2018〕11号，以下简称《配套指引》），对本企业内部控制有效性进行一次全面、系统的评价。

（四）以财务收支审计为基础，开展对所属公司（事业部）经济责任和经济效益审计一次。

财务收支审计是监督各单位能否合法、合规和遵守财经纪律的有效措施，是开展各项审计业务的基础。定期对所属公司资产、负债、权益和损益的真实性、合法性和效益性及内部控制制度的建立和执行情况进行监督和评价，是建立领导干部监督约束机制，促进各级领导干部增强大局意识、责任意识、绩效意识的重要手段。

（五）建立审计结果落实反馈制度，加强对审计意见落实情况的跟踪，审计意见落实率达90%以上。

建立审计结果落实反馈制度。对下发整改通知责令限期整改的单位及时进行回访，监督审计意见的落实，使公司存在的问题逐渐减少，同样的问题不重复出现，从而达到查违纠偏、防患于未然、强化管理、规避风险的目的。

三、具体措施

（一）制订并完善《内部审计工作手册》，计划于2019年6月完成。

（二）计划安排对现有的内审人员进行两次（每人一次）脱产审计业务培训（为期一周），计划于2019年6—8月完成。继续组织参加国际内审师资格考试，不断丰富业务知识，提高审计人员自身素质，以适应新形势、新任务的需要。

（三）深入学习并理解《基本规范》和《配套指引》内容，对本企业内部控制有效性进行一次全面、系统的评价。计划于2019年11月完成。

（四）结合预算执行情况，对所属公司（事业部）2019年上半年的经济责任和经济效益情况进行审计（必要时延伸至以前年度）。计划于2019年10月完成。

（五）建立审计结果落实反馈制度，计划于2019年2月完成。同时，加强对审计意见落实情况的跟踪。

（六）结合效能监察，重点开展活动项目、大宗物资采购等支出性经济合同事前审计工作，充分发挥事前审计的预防作用。

（七）开展重要领域、重点活动项目的专项审计。

（八）开展各项常规性审计工作。主要审计内容包括：财务收支、经济往来的真实性、合法性；各经营单位的经济效益审计；经营管理人员经济责任审计；检查国家财经法规和企业财务规章制度的执行情况；对公司经营管理中的重要问题开展专项审计调查等。

（九）对物资采购管理进行审计，特别是对印刷采购、办公用品、设备、项目活动物资等采购管理活动进行审计监察。

四、人员安排

2019年审计室将保持现有组织架构及人员配置不变，通过提高工作效率和工作质量，来保证各项目标任务的完成。

五、费用预算（略）

××公司审计室

2019年1月5日

［评析］这是一份专题性的工作计划，采用条文式结构。计划从指导思想、工作目标、具体措施、人员安排等方面对2019年审计工作“做什么”“怎么做”“什么时候做”进行了较为清楚的说明。这份计划目标明确，重点突出，措施具体，时间明确，切实可行。

第二节　总　　结

一、总结的概念和特点

（一）总结的概念

总结是人们对前一阶段的工作、学习等实践活动进行全面系统的回顾、分析和评价，从中找出经验教训和规律性的东西，用以指导今后实践活动而形成的一种文书。

（二）总结的特点

1. 理论性

总结的目的是将学习、工作等实践活动中获得的零散的、感性的、表面的感受，上升为系统的、本质的理性认识，它既是对过去实践活动的回顾、检查，又是对过去实践活动的内在规律的概括与揭示，从而能对今后的实践活动产生指导与借鉴作用。

2. 真实性

总结是对本地区、本单位或自身实践活动再认识的过程，必须用事实说话，故而写作内容应忠实于客观实际，既不能夸大事实，一味拔高，也不能回避问题，避重就轻。相应的，要保证总结内容的真实性，又离不开典型事例和确凿数据的恰当而准确的使用。总之，真实性是总结最突出的特点。

3. 指导性

总结通过对以往实践活动的成绩与失误的充分挖掘以及对成绩与失误的根源的深入剖析，肯定成绩，找出问题，以期在今后的工作中明确方向，发扬优点，克服不足，少走弯路，再创佳绩。

二、总结的种类

总结是日常事务文书中使用频率较高的文种，从名称、工作性质、内容、范围、时间等方面，可划分为以下几种：

（1）按名称划分，有总结、小结、心得体会等。

（2）按工作性质划分，可分为综合性总结和专题性总结。

（3）按内容划分，有工作总结、学习总结、生产总结、科研总结、思想总结等。

（4）按范围划分，有地区总结、单位总结、部门总结、个人总结等。

（5）按时间划分，有年度总结、季度总结、月度总结、阶段性总结等。

三、总结的结构和写法

总结一般由标题、正文、落款三部分组成。

（一）标题

总结的标题写法多样，根据内容的需要，可采用不同的形式，常见的有以下两种：

1. 完整式

完整式标题由单位名称、期限、内容、总结名称四部分组成。这种标题常用于综合性总结。如《××经济学院20××年度财务工作总结》;有的在标题中省去单位名称或者期限,如《20××年监察工作总结》;也有将单位名称和期限同时省去的,如《暑期三下乡社会实践活动总结》。

2. 文章式

文章式标题揭示出总结的主题。这种标题多用于专题总结,形式上有单行标题和双行标题两种。如《全面推进政务公开促进经济社会发展》《一步一层楼,改革有奔头——××市经贸系统经验总结之一》。

(二)正文

总结的正文部分通常由前言、主体、结尾组成。

1. 前言

前言是总结的开头。这部分主要是简要介绍总结的基本情况,使人们对总结的时间、背景、事情的主要经过和结果有个总体印象和初步了解。这部分在结构上有领起下文、奠定基础的作用,有利于主体部分的充分展开。

2. 主体

主体是总结的核心部分,一般包括以下内容:

(1)成绩经验。

成绩经验是总结的重点部分,也是需要加以概括、提炼的部分。这一部分要用具有说服力的典型事例和确凿数据说明前期实践活动的成绩及其原因,并能明确地总结出规律性的认识。要写明成绩具体表现在哪些方面,成绩又是如何取得的,具体做法、体会是什么。这部分在写法上应有理有据,叙议结合。

(2)问题教训。

主体要对工作中存在的不足和问题进行实事求是的分析,找出主观或客观原因。这部分应全面、中肯,切中要害。

3. 结尾

结尾是在总结已有成绩和问题的基础上说明今后的打算,比如怎样在已取得的成绩上更进一步;对工作中的失误和教训应采取什么改进措施等,内容应尽量具体、实在。

以上是总结的正文,写作时可根据情况选择不同的结构形式。

阶段式:按照时间顺序或事物发展的先后顺序安排内容,把实践过程分成几个阶段,再依次对每个阶段的情况进行分析总结。这种结构形式便于全面清晰地了解实践的整体情况和各个阶段的特点,比较适合周期长、阶段性明显的实践活动。

二部式:将总结分为两部分——基本情况概述和经验体会。第一部分主要对实践活动进行回顾,如采取什么措施,取得哪些成绩;第二部分则分析归纳,总结经验,找出规律。这种结构形式适用于内容单一、主题单纯的总结。

总分式:按照总结内容的逻辑顺序,将工作分为若干项,将每项工作的特点加以提炼归纳,然后分成若干项逐条展开。在写每一项时,要将做法、成绩、经验、教训有机结合,力求突出重点,点面结合。这种形式适用于全面总结。

(三)落款

落款包括署名和成文日期。在总结正文的右下方,写上总结单位的全称或个人的姓名,如在标题中或标题之下正中的位置已署名,此处可省略。成文日期写在署名的正下方或正文的右下方，具明年、月、日。

四、总结的写作要求

（一）确立主题，突出重点

总结的目的是通过对以往实践活动的回顾、检查，将零碎的、表面的感性认识上升为全面的、本质的理性认识，以厘清工作中的成绩和失误，找出规律性的认识，明确今后工作的努力方向，同时也为上级领导提供决策依据。因此，无论哪种类型的总结，都要先弄清写作的具体目的，以确定其主题和内容的侧重点，进而围绕主题和侧重点组织材料，展开写作，切忌主次不分、泛泛而谈。

（二）实事求是，提炼特色

撰写总结，要坚持实事求是的原则，要对占有的材料进行认真的分析研究，然后才能实事求是地肯定成绩，客观公正地查找问题，严肃细致地剖析原因。只有建立在真实丰富的材料基础上的总结，才有理论指导意义。

此外，在撰写总结时，无论是单位还是个人都应从工作实际出发，努力挖掘实践中新鲜的、有个性的东西，比如新的成绩、新的经验、新的认识等，切忌年复一年，老调重弹。

（三）叙议结合，语言得当

总结重在从实践活动中提炼出经验性的有价值的东西，因此，这种由具体到抽象的行文过程，决定了总结中材料说明观点，观点统率材料的写作思路，也决定了总结中叙述与议论各擅其长且相互交融的表达特征。

同时，总结要靠事实说话，这一要求也决定了其语言的准确、朴实、简明的特征。准确是指尊重事实，用语恰当；朴实是指朴素平实，力戒华丽空泛；简明是指简洁明了，不拖泥带水。

五、例文评析

［例文 5－2］　　××社区党建工作年终总结

今年以来，我们按照集团公司总体部署，结合社区实际，制订出“围绕一个中心——生产经营中心；抓好一个落实——落实党委工作责任制；突出两个‘安’字——安全生产和人心安定；做好四个结合——常规工作与重点工作相结合、深入调研与解决实际问题相结合、点与面相结合、明确职责与干部人才培养相结合”的工作思路，经过工作实践，探索出一条在社区改革发展的新形势下做好党建工作的新路子，使社区党的建设迈上了一个新台阶。

一、围绕生产经营中心，集思广益谋发展

随着集团公司改革的步伐加快，我们主要做好以下工作：首先，我们在往年“三转”主题教育活动取得成果的基础上，结合社区改革发展进程，广泛开展了促“三转”树“三观”主题教育活动，通过活动使广大党员干部职工牢固树立“发展观、市场观、创新观”。先后开展了“为社区的生存与发展进一言”“生存与发展”征文、“经营项目建议征集”“生存与发展”座谈会等系列活动，共征集到社区各单位论文 208 篇、建议 59 条，使全体党员干部职工的思想和行动统一到主辅分离、改制分流上来，为社区的稳定、改革和发展奠定了坚实的基础。其次，不断寻找与规范化、标准化的物业管理存在的差距，根据国务院颁布的《物业管理条例》，结合实际组织房产、收费等四名基层支部书记集中一星期时间讨论审议，制订了《运作制度》《内部岗位责任制》《装修管理与指南》《工作质量标准》《员工考核制度》《文化手册》《公众制度》7大类149项规章制度，努力使社区的物业服务更精细化、工作更具体化、责任更清晰化，做到人人、事事、处处有标准，时时有监控，以最快的速度缩短与同行业先进水平的差距。最后，优化人力资源。我们按照上级要求，对人员进行合理分配重组，共转岗分流152人。

二、突出三个重点，全面抓好党建工作

1. 建立健全工作机制。我们始终把落实党委工作运行机制作为一件大事来抓：一是先后出台了《关于党政领导岗位范围及工作分工的意见》《关于大兴求真务实之风确保各项工作落实的意见》《关于实施党委工作责任制和创新工作实践的意见》等一系列文件。二是注重安排部署和检查考核紧密结合。年初制定目标，年中交流自查，年终评比考核。年初，与社区各基层党组织签订了《党建工作目标责任书》；年中，组织各支部开展自查和交流活动；年终，由社区党委组织考核，考核的结果与社区干部的年终奖金和先进评比挂钩。三是规范了党建联席会议制度，制定下发了《××社区党建联席会议章程》。章程注重从社区改革的实际、党员的分布、构成的现状出发，对进一步优化基层党支部管理做了一些探索。四是建立了党政领导基层组织建设联系点制度，社区班子成员按照分工，分片承包各服务站和管理中心。同时，明确各服务站、管理中心党支部书记为社区基层组织建设工作直接责任人，真正做到了一级抓一级，层层抓落实。

2. 建立健全党建组织网络。我们按照基础上创新的工作思路，规范和完善党建工作的目标。我们先后成立了党建研究会，建立了理论学习网络和党风廉政建设监督网络，制订全年党建学习计划，设立了党风廉政建设监督员，进一步落实《党支部工作条例》，完善了各党支部的组织建设，有效整合了社区党建工作资源，党组织的政治核心作用和战斗堡垒作用在社区得到了有效的发挥。在此基础上，我们加强了党员教育和组织发展工作，强化入党积极分子的培养教育，重申入党积极分子的严格条件，确保新党员的质量。通过大力宣传党的政治主张，做深入细致的思想政治工作。

3. 开展活动发挥作用。物业管理的主题就是服务，党建工作是一切工作的生命线，党建工作理所当然地围绕服务做文章。我们充分发挥党支部战斗堡垒作用和党员先锋模范作用，根据业务关系，在社区各党支部之间广泛开展了“文明社区六联创”（思想工作联做，共抓党员教育；社会治安联防，共创平安社区；公益事业联办，共建服务设施；社区环境联建，共创美好家园；文化活动联谊，共建精神文明；生产经营联抓，共促社区发展）活动，在社区党员中开展了“党员奉献日”“党员示范岗”创建、“党员志愿者服务队”“一个党员一面旗”等主题活动。目前，全社区党员带头成为“三员”，即政策宣传员、卫生清洁员和义务服务员，党员的带头示范促进了职工素质的全面提高。

三、突出“两个安字”，确保社区稳定

一是抓安全生产。我们始终把安全生产作为“天”字号的大事来抓，进一步细化措施、明确责任，坚持“管理、装备、培训”并重的原则，抓重点、抓关键、抓现场、抓薄弱环节，建立安全管理长效机制，扎实推进安全管理创新和技术创新，强化安全法律法规知识教育，夯实了安全“双基”建设的基础。

二是抓人心安定。为创造一个稳定的改革发展环境，我们成立了由社区党政“一把手”任组长的维护稳定工作领导小组，认真细致地分析社区形势，及时下发了《关于转发〈中共××集团有限公司委员会关于认真做好当前维护稳定宣传教育工作的通知〉的通知》。按照谁主管谁负责的原则，社区党政领导作为维护社区稳定的第一责任人，各基层单位党政主要负责人对本单位负责；充分发挥各级党组织核心作用的上下联动机制，明确任务，强化责任，层层落实，做到科包科、人包人，做好一人一事的思想政治工作。在工作中加强基层的信息反馈，建立了领导班子周六信访接待日制度，班子成员轮流接访，及时了解职工的思想动态和实际困难，切实为职工群众释难解惑，解决问题。

四、做好四个结合，推动各项工作全面发展

一是常规工作与重点工作相结合。我们坚持每周一例会制度，全面部署社区各项工作，做到常规工作无遗漏，重点工作无放松，全面地推进整体工作。二是深入调研与解决实际问题相结合。制定了领导干部下现场制度，我们要求社区领导班子成员每年下基层时间达到三分之一以上，注重带着问题深入基层、深入群众调研，有针对性地制定解决问题的措施，有效地解决实际问题。三是点与面相结合。每件关键的、牵动面广、影响面大的工作，都注意先抓点，选准突破口，取得成功经验，再在面上推进。四是明确职责与干部人才培养相结合。进一步理顺副职和正职的关系，落实各主管部门的责任，发挥各部门、各层面干部、工作人员的积极作用，既完成好各项工作任务，又使干部得到锻炼提高。

我们的工作虽然取得了一定成绩，这些成绩的取得与上级的正确领导和广大干部职工的辛勤努力是分不开的。但我们也清醒地认识到，在社区发展前进的过程中还存在一些问题急需解决。一是如何在改革的进程中，充分发挥党组织的政治核心作用，探索新形势下党建工作的新途径、新方法，是我们目前面临新课题、新任务。二是内部管理还是薄弱环节，根据《物业管理条例》结合社区实际，从机制和管理模式上需进一步加强依法治企，依靠制度来规范我们的工作机制。

按照集团公司和物业公司的总体部署，我们将遵循社区党委制定的“围绕中心转，贴着效益干，抓党风促廉政，抓安全促生产”的工作思路，以创建“平安社区”“温馨家园”活动为契机，以减亏增效为目的，以深化改革为动力，加强学习，深化改革，加快发展，搞活创收，加强管理，创新机制，紧紧围绕××社区20××年经营奋斗目标，切实抓好党委各项中心工作，确保完成20××年的各项任务。

20××年×月×日

[评析] 这篇××社区的党建工作年终总结，属于专题性工作总结。全文由前言、主体、结尾三部分组成，结构完整，条理清晰，语言准确。前言部分简明扼要，表明指导方针和工作思路，起着总起下文的作用。主体部分分为四个方面具体展开，小标题提纲挈领，突出精华。将社区党建工作的思路、做法、收获、经验娓娓道来，具体明确，极具借鉴价值。最后提出存在的不足和今后努力的方向，言简意赅，目标明确。

第三节 调 查 报 告

一、调查报告的概念和特点

（一）调查报告的概念

调查报告是对客观事物或社会问题进行深入细致的调查研究、综合分析后写成的书面报告。它是对调查研究成果的概括和总结，也称为“考察报告”或“调查”。由调查到研究，再到书面报告，是调查报告成文的三个必然阶段。

（二）调查报告的特点

1. 针对性

调查报告具有鲜明的针对性，是人们针对现实生活中出现的问题（可以是已存在并受到人们普遍关注亟待解决的问题，也可以是某种新事物、新现象，还可以是社会某种弊端等），进行目的明确的深入调查和分析研究而形成的日常事务文书。其写作实践表明：无论是写作的出发点还是归结点，调查报告都是意图明确、目标清楚的日常事务文书。

2. 真实性

调查报告以社会需要、领导决策、解决问题等为出发点，是调查研究成果的反映。它的一切写作元素来源于现实、植根于现实。从材料出发，用事实说话也就是调查报告的根本所在，其主题的获得、结论的得出也必须且只能依靠事实材料。因此，调查报告在成文过程中，调查应深入实际，认真细致；材料应真实确凿，准确无误；主题应有的放矢，实事求是；结论应客观公允，符合实际。

3. 灵活性

调查报告的结论必须建立在摆事实、讲道理的基础之上。摆事实需准确陈述，如实说明；讲道理需简要评析，切中要害。因此这一文种在写作时往往以叙述为主，叙议结合，写作方式灵活。

二、调查报告的种类

按反映问题的性质划分，调查报告可分为以下几类。

（一）社会情况的调查报告

社会情况的调查报告主要针对某一地区、某一系统、某一单位、某一方面的基本情况而展开，调查对象可以囊括所有的社会现象和问题，范围广泛，包容性强，通常也被称为“情况调查”，多用于向领导机关反映情况，提供决策依据，也用于向广大读者披露某一方面的事实，以正视听。

（二）典型经验的调查报告

典型经验的调查报告主要针对社会实践中成绩明显、贡献突出的先进单位或个人而展开，通过对其主要事迹、成功经验和做法效果的具体介绍，着重阐明“怎样做”和“为什么能这样做”的问题，并从中提炼规律性的认识，起到树立典型、以点带面、推动工作的作用。这类调查报告也被称为“经验调查”。

（三）新生事物的调查报告

新生事物的调查报告主要反映现实生活中涌现出的新生事物：新人、新事、新思想、新观念等。通过对新生事物产生的历史背景、发展的基本情况的介绍，揭示其作用、意义及影响，以促进新生事物的健康成长与发展。

（四）揭露问题的调查报告

揭露问题的调查报告主要用于揭露社会生活和实践中存在或出现的不良现象和弊端。它以确凿的事实为基础，分析问题产生的原因，指出其危害，以引起有关部门和广大群众的注意，起到发人深省、使人引以为戒的作用。揭露性、警戒性是其主要特点。

三、调查报告的结构和写法

调查报告一般由标题、署名、正文和成文日期四部分组成。

（一）标题

调查报告的标题可以有两种形式：单行标题和双行标题。

单行标题一般有两种写法，一种是公文式的标题格式，即“调查主题”加“文种”，基本格式为《××关于××××的调查报告》《关于××××的考察报告》《××××调查》等；另一种是文章式标题，包括陈述式、提问式等形式。陈述式如《华中师范大学硕士毕业生就业情况调查》《中年知识分子工余时间支配情况调查》，提问式如《大学生就业：为什么选择外企？》。

双行标题是指正副标题结合式标题，一般情况下正标题陈述调查报告的主要结论或提出中心问题，副标题则标明调查的对象、问题。如《不唱花腔不唱高腔不唱陈腔——××市民政系统思想政治工作调查》《山重水复疑无路，柳暗花明又一村——××市国有粮食企业扭亏为盈情况调查报告》。

（二）署名

在标题正下方处标明调查者的名称（单位名称或个人姓名）。

（三）正文

正文一般分为前言、主体、结尾三部分。

1. 前言

前言也称调查报告的引语、导语。以下几种写法比较常见：一是简介情况型，用简洁明了的语言写明调查的起因或目的、时间、地点、对象或范围、经过、方法以及人员组成等调查本身的基本情况，从而给人一个总体印象，以便为主体部分做铺垫；二是意图明确型，介绍调查对象的历史背景和现实状况、主要成绩、突出问题等基本情况，进而提出中心问题或主要观点，这种写法概括精练，画龙点睛；三是点明主旨型，即直接概括出调查的结果，如肯定做法、指出问题、揭示影响、说明中心内容等，这种前言往往开门见山，直切主题；四是提出问题型，开头用提问的方式说明调查的问题及意义，以此吸引读者，引人深思。

2. 主体

主体是调查报告的主干和核心。这部分是对前言的充分展开，是对调查事实的反映、分析和评论。可以详述调查研究的基本情况、具体做法、成绩经验等，也可以分析研究从调查材料中得出的各种具体认识、观点和基本结论、意见或建议等。主体的结构形式通常有三种：一是纵式结构，即按照事情发生、发展、变化、结果的自然顺序和人们对事情的认识过程安排材料，将事情的来龙去脉、前因后果叙述清楚。这种结构适用于报道新生事物和揭露问题的调查报告。二是横式结构，即围绕主题，把调查的内容分为几个问题表述，每个问题可冠以简洁的小标题，以便于从不同的侧面说明问题。这种结构常用于总结经验、揭露问题的调查报告，也用于反映情况的调查报告。三是纵横式结构，即从纵横两方面交错组织材料，将事情发生发展的过程与分析提炼的若干问题穿插配合起来写作。或以横式为主，纵式为辅；或以纵式为主，横式为辅。这种结构形式能够全面反映调查对象的复杂情况，多用于涉及面广、内容复杂的调查报告。

需要说明的是，调查报告的结构形式没有一定之规，也无好坏之分，写作时应根据主题内容的要求加以选择。

3. 结尾

调查报告结尾的写法不拘一格，形式多样。可以如行云流水，自然收束，也可以得出结论，提出建议，指明方向；可以归纳全文，画龙点睛，深化主题，也可以提出问题，引发思考，还可以展望前景，发出号召，鼓舞人心。

（四）成文日期

调查报告的成文日期应写在正文的右下方。

四、调查报告的写作要求

（一）明确目的，深入调查，占有材料

无论是公开发表，还是仅供内部使用，调查报告的写作目的是一致的，那就是查明事情的真相，以解决现实生活中的问题，同时为领导和相关部门提供制定政策的依据。明确这一目的，在调查过程中，就应坚持实事求是的原则，尊重客观事实，一切从材料出发，不先入为主，不主观臆断。

没有调查，就没有发言权。调查报告是调查研究的产物，必须用事实说话。因此，拟定详细的调查提纲，选择适当的调查方法，深入实际扎实细致地调查，全面充分地收集材料，是写作调查报告的必要环节和前提条件。

（二）科学研究，找出规律，提炼观点

从实地调查获得的事实材料往往存在良莠不齐、真假莫辨的情况，必须对其进行一番去粗取精、去伪存真、由此及彼、由表及里的加工工作，然后才可以深入研究，以找出规律性的认识，概括出鲜明的主题，提炼出明确的观点。

（三）合理布局，叙议结合，事理统一

调查报告的布局结构应视内容而定，配合主题精心建构。其表达形式也要视行文需要而定：对调查对象基本情况、调查经过的介绍及事情发生、发展和变化过程的交代，要用叙述方式，并辅以说明；对结论、观点的提炼则要通过叙述和议论兼用的方式得出。总之要做到材料与观点相统一，叙述与议论相结合，事实与结论相一致，才能写出一篇好的调查报告。

五、例文评析

［例文 5－3］

大学生共享单车调查报告

朱　萍　朱亚成　董雨薇　黄　涵

《大学生共享单车调查报告》就大学生共享单车使用现状进行统计分析，通过问卷星等方式对在校大学生进行调查，以大学生在使用共享单车中出现的问题和弊端为线索，就出现的问题进行探讨研究，结合国家法律法规，提出如何高效使用共享单车的策略，以期为共享单车的良性循环发展提供参考意见。

一、大学生共享单车使用现状分析

（一）大学生使用共享单车的情况

中国在线出行服务行业经历了“线下重资产+线上服务”向“互联网+共享经济”的转变，“互联网+单车”广为大学生所用。从大学生使用共享单车的男女比例情况来看，男女比例为 56∶44。就集中的年级情况来看，大一学子占比 14.02%，大二学子占比 17.62%，大三学子占比 39.26%，大四学子占比 14.28%，研究生占比 14.82%。大学生选择使用共享单车调查结果显示，大学生使用 OFO 占比 69.65%、摩拜占比 56.04%，较小蓝、小鸣等共享单车更高。2014 年暖黄色的 OFO 映入眼帘，首创无桩共享单车用“科学增量+盘活存量”的方式，从根本上解决了市民“最后一公里”的难题，调动了城市闲置单车资源，推动了绿色低碳出行。摩拜单车全铝车身加橙色五幅轮毂，航天级钪合金材料在保持高强度的同时减轻了车身重量，是共享单车行业内唯一采用航天材料的品牌。校内“三点一线”式大学生活转化为“多点多线”，共享单车丰富了大学生活。

（二）共享单车对大学生的积极影响情况

《2016 年中国共享单车市场研究报告》指出中国共享单车用户规模达 0.28 亿人，《2017 年第四季度中国主要城市骑行报告》指出 2017 年共享单车全球注册近 4 亿用户，累计 115 亿订单。据不完全统计，18~25 岁使用共享单车占比约 6 成，大学生则占主干。就大学生使用共享单车的理由的调查结果显示，大学生对共享单车方便快捷这一优势投绝对赞成票，占比 82.49%，健康绿色环保占比 49.03%，新兴科技激起大学生的研究兴趣占比 14.40%。2017 年 1 月，摩拜单车联合华平投资、携程等公司完成了 D 轮 2.15 亿美元的融资，3 月 OFO 联合 DST、Coatue 等公司完成了 D 轮 4.5 亿美元的融资，接入联合公司 APP，增加用户接入面，实现“互联网+”科技新时代改革。戴威、胡玮炜、丁伟等青年企业家创立了不同品牌的共享单车，“科技是第一生产力”激起大学生的创造力。第七届中国智慧城市博览会“分享经济”高层论坛上，国家信息中心发布的《共享单车行业就业研究报告》显示，中国共享单车行业带动劳动就业 10 万人，充分体现了新业态对就业的贡献效应，在一定程度上解决了大学生就业难的困境。

二、大学生使用共享单车遇到的问题

大学生使用共享单车遇到的问题突出表现在共享单车企业押金制度不完善，使用共享单车需付押金占比 56.81%，押金退还问题占比 17.12%，其他表现在共享单车投放不均、种类繁多分别占比28.79%、22.18%,共享单车存在的安全隐患占比20.23%,治理不善、车身被涂鸦占比7%。

第一,共享单车企业押金制度尚不完善。99~299元的共享单车使用押金虽然不多,但是对于没有经济收入的大学生群体来说便成了最大阻力。共享单车作为一个新兴产业,创业公司仍处于摸索阶段,没有合适的盈利模式会造成资金链断档,直接影响到用户的押金能否退还。就大学生群体的调查结果显示,优拜单车在押金退还上存在很大的隐患,多数大学生申请了一个多月并未申请成功。小鸣单车也曾表示无力退还70万人押金,面临将破产清算的困境。

第二,共享单车种类过多,投放不均,使用率不足。"几何式"复制的商业模式涌现出的共享单车企业应运而生,市场竞争激烈,共享单车种类越来越多,大学生在使用共享单车时必须作出选择,并不是所见共享单车便是已支付押金的共享单车,导致大学生在使用共享单车时必须支付不止一种共享单车押金的困境。随着其他企业的联合、融资、上市,多元化的共享单车行业得以快速发展,企业高度集中投放的一、二线城市大部分地区已出现单车滞留现象,城市容量有限,公共领域大多转变为共享单车"私人领域","僵尸车"提高了共享单车的报废率,其使用率明显不足。

第三,共享单车存在个人信息泄露的内部安全隐患和单车质量差的外部安全隐患。企业资质参差不齐,小公司注重推广自身公司业务,无良企业盗取用户个人信息转卖给第三方,云平台记录了用户的个人信息,企业安全措施不全使黑客盗取用户信息库,大学生安全意识薄弱,社会认知不足,容易上当受骗。雨雪天气,机械锁的共享单车易出现物理损坏,刹车失灵易导致事故,增加了共享单车报废率。2018年4月8日,央视新闻报道经国家质量监督检验检疫局检验,有5个运营品牌的21批次产品合格,3个运营品牌的3批次产品不合格,高于近两年普通自行车的国抽不合格率。

第四,共享单车治理不足,车身被涂鸦,单车遭损坏。贷款办理,办证刻章,高价收购全国驾照分,信用卡套现、代还款,甚至"黄色牛皮癣"等小广告,充斥于校园的各个角落。大学生安全意识薄弱,这些广告使不少人掉进了陷阱,严重损害其正当权益。共享单车被充当"出气筒",致使公共资源遭损坏。长此以往,影响了共享单车的发展。

三、提高大学生共享单车使用效率的策略

"互联网+单车"式低碳出行模式契合国家"五大发展理念"。中国是发展中国家,社会是创新型社会,国家的发展离不开大学生这一群体的支持、创新。为提高大学生共享单车使用效率,我们提出以下四点策略,以期建设共享单车"经济新常态",为共享单车的良性循环发展提供参考意见,为中国梦的实现提供有利条件。

第一,完善押金制度,保障大学生权益。APP系统定期进行更新与维护,及时发现漏洞并完善系统,切实遵循公开透明原则,有效避免大学生资金流失的概率;完善客服系统,及时解决用户使用共享单车出现的疑难问题。2018年4月,有媒体报道美团和摩拜单车已达成收购协议。摩拜10亿美元的债务并未拖欠需要退还用户的押金,而是以被收购的形式去偿还债务,并合作其他企业持续发展,进一步取得了用户的信任。

第二,企业间协同合作,合理投放共享单车,提高共享单车使用率。2018年3月,深圳地区最多时有10家共享单车同时进入市场,深圳市交委表示需清场,随之小驴单车、小蓝单车等相继退出市场。共享单车解决了市民"最后一公里"的难题,是社会不可或缺的资源,企业间协同合作,才能有效避免出现资金匮乏问题。2018 年 4 月,武汉市洪山区世茂林屿岸小区附近的一块空地上堆放了万辆共享单车,城市公共资源的减少警示企业需控制共享单车的投放量。政府出台法律文件和规章制度设专门的停放区并监管投放量与停放,维护市场秩序。专业人员利用大数据评估投放地点,综合交通、人流量、城市公共资源等方面,对共享单车的投放进行合理规划,避免一、二线城市过饱与偏远城市饥饿,使共享单车投放密度与共享单车的使用率成正比,避免资源浪费。

第三,加强共享单车安全管理,完善企业制度。内部安全管理要求企业加强对共享单车二维码的管理,实时监控防止虚假二维码乱入,利用网络平台管理用户数据时,做好安全措施避免黑客介入,不能以出卖用户个人隐私数据来牟取利益,保障用户的正当权益。外部安全管理要求限制年龄满 12 周岁、身高满 1.4 m 并实名制方可使用共享单车。共享单车企业免费为用户承担半年意外险,加强网络系统监测,对共享单车的 GPS 芯片进行定期更新升级,安排员工实时了解单车流通情况,据潮汐时间对共享单车进行必要的维修与调节,多批次检查单车质量情况,避免出现意外事故。

第四,政府、企业、大学生用户协同合作,互利互赢、互利互生。政府部门采取责任分配制明确用户、企业、政府三方的责任,减少公共资源的损失。政府协同企业建立奖惩机制,交管部门建立公民个人诚信积分,并采取公开制。对用户发现单车遭损坏时及时通过 APP 报修、举报恶意损坏共享单车者的行为经核实后予以积分奖励、授予荣誉称号,积分可兑换骑行时长。对恶意损坏共享单车者减少公民个人诚信积分,当积分未达及格分,则采取警告、严重警告、禁止使用共享单车措施,或交由公安机关处理,用法律法规对恶意损坏公共资源者进行教育、处罚,用政府的公信力规范市民行为,维护公共资源,为共享单车的健康良性发展提供有力保障。

2018 年 9 月

[评析] 这篇调查报告就大学生共享单车的使用情况展开调查,从对使用现状、使用中遇到的问题进行分析,提出提高共享单车使用效率的合理建议。本文主题明确,材料翔实,围绕主题,层次清晰,内容集中,善于用数据和事例说明观点,结构较为严谨,表述朴实清楚,是一篇很具实用价值的调查报告。

第四节　简　　报

一、简报的概念和特点

(一) 简报的概念

简报是政府机关、企事业单位、群众团体内部编发的用于汇报工作、反映情况、沟通信息、交流经验的常用事务文书,通常也叫作“情况反映”“简讯”“情况交流”“内部参考”“动态”“快报”等。简报不是一种独立的文体，一份简报，可能只刊登一篇文章，也可能刊登几篇文章，而这些文章，可能是报告、专题经验总结，也可能是讲话、消息等。

（二）简报的特点

1. 真实

简报虽是内部文书，但也具有上传下达、交流信息的效用，因此简报必须是对工作情况真实准确的反映，即材料要准确，数据要确凿，引言要核实，用语要恰当。

2. 新颖

从内容上来看，简报要反映工作中的新情况、新问题、新经验、新风尚、新动向，因而要善于捕捉工作中的新鲜独特之处，并尽力挖掘其意义和价值，以发挥其应有的作用。可以说，新颖是简报生命力之所在。

3. 快捷

简报之所以被称为“简讯”，就是因为它具有新闻的某些特点，能迅速快捷地反映工作情况，有利于相关部门及时抓住时机，制定政策，解决问题，提高工作效率。因此，简报强调时效性，要写得快，编得快，发得快。

4. 简明

简报之“简”，意即简练、简明、简短，也就是说，它追求内容上的简练集中、语言上的言简意赅、篇幅上的短小精悍，这也是简报的固有特性和显著标志。

二、简报的种类

工作中常见的简报主要有三种：一是会议简报，反映会议交流、进展情况；二是情况简报，反映人们关注的问题，供机关领导参考；三是工作简报，报告重大问题的处理情况以及工作动态、经验或问题等。此外，简报还可以从以下不同角度加以分类。按内容划分，有工作情况简报、思想动态简报、会议简报、学习简报、经验总结简报。按编写内容涉及的范围划分，有综合性简报、专题性简报。按编发时间划分，有定期简报、不定期简报。

三、简报的结构和写法

简报的种类虽多，却有着约定俗成的统一格式，一般由报头、报腹、报尾三部分组成。

（一）报头

报头在简报首页的上方，约占全页1/3的版面，用间隔横线与报腹分隔开。报头由以下要素组成。

（1）简报名称。如“××简报”“××动态”“情况交流”等，要求置于报头中心，用印刷体或书写体书写，醒目大方，一般用套红大号字体。

（2）简报期数。又称简报编号。如“第××期”“第××号”，位于简报名称的正下方，一般以一年为期依顺序编号，也有的标明总期数。

（3）编发单位。在期数左下侧标明编发单位或部门的名称，一般应写全称。如“××公司董事会办公室编”。

（4）印发日期。在期数的右下侧标明编发简报的年月日。

（5）印制顺序号。也称简报的编号，即简报的份数。写在简报名称的左上方位置，用于保密类简报的登记和存档。此项可根据需要而定。

(6) 密级。在简报名称的右上方位置,标明“绝密”“机密”“秘密”或“内部参考注意保存”等字样。此项可视具体情况而定。

(7) 间隔横线。也称分隔线,在简报 1/3 处标画实心横线将报头与报腹隔开,以示区别。

(二) 报腹

报腹又称“报核”“报文”“报体”,这是简报的核心部分。简报无论是刊登一篇文稿,还是同时编发相类似、相关的多篇文稿,在体例上都由按语、标题、正文、落款组成。

1. 按语

按语是简报编写者针对编发材料所写的简短评论或说明,表明编发简报的原因、目的、意义和态度等,常用于转发性简报和内容重要的简报,一般在按语之前写上“编者按”“按语”“编者的话”“按”等字样。

2. 标题

简报的标题是对简报内容的高度概括,揭示或评价简报的主要内容,虽在形式上灵活多样,但力求准确、简明、生动、醒目。标题的写法有两种。

(1) 单行标题。

单行标题又有三种形式: ① 直述式: 用精练的语言概括简报的基本内容或意义,如《全国总工会大力提高职工队伍的科学素质》。② 提问式: 用提问的形式点明简报的主要内容,以吸引读者。③ 描述式: 用比喻、拟人等修辞手法生动形象地表述简报的内容和主题,如《昔日臭水沟今日聚宝盆》。

(2) 双行标题。

双行标题一般由正标题和副标题组成。正标题概括简报的主题,副标题则补充说明事件、主要内容及范围,如《征鼓声声催春早——第六批援藏干部休假返岗侧记》。

3. 正文

简报的正文由导语、主体、结尾三部分组成。

(1) 导语。

导语是简报的开头部分,往往是用明确、简洁的一两句话或一段话来点明全文的主旨,或高度概括全文,或提出主要事实。

(2) 主体。

主体是简报的主要部分,承接导语,它的任务是用大量的、典型的、富有说服力的材料把导语的内容加以具体化,用材料进一步来说明观点,阐明主题。写好主体是编好简报的关键。主体的内容或反映具体情况,或介绍具体做法,或总结取得的成绩和经验,或指出存在的问题,或记录会议议题,或几项兼而有之。在层次安排上一般有“纵式”和“横式”两种结构形式。纵式结构按事件发生、发展的时间顺序来安排材料,横式结构则按事件内在的逻辑关系组织材料。如果内容繁杂,可采用分款列项或拟制小标题的形式。

(3) 结尾。

一般情况下,简报主体部分写完就自然结束,干净利落,也有用一句话或一段话收束全文的,以总括全篇,深化主题。有些需连续编写的简报,可用一句交代性的话语作为结束,如“对事情的发展我们将继续报告”“处理结果我们将在下期报告”等,以引起人们对事态发展的关注。

4. **落款**

在正文右下方标明文章来源或编写者名称，用圆括号标注。

（三）报尾

简报报尾与报腹用间隔线隔开，一般写明简报发送范围和印刷份数，报送范围与印刷份数分别置于报尾的左下方和右下方。简报样式见图 5－1。

××办公室编　　　　××××年××月××日

［编者按］

标题

正文

（文章来源）

送：　　　　（共印××份）

图 5－1

四、简报的写作要求

（一）材料真实，信息准确

简报所反映的情况要真实准确，客观全面，所写的事件、人物、时间、地点等都应是真实的，绝非道听途说或主观臆想的，引用的数据必须认真核实，准确无误。

（二）联系形势，写出新意

简报编写者需具备较强的政策理论水平，需具备大局观念和对形势的敏锐洞察力，只有这样才能善于从全局着眼，及时捕捉工作中的新情况、新经验、新问题、新人、新事，写出新意。

（三）简明扼要，迅速快捷

简报贵在“简”字，赢在“快”上。“简”即要求主题明确，内容精当，语言明快，篇幅短小。“快”即要求迅速及时，注重时效，以期尽快发挥效用。

五、例文评析

［例文 5－4］　　教学工作简报 2019 年第 2 期

教务处编　　　　2019 年 3 月 7 日

2018—2019 学年第二学期初教学检查情况通报

学校各级领导高度重视新学期开学教学工作。开学第一天，校领导黄××副校长巡视了阳光校区各教学楼，检查了教师的教风和学生的学风。教务处李××处长，张××、唐××、卢××等副处长和教务处工作人员分别在阳光、南湖、东湖校区各教学楼检查教师上课情况和学生到课情况。7:40前高职学院李××院长、电子电气学院刘××副院长、学工部陈××副部长就到达3号楼检查教学情况。外经贸学院龙××书记、刘××副院长，经济学院邹×副书记，管理学院王××副院长早早地到达东湖校区教学楼检查教学工作。数计学院、纺织学院、化工学院、机械学院、经济学院、管理学院、环城学院、材料学院、艺术学院、服装学院、传媒学院等各二级学院领导和工作人员都到各教学楼检查教学工作。外国语学院将院办和院教学工作委员会成员分成三个检查小组，在第一周内对三个校区每天进行巡查。教务处和校教学督导组第一周每天派员在三个校区巡视，加大对课堂教学的监督。

开学第一天，东湖校区学生学习积极性很高，7:40前就有大批学生涌进教学楼，学生到课率高，呈现出新学期的新气象。阳光校区和南湖校区的学生到课率也高。1—2节课学生到课率高、教学秩序好的教室有3－112、3－116、3－120、3－306、3－504、3－508、6－113、6－405、7－110、7－121、7－203、7－210、7－213、7－217等。

新学期开学，任课教师精神饱满，教学状态良好。周一1—2节在3－120上“高等数学”的数计学院教师雷××，上课充满激情，声音洪亮，学生听课认真；周一1—2节在3－501、3－502、3－504上“工程图学”的机械学院李×、陈×和吴××等老师的多媒体课件图文并茂；周一1—2节在3－306上“电机及拖动”的电子电气学院教师韩××，讲课概念清楚，重点突出，课堂纪律好；周一1—2节数计学院教师陈×在3－116上“高等教学”，板书认真，一堂课写满了四块黑板；周一3—4节在3－111上“经济博弈论”的经济学院教师张××讲课充满激情，有吸引力；周二1—3节在D01－308上“资产评估”的经济学院教师程××讲课有吸引力，学生认真做笔记，学习氛围浓厚；周四3—4节在南湖校区主楼1－603上“服饰配件设计”的服装学院教师郭××自带笔记本电脑上课，教学热情细心，注意实践操作；周四3—5节马克思主义学院教师李××在5－309上“思想道德修养与法律基础”，备课充分，资料丰富，态度认真。这次教学检查发现的问题如下：

1. 个别外聘教师上课精神状态欠佳，不仅坐着讲课，甚至将教材放在跷起的大腿上，低着头边看边讲，教态不端庄，教学效果差。

2. 个别教师不熟悉多媒体设备的使用方法，课前没有调试，耽误了上课时间。

3. 少数教师备课不充分，对教材内容不熟悉，坐着讲课，没有课件，没有板书，课堂纪律松弛，气氛沉闷。

4. 少数学生上课迟到，部分教室中存在学生玩手机、讲话的现象。

5. 南湖校区综合楼教室中的黑板损坏严重，教师不能在黑板上书写，5－308、5－309、5－208、5－210、5－108等教室需要更换黑板；5－111、5－311教室多媒体设备需要维修。

教务处　校督导处

［评析］本文采用了单行标题的形式，用通报的形式直接交代了简报编写的对象、事件，主体部分采用了纵式结构，简述教学检查活动的过程和实效，内容翔实，条理清晰，语言干净利落，对工作具有较强的针对性和指导性。只是个别地方的语言略显口语化，模仿写作时需加注意。

第五节　求 职 信

一、求职信的概念和特点

（一）求职信的概念

求职信是求职者为了谋求某一工作岗位，向相关单位申述自己的能力、专业特长、优势等，恳请录用的一种专用书信。

（二）求职信的特点

1. 针对性

作为恳请用人单位录用自己的书信，求职者必须针对用人单位的实际需要，阐明自己所具有的正是对方所需要的条件。所以，求职者在写求职信之前，必须对用人单位做一定的了解（关于它们的产品或服务、企业文化、目标、宗旨等一切与自己的背景、价值观和目标相关联的内容），对其用人要求做深入的了解；同时，还要针对接收、阅读求职信人的心理，揣摩他对求职者的具体要求、心态和兴趣等，然后对照自己的专业、特长，寻找自己的竞争优势，并在求职信中集中突出这些优势，以期求职成功。

2. 自荐性

求职者将自己推介给用人单位，无异于在向一个素昧平生的人介绍自己，而这一切所依凭的仅仅是求职信。因此，求职信必须恰如其分地推荐自己，特别是推荐自己与用人条件相关的优势和专长。具体到写作时，可从三个方面入手。第一是推荐自己的外在条件，重在介绍自己的基本情况，如教育背景、社会活动、个人特长、工作经历等，这是求职者必写的自荐条件。第二是求职者的内在条件，这是求职者区别于其他同等条件求职者的重要标志。它是求职信的核心内容，主要向用人单位表明自己有相关的专业知识、技能或工作经验，有与用人要求相符的特长、兴趣和爱好。它重在说明求职者能完全胜任招聘岗位对能力的要求，能独当一面地开展工作，能解决工作中遇到的问题。第三是求职者的求职诚意。求职信要充分坦露对用人单位的向往，要做到写作态度诚恳，内容真实，优点突出，缺点不隐瞒，恭敬不谄媚，自信不自大。

3. 简要性

求职者在介绍和举荐自己时，语言应力求简明扼要、生动有力。求职信篇幅不宜过长，1 000 字以内为好，最多不超过 1 200 字。对此，求职信的内容要做到层次分明、重点突出、语言简练。

二、求职信的种类

（一）毕业生求职信

毕业生求职信是指毕业生向用人单位申述自己的专业、能力、优势等，谋求某一岗位的工作或职务的一种专用书信。

（二）社会成员求职信

社会成员求职信是指社会成员以个人名义向有关企事业单位申请某一岗位的工作或职

务的一种专用书信。

毕业生求职信和社会成员求职信在写作格式与写作要求上没有太大的差别，但内容侧重点有所不同。毕业生求职信因为求职者在工作经历方面大多还是一片空白，所以应从现有条件、发展潜能和对工作的快速适应方面来介绍自己。而社会成员求职者多有一定的工作经历，因此更应该突出自己的工作经验、工作成绩和能在工作中独当一面的长处，求职的针对性更强一些。

三、求职信的结构和写法

（一）求职信的结构

求职信属于书信的范畴，其基本结构应符合书信的一般要求，主要包括称呼、正文、致敬语、署名和日期、附件五个方面的内容。

1. 称呼

称呼也叫“称谓”，要求正规、礼貌。如对行政事业单位的领导，一般用“尊敬的处长（或局长等）”称呼；对企业的领导，则用“尊敬的××董事长（或总经理、厂长等）”称呼；对大学校长或人事处长，则称之为“尊敬的××教授（或校长、处长、老师等）”。切忌用“××老前辈”“××师傅”“××同乡”等不正规的称呼，以避阿谀或唐突之嫌。

2. 正文

正文是求职信的核心部分，一般都要求说明求职缘由和求职信息来源、个人基本情况、所应聘的具体岗位与条件以及个人的愿望和要求等。

3. 致敬语

求职信正文结束后，可以按照一般的致敬语写法，在正文的下一行空两格写“此致”，然后再下一行顶格位置写“敬礼”。

4. 署名和日期

署名是求职者将自己的姓名告知用人单位的一种表达形式，书写要工整，以示严肃，署名的下一行平行处写求职信的完稿时间。

5. 附件

求职信的后面一般都要求附上个人简历（附近期照片）和一些有效证件复印件，如获奖证书、技能证书、学历证、学位证、职称证、身份证等复印件。附件起说明和证明的作用。

（二）求职信的写法

求职信正文应遵循以下写法。

第一，求职缘由。求职信的开头应开门见山地表达求职的意愿，阐述求职的缘由，以使求职的主题明确。开头部分应交代清楚“我是谁”，用一句话来简单介绍自己，如“我是××大学计算机专业的学生”等。求职缘由的介绍应从两方面入手：一要说明求职信息的来源渠道，如“我在××广告上看到你们正在招聘一个纺织设计员的消息”或者“在《时代》杂志上我读到了你们的招新计划，很感兴趣，想成为你们中的一员”；二要阐述自己的人生理想与所求岗位相吻合，表明所求岗位可以充分发挥自己的聪明才智与专业特长，以便为自己求职寻找最充足的理由。

第二，个人信息。这是求职信的重点部分，一定要仔细、认真，力求写好。这一部分的目标就是要把你应聘的条件充分展现出来，最好用具体的事例加以证明。因此，应着重写清楚两方面的内容。一是个人基本情况，如年龄、性别、学历、职称、专业、技术等。在介绍基本情况时，应针对岗位要求重点阐述自己具有相应的专业背景和专业技能，有与岗位要求完全相符的兴趣、性格等。二是基本情况之外的独特情况，如外语水平、外语种类、电脑水平、社会活动能力、敬业精神等，这些可以增加基本情况的厚度与深度，使用人单位更全面、更深刻地了解一个求职者，从而为录用打下基础。

第三，求职目标。用人单位通常想知道你为什么要选择他们。你可以先提一提用人单位的人才理念、企业文化、管理宗旨或任何其他他们感到骄傲的东西。要让他们知道你很了解他们，真正认同他们。同时，求职信一般应明确说明自己所应聘的具体岗位，并提出自己对工作岗位的初步设想，以获取对方的信任。

第四，求职愿望。求职愿望体现了求职者的诚意。写作时，要么表明希望成为用人单位一名员工的热切心情，期望对方给予自己一次面试的机会，要么希望对方试用自己，以观察自己的工作能力，给自己留下进一步发展的机会。

四、求职信的写作要求

求职信是求职者呈现给用人单位的第一印象，一封文笔流畅、格式正确、形式优美的求职信无疑会大大增加应聘成功的胜算，但是，要写好求职信，也并非易事。通常情况下，要做到以下几点。

（一）目标要明确

求职者要事先仔细阅读招聘广告，收集有关资料，根据用人单位的选拔条件，针对其要求来陈述自己的情况；要显示出对招聘单位及其提供的岗位的兴趣，还要明确自己的定位，选择最适合自己的专业特长、最能满足自己愿望与理想的岗位，勇敢地去竞争，而不可千篇一律地述说自己对几乎所有的职业都有从业的兴趣和能力，如“本人爱好广泛，能胜任各种工作”之类。

（二）内容要真实

在自我推销时，所述必须与事实相符，而不能为了谋求某个职务或职位，随意夸大自己的专业特长或取得的成绩，甚至弄虚作假，因为求职信中的一切陈述都会在面试和日后工作中受到检验。

实事求是的同时，还需精心构思，着力突出自己的优势。面对同一岗位，同一层面的求职者的基本条件差别并不大，而要在众多外在条件基本相同的求职者中脱颖而出，就必须突出自己的内在优势，做到与众不同。例如，同样拥有硕士学位，如你突出留学生涯，则表明你的外语熟练，熟悉国外的生活环境，将来可担负起开拓海外市场的重任；同样是汉语言文学专业，如你同时又具有较高的英语水平，则表明你有双语沟通的能力。因此，求职信的写作，既要实事求是地介绍自己的基本情况，又要尽量突出自己的优势，突出别人所不具备的素质，这样才能在激烈的求职竞争中获得理想的结果。

（三）语言要得体

求职者充满自信地推销自己是必要的，但要注意态度谦和、言辞恳切、情真意切。求职信语言要得体。叙述愿望和要求时，不张狂，不乞求，落落大方，不卑不亢，表现出自信、积极的态度。事实证明，只有那些既有真才实学，又态度诚恳、语言得体的求职者才受欢迎，易被录用。

（四）文面要整洁

求职信文面十分重要，因为它既是文章的“门面”，也暗含了求职者的形象。一封求职信，先撇开内容不说，单就文面而言，字迹工整、漂亮，行款格式合乎规范，就像一件艺术品，会使人产生观赏的兴趣。其次，从文面上还可以判断求职者的处事态度、日常精神风貌、个性特征等。

同时，在写求职信时，还应该注重一些细节。书写时最好使用黑色钢笔。如果字写得不好，最好打印以“藏拙”。用纸不要太薄、太糙或有污渍；书写完毕，最好仔细检查几遍，确认没有错字、漏字或标点符号的错误，力求做到字迹工整、文面整洁、形式精美。

五、例文评析

[例文5-5]　求职信

尊敬的××学校人事处领导：

您好！

我是北京师范大学数学与应用数学专业即将毕业的本科大学生，得知贵校正在招录一名数学老师，我认为我的能力能够满足贵校对招录对象提出的要求，因此，我专门写了这封求职信，以应聘这一岗位。

在校期间，我努力学习专业知识，成绩优良，年年获得奖学金。除此之外，我还不断扩充自己的知识面，广泛涉猎教育学、心理学、文学、史学、哲学和自然科学等方面的知识，这为我日后从事专业教学工作打下了良好基础。

大学四年期间，我一直担任院学生会干部，语言表达能力和团队协作能力得到了老师和同学们的肯定。

此次应聘之前，我在三所学校担任过临时代课老师。在这个过程中，我展现了较强的责任意识，积累了一定的教学经验。

这次应聘，如贵校能录用我，使我成为贵校的一名教师，我一定听从领导安排，团结同事，兢兢业业地工作，以高尚的品德影响学生，以扎实的专业知识教育学生，我相信我会成为一名合格的人民教师。

真诚地希望贵校能给我一次为贵校发展尽一份力量的机会！

此致

敬礼！

×××

2019年7月2日

[评析] 这是一封结构完整的求职信，格式规范，语言简洁，中心突出，如能将个人对这份职业的热爱，表达得更充分一些，则更好。

第六节　述职述廉报告

一、述职述廉的概念和述职述廉报告特点

（一）述职述廉的概念

述职述廉是党内针对领导干部进行民主监督的一项举措。述职述廉是领导干部向上级领导机关、组织人事部门、主管领导或所属单位的干部职工，汇报自己在一定任期内履行工作职责的情况，以及自己抓党风廉政建设的情况，带头执行廉洁从政规定的情况和对自己亲属、身边工作人员加强教育、严格要求的情况。

（二）述职述廉报告的特点

述职述廉报告与总结、报告有一定的联系，它是在总结工作情况和廉政建设情况的基础上以报告的方式进行的陈述。它与总结、报告的区别明显。

1. 自我述评

述职述廉报告要求领导干部对自身履行工作职责情况和廉洁从政情况进行有“述”有“评”的报告，“述”是自我进行检查性的陈述，“评”是自我进行鉴定性的评价。这种自我述评是述职述廉报告的一大特色。

2. 标准明确

领导干部的“述职”与“述廉”均有明确的标准。国家人事管理部门规定：“（述职）考核的内容包括德、能、勤、绩四个方面，重点考核工作实绩。”述廉则要求“领导干部要报告本人工作及廉洁从政情况”。也就是说，述职述廉报告的写作应以履行岗位职责和党风廉政建设责任情况为标准，并要对其进行定性分析。

二、述职述廉报告的结构和写法

述职述廉报告一般是由标题、署名、称谓、正文、附件、落款六部分组成。

（一）标题

述职述廉报告的标题一般用文种式标题，如《述职述廉报告》，也有用任期、职务和文种名称的，如《2018—2019年任党委书记的述职述廉报告》。

（二）署名

在标题的正下方或右下方写述职人的姓名，有时还要署上职务。

（三）称谓

在标题的下方空一行，顶格写听取述职述廉报告的对象名称，如“各位领导、同志们”。在系统内部报告，也可以省略此项。

（四）正文

述职述廉报告的正文一般由前言、主体、结语组成。

1. 前言

前言概括陈述任职时间、所任职务、岗位职责、任期目标，并对个人履行职责和廉洁从政

作出自我总体评价。

2. 主体

主体具体陈述个人履行职责和廉洁从政的全面情况。其中包括三方面的内容：一是成绩，即所做的主要工作、所取得的主要成绩和总结出来的经验体会；二是存在的问题、缺点和总结出来的教训；三是对今后工作的设想。主体部分的结构方式大致如下：

（1）时序式。即按工作的时间顺序进行汇报。

（2）分题式。即将要汇报的内容按性质分成几部分，每部分可加小标题，以作为这部分的主旨。

（3）重点式。即将工作中最重要、最突出、最有典型意义的一两项工作作为重点，详细汇报，其他则一笔带过。

3. 结语

一般以惯用语收束全文，如“以上述职，请予审查”“述职完毕，请予以批评指正”等。

（五）附件

将补充、说明、印证正文的文字材料附在述职述廉报告之后，并在正文之下依次登记附件序号、附件名称。如果没有相关的文字材料，可省略此项。

（六）落款

在正文右下角署上述职述廉者的姓名和日期，如果在标题中或标题下已署名，则只需署上日期。

三、述职述廉报告的写作要求

（一）实事求是

实事求是是撰写述职述廉报告最基本的，也是最重要的要求，它要求汇报者既要肯定自己的工作成绩，又要找出其中存在的问题，力求客观公正地反映和评价自己履行岗位职责和廉洁从政的情况。

（二）重点突出

在写作中，述职述廉报告应注意抓住重点，围绕落实岗位职责和廉洁从政等方面的情况来写。讲成绩时要讲足，要进行定量定性的分析评价；讲问题时要抓住要害、实质，讲深讲透，切不可平均用力，面面俱到，记流水账。

四、例文评析

［例文 5－6］

个人述职述廉报告

×××

尊敬的各位领导、同事：

根据地区税务局年度考核工作的精神，我就个人一年的工作向各位领导和同志做述职述廉汇报。一年来，在局党组的正确领导下，在分管部门和全局干部的大力支持下，我认真履行职责，较好地完成了岗位职责和组织赋予的各项工作任务，为推进队伍建设、党风廉政建设及全局各项工作任务的圆满完成作出了努力。下面就一年来的学习、工作和廉政情况从五个方面做汇报。

一、勤学善思，不断提高综合素质

今年1月我走上领导岗位，我深知要想做好副职，协助好书记的工作，自身必须具备较高的政治素质和业务能力，才能完成上级下达的各项任务。一年来，我始终把提高思想政治素质和党性修养，当作一种责任，当作提高自己工作能力、领导水平的需求。除了按时参加单位组织的集体学习外，利用业余时间系统地学习中国特色社会主义理论、各项廉政规定等，深刻理解其精神实质，努力提高自身的政策理论水平，并结合思想工作实际，加强党性锻炼，不断提升思想境界，增强了政治鉴别力和政治敏锐性，做到了在政治上、思想上、行动上与党中央和县局党组保持高度一致。特别是在党的群众路线教育实践活动中，我通过认真学习各级领导讲话精神，深刻检查自身在思想观念和工作作风方面存在的问题，进一步解放了思想，更新了观念，转变了作风，为做好各项分管工作奠定了良好的思想基础。在业务学习上，我一直长抓不懈，做到不断更新知识，不断提高技能，努力在工作实践中思考、总结、提高，以适应税收科学化、精细化、信息化管理的需要。总之，通过努力学习，本人的政治理论水平和业务水平有了明显提高，做到了学以致用，提高了运用理论指导实际工作的水平。

二、尽心履职，协助“一把手”做好分管工作

按照局党组分工，我分管办公室和财务工作，并于1月份按照领导班子工作衔接安排兼管人事监察科工作。在工作中，我从实际出发，针对各部门工作任务，认真负责地做好分管部门的工作，注重在具体工作中听取部门领导的意见和建议，支持和协调部门领导的工作，使所分管部门圆满完成了各项工作任务。

（一）全力以赴，抓好人事监察室工作

一年来，我从具体工作抓起，在人事教育方面指导开展了国税系统网络培训平台培训、所得税知识培训，举办税收违法违章案件处罚程序知识培训等培训工作，在老干部管理方面进行不定期走访、节假日探访，组织老干部座谈会，深入了解老干部生活，开展老干部参观等活动，不断地丰富老干部的精神生活。

结合人事监察部门的工作特点，认真负责地抓好党风廉政建设工作，全面落实党风廉政建设责任制，在党风廉政建设工作会议上书记与班子成员、班子成员与科室负责人、科室负责人与科室成员共同签订《党风廉政建设目标责任书》24份；对领导班子和科室的党风廉政建设责任进行了分解，把党风廉政建设工作贯穿于税收中心工作之中，融入领导班子建设、干部队伍建设之中，与税收业务工作同部署、同落实、同检查、同考核。

积极开展“一把手”讲党课、纪检组长做反腐倡廉报告等活动，增强了领导干部率先垂范的主动性，营造了廉政教育的良好氛围。对廉政文化示范点建设进行了拓展，不断提升全局干部的廉政自律意识，做到在工作中勤俭廉洁。

大力强化纠建并举，深入推进政风行风建设。按季度开展了政风行风问卷调查活动、明察暗访活动、走访纳税人活动以及行风示范窗口检查，提高了群众对我局干部的满意度。

大力推进内控机制建设，有效防控廉政风险。定期召开内控机制建设工作会议，带领纪检监察干部在各科室自查的基础上对风险点进行排查，对于排查出来的风险点及时反馈各科室并限期进行了整改。在党的群众路线教育工作中，结合本局实际，利用晚上时间带领干部通过集中学习、观看影片等方式确保工作顺利开展，通过召开老干部座谈会、税企座谈会、民主生活会等方式共查出班子各类问题89条，其中“四风问题”37条。针对提出的问题及时建章立制进行整改，大大加强了班子的凝聚力与战斗力。

（二）身体力行，抓好办公室工作

大力加强日常政务管理工作。严格要求干部加强日常公文处理，避免拖拉现象。大力鼓励干部撰写我局相关工作信息。加强政务公开与网络安全管理。带头严格按照中央“八项规定”、自治区国税局党组“六项规定”的要求，厉行勤俭节约，制止奢侈浪费，严格落实财务管理制度，加强预算管理，合理安排经费支出，认真执行预算批复，按月完成基本经费及项目经费预算执行进度。严格控制“三公”经费支出。坚持重大经费开支实行民主决策、集体研究、大额审批。积极做好后勤保障工作，对庭院进行了改造，为广大干部群众营造了一个良好的生活与工作环境。加大了对食堂卫生、饭菜质量的管理。

三、大力开展法制学习宣传和培训，切实提高依法行政意识和能力

大力开展法制教育。一是制订学法计划，落实学法内容。将学法计划分为有关社会和谐稳定法律法规的学习宣传、有关经济社会管理法律法规的学习宣传和有关廉政法律法规的学习宣传三个方面。根据县普法办的总体计划，按月进行细化安排。二是完善学习制度，强化自觉学法意识。健全和完善了本局法制讲座、集中培训、干部专题学法等行之有效的学法制度和活动，推动了干部学法用法工作规范化、制度化。通过多种举措的学法、普法活动，有效地增强了税务干部特别是领导干部依法行政的意识和能力。三是加强专业培训，提高专业技能。由于税收工作的专业性比较强，税务机关的行政执法在遵守相关公共法律法规的同时，还要符合税收专业法律法规的规定。因此，在抓好公共法律法规学习的同时，我们紧密结合税收工作实际，本着干什么、学什么的原则，特别注重税收专业法的学习培训，共举办各类学法活动11次。通过法律知识学习使全局税务干部进一步了解了在新形势下如何依法行政，熟悉了税收法制业务知识，提高了税收法治意识和能力。

四、树立大局意识，从严要求自己，带头廉洁自律

身为班子成员，反腐纠风工作是我的重要责任，不以权谋私、廉洁自律是基本的要求和必须具备的素养。一年来，我结合税收工作任务，认真落实上级有关党风廉政建设的规定和要求，贯彻落实责任制，坚持长抓不懈，切实做到了责任明确、目标明确、落实到位。在廉政工作方面，严格按照有关规定从自身做起，自觉学习和贯彻税务人员“十五不准”和领导干部廉洁自律等规定，自律意识不断提高，处处注意严于律己，要求大家做的自己首先带头做到、做好，禁止别人做的，自己首先不做。在工作中以勤廉为本，说实话，办实事，求实效，琢磨事，不琢磨人，能坚持原则，用政治、纪律、法律来规范自己的行为，讲政治、讲原则、讲党性，恪尽职守，坚持实事求是的态度，工作扎实，做到警钟长鸣，常温规定，常怀律己之心，反腐纠风的意识不松。对照检查，警示自己，自觉落实“三禁令”；认真学习，严格遵守税务人员“十五不准”和领导干部廉洁自律的要求，没有以权谋私的行为，能遵章守纪。

作为一名班子成员，在工作中我能摆正位置，正确处理好工作关系，支持协助党组成员和配合局长工作，甘当配角，主动当好助手和参谋，做到尽职尽责不越权，帮忙不添乱，补台不拆台。注重党性锻炼和修养，工作中求真务实，能以事业和大局为重，发挥了班子成员和一名党员应有的作用。做到了时时处处从严要求，大小事认真处理。

五、存在的不足

回顾和总结一年的工作，自感还存在以下不足之处。一是学习不够深入，学习税收业务的主动性不够，税收业务知识需进一步提高。二是在工作思路、工作方法上还需改进，要进一步转变思想观念。三是开展深入实际调查研究不够，对干部教育培训工作的思路有待更新。在新的一年要发扬与时俱进的思想，对不足之处要认真克服和改正。

以上述职述廉，不妥之处请批评指正。

20××年 12 月 28 日

［评析］ 这篇述职述廉报告中心突出，条理清晰，观点归纳到位。先按职责，述及自己的工作状况，同时加以总结，接着谈及廉政情况，最后剖析不足，讲明今后的努力方向，较好地体现了述职述廉报告的写作要求。

第七节 新闻稿

随着现代传媒手段的不断进步、传播渠道的日益丰富和人们交往的日渐频繁，人们渴望了解世界的愿望越来越迫切，社会对信息量的需求也越来越大。新闻作为传播信息、记录社会、反映时代的一种重要方式，其作用早已为社会所认识，也进一步为今天的社会所重视，因此学好报道新闻的新闻稿的写作，就有着特别的社会意义和实用价值。

一、新闻、新闻稿的概念和新闻稿的特点

（一）新闻、新闻稿的概念

从新闻学的角度来说，新闻有狭义和广义之分。狭义的新闻就是消息，是新近或者正在发生发现的、对公众有知悉意义的事实的报道。就其广义而言，发表于报刊、广播、电视上的除了评论与专文外的常用文本都属于新闻之列，包括消息、通讯、特写、速写（有的将速写纳入特写之列）等。

从应用文写作角度来说，新闻稿是记者、企业、政府、学校等个人和机构发送给传媒的、有新闻价值的通信文稿。它通常以手稿、电子邮件、传真、书信等形式分发给网站、报社、杂志社、电台、电视台、通讯社等媒体。不少新闻稿是有关机构通过记者招待会等形式分发给传媒的消息。总之，新闻稿是新闻记者或其他个人和机构根据新闻题材撰写的稿件。

（二）新闻稿的特点

1. 内容真实，事实准确

真实是新闻的生命。所谓真实，就是事实真实，所写的人物、时间、地点、事情发生发展的经过不能虚构；而准确，就是每个事实，包括细节在内的报道都要尽量做到确切无误。如果一条新闻失真或有差误，不仅会降低其新闻价值，失信于民，而且会损害党和人民的事业。

2. 角度新颖，富有价值

新闻贵在新，而且要有认识意义、启迪和指导意义。新闻稿只有富有新鲜感，才能引起读者的注意。这里所说的新，不仅要把新人物、新事件、新经验报道给读者，而且要选择有意义、有价值，能给人以启迪，有指导性和代表性的事物进行如实描述。那种一味猎奇的做法，是新闻稿应该坚决抵制的。

3. 迅速及时，讲求时效

迅速是新闻的价值体现，新闻报道速度迟缓便会降低新闻稿的价值，使“新闻”变成“旧闻”。新闻稿强调时效，就是强调对新人、新事、新情况、新问题要进行及时而迅速的反映。

4. 简明扼要，短小精悍

简短是新闻稿，尤其是消息类新闻稿的基本要求，是新闻稿区别于其他文体的主要标志。所谓简明扼要，就是“三言两语，记清事实，寥寥数笔，显出精神，概括而不流于抽象，简短而不陷于疏漏”，用笔简洁利落，内容集中精练。当然，通讯类新闻稿比较特殊，长篇通讯篇幅较长，也是比较常见的新闻稿的写作方式。新闻稿的种类较多，这里只介绍使用频率最高的消息和通讯。

二、消息的写作

消息是用概括的叙述方式、比较简明扼要的文字，迅速及时地报道国内外新近发生的、有价值的、群众最关心的事实。

（一）消息的种类

1. 动态消息

动态消息是迅速而准确地报道新近发生的国内外重大事件、重要的活动和各项建设中出现的新情况、新动态、新成就、新问题的一种文体。它是报纸上使用最多的一类消息。

重大新闻的简讯都属于动态消息。重大新闻，指事件重大、意义深远，报道时在报纸上占显著位置的消息。如《江苏“五位一体”走出特色之路》（《光明日报》2013 年 5 月 26 日第 1 版）。简讯内容单一、篇幅短小，如“国际要闻简报”“学术动态”“市场漫步”等。

2. 典型消息

典型消息也叫经验消息，它是对一些具体部门、单位、行业的典型经验、成功做法集中报道的一种文体。这种消息在介绍经验、做法之后，总结经验，揭示规律，以达到以点带面、推动工作的目的。

3. 综合消息

综合消息是把发生在不同地点、不同单位、各具特色、性质相同的事实综合在一起，并体现一个主题的报道。它的特点是在综合、概括事实的基础上，进行分析，提出见解，揭示规律。

4. 述评消息

述评消息又称“记者述评”“新闻述评”，是一种兼有消息与评论作用的新闻。它在陈述事实的基础上，穿插评论或抒发感慨，侧重分析说明事实的本质和意义。它的特点是边述边评，要求以国家的方针政策为依据，针对事实进行评说。

（二）消息的写作格式

消息通常由标题、消息头、导语、主体、结尾五部分组成。

1. 标题

消息标题常见的有单行标题和多行标题。单行标题必须以叙事为主，点明必要的新闻要素，使读者看到标题便对内容有基本的了解。多行标题一般由主标题和辅标题组成。主标题也被称为“正题”，一般用来点明消息中最主要的事实和观点。辅标题包括引题和副题。引题在主标题之上，主要是对主标题进行引导、说明、烘托或渲染，副标题则是置于主标题之后的次要标题，主要起补充、注释的作用。消息的标题写作要遵守三个原则：① 贴切传神；② 具体明了，突出主要新闻要素；③ 简练生动。

2. 消息头

消息头主要有“讯”和“电”两大类。“讯”主要指通过邮寄或书面递交的形式向传媒传递的新闻报道；“电”则主要指通过电报、电传、电子邮件、传真或电话等形式向传媒传递的新闻报道。“讯”与“电”只在传递手段上有所区别，其性质与作用其实是一样的。消息一旦标明“本报讯”，就表示此消息是本报独家采集的新闻，本报对此消息拥有版权，其他新闻媒体不得任意转载、抄袭。因此，消息头不仅表明消息的来源，并且与新闻发布单位的声誉紧密相连，一旦报道失实，读者只要一看消息头，便可明确是哪家新闻媒体的责任。

3. 导语

消息导语是消息的开头部分，它紧接在消息头的后面，一般由最新鲜、最重要的新闻事实或依托新闻事实的精辟议论组成。

4. 主体

在新闻稿中，消息的精华一般都在导语中，其主体部分则是对导语的进一步充实和展开。消息主体的写作一般要注意四点：① 围绕一个主题取材；② 叙事要尽量具体、充实，让读者对事件有较为完整和真切的了解；③ 叙述生动、形象，增强读者的兴趣；④ 层次段落要分明，起承转合要自然。

5. 结尾

消息最常见的结尾方法有以下四种。

（1）自然结尾法，即按照新闻报道的结构安排，顺其自然地把必要的内容、事件等新闻要素交代完毕，做到水到渠成。

（2）拾遗补阙法，这种结尾有较为明显的“结尾段落”，主要用于补充导语和主体未提及的新闻要素，使消息更加完整，或补充相关背景材料，使报道更加充实可信。

（3）画龙点睛法，此方法的主要作用是总括全篇，突出中心和主旨。

（4）别开生面法，这种结尾往往在文章最后提出耐人寻味的问题引起读者的思考。

（三）消息的结构模式

消息的结构模式一般有以下三种。

1. 倒金字塔式

倒金字塔式要求将最重要、最新鲜、最吸引读者的材料作为导语放在文章开头，然后介绍次要的材料，更次要的材料放在结尾。其优点是传递信息快捷，有利于读者的阅读和新闻的编发，缺点是过于程式化，显得呆板、老套。

2. 金字塔式

金字塔式是相对于倒金字塔式而言的，即按事实发展的先后顺序或按事实发展的逻辑方式来写。这种写法的特点是事实叙述清楚、完整，且较为生动，易为读者接受。

3. 倒金字塔与金字塔结合的结构

倒金字塔与金字塔结合的结构是现代新闻稿写作中常用的一种手法，这种结构比较复杂。即在导语部分采用倒金字塔式，正文中采用金字塔式，以融合两种结构的长处。

（四）例文评析

[例文 5-7]　　计生法修正案获通过，元旦后出生的二孩都合法

（人民日报记者　董宇　邱耀洲）今天下午，全国人大常委会表决通过了人口与计划生育法修正案，全面二孩将于 2016 年 1 月 1 日起正式实施。这就意味着，明年元旦以后出生的二孩，都是合法的。按修正案中规定，生育一孩或两孩的夫妻均可获得延长生育假的奖励。法律修改前按照规定应当享受扶助的失独家庭，将继续获得扶助。

今日表决通过的法律修正案，相比 21 日提交审议的草案，有数处重大修改。

保留生育第一胎的晚育假延长奖励

原本的人口计生法规定，晚婚晚育可以享受相应的延长休假或其他福利待遇，修正案草案取消了这一条，要求按该法第十八条规定（即生育两孩）生育子女的夫妻，才可以获得延长生育假的奖励或者其他福利待遇。但在最终通过的修正案中，该表述修改为“符合法律、法规规定生育子女的夫妻，可以获得延长生育假的奖励或者其他福利待遇”。法律委员会在修法说明中指出，修改这一条的原因是“有些常委会委员、代表提出，这一规定不够清楚，容易理解为只有生育两个子女的才可以获得延长生育假的奖励”。换言之，这一修改可以理解为，生育一个子女，但符合相关法律法规规定（如婚姻法）的，同样可以获得延长生育假。

明确“老人老办法”：独生子女父母仍获奖励、扶助

审议中争议极大的“删去第二十七条”，在最终通过的修正案中也发生了逆转。根据修改后的法律规定，在“一孩政策”实行期间获得《独生子女父母光荣证》的夫妻，仍旧继续享有各类合法的奖励。特别是其中“失独”的那部分家庭，仍旧按规定获得扶助。但从条例表述来看，新法生效后，《独生子女父母光荣证》将成为历史。没有光荣证的夫妻，如果只生育一孩且孩子发生意外伤残或死亡，也无法像“老人”一样再获得国家的特别扶助。

对代孕、买卖胚胎未作规定

“禁止代孕”可以说是本次计生法修正案审议过程中争议最大的一个条款。委员们在审议中指出，以放开“全面两孩”为主旨的修正案，实在没有必要暗度陈仓地将禁止代孕这一争议性仍极大的内容“捎”进去。在最终表决稿中，“禁止买卖精子、卵子、受精卵和胚胎，禁止以任何形式实施代孕”的整条内容，均被删除。此外，原法规定的“育龄夫妻应当自觉落实计划生育避孕节育措施”，也被修改为“育龄夫妻自主选择计划生育避孕节育措施”，对应的“实施假节育手术”法律责任也相应删除。

［评析］这篇消息采用的是倒金字塔式的结构，将“今天下午，全国人大常委会表决通过了人口与计划生育法修正案，全面二孩将于 2016 年 1 月 1 日起正式实施”作为重要信息放在首位。导语里，开篇一目了然地介绍了新闻的主要内容，体现了新闻的价值所在：“这就意味着，明年元旦以后出生的二孩，都是合法的。”为了帮助读者抓住重要信息，

明确新闻主旨，主体内容加入了小标题作为提示，以突出新闻中三个关键性问题。第一则小标题“保留生育第一胎的晚育假延长奖励”下面的内容，是对重要信息的补充说明，其新闻主体部分不仅向读者解释了法案二次修订的过程，同时也将修改前后的内容进行了对比，进一步明确正确理解这一法案的重要性；第二则小标题“明确‘老人老办法’：独生子女父母仍获奖励、扶助”后面将最新鲜的内容，即审议中争议最大的“删去第二十七条”的部分放在了最前面，进一步吸引了读者注意力，凸显新鲜性。第三则小标题后以“禁止代孕”作为引导，详细地分析了争议最大的关键点及原法修改或删除的其他内容。这种消息的写作方法，能使读者以最快的速度了解主要内容，节省阅读时间，适合国家重大政策的上传下达、重要法律条令的及时阐释说明等新闻传播。

三、通讯的写作

（一）通讯的概念和分类

通讯是运用叙述、描写、抒情、议论等多种手法，具体、生动、形象地反映新闻事件或典型人物的一种新闻报道形式。它是记叙文的一种，是报纸、广播电台、通讯社常用的新闻稿写作形式。

通讯一般分为两种：

（1）从内容上看，通讯可分为人物通讯、事件通讯、工作通讯、概貌通讯等。

（2）从形式上看，通讯可分为记事通讯、访问记（专访、人物专访）、小故事、集纳、巡礼、纪实、见闻、侧记、散记、采访札记等。

具体来说，所谓人物通讯，就是以报道各条战线上的先进人物为主的通讯。它着重揭示先进人物的精神境界，通过写人物的先进事迹，以反映人物的先进思想，使之成为社会的共同财富。同时，它也报道社会转变中的人物和某些有争议的人物。只是人物通讯在写人叙事时应力求言真意切，恰如其分，不要把先进人物写成超出常人的大智大勇、十全十美的形象。

所谓事件通讯，就是报道典型的、有普遍教育意义的新闻事件。写事当然离不开与事件有关的人，但它不像人物通讯那样着力刻画人，而是以事件为中心，在事件的总刻画中，为写事而写人。它既可以反映现实生活中发生的重大的、振奋人心的典型事件和突出事件，也可以从某一新闻事件中截取一个或若干个片段，进行细致详尽的描述，揭示事件的深刻含义，还可以是若干个事件的综述。

所谓工作通讯，就是反映贯彻执行党的路线、方针、政策中的成绩，总结实际工作中的经验和教训，或者探讨有争议的亟待解决的问题的报道。它是报纸上经常用来指导工作的重要报道形式。它的写作特点主要有四条：一是把介绍工作经验和分析工作问题作为主旨；二是凭借事实，深入分析；三是生动活泼，讲究文采；四是不拘一格，形式多样。

概貌通讯又称风貌通讯，它是以反映社会生活、风土人情、自然风光和日新月异的建设成就为主的报道，今天我国改革开放所带来的变化，又为这类通讯增加了新的内容。概貌通讯与事件通讯不同，它不是围绕一个人物或一个中心事件来写的，也不要求写一件事发生、发展的完整过程，而是围绕主题集中各方面的风貌和特色。在表达方式上，往往运用一个点上的具体事例来叙述和描写一个地区、一条战线、一个单位、一个方面的风貌变化，展现时代的步伐和人的思想境界的变化。一般采取“巡礼”“纪实”“散记”“侧记”等形式，向读者介绍。所谓小故事（小通讯），它反映的是现实生活中的一个片段，通常表现一人一事，线索单一而有故事情节，短小精悍，生动活泼。这种文体人物不能写得太多，场面不能太大，情节不能枝蔓，否则就失去了“小”的特点。

（二）通讯的结构和写法

1. 通讯的结构

通讯一般由标题、开头、主体、结尾四部分组成。

（1）标题。

通讯的标题主要有两种形式。

① 单行标题。用一句话概括文章的主旨。如《百年婚姻说离就离》《“太行精神”耀三晋》

② 双行标题。由主标题和副标题组成，如：

中国民族工业发展的一个典范（主标题）

记福寿仙企业的发展历程（副标题）

（2）开头。

通讯的开头多种多样，各具特色。有的开门见山，直言其事；有的设置悬念，引起读者兴趣；有的从一个激动人心的事件写起，从而抓住读者的眼球等。总的要求是紧扣主题，力求写得精彩生动，吸引读者去阅读全文。

（3）主体。

主体是通讯的核心部分，这部分要围绕一个中心，从多个不同的侧面进行全面叙述。通讯的结构和消息的结构有明显区别。消息一般由导语、主体、结尾等较为固定的结构构成，通讯的结构则比较灵活、多样。通讯主体常见的结构方式有以下几种：

① 纵式结构。即按时间顺序、事物发展的顺序或作者的认识发展的顺序来安排层次。这种结构便于读者了解事物发展的全过程。

② 横式结构。也叫并列式结构。这种结构按空间方位的变化来安排材料，把事件、人物与地点联系起来，或者按照事物的性质来安排材料。

③ 纵横交错式结构。这种结构以时间为经，空间为纬，将一系列情景、场面及特点镜头紧紧围绕一条主线展开。采用这种结构方式的通讯，一般是反映事件较多、时间跨度较大、涉及的地点较广的通讯。

④ 自由式结构。常见的有悬念式、戏剧式、系列式等。

（4）结尾。

通讯的结尾一般是归纳全文、点明主旨，或对所报道事件的发展趋势进行展望，或对所报道的内容进行评论等。

2. 通讯的写法

通讯的表达方法一般有叙述、描写、议论和抒情等。叙述的写法可分为：

（1）从头至尾或由浅入深式。

（2）头足倒置或中心开花式。

（3）穿插材料式。

(4) 夹叙夹议或边叙边议式。

描写也可分为人物描写、场景描写、细节描写等。通讯中的细节描写比消息中的细节描写要多得多,所以通讯写作要求细致、具体,要尽量做到材料完备。

议论和抒情在通讯中也尤为重要,借助议论可以阐明事物之间的内部联系,同时起到揭示本质、深化主题、使事实形象生动、激发读者感情等作用。

要写好通讯,还要注意以下几点:

(1) 深入采访,广泛收集资料,为写作奠定好基础。

(2) 通讯主题的提炼与角度的选择密切相关。通讯写作只有选好角度,才能提炼出深刻而新颖的主题。

(3) 通讯写作往往是多种表达方式综合运用,但应注意运用恰当。一般情况下,通讯的抒情和议论要少而精,重在以事实为基础的自然流露。

(三) 通讯的写作要求

1. 主题要明确

有了明确的主题,取舍材料才有标准,起笔、过渡、高潮、结尾才有依据。

2. 材料要精当

按照主题思想的要求,去收集材料,选取材料,使用那些最能反映事物本质的、具有典型意义的和最具吸引力的材料。

3. 写人写事紧密结合

写人物通讯固然要写人,就是写事件通讯、概貌通讯、工作通讯,也不能忘记写人。离开事例、细节、情节去写人,势必显得空洞,缺乏吸引力。

4. 角度要新颖

写作方法要灵活多样,除叙述外,可以描写、议论,也可以穿插人物对话、自叙和作者的体会、感受;既可以用第三人称的报道形式,也可以写成第一人称的访问记、印象记或书信体、日记体等。通讯所报道的新闻事实,可以从各个不同的角度去观察,去反映,角度不同,印象各异。若能寻得最佳角度去写,往往能使稿件增添新意,别具一格。

(四) 例文评析

[例文5-8] 一个大学校长的权力边界

今天,江西省南昌市中院对南昌大学原校长周文斌涉嫌受贿、挪用公款罪一案作出一审宣判,数罪并罚判处其无期徒刑,剥夺政治权利终身,并处没收个人全部财产。法院经审理查明,周文斌收受他人财物共计人民币2 111.8万元、港币30万元、美元1万元、韩元90万元、购物卡2.4万元、卡地亚手表一块(价值3.86万元),两次个人做决定挪用南昌大学公款人民币共计5 875万元进行营利活动。

历时13个月,引发了舆论高度关注的周文斌案有了一个结果,周文斌所涉及的贪腐问题也得到法律的确认。

30多岁就当上厅级干部,42岁担任江西省唯一一所211重点高校的校长,周文斌达到了个人权力的顶峰。在担任南昌大学校长期间,他利用自己之前任职时开拓的一套行之有效的校园建设模式,完成了南昌大学新校区建设,成为其最大政绩。

然而，周文斌霸道、独断的工作方式，加之缺乏监督的建设模式，使他最终落马。

10 年间，周文斌在南昌大学究竟做了什么，说了什么，2015 年 1 月 26 日至 2 月初，《京华时报》记者在南昌、北京等地进行了采访。

江西政界人士认为，周文斌的落马源于权力的滥用，身居高位却对权力缺乏敬畏，没有把握好一个大学校长的权力边界。

起家：41 岁已获任正厅级干部

周文斌出身草根，在江西政界人所共知。1960 年，周文斌出生在湖南衡阳一个普通工人家庭，上大学前还曾作为知青下乡插队。1978 年 9 月，周文斌考入当时的华东地质学院（现已更名为东华理工大学）地质系水文地质专业。1982 年大学毕业时，由于成绩卓著，周文斌留校任教，并考取了后担任华东地质学院院长李学礼的研究生。在担任 8 年教师后，周文斌担任水文地质工程系副主任，也正是从这时开始，周文斌走上了仕途。而他的仕途也从此顺风顺水，最终平步青云。

一些熟悉周文斌的江西政界人士表示，周文斌在华东地质学院任职期间，工作能力强、魄力足。到 1995 年 10 月，周文斌被任命为华东地质学院副院长，已官至副厅级。2001 年 3 月，李学礼卸任华东地质学院院长，而周文斌的仕途更上一层楼，被任命为该院院长，官至正厅级。

除了仕途亨通，周文斌最为得意的是，在担任院长的近两年时间里，他还摸索出一套校园建设模式。据媒体的公开报道显示，这套模式被周文斌概括为“自己省一点，上面的钱要一点，别人的钱用一点，以后的钱用一点”……在这套模式指引下……对于这个政绩，周文斌自我评价为：有胆识、有魄力，同时自己也无私。

政绩：建成 4 500 亩南昌大学新校区

2002 年 12 月中旬，江西省委宣布任命，周文斌担任南昌大学党委副书记、校长。虽然是正厅级平调，但南昌大学与东华理工大学有着本质区别，它是江西省唯一一所 211 重点高校，自然是江西省内高校的“龙头老大”。周文斌当上南昌大学校长，在江西高校系统人士看来，其实属于“升官”了。

当时其实正处于国内很多大学的大规模新校区建设时期，也包括南昌大学。南昌大学新校区的位置选在南昌市红角洲的前湖附近。规划面积 3 600 多亩，后来又加了 900 亩。南昌大学前湖新校区面积达 4 500 多亩。2003 年，新校区建设正式展开。多名目前在京工作的南昌大学学生对《京华时报》记者表示，周文斌在学校各种会议上讲话时多次提出，要将校园建成全国一流水平，甚至要超过北大、清华。这种提法让很多学生觉得有些“水分”。

运用东华理工模式说干就干，在南昌大学新校区建设中，在后勤建设方面，南昌大学与香港多伦多集团签订协议……到 2006 年 7 月，前湖新校区建设基本完毕。而其实，从 2005 届开始，南昌大学的新生就开始在前湖新校区就读。建成后的新校区内，人工湖、假山、广场齐备，加上全新的教学楼、宿舍楼，学生的就读环境优越。国内一些熟悉南昌大学新校区的教育界人士认为，南昌大学这座新校区仅就硬件条件来说，在国内大学中也属于一流。而江西省政界不少人士也认为，建成南昌大学新校区，周文斌功不可没。然而，到南昌大学任职后，周文斌的很多致命缺点也完全暴露，并最终导致了他的落马。

独断：“最帅校长”画皮下的权力滥用

南昌大学的一些毕业生回忆，周文斌到任南昌大学校长后，喜欢和学生们互动，经常深入学生中听取学生们的意见。42 岁的年龄和出众的外表，让他在学生中很快有了亲和力，很快,“中国最帅校长”的称呼在南昌大学学生间不胫而走,并迅速扩散。但是,在教职工、校领导班子之间,周文斌却是另外一套做派。

从2015年1月26日开始,《京华时报》记者在采访期间,一些学校中层干部、曾经在南昌大学任职的领导对周文斌做了一致的评价,“此人当校长时,工作作风霸道、独断专行,对别人的意见毫不理会”。

说起周文斌行使权力的独断,南昌大学很多人可以举出一大箩筐例子。多名知情人士介绍,2009年前后的某一天,学校一些领导先后收到短信,短信来自一名刚被任命为学校某机构负责人的女士,“感谢领导们的信任,我今后一定勤奋工作”。这一短信让校领导们不明就里,任命学校中层干部,他们竟然完全不知情。几天后,周文斌在开会时才提到,这一任命是经过他同意后下达的。周文斌“任性”地行使权力也没有忘记遮掩动作。南昌大学一名负责财务的中层干部介绍……而在工程建设领域,周文斌一直是一人拍板。

2002年12月,周文斌被任命为南昌大学党委副书记、校长,校党委书记空缺。一所211重点大学,长达近两年时间无党委书记,这显然是一个极为不正常的现象,背离了党委领导下的校长负责制。江西省政界知情人士介绍,在党委书记空缺的两年里,周文斌的校长权力行使,已经到了完全失控的程度,遇事抛开集体讨论,完全由他一个人决定。而检方指控的周文斌所涉嫌的受贿犯罪,全部发生在周文斌一人独掌权力期间,而不是党委书记、校长分设的几年……

面子:耗资千万元搞金龙雕塑被上级领导批评

霸道、独断专行的工作作风,权力不受制约、任性的使用,也使周文斌热衷于做表面文章,搞面子工程的缺点充分暴露。

……

江西省政界人士透露,无论是校门还是金龙,都属于周文斌搞的面子工程。同样的面子工程还体现在校园的绿化、人工湖建设等方面,现在看来,这些面子工程浪费了数亿元资金。

浮夸:一系列浮夸行为遭老教授作诗讥讽

除了爱搞面子工程,周文斌还给人留下了浮夸的印象。2012年9月,南昌大学新闻系北京校友会在中国人民大学举行。多名南昌大学毕业的在京媒体记者回忆,周文斌在讲话中提到,要让南昌大学新闻系超过人民大学新闻系。这一讲话让在场的很多人倍感尴尬。会后,大家议论更多的则是,这位校长明显表现出了浮夸的一面。除了学生认为周文斌浮夸,南昌大学教职工有着更深入的观察。一名教职工说,周文斌在任期间,除了搞校区建设,也没有忘记学术建设。当时周文斌做得最多的就是坐着飞机在全国乃至国外到处跑,搞各类学术交流活动。在周文斌的安排下,南昌大学的校领导层、中层干部、基层教职工一批批走出去,进行“学术交流”。而从现在看来,这些交流活动究竟取得了哪些学术成果,对学术科研带来了哪些好处,南昌大学很难有人能具体说清。而最为重要的是,这些活动究竟产生了多少支出,也成了一笔糊涂账。

南昌大学退休教授金峰(化名)最看不惯周文斌的浮夸。2015年1月27日,金峰对《京华时报》记者表示,在南昌大学建校90周年纪念大会上,周文斌列举一系列数字,以展示其任职以来学校取得的学术成绩。在金峰看来,真正的学术成果不该用数字来衡量,“当时对周文斌的印象就两个字——浮夸”。在听到身边其他同事对周文斌的各类批评意见后,爱作诗的金峰作了一首题为《拟蜂蝇》的打油诗讥讽周文斌的浮夸:常爱嗡嗡四处飞,无勋无绩寄光辉。愚人不识君身假,犹效勤蜂枉自吹。

金峰说，拟蜂蝇是这样的一个物种，外表看着像蜜蜂，实际却是苍蝇的一种。拟蜂蝇也喜欢往花丛里飞，好像也在勤奋地采花粉，但是还是难以掩盖其苍蝇的本质。金峰认为，这很符合周文斌的为人。

荒唐：安排风水先生为学生“科普讲座”

校园里安放金龙雕塑遭唾弃，而周文斌迷信风水则达到了近乎荒唐的程度。在京工作的南昌大学毕业生罗宇（化名）回忆，从2008年开始，学校推出了“前湖之风”系列学术科普交流活动，安排在每周末举办。校方邀请来自其他高校的学者为学生们讲授涵盖天文、地理、历史、传统文化、社会发展等各种类型的知识。在罗宇看来，这一系列的讲座让包括他在内的很多学生受益匪浅，“一位研究传统文化的教授讲过《爱喝茶的男人不易变坏》，大家听着笑着，就记住了不少关于茶叶、茶道的东西”。

南昌大学的一些教职工介绍，“前湖之风”讲座是时任校党委书记的郑克强等校领导策划推出的，一直持续到了今天。周文斌也没有忘记这个舞台，但他的想法让校领导、教职工和学生们不禁大跌眼镜，周文斌准备安排一名风水先生为学生讲风水！负责具体安排的教职工很为难，向其他校领导请示，该提议遭到一致反对。讲风水不好听，周文斌最终打出“讲授易经知识”的旗号，安排这名风水先生登上了“前湖之风”的讲坛。

仅仅讲座还不够，周文斌最终决定以学校名义，聘请这位风水先生担任学校顾问。

……

而在2012年，周文斌多次被举报涉嫌贪腐问题，一次出差期间，迷信风水的他遇到一名风水先生，由于自感该人看得很准，周文斌将此人请到南昌的家中看风水。在这名风水先生的指引下，周文斌对家中布局做了调整，以寄托他“平安闯过举报风波”的心理预期。然而，风水先生为他支的保平安的招数没有奏效。2013年5月9日，周文斌最终落马。

尾声：步入“后周文斌时代”注重内涵发展

作为主政南昌大学长达十年的领导，周文斌的落马给南昌大学带来的震动有多大，是一个很容易就能想见的问题。……12月初，南昌大学相关负责人表示，目前南昌大学已经进入了内涵型发展的新时期，摒弃周文斌时代的浮夸、务虚名成为重要任务。同时，加强党风廉政建设已经成为这所高校的最重要任务……

江西省政界普遍认为，南昌大学已经进入“后周文斌时代”，吸取周文斌案的教训，把学校建设引入新的时代，已经成为南昌大学建设的主要方向。

（来源：《京华时报》2015年12月30日）

［评析］此篇为典型的人物通讯，主要介绍了南昌大学原校长周文斌涉嫌贪污受贿一案，通过该案件一审宣判的新闻，报道了周文斌在职期间涉嫌受贿、挪用公款等犯罪事实，倡导高校领导要树立正确的权力观，将高校的学校建设引入新时代。为了凝练核心观点，该通讯通过小标题的形式，将周文斌的犯罪过程清晰地划分成几个阶段：“起家：41岁已获任正厅级干部”“政绩：建成4 500亩南昌大学新校区”“独断：‘最帅校长’画皮下的权力滥用”“面子：耗资千万搞金龙雕塑被上级领导批评”“浮夸：一系列浮夸行为遭老教授作诗讥讽”“荒唐：安排风水先生为学生‘科普讲座’”“尾声：步入‘后周文斌时代’注重内涵发展”。此种方式有利于缓解读者的视觉疲劳，并能以最快的速度让读

者切中要点，引导阅读。在每个小标题之后，便是对事件的详细报道，更进一步揭露了周文斌的犯罪事实，警醒读者防微杜渐，要将犯罪消灭在源头。

全篇通讯行文流畅，生动活泼。从表述方式上看，全篇通讯从典型人物的整个犯罪案件入手，通过事件来展示人物的性格特征，夹叙夹议，鲜活深刻。

第八节 新媒体写作

一、新媒体的概念和特征

（一）新媒体的概念

近年来，新媒体浪潮滚滚而来，正在以不可抵挡的势头，迅速渗入世界各国政治、经济、思想以及文化等领域，改变着人们的生活，改变着世界的面貌。在 Web1.0 时代，新媒体就是网络媒体，Web2.0 兴起后，一些新的社会化媒体如微博、微信应运而生，其传播模式显著异于网站，同样被称为“新媒体”。据中国互联网信息中心（CNNIC）的数据，1997 年 10 月，中国的上网计算机数仅为 29.9 万台，上网的用户数为 62 万。2019 年 2 月，中国互联网络信息中心发布的第 43 次《中国互联网络发展状况统计报告》显示，截至 2018 年 12 月底，我国网民规模达到 8.29 亿，占全球网民总数的五分之一，互联网普及率达到 59.6%。手机网民规模 8.17 亿，手机网民占比 98.6%。手机作为移动媒体的重要性开始显现。

NTSC 电视制式的发明者 P.戈尔德马克（P.Goldmark）提出，他发表的一份关于开发电子录像商品的商品开发计划书中用到了“new media”这个新词。1969 年，美国传播政策总统特委会主席 E.罗斯托（E. Rostow）在提交给尼克松总统的报告中也多处使用了“new media”这个概念。[①] 由此，新媒体一词开始在美国流行并扩展至全世界。在当时，新媒体一词更多地指向电子媒体中的创新性应用。[②]

国内外专家对新媒体概念没有定论，各执一词。美国《连线》杂志认为新媒体是“所有人对所有人的传播”。联合国教科文组织将新媒体定义为“以数字技术为基础，以网络为载体进行信息传播的媒介”。我国清华大学熊澄宇教授提出：所谓新传媒，或称数字媒体、网络媒体，是建立在计算机信息处理技术和互联网基础之上，发挥传播功能的媒介总和。它除具有报纸、电视、电台等传统媒体的功能外，还具有交互、即时、延展和融合的新特征。也有学者提出，新媒体就其内涵而言，是指 20 世纪后期在世界科学技术发生巨大进步的背景下，在社会信息传播领域出现的建立在数字技术基础上的能使传播信息扩展、传播速度加快、传播方式更丰富的，与传统媒体迥然相异的新型媒体。就外延而言，新媒体包括了光纤电缆通信网、有线电视网、电子计算机通信网、大型电脑数据库通信系统、卫星直播电视系统、互联

---

① 明安香：《信息高速公路与大众传播》，华夏出版社，1999 年，第 72 页。

② 彭兰：《“新媒体”概念界定的三条线索》，《新闻与传播研究》2016 年第 3 期。

网、手机短信、多媒体信息的互动平台、多媒体技术广播网等。① 这些概念明确了新媒体产生背景、基本范畴和特点,但也存在界定过宽或逻辑混乱等问题,而且随着新媒体的发展演变,某些概念已经不能涵盖新媒体当下和未来的发展。

我们采用彭兰对新媒体的最新界定,她认为,我们今天所常使用的新媒体的概念是一个宽泛而相对的概念,是相对传统媒体而言的,是报刊、广播、电视等传统媒体以后发展起来的新的媒体形态。具体而言,是主要基于数字技术、网络技术以及其他现代信息技术或通信技术的,具有互动性、融合性的媒介形态和平台。在现阶段,新媒体主要包括网络媒体、手机媒体及两者融合形成的移动互联网,以及其他具有互动性的数字媒体形式。②

(二)新媒体的特征

与传统媒体相比,新媒体具有如下特征:即时性、开放性、数字化、个性化、分众化、信息的海量性、低成本全球传播、检索便捷、融合性、互动性等,其中,数字化、融合性、互动性是新媒体的根本特征。

1. 数字化

从20世纪50年代人类开启计算机时代算起,迄今为止计算机技术已实现了信息的数字化存储、加工、传播和呈现。而数字化信息的传播介质,就是新媒体。当下,数字技术已经渗透到所有媒介产品的生产环节,如报纸出版中的激光照排技术、电视编辑中的非线性编辑技术等,这些技术是传统媒体向新媒体延伸或转型的前提。但仅有技术还不意味着传统媒体就变成了新媒体。我们所说的数字化,更多的是指最终传播介质的数字化。③

2. 融合性

在新媒体时代,媒介融合成为大势所趋,包括多个层面的融合:传播渠道、媒介形态的融合,互联网兼容了大众传播、人际传播、群体传播和组织传播等多种传播形式;另外还有媒介手段的融合,多媒体传播被认为是新媒体传播的典型特征,文字、图片、音频、视频、动画、H5、VR等多种手段和表现方式融合起来,成为新媒体作品丰富多元的表现方式。

3. 互动性

对于新媒体而言,新的通信技术使得媒介的信息交流从单向转向双向,使得传受双方的双向交流成为可能,这种双向交流的能力被人们称为“互动性”。传统媒体也有一定的受众反馈机制,但与新媒体相比,那种反馈是被动的、微弱的,甚至也是滞后的,及时、良好的互动性成为区分传统媒体与新媒体的主要特征之一。

二、新媒体写作的特点

互联网的普及,对传统媒体写作提出了挑战。新媒体写作是以新兴媒体为写作载体,在网络、移动、户外虚拟平台上进行互动式的写作行为和活动过程。具体来说,就是通过微博、微信等各种手段,即时传播信息的写作。与传统媒体写作最大的不同是,新媒体写作以视频、图像、文字等为表现形式,甚至几种手法综合运用传递信息。④ 比如一场精彩的记者会,

---

① 蒋宏、徐剑:《新媒体导论》,上海交通大学出版社,2006年,第14页。
② 彭兰:《“新媒体”概念界定的三条线索》,《新闻与传播研究》2016年第3期。
③ 彭兰:《“新媒体”概念界定的三条线索》,《新闻与传播研究》2016年第3期。
④ 喻季欣、薛国林:《新媒体:催生“新新闻文体”》,《新闻与写作》2010年第4期。

其内容被图像、文字和视频报道,更有无数网友通过跟帖、博客、微博和手机短信表达感想、评价。新媒体写作和传播就这样随时进入我们的生活,把我们身边正在发生的有价值的事件、信息和新闻适时传播,体现着新媒体时代的生活精彩与传播变革。

当下,新媒体写作不仅是一种新的社会现实,更是广大网民和专业新闻工作者都在实践、期待提高的新文体写作技能。与传统媒体的新闻写作相比,新媒体写作具有以下特征。

(一)超文本结构

"超文本"最早由美国学者纳尔逊提出,它主要指在电脑上进行的一种"由一连串文本段落构成,以连接点串联起来,提供读者不同阅读路径"的非传统书写系统。新媒体超文本,就是互联网上各种电子文本间的网络状组合或层次性文本片段的链接。新媒体写作文本呈间断网状性,文本不一定完整出现,不讲求始终,不要求完整合适,可以是片段,构成文本的"网状结构"或称"树状结构"。新媒体新闻写作不但要有茂密的枝叶——醒目的标题、诱人的导语,还要有粗壮的枝干——对事实的深度挖掘及对主题的高度提炼,更要有庞大的根系——对背景材料、信息进行全历史、全过程向度的运用。① 超文本结构在网络新闻、微博、微信公众号等新媒体写作中都有明显的体现。

(二)即时发布原则

新媒体比传统媒体更追求时效性,新媒体写作发布快,时效性高,更新速度快。在新媒体时代,前一分钟的新闻在下一分钟可能就成为历史,媒体及个人可以随时随地通过手机发布新闻,因此新媒体写作要迅速及时,在遵循真实准确的前提下,保证信息及时发布,通过电脑、博客、微博、手机等各种手段即时传播信息,要有抢写作题材的理念,有时甚至把一个事件故意分成几部分进行写作,不一口气完成,造成每日每时都有新意的感觉。每一篇新闻文本不像传统媒体写作那样有头有尾有板有眼地琢磨,而以快速发布取胜。② 为了达到快速传播的目的,有时新媒体写者就需要选择一些快速上传的媒体服务商。

(三)交互性写作

与受众的充分互动是新媒体写作的一部分,也是其从头到尾贯穿始终的一部分。新媒体写作是用新技术手段进行的信息交互性写作,它适用于视频、音频、图像、文字等多媒体表现形式,综合传递信息,强调新闻作品的受关注度与回应率,具有极强的互动性。新媒体特性有利于交互式报道呈现,交互点通过文字、动态图片、音频、视频等交替出现,增强报道的信息量、感染力和影响力。

传播的交互性模糊了传与受的界限,作者与接收者不再泾渭分明,人人都是接收者,人人也可以都是作者。以前作为"沉默的螺旋"的受众,随时可以拿起手机,敲击键盘,参与新闻,既接收现场信息,也表达个人意见,成为当然的信息传播者。借助于技术的发展,新媒体对新闻反应迅速,动态新闻常常只要几分钟就可以传遍全球,读者在第一时间能够参与到报道中。传播者和受众的反馈互动非常及时频繁,新媒体写作中设置了读者留言、评论、点赞等反馈环节,网友通过跟帖、博客、微博、微信等形式参与新闻再创作,通过互动表达感想、评价和各种信息,而微博、微信公众号发布信息之后,受众的留言常常能得到传播者的迅速回应,有时只需要几分钟,互动就已充分形成。

---

① 陈燕:《网络新闻写作的结构特征》,《新闻爱好者》2002 年第 5 期。

② 格日乐:《传统媒体写作与新媒体写作》,《写作(上旬刊)》2016 年第 2 期。

（四）个性化表达

在新媒体的叙述文本中，语言的运用不同于传统媒体。新媒体文本所运用的语言虽然还是传统的主流语言，但是由于深受 QQ、微博、微信等语言的影响，因此它产生许多极具新媒体特色的语言类型。这种新媒体语言，因其传神性和新颖性大大丰富和拓宽了语言表现空间，显得机智俏皮，具有丰富韵致，能营造出幽默的表达效果，同时也增加了文本的趣味性，使新媒体文本更加形象传神。

新媒体写作不受传统媒体界限束缚，或叙事，或评论，或三言两语，模糊了消息和通讯的界限，每一个人都可以个性化表达自己的观点，传播自己关注的信息，客观上给受众提供了个性化服务。微信公众号、微博等自媒体因为个性化的服务和写作，吸引了因垂直内容的兴趣而联合在一起的社群，这些社群逐步发展成为现实社会中牢固的人际互动网络。

三、新媒体写作的要点

新技术催生了很多新的“新闻文体”，如博客、微博、微信公众号等，向传统媒体写作的观念、形式等方面提出了挑战。随着技术的不断发展，新媒体的形式层出不穷，从博客、短信、微博、微图到微信公众号，虽然新媒体的形式越来越丰富，但对于当下的新媒体写作而言，微博和微信公众号是传播力度最强、受众覆盖面最广的新媒体。

（一）微博写作的要点

微博，又称微型博客，即微型网络日记（MicroBlog），起源于 2006 年在美国诞生的 Twitter（推特），以 140 字发布信息，并实现即时分享。在我国，2009 年 8 月中国门户网站新浪推出“新浪微博”，之后，腾讯、搜狐、网易等相继推出了微博。根据维基百科对微博的定义，微博是一种允许用户及时更新简短文本，并可以公开发布的博客形式，它允许任何人阅读或者只能由用户选择的群组阅读。微博被认为是博客的微缩版，是 Web3.0 新兴的开放互联网社交服务。

微博与传统媒体不同，它的传播样式并不规范，但是在广泛普及的过程中却体现出了新闻化的倾向。其最大的特征就是传播的便捷性，用户不仅可以通过电脑网页更新微博，还可以用手机客户端、iPad 客户端等多种方式更新。公众在新闻现场或者作为新闻知情人，只要通过一部能过上网的移动设备，就可以把自己所知的新闻信息发送至微博平台。[①] 微博的写作原理跟传统媒体的新闻写作相同，写作目标也是一致的：报道人们不知道，但需要知道并想要知道的人物、故事、思想、观点。[②] 但微博写作又有别于传统媒体写作，具有新媒体写作的独特性。

1. 内容贴近生活：原生态记录

新浪微博的口号是“随时随地发现新鲜事”，作为一种分享和交流平台，个人微博写作主要以记录生活琐事、抒发情感及进行时效性强的新闻报道为主，表达微博主每时每刻的思想和最新动态，抒情闲侃，或是分享生活感悟。从内容上看，微博写作向公众展现原生态生活，是一种即兴写作。从表达方式上看，微博写作以叙述为主，辅之以抒情、描写、议论等手法，

---

① 徐明华：《网络新闻采写》，华中科技大学出版社，2014 年，第 198 页。

② 薛国林、胡秀：《微博新闻的写作及其文体特征——以 2010 年两会微博报道为例》，《新闻与写作》2010 年第 5 期。

发布生活中的趣事,因而充满了生活的"原汁原味"。例如我国台湾明星林志颖在参加综艺节目《爸爸去哪儿》时发了一条微博:"砍柴生火做饭没想到我越来越上手了,相信只要你愿意大家做得到,明天溜猪大赛谁会赢呢?可怜的小 kimi 不小心落水,没想到他会说我好好笑,真是勇敢的小孩,爸比为你骄傲给你赞一个。"这条微博内容轻松,语言朴实,记录了林志颖的内心真实感想,其轻松幽默的文字风格被网友们认可。

在写作方式上微博写作不同于博客的长篇大论,也不同于传统文学的精雕细琢,它更专注于使用三言两语随时随地地发布自己的心情和状态,记录生活的点滴,发表对事件的感慨和情绪,有较强的亲和力。例如 2019 年 2 月 24 日,人民日报官方微博发布一条新闻:"22日,四川南部县兴盛乡程家沟村,与父母失散近 31 年的程雪平,终于回家与父母团圆。在乡亲们的见证下,一家人相拥而泣,场面令人动容,旁人也忍不住落泪。1988 年 6 月,年仅 3 岁小雪平在工地失踪,此后一路寻亲。"这条微博通过真实故事的展现,用平实的语言表达了真实情感,感染力十足。

2. 文字精练

微博对作者要求不高、门槛低,但具有独特的优势,在一些突发新闻报道中,微博的反应速度远胜于传统媒体,表现出其在新闻报道方面的巨大潜力。短小精悍本是消息的主要特点,但是微博新闻比消息还要简短。大多数微博对博文有字数限制,如新浪微博、腾讯微博(今已关闭)等的字数限制是 140 个字以内,网易微博(今已关闭)的字数限制是 163 个字以内。从篇幅上看,微博发出的一句话,一个图片都可以是一条新闻,文字量小;从结构上看,单篇微博结构简单、角度单一,一篇微博新闻只讲述一个事件、一个情境、一个观点。从时效性上来看,微博新闻几乎是直播式的。为了方便读者查找搜索,微博最前面用两个"#"字符号标注新闻话题,如关于明星袁立结婚的新闻,新浪娱乐微博开头"#袁立被曝结婚#"置于正文最前面,字体为蓝色,并设置超链接,起到导读作用。微博新闻开头也常用一句话概括新闻的主要内容,并用方括号"【】"予以标识,类似于新闻标题,起到提示读者注意的目的。如 2019 年 3 月 24 日我国著名游泳运动员孙杨在全国游泳冠军赛取得佳绩,人民日报官方微博迅速发布信息,如图 5-2 所示,消息简练,但信息量充足。

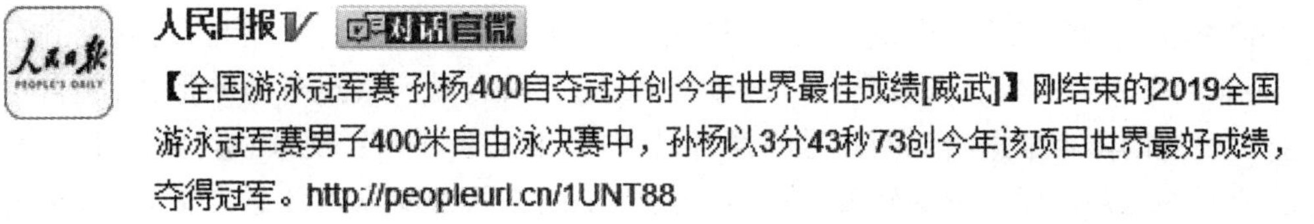

图 5-2

3. 表现手法多样化、互动及时

近年来微博表现手法除了文字外,也吸收了多样化的多媒体表现手法,包括文尾表情符号的运用,或者在简短文章下面附上一般图片、长图、动图、超链接、短视频等。微博主在表达新鲜事的时候,常常会插入不同的表情符号,以表达不同的情绪,如高兴、生气、害怕、伤心、点赞、给力、发奋等都是常用的表情符号,表情符号富有表现力、轻松有趣,是辅助文字语言的良好表达方式。长图一般是转发而来的,将详细报道(或图片)用长形图片格式贴在微博下面，用来突破微博发布字数的限制。对感兴趣的网友而言，从长图里的文字可以获得更多更翔实的信息。有的微博下面附上一个网址，用超链接的方式提供延伸报道，网友根据兴趣自主选择是否阅读。微博附带的短视频也以短小精悍为主要特征，通常是根据微博内容选编1~3分钟的视频带给受众，其主要内容突出，画面精要，编排节奏明快，能帮助读者了解微博内容，更重要的是带给人真实的现场感和丰富的视觉享受。

微博的互动非常及时，使用"@"可以实现公开的"对某人说"或者"需要引起某人的注意"，相当于在自己的微博向某人"喊话"，或者某条微博与某人有关，在发表的同时也想给对方一个消息提醒，让对方可以查看到。而"私信"是对你关注的人或媒体说悄悄话，别人看不到。微博通过@功能、转发、评论、私信等方式强化了与受众的互动性，在微博主页还设置了"互动数"，是"博主近30天发布的内容产生的互动行为（包括转发、评论微博、赞微博、回复评论、赞评论）的数据统计指标"。如微博大V知名网络意见领袖崔永元的微博，转发、回复、点赞数据常常上万，他也常常在网友的评论下面回复，加强与网友的互动。

4. 表达意见和观点

微博并非只是简单地转载、复述媒体已经报道的内容，也不只是供人们生活中娱乐和消遣，还应引起人们对当今中国和世界的深入思考。因此，一条高质量的微博应有独特的观点。如2019年2月11日，人民日报官方微博发布新闻："近日，演员翟天临的博士学位及相关论文被网友质疑。博士学位是@北京电影学院给的，博士后通知书是@北京大学发的，两所院校是否应及时站出来。回应一下网友的质疑？无论如何，做学术并非儿戏，博士（后）头衔，更不是一个轻飘飘的荣誉称号。"人民日报官微的这条微博属于评论范畴，主题突出并持有鲜明独特的观点，引发人们对事件的关注，激发事件的二次传播。

微博在社会中影响力广泛，其在舆情方面的重要地位逐步显现，但不少微博也出现了造谣、弄虚作假、误导公共舆论等负面效应。要让微博写作体现更好的正面影响力，产生更为广泛而积极的"微动力"，坚持真实性原则，突出原创效果，打造语言特色，传播正能量信息都是微博写作要应予以重视的问题。

（二）微信公众号写作的要点

2012年12月腾讯打破了以往的沟通模式，正式推出了微信公众号平台，由此受到了从政府、企业到个人的推崇。微信公众号的传播者，通过以点对点或点对面的形式，将自主采集或把关过滤的内容推送给订阅此号的读者，其内容集文字、图表、视频和音频等于一体。①微信公众号的运营需要大量的转发量、点击量，为了能够获得受众的注意力资源，微信公众号的作者只有不断创新写作方式，在内容和形式上满足受众的喜好，才有机会获得量的突破。

1. 定位语设计独具匠心

微信公众号的广告语是"再小的个体，也有自己的品牌"，每一个微信公众号首先要解决定位问题。而要解决定位的问题，首先就要明确自己的定位：我的读者是那一类群体？他们喜欢看什么样的内容？我能给他们带去什么价值？我的公众号文章内容与和风格是否吻合？完成自己公众号的定位后，传播者就会清楚哪一类的选题与公众号定位相符，与公众号

---

① 张消夏：《"10万+"时政类微信公众号热文写作风格的分析》，《传播力研究》2017年第10期。

所倡导的价值观相符。每个微信公众号都应该有自己的定位语,也可称为品牌口号或广告语,定位语的作用是打动读者、引发关注与转发,一句好的定位语应简单、易懂、易读、易记。如人民日报微信公众号的标语是“参与、沟通、记录时代”,环球人物微信公众号标语是“以人物记录时代”,它们都是用一句非常简单通俗的话概括一个公众号的最精华部分,这种定位语让读者点开微信公众号之后,能立刻明白此微信公众号的功能与服务。

微信公众号还设计有自己独特的 logo,logo 的设计要精准形象地表现微信公众号的风格特色,具有较高的辨识度,帮助用户快速、准确地找到品牌公众号。如知名微信公众号“一条”主打生活短视频,标语是“每天一条原创短视频,每天讲述一个动人的故事,每天精选人间美物,每天来和我一起过美好的生活”,因其每天更新一条精致的原创短视频,故得名“一条”,其 logo 设计简洁大方,与标语风格一致。

2. 选题紧跟热点

许多微信公众号在了解用户的基础上建有选题库,积累好的选题,定期整理选题。选题一般来源于日常积累和借鉴“爆款”,也常常来自最近发生的新闻热点事件。与传统媒体比较,微信公众号的最大优势是独有的实时性和新鲜性,很多热点消息都是通过微信公众号推送出去的。一旦社会上发生突发事件或重大新闻,首先报道的就是自媒体,尤其是微信、微博等,受众也习惯从这些平台上寻找不同的观点。优质的微信公众号善于从每天发生的大量事件中,寻找粉丝关注的话题,选择独到的切入点展开报道。如环球网微信公众号 2019 年 2 月 23 日发布了题为《没想到华为这样对待加拿大》的文章,选题抓住华为在欧美受到打压的新闻热点话题,提出的问题新颖,迅速抓住了受众的好奇心,提高了文章的点击率。

3. 标题引发共鸣

微信公众号每天推送的文章,采用的是折叠式的编排方式。受众是否点开文章,第一印象取决于标题。微信公众号文章的标题,承载着比传统媒体标题更重要的作用,要能够迅速抓住受众的眼球,赢得点击量、转发量、点赞数。如果标题不够吸引人,过于平庸,即使内容做得再好,受众也有可能放弃点击,传播效果无从实现。因此,微信公众号文章标题要尽可能新颖别致、独具一格,能够最大限度地引起受众的共鸣。

传统媒体的标题形式分三行标题、双行标题、单行标题,比较专业和正规。而微信公众号的社交属性决定了在某种情境下人情关系是信息传递的主要原因,因此微信公众号文章的标题更偏向于“生活化”,忌讳陈词滥调,注重信息的丰富性和感染力,努力寻找情感共鸣,拉近与受众的心理距离,激发受众的认同感。例如,人民日报官方微信公众号一篇文章的标题为《甜到齁的父母爱情! 网友:这就是我想要的啊》,语言平实、接地气、口语化,与传统媒体标题风格有所差异,更符合人们用手机阅读的习惯。制造悬念、挖掘新奇,也是微信公众号文章常用的做标题的方法。从不合常理、违反常情的事例、细节入手,利用设问、反问等手法,制造悬念效果,激发用户的好奇心。如《吃下一根鱼刺,三年花去六十万,如今生命垂危!!》《年薪都有 10 万+的一对小夫妻带着儿子偷衣服》等,挖掘新鲜、奇特的人或事,来满足受众们“先睹为快”的心理。

需要注意的是,标题虽然起到了吸引受众眼球的作用,但是在拟定标题的时候,不能一味地为了搏出位,选择一些虚假的噱头作为标题,这样不仅无法还原事件的真相,也会使受众感到反感,失去广大受众的支持。微信公众号文章标题制作不能过分追求标新立异而夸大其词，以耸人听闻、哗众取宠为目的。凡过分煽情、低俗，或题文不符的标题，都需要反思和警醒。

4. 故事化叙事

微信公众号的文本写作，本质上也是一种多选择的叙事过程，包括对叙事素材的取舍，对叙事的视角、节奏、表达技巧的选择。微信公众号新闻文本与微博相比，可以容纳的字数多、图片多，为大量的故事情节和细节的展开提供了空间，采用故事化的叙事能激发读者的阅读兴趣。如2016年2月16日钱江晚报微信公众号文章《绑匪入室劫持一家五口，女主人决定先做晚饭……》，记者用大量笔触细致入微地展现逃生过程中的各个环节，以及当事人、绑匪、警察三方的生死周旋。文本结构安排独具匠心，用罗列时间点的方式，彰显事件发生的紧迫性，以及后续救援情况的争分夺秒，节奏紧凑，很自然地增强了新闻阅读的紧张感和揪心感。有粉丝在文末留言说：好有画面感，真像是看了一部警匪大片。① 微信公众号写作要求文章的故事要有情节、有冲突，要一波三折地把事件的前因后果交代清楚。同时语言风格上直白浅显、简洁明快、幽默风趣，也体现出较强的流行性和时尚感。

5. 进行编排，优化版式

在当下碎片化阅读的时代，文章冗长，层次不清，不符合碎片化的移动互联网时代的传播特性。微信公众号文章一般篇幅较长，长段文字在方寸手机上拉伸展现，如果没有对内容精心的编排和精美的排版，读者就不会有耐心读完。

在编排上，不少成功的微信公众号探索出受到读者好评的表现手法，如：亮点前置，写摘要，打动读者；开头一定要推出有吸引力的内容，每300字加一个小标题，层次清晰；选主图，博人眼球；正文中融合图片、视频、音频，可缓解读者的疲劳感，直观亲切，营造氛围；文尾常常可设置小编评论，通常只有一两行字，或吐槽，或感叹，大多是个人情绪的表达，类似于传统媒体新闻报道的"编后语"，常常是核心观点或含金量高的"金句"，强化了互动感，又深深触动人心，让人产生共鸣，大大增强了文本的后续传播效应。

在版式方面，微信公众号文章排版要简洁、清晰。为了快速发布，新媒体写作必须适应手机阅读的需求，加快表达的节奏，如多使用短句，以增加表达的节奏感；多分段，使用短的段落，采用断裂式行文，多段化呈现，字体字号、断句、断行、断字、排版也要讲究节奏感，甚至一句话一段；多留空白，段落之间要有空行，充分缓解阅读的疲劳感；印刷媒体段首通常空两个字符，网络媒体段首一般不用空两个字符，顶格书写、快速行文即可。

当今社会以互联网、手机等为代表的新媒体，深刻地改变着我们生活的许多方面，这其中之一就是新闻的写作和传播。新媒体写作体现着新闻观念的变革，催化着新闻文体的创新，这不仅是一种崭新的社会现实，更是广大网民和新闻专业工作者都在实践、探索的新文体技能。新媒体写作还处在不断发展成熟的过程中，相较于传统媒体写作的理念、方式和写作规律等方面的不同并未完全显现。人们对新媒体写作的认知和经验还处于不断积累和校验过程中。部分新媒体唯市场导向的写作态度、哗众取宠的写作风格，虽然赚取了一时的流量，但长远来看终会受到网民的遗弃，因此积极健康、传播正能量、弘扬社会主义核心价值观、遵循新闻规律的新媒体写作才是创作者应有的态度。

① 邓筱媚：《浅议微信公众号文本的写作技巧》，《传播评论》2016年第4期。

第九节　演 讲 稿

一、演讲稿的概念和特点

（一）演讲稿的概念

演讲稿，也称讲演稿或演讲词，是指演讲者面对听众，系统地阐述自己的见解、主张，以感召、鼓舞听众而使用的讲话文稿。有时亦为演讲者即兴发表的讲话，后经记录整理，形成见诸文字的文稿。演讲稿叙议兼备，具有应用文体和论说文体相结合的属性。

（二）演讲稿的特点

演讲稿要通过演讲者的口头表达将他的见解、主张传达给听众。因此，撰写时既要顾及演讲者，又要考虑到听众，这就使得该文书具有以下特点：

1. 针对性

演讲是在特定的时间、特定的场合、面对特定的听众发表的见解和主张，内容上具有鲜明的针对性，即所谈的话题要为听众所关注，所讲的道理也要为听众所接受。列宁是著名的政治家，也是著名的演说家。列宁夫人克鲁普斯卡娅在谈到列宁如何演讲时曾说："他在群众面前讲话时，总是针对着听众来讲的。他在报告、讲演和谈话过程中，估计到听众当时特别关切的是什么，他们所不了解的是什么，他们认为特别重要的又是什么。……善于迎合听众的兴趣，回答他们所不明了的问题，从而掌握着听众。"这从一个侧面说明了列宁演讲成功的一大原因，也说明了演讲的针对性是重要的。

2. 可讲性

因为演讲要诉诸口头，它以"讲"为主、以"演"为辅，所以就文字而言，演讲稿首先考虑的是要满足听众听觉活动的需要，必须以易说能讲为前提，也就是说来"上口"，听来"入耳"。

3. 鼓动性

演讲稿是以议论为主的文章，为吸引和说服听众，既要依靠事实的说服力，又要借助逻辑的征服力，还要辅之以必要的形象思维，即既要以理服人，又要以情感人。逻辑思维和情感力量的有机结合，构成了演讲稿的鼓动性特点。

二、演讲稿的种类

演讲稿种类很多，篇幅长短不一，长有万字以上的讲话稿、演说稿、报告稿等，短有几百字的欢迎辞、答谢辞等。按讲话的目的和内容性质大致可分为政治类演讲稿、宣传类演讲稿、公务类演讲稿、学术类演讲稿和礼仪类演讲稿。

政治类演讲稿，指政治人物或代表某一权力机构的要员阐述政治主张的演讲稿。各级领导的施政演说、新当选的领导人的就职演说、政治家的竞选演说等都包括在内。

宣传类演讲稿，指用来宣传方针政策，宣传思想观念之类的演讲稿。现在经常举行的各种专题性演讲比赛就属于此类。

公务类演讲稿，主要指在会议上以动员、布置工作和总结、交流工作经验为目的所用的讲稿。这类讲稿通常被称为“做报告”。其中，动员报告是领导机关有关同志为开展、推动某项工作所做的报告；工作报告是领导同志在工作总结会上的讲话；传达报告是用来传达上级的指示精神；经验报告则是介绍、交流工作经验的讲话。

学术类演讲稿，基本上指的就是学术报告。科研人员的科研成果除以论文形式发表外还通过演讲的形式，报告进展，阐述学术见解。

礼仪类演讲稿，指人们交际、交往过程中表达感情、表示礼仪的讲话稿，如在纪念会、追悼会、欢迎会、宴会和大型会议的开幕式、闭幕式上发表的欢迎辞、答谢辞、开幕辞、闭幕辞等。这种演讲因当时的对象不同、环境气氛不同、身份地位不同而有不同的内容和语调，表达方式也多有变化。

以上只是大致分类，实际运用中的情况则比较复杂，不少演讲稿因讲话的目的和性质不同，往往是多种形式交叉并用的。本章第十节将专门介绍欢迎辞、答谢辞。

三、演讲稿的结构和写法

演讲稿的结构分标题与正文（开头、主体、结尾）两个部分，其结构与一般文章的结构大体一致，但由于演讲是具有时间性和空间性的活动，因此演讲稿的结构还具有其自身的特点，尤其是它的开头和结尾具有特殊的要求。

（一）标题

标题是演讲稿的重要组成部分。好的标题准确、醒目、有吸引力，使人急于一听。演讲稿的标题没有固定模式，或直接揭示主题，或提出问题引入主题，或形象概括主题等。

（二）正文

正文包括下述内容。

1. 开头

演讲稿的开头，也叫开场白。好的演讲稿，一开头就应该用最简洁的语言、最经济的方式，把听众的注意力和兴奋点吸引过来，这样，才能达到出奇制胜的效果。所以瑞士作家温克勒说：“开场白有两项任务：一是建立说者与听者的认同感；二是如字义所释，打开场面，引入正题。”通常情况下，演讲稿有如下几种开头形式：

（1）揭题式。这种开头不绕弯子，直奔主题，开宗明义地提出自己的观点。如拿破仑《在米兰的演说》（1796年5月15日）中开头即说：“士兵们，你们像山洪一样从亚平宁高原上迅速地猛冲下来。你们战胜并消灭了一切阻挡你们前进的敌人！”这种直截了当的高度赞扬自然给了血战后的士兵以极大的鼓舞，也体现了作为军事家的拿破仑的演讲风格。

再如蔡畅1947年8月30日在延安一次妇女集会上的演讲，她的第一句话就是：“今天讲一个问题，就是一个女人能干什么？”这就使下面的听众一下子明白了今天要听的是什么内容，重点是什么。

（2）提问式。这种开头在演讲一开始，听众还毫无心理准备的情况下，就提出问题，制造悬念，把听众的好奇心调动起来，使听众带着一个大大的问号急切地想听下去。

看下面这篇演讲稿的开头。1927年2月19日，鲁迅在香港青年会做题为《老调子已经唱完》的演讲，他开口即说道：“今天我所讲的题目是‘老调子已经唱完’：初看似乎有些离奇，其实是并不奇怪的。”

此篇演讲稿的开头很成功，因为它从一开始就制造了悬念——为什么“离奇”而又不“奇怪”呢，这引起了听众的兴趣，吊足了听众的胃口，使听众的心思，仿佛悬在半空一样，等待演讲者的解说，这就是提问式演讲稿开头的魅力之处。

（3）幽默式。有悬念的开头已经很能吸引听众了，如果再在所制造的悬念中加入幽默成分，相信会使演讲更为精彩。如：“最近某地张贴了一张公告，说是无论在哪一个学校的一里地之内，所有的蝌蚪都禁止变成青蛙，以免干扰学生读书……”

如果听众听见这样一个开头，一定会觉得好笑。在听众的怀疑猜测中，他们的注意力无形中就集中到了演讲者的身上。

（4）警语式。引用内涵深刻、发人深省的警句，引出下文。

梁启超在《教育家的自家田地》中的开头说道，“孔子屡次自白，说自己没有别的过人之处，不过是‘学而不厌，诲人不倦’。他的门生公西华听了这两句话，便赞叹道：‘正惟弟子不能及也。’我们从小就读这章书，都以为两句平淡无奇的话，何以见得便是一般人所不能及呢？我年来积些经验，把这章书越读越有味，觉得：学不难，不厌却难；诲人不难，不倦却难。孔子特别过人处和他一生受用处，的确就在这两句话。”这就是用警句来开场的范例。

（5）故事式。讲一个亲切感人的小故事，以感人的情节来吸引听众，构成故事式开头。

有人在大会上谈影片《下辈子还做母子》的感受时，首先深情地讲道：“‘人不能选择生死，但可以选择生活的质量，生活要有意义’，这是影片《下辈子还做母子》中江小笛的妈妈用来激励儿子的话，这句话给我留下了深刻的印象。一名5岁就身患绝症的孩子在这句话的激励下与疾病抗争了11年，走过了一段虽短暂却充满意义和价值的人生历程。”这种用讲故事的开头方式，很容易和听众之间产生共鸣。

总之，开头的方式是多种多样的，演讲时可以灵活选择，根据演讲的场所、时机、听众的情况选择最合适的开头。

2. 主体

主体是演讲稿的主要部分，是演讲中最精彩、最激动人心的部分。它要求内容上能吸引听众，逻辑上能说服听众，情感上能感染听众，尤其要处理好结构层次、衔接过渡、节奏安排等问题。

（1）结构层次。结构层次是演讲稿思想内容的表现层次，体现着演讲者思路展开的步骤。它大体有以下三种方式：并列式，即围绕演讲稿的中心论点，从不同角度、不同侧面进行表现；递进式，即犹如层层剥笋一般，用步步深入、层层推进的方法，最终揭示主题；并列递进结合式，这种结构或是在并列中包含递进，或是在递进中包含并列。

（2）衔接过渡。衔接是指把演讲中的各部分内容联结起来，使之具有浑然一体的整体感。衔接使得各个内容层次的变换更为巧妙、自然，使得松散的结构融合为有机的整体。衔接的方法主要是运用与两段内容、两个层次有联系的过渡段或过渡句。

（3）节奏安排。节奏，是指演讲内容在结构安排上表现出来的张弛起伏。节奏应根据听众的心理特征来确定，既要鲜明，又要适度。

演讲稿的节奏，主要是通过演讲内容的变换来实现的。平铺直叙，凝重呆板，只会使听众的注意力疲劳分散，而在一个主题思想所统领的内容中，适当插入诗文、逸事等内容，使听众的注意力既保持高度集中又能稍事休息，张弛有度，将会大大提高演讲的效果。但内容变换过于频繁，也会造成听众注意力的涣散。

3. 结尾

结尾是演讲内容的自然收束。演讲稿的结尾没有固定的格式,或对演讲全文要点进行简明扼要的小结,或以号召性、鼓动性的语言收束全篇,或以诗文名言以及幽默俏皮的话语打住收尾,各有千秋,不一而足。

四、演讲稿的写作要求

(一) 了解听众

演讲是直接面对听众的,因此写作演讲稿之前要了解听众的情况。他们的思想状况、文化程度、心理状态如何,他们的愿望与要求是什么,他们普遍关心的、经常议论的和迫切需要解决的问题是什么,等等,只有了解这些情况,才能使演讲稿的写作具有针对性。

(二) 主旨鲜明

演讲是现场宣读而不是书面传播,是瞬时的语言效应。演讲的目的是争取听众,说服听众,鼓舞听众。这就需要演讲稿主旨鲜明,要对所讲的人物、事件、问题有明确的态度、见解和主张。演讲稿的行文可以跌宕起伏、曲折变化,但一定要围绕主旨组织讲话内容。

(三) 材料丰富

演讲易出现的毛病是“空”,即空洞的理论、时髦的口号、华丽的词句,而缺少感性的生活材料。精选真实、新颖、针对听众和演讲场合的材料,演讲稿才能有理有据,内容丰富充实,富有吸引力和感染力。当然,例证也并非用得越多越好,片面追求生动性而过多地堆砌事例,势必会影响演讲的深度。

(四) 语言流畅

要把演讲者在头脑里构思的一切都写出来或说出来,让人们看得见或听得到,就必须借助语言这个交流思想的工具。因此,语言运用得好坏,对写作演讲稿影响极大。要提高演讲稿的质量,就不能不在语言的运用上下一番功夫。

五、例文评析

[例文 5-9] 宽容是一种超然的人生境界

何谓宽容?《辞海》云:宽恕能容人。《现代汉语词典》云:宽大有气量,不计较或追究。一句话,面对他人的过失或冒犯,能包容,有雅量;能坦然,有襟怀。

人生在世,不如意者十之八九。工作之中,你的同事、下属或客户做了错事,或者你的尊严受到他人的挑战和侵犯;生活之中,你的利益遭到无端的侵害,或者你与周围的人关系纠结,欲理还乱,凡此种种,你当如何处理?是不问情由,一味指责,还是揆情度理,换位思考?是以牙还牙,冤冤相报,还是淡然挥手,笑泯恩怨?

我意以为,在不违反原则的前提下,弃前者,取后者;弃褊狭,取宽容,当是一种智慧的选择。因为褊狭只会使人走进胡同,陷入黑洞。周瑜亦一世之英雄也,羽扇纶巾,风流倜傥,然其气量狭小,“三气”而身亡,最终只能发出“既生瑜,何生亮”的千古一叹,可惜更是可悲!而宽容呢,它会让你的人生洒满光亮,布满温情,充满希望!它会将你的人生提升到一种新的境界和高度!

宽容人人能做，只要你有这份胸襟和气度。一位少年受害者的母亲，面对同是少年的凶手的忏悔，泪流满面地对法官说："算了吧，他还是个孩子，你们能轻判就轻判吧。"这是一位母亲在用她的宽恕之心，拯救一个孩子的灵魂，消弭一份社会的仇恨，奉呈一道和谐之亮光！

用宽容感动他人的岂止是平民百姓?！1915 年，还在湖南省立第一师范学校读书的毛泽东，因对校长张干不满，而在全校发起了"驱张运动"。张干一气之下，竟作出了开除毛泽东等闹事学生的决定。35 年后，当身为党和国家最高领导人的毛泽东得知张干贫病交加时，感慨系之，不仅委托湖南省政府的领导给张家以特殊照顾，而且自己也不时寄钱寄物给张干治病养家，甚至邀请张干到中南海做客叙谈！领袖的大度和雅量，让张干这位曾处罚过昔日学生的老知识分子愧疚难当，感激涕零！也为世人留下了一段共产党人捐嫌弃旧、宽容待人的感人佳话！

表面看来，宽容是一种妥协，退让，是一种无原则的放弃和割舍，实际上呢，就在那看似痛苦的转身之际，你却收获了人生的大智慧和大解脱，你却获得了人生的大快乐和大进步！古人云："从极迷处识迷，则到处醒；将难放怀一放，则万境宽！"说的就是这个道理。确实，真洒脱不在饮酒高歌、仗剑抒怀，而在乐观对己，达观待人！

君不见孟尝君之待冯谖乎？冯谖无好无能，孟尝君见他可怜，就收他于门下当食客。可他呢，一会儿嫌吃饭无鱼，吵着要回去；一会儿嫌出门无车，闹着要回去；又一会儿嫌母亲无人赡养，嚷着要回去。旁人看不惯，骂他贪得无厌，而孟尝君呢，不仅宽待他，还一一满足了他的要求。结果呢，冯谖替孟尝君收买了薛地民心，替他赢得了几朝国君的信任！孟尝君以其宽容换取了天下英名和一世的平安！

君不见苏东坡之待王安石乎？苏、王本是北宋的大才子、大能臣，两人曾同朝共事，但因政见不合，苏东坡一再遭到宰相王安石的排挤、打击：一贬于湖州，再贬于黄州，三贬于澹州，直到晚年才被允许回到内地。劫波历尽，恩仇不再，心胸一向旷达的苏东坡这时早已放下了对王安石的不满和怨愤，他前往王安石的住地江宁，会晤了此时同样落魄的王安石。两人见面，苏东坡绝口不提以往的政见之争，而只以诗文相赠。苏东坡以他的宽容赢得了他和王安石之间的文人情谊。

君不见杰弗逊之对待一个误解他的人乎？杰弗逊作为美国的第三任总统，经常骑着高头大马到华盛顿郊区漫游，借以接触民众。某日，杰弗逊碰到一个衣冠楚楚的，同样骑着高头大马的人，那人见杰弗逊穿着随便，以为他是马贩子，两人便聊起马来。聊着聊着，不知怎么就谈到了现任总统上，那人说："你知道吗？现任总统杰弗逊花钱大手大脚，他的每个手指头都戴着戒指，把他的衣服卖了，换回来的钱可买一个种植园，外加两只手表。"杰弗逊听后哈哈大笑道："是吗？我听说总统穿的衣服还没有你的漂亮哩！不信，我们去见见他。"说罢，两人骑马朝白宫走去，刚到门口，白宫看门的向杰弗逊打招呼道："总统先生！"一听这话，那个同行的人顿时惊得目瞪口呆。杰弗逊以他的宽容融化了他人的误解。

由此可见，宽容是平安人生的无形盾甲，是赢得他人尊重和拥戴的不二法宝，是纠葛人生的豁然亮光，是构筑人际情谊的天堑通途，是化解人生误解的破冰之舟，是和谐社会的无上良方。它需要人生的气度和胸襟，需要人生的智慧和抉择，它是一种超然物外的人生境界！

[评析] 这篇演讲稿情感饱满,文辞优美,说理充分,主题突出。文章从何谓宽容说开去,在古今中外、名人伟人凡人之中,回环论证,往复述说,以证明宽容是一种超然物外的人生境界,很好地表达了演讲的主旨。全文事例丰富,逻辑性强,感染力强,值得深入体悟学习。

第十节　欢迎辞、答谢辞

一、欢迎辞、答谢辞的概念

欢迎辞,是在迎接宾客的茶会或酒会上,主人一方对宾客一方的莅临表示热烈欢迎的讲话。

答谢辞,是在主人一方为宾客一方举行的欢送、饯行的会议或宴席上,作为宾客一方为表示答谢和感激之情而作的讲话。

为表示郑重,欢迎辞、答谢辞一般都有事先准备好的书面材料,均属演说类或涉外类的公关礼仪性的文书。

二、欢迎辞、答谢辞的结构和写法

欢迎辞、答谢辞一般由标题、称谓、正文、结语、落款五部分组成。

(一) 标题

标题一般由致辞场合、致辞人和文种辞三个要素构成,实际行文中有三种写法。

(1) 只写文种,即《欢迎辞》《答谢辞》。

(2) 只写致辞场合与文种辞,即《在××会上的欢迎辞(或答谢辞)》。

(3) 三要素齐备,即《××在××会上的欢迎辞(或答谢辞)》。

(二) 称谓

在正文前第一行顶格写称谓,后加冒号。

欢迎辞的称谓一般分两种:一种是尊称,写宾客(内宾或外宾)个人的姓名、职务、职称,如"尊敬的××先生(阁下或女士)"。另一种是泛称,如"各位女士,各位先生,各位来宾",或者是"女士们,先生们"等。

答谢辞的称谓一般要写主人的姓名、职务和尊称,而且要用敬语,以突出被答谢的主人。如"尊敬的××总理阁下"。答谢辞一般不首先使用泛称,只能在突出被答谢人之后,根据当时场合的实际情况,适当使用泛称以概括其他人。

(三) 正文

欢迎辞的正文常表达三层意思:首先是介绍宾客来访的背景,接着是对客人的欢迎、问候或致意。其次是客观评价对方的业绩,阐明双方的交往、友谊与合作的成就,以表示对今后双方交往的期望。最后是表示良好的祝愿。

答谢辞的正文,首先是用感谢之辞具体写出受到盛情欢迎、款待的情况,用热情的话语向主人、主办单位表示衷心的感谢、诚挚的问候和良好的祝愿。然后,要用简洁、明白的话语阐述本次参观访问的意义、作用和影响。

（四）结语

欢迎辞要以简短的话语，再次表示欢迎和祝愿，以突出欢迎的主旨。答谢辞的结语要再次表示感谢和良好的祝愿，使所举行的仪式充满祥和友好的气氛。

（五）落款

写致辞者的职务、姓名和日期，位置在标题之下，或在正文之后右下方。

三、欢迎辞、答谢辞的写作要求

（1）欢迎辞、答谢辞都属演讲类文书，因此，用语要热情，有礼貌。

（2）语言要简短，口语化，切忌重复、啰唆。

（3）对外宾致辞，要注意文化差异，留意宗教习惯、风俗民情的不同。

四、例文评析

[例文 5-10]

欢　迎　辞

尊敬的苗乐如秘书长，各位嘉宾：

大家下午好，非常感谢各位出席由中国日报网主办、全国房地产经理人联盟、中国房地产联合会联合举办的 2013 中国房地产创新论坛，我谨代表中国日报网向各位的到来表示衷心的欢迎和感谢。

《中国日报》创刊于 1981 年，全球发行量近百万份，是国内外高端人士获取中国资讯的首选刊物，是唯一进入国际社会的中国媒体，中国日报网创办于 1995 年，目前是中国最大的英国咨询门户网站，也是国家重点新闻网站之一，日均浏览量突破千万，受众面积达到全世界 200 多个国家和地区，中国日报网拥有发展迅速的移动新媒体业务，作为面向全球房地产高端市场的信息服务和房地产行业信息平台，中国日报网房地产频道，着眼于全球高端事业市场，致力于为全球房地产服务商投资商发现合作机会，为跨国跨地区置业和投资用户提供权威的地产信息。

前不久，习近平总书记有这样的发言，“人民对美好生活的向往，就是我们的奋斗目标，”并描绘为“我们的人民热爱生活，期盼有更好的教育、更稳定的工作、更满意的收入、更可靠的社会保障、更高水平的医疗卫生服务、更舒适的居住条件、更优美的环境”，这其中，“让人民拥有更舒适的居住环境，更优美的环境”是房地产行业当仁不让的责任，《中国日报》也有责任报道并帮助房地产行业树标杆，立楷模，“分享荣耀，见证辉煌，地产华表，中国样板”，为此中国日报网主办并推出第一届中国地产华表奖，我衷心希望通过中国日报网房地产频道与各位密切交流和合作，实现互利共赢，最后预祝此次活动圆满成功，谢谢大家。

张兴波

2013 年 4 月 18 日

[评析] 这篇欢迎辞是中国日报网总裁张兴波先生在 2013 中国房地产创新论坛暨地产华表奖颁奖盛典中发表的欢迎辞，本例文引用时做了一些改动。该文篇幅虽短小，但是表意却很完整。文章开头即表达对来宾的欢迎和谢意，接着介绍了《中国日报》的

发展状况和在全球房地产高端市场的作用，即此次合作具备的条件及今后交往的期望，最后表达良好的祝愿。行文热情洋溢，逻辑严谨，值得摹写。

［例文 5－11］

答谢辞

各位领导、各位嘉宾、各位亲朋好友：

大家好！

今天是我们的孩子××和××喜结良缘的大喜日子，感谢大家在百忙中抽出时间来参加我们孩子的婚礼。你们的到来让婚礼增光添彩！我们全家感到万分高兴。在此，我代表我们全家对大家的到来表示最衷心的感谢！感谢你们前来见证这对新人喜结良缘，感谢你们给这对新人送来了美好的祝福！我特别要感谢的是××的父母亲，是你们养育和培养了一个美丽大方、聪明懂事的好女儿。

我们看到两个孩子在××集团相识、相知、相爱，并在今天，20××年 6 月 9 日，喜结良缘，手拉手地走进婚姻殿堂，我们做父母的由衷地感到欣慰！成家立业是人生旅途的重要里程。如果说以前是父母拉着你们的手，完成了人生的起步，今后将是你们一起牵手，去经营人生、去创造美好的未来！父母祝福你们！衷心希望你们在新的生活中做到互敬互爱，互谅互让，钟爱永恒，希望你们诚实做人、勤奋工作，用自己的聪明才智为鸿润集团多作贡献；为社会多作贡献；这是你们对双方父母养育之恩的最好回报，这也是你们对周围领导和亲朋好友一直关爱你们成长的最大感恩。

最后，再一次衷心感谢各位领导、各位嘉宾和亲朋好友的光临，感谢你们送来了吉祥、送来了最美好的祝福！今晚，在此略备薄酒，敬请大家畅饮，共同祝愿这一对新人新婚愉快、永结同心、白头偕老、幸福美满！

×××

20××年 6 月 9 日

［评析］ 这是一篇婚礼上的答谢辞。文中首先用热情的话语向来宾们表达由衷的谢意，随后则表达对一对新人的美好祝愿，最后用简洁明白的语言再次表达心中的谢意，是一篇层次清晰、写作规范的答谢辞。

思考与训练

1. 简答题

（1）简述计划、安排、打算、规划、设想、方案之间的不同。

（2）调查报告的主体部分一般要写哪些内容？

（3）简报有哪些写作要求？

（4）通讯与消息的主体结构有何不同？

（5）新闻稿有哪些写作特点？

(6) 消息的写作格式和要求有哪些?

2. 改错题(指出下面这份计划存在的问题,并加以改正)

新学期话剧社活动计划

(1) 迎新宣传海报。让新生在第一时间了解话剧社。

(2) 问卷调查。了解话剧社在学生中的影响,以及在新学期更期望看到社团出演什么类型的节目,舞台剧、DV 短剧或者其他类型。

(3) 分组。上学期没有分组是最大的失误,权力越大责任也就越大。剧本、道具、服装、音乐……所有工作都是我和丁丁搞定,真的很累,结果得不到肯定,被责怪的也是我们。对于自己喜欢的剧本,排练的时候就会多关注些,也许过分地关注了吧,忽略了另一些人,由此引发了内部矛盾!当然,新学期要纠正所发现的不足,把责任分配到每个人。按以前的计划是分为部,那么每个部的负责人叫作部长,这样和学生会里就有些冲突,因此改为工作室,例如编辑部——编辑工作室……希望每个工作室都能出色完成任务,尽一份力、尽一份心。

(4) DV 剧。作为上学期工作的总结和新学期工作的开端。在学校放映,由本校学生出演,应该是个很大的吸引吧!主要还是为招新做宣传。

(5) 话剧社专场演出。刚开学的一个月,学生会、各社团都会有很多活动,所以申请专场演出很难,但我们还是要努力去争取,才不会遗憾。内容大致包括话剧、小品、相声、音乐剧、舞蹈以及歌剧等,具体策划书开例会讨论。

3. 以下题目可任选其一,先进行调查,然后根据调查情况拟写调查报告提纲

(1) 大学生消费结构调查。

(2) 大学生勤工俭学调查。

(3) 本校(本班)同学业余爱好或课外阅读状况调查。

4. 写作题

在报刊上找一则招聘广告,针对它的要求写一封求职信。(600 字左右)

第六章　经济事务文书

经济事务文书是指用于处理经济事务的应用文书。在当前人们经济活动越来越频繁的情况下,经济事务文书的使用频率也越来越高,其作用也日益显著。而写好经济事务文书,作者除了要具备较高的政策理论水平和较强的写作能力外,还要具备扎实的经济专业知识。合同、市场调查报告、可行性研究报告、经济活动分析报告、贷款调查报告、策划书、招标书、投标书等是经济事务文书主要的文种。

第一节　合　　同

一、合同的概念和特点

(一)合同的概念

"合同"在我国古代已经存在,原是指各方执以为凭的契约、文书。《周礼·秋官·朝士》云:"凡有责者,有判书以治则听。"所谓"判书"即契约书。清代翟灏所著的《通俗编·货财》中指出:"按今人产业买卖,多于契背上作一手大字,而于字中央破之,谓之合同文契。商贾交易,则直言合同而不言契。其制度称谓,由来俱甚古矣。"

《中华人民共和国合同法》(以下简称《合同法》)第一章第二条对合同的概念有明确的规定:"本法所称合同是平等主体的自然人、法人、其他组织之间设立、变更、终止民事权利义务的协议。"因此合同书又称协议书。它属于法定文书,其写作活动必须遵守《合同法》及相关法规。

(二)合同的特点

1. 合法性

合法性有两层意思:一是指合同的内容与签订合同的程序必须符合《合同法》及相关法规;二是指签订合同是一种法律行为,合同本身虽不是法律,但作为一个合法的合同,它具有法律的效力,受到国家法律的保护;而不合法的合同,不但不受国家法律的保护,甚至还会受到法律的制裁。

2. 平等性

《合同法》第一章第三条规定:"合同当事人的法律地位平等,一方不得将自己的意志强加给另一方。"平等性要求合同当事人享有平等的权利,也必须履行平等的义务。也就是任何合同的签订,都必须遵守一个基本原则:平等互利,协商一致。

3. 自愿性

《合同法》第一章第四条规定:"当事人依法享有自愿订立合同的权利,任何单位和个人不得非法干预。"自愿性是指合同是在当事人知晓权利义务的情况下依自己的意愿订立的,任何采用欺诈、胁迫等手段,或代理人超越代理权限签订的合同均属无效。

4. 约束性

依法签订的合同,对当事人具有法律的约束力。当事人应按照约定,认真履行自己的义务,不得擅自变更或者解除合同。因此合同一旦签订,就如同给自己的权利划出了一块活动的范围,不能超出这个范围,否则,将承担违约责任。

二、合同的种类

按照不同的分类标准,合同的种类也不相同。按合同格式可分为:表格合同、条款合同、表格条款结合式合同。按合同签订方式可分为:口头合同、书面合同。

按合同内容,《合同法》规定主要有 15 种类型:买卖合同,供用电、水、气、热力合同,赠与合同,借款合同,租赁合同,融资租赁合同,承揽合同,建设工程合同,运输合同,技术合同,保管合同,仓储合同,委托合同,行纪合同,居间合同。

三、合同的结构

合同的种类虽多,但结构相对稳定,一般分为四个部分:

(一) 首部

合同的首部由以下几个部分构成:

1. 标题

标题即合同的名称,以表明合同的种类及性质,一般由合同事项加文种构成,如《买卖合同》。当然,合同的标题也可以写得比较具体,如《工矿产品购销合同》《郑州铁路局货物运输合同》。

2. 编号

合同的编号一般位于标题右下方。

3. 当事人名称及住所

该部分一般位于标题的左下方,当事人的名称和住所应写全称,不得用简称、代称或代号。为了行文方便,当事人后面可加括号注明"甲方""乙方",或根据合同内容称为"借方""贷方"或"供方""需方"等。

4. 签订合同的时间和地点

有的合同也将时间和地点放在合同的最后。

(二) 正文

正文是合同的主要内容,由两个部分构成:

1. 引言

引言是合同正文的开头,一般应写明签订合同的依据、范围、经过和目的。常用的句式有"为了……""根据……""经过……"等。如"根据《中华人民共和国合同法》和《建设工程勘察设计合同条例》的有关规定,经双方协商一致,签订本合同,以资共同遵守"。

2. 合同条款

合同条款是合同的主体部分，是双方享受权利、履行义务的法律依据。按照《合同法》的规定，合同的条款一般包括以下几个部分：

（1）标的。标的是合同当事人各方权利和义务共同指向的对象。通俗地讲，标的就是合同的“交易物”或“成交物”。

（2）数量和质量。标的的数量，是指合同成交物的多少、轻重、大小。标的的数量条款，一般由数字、计量单位、计量方法、各种数量误差的规定这四个要素组成。标的的质量是对标的质的方面的要求，它往往是决定标的价格高低、质量优劣的重要因素。

（3）价款或者报酬。这是取得产品、接受服务的一方向对方所支付的以货币数量表示的代价。除少数采取以物易物或以劳务换劳务的合同外，绝大多数合同都必须有价款或者报酬这一款。

（4）履行期限、地点和方式。履行期限是指当事人完成合同规定义务的时间范围；履行地点是指当事人履行合同的地点；履行方式是指当事人履行合同义务的具体做法。

（5）违约责任。违约责任是指当事人不履行合同或不恰当地履行合同时所应承担的责任。它是维护当事人双方合法权益的一种办法。

（6）解决争议的方法。这是指在履行合同时，合同的当事人发生争议后所采取的解决方法。

（三）尾部

合同的尾部包括以下几个方面的内容：

（1）附则内容。附则主要指合同的有效期、份数、保存方法等。

（2）当事人签名、盖章（若代表单位，应由法定代表人签名并加盖单位公章）、法定地址、电话、开户银行和账号等。

（3）签约日期。

（四）附件

附件是对合同条款的相关说明材料及证明材料，如图纸、样品、表格、相关的文书等。附件是合同的组成部分，具有同等的法律效力。

四、合同主要条款的写作

合同条款既是合同的主要内容，也是合同写作的重点，下面分别加以说明。

（一）标的

标的可以是实物，如在鲜藕购销合同中，标的就是鲜藕；标的也可以是一种行为，如在运输合同里，标的就是运货这种行为。标的还可以是货币或者是服务，是某项智力成果或精神产品。没有标的的合同，是无法执行的。所以，合同不仅一定要有标的，而且标的在合同中必须非常具体、准确、完整，否则在执行中就会产生不同的理解，带来纠纷，造成损失。如湖北省某单位曾委托某国际贸易公司进口某种原材料若干吨，因在标的名称的抄写时漏写了一个英文字母“B”，结果此物成彼物，造成巨大的经济损失。因此，撰写标的时，如标的是商品，一定要把商品的名称、商标牌号、型号规格、花色品种、出产地、生产厂家、出厂日期、配套件等一一注明。只有在标的条款里对该商品区别于其他任何一种同类商品的主要特点逐一写清楚，才符合标的的撰写要求。如是农副产品，其标的就不能简单地写成“西瓜”“火腿”

“盐蛋”等，而应准确、完整地标示出其产地、品种等，因为不同地区、不同品种的同一类农副产品，其质量和价格有很大的区别。

（二）数量

首先，标的数量的数字要准确，包括小数点和 0 在内，不能错；不能随便使用“约”这样的字。

其次，计量单位要明确，必须使用国家统一规定的计量单位，如克、千克、吨，或元、角、分，或立方米、平方米等。如果是一项智力成果或精神产品，计量单位可以是一套（图纸）或一部（书稿）等。计量单位不能用含义不明确或模棱两可的量词，如“打”“堆”“捆”“垛”等，以免产生歧义而引发纠纷。例如，某建筑队因需一批黄沙，为此，与某沙石公司签订了供应合同，数量 100 车，每车 100 元。沙石公司先用 8 吨的卡车运，再用 4 吨的车运，最后用 2 吨的车运。结果结算时，因计量单位“车”的不明确性，双方发生纠纷。

再次，计量方法要标示清楚，必须正确。如对交易物重量的计算方法，就有毛重、净重、公重、理论重量之分。又如标的是一种劳务的话，其计量方法则可以是人数乘以天数，共需多少工时。

最后，对交易物数量的计算，应规定出各种误差要求和误差的允许范围，如合理磅差、自然损耗率、超欠幅度、交货数量的正负尾差等。只有合同对标的数量的各种误差范围事先作出明确规定，才能避免很多不必要的纠纷。

（三）质量

合同标的的质量技术要求和标准一定要详细具体，因为质量条款是一个关键性的条款，也是最容易引起纠纷的条款。标的如果是一种行为或劳务，衡量这种行为或劳务的质量标准，就看它能否满足合同委托方的需要，这种需要也必须在合同里写清载明。标的如果是一项智力成果或精神产品，同样应规定质量的检验标准。如一份约稿合同，衡量文稿质量的标准就应是有关专家的审稿意见。标的如果是某种物，其质量就应是该物满足人们需要的属性，如该物的内在性能、外观形态、包装质量等。标的如果是工矿或机械产品等，则国家部委或地方都有相应的质量标准，而且每一种质量标准，都有一整套方法、数据、资料作为质量检查的内容和根据。至于有些经双方协商议定质量标准的合同，则应采取“立标封样”的办法。双方把样品共同封存，各自盖章，各存一份，作为今后质量检验时的一个实物依据。

（四）价款或者报酬

撰写价款或者报酬条款时，应注意以下几点：① 确定价款或者报酬标准的原则；② 必须明确规定价款的货币种类，使用的货币种类必须符合法律的规定；③ 价款的数额必须明白准确，没有歧义，没有弹性；④ 必须准确使用价格术语；⑤ 价款的结算方法和支付期限必须明确规定。

（五）履行期限、地点和方式

在商品的实际流通过程中，时间期限十分关键，因为它关系到产、供、销、运等各个环节的相互衔接，一个环节误期，常常会引起连锁反应，造成重大损失。所以合同对履行期限的规定应当明确、具体，即某年某月某日应确定，不能用“某年 5 月以前”这样的字眼，是 5 月 1 日以前，还是 5 月 31 日以前，区别很大。另外，履行期限是一次履行还是分期分批履行，也应写明。分期时间与分批数量也应写具体。这样有利于分清责任。合同中不应有“立刻装运”“即期装运”等不确定的字词。

履行地点必须明确无误，否则，将会造成经济损失和合同纠纷。如武汉某公司在新疆购买了一批棉花，火车托运时，合同里的交货地点是湖北武汉，结果货物在汉口的汉西火车站卸下，而该公司的仓库在武昌南湖。为此，该公司不得不雇车从汉口往武昌运货，如果当时在合同里写明为武汉武昌火车站，则不用花这一笔冤枉钱。

履行方式一般有这几种情况：

（1）当事人是一次履行还是多次履行。这必须写明确。合同里规定一次履行的，就不能多次履行。如一份家电维修合同，规定一次修好，就不能反复七八次才修好。而合同中规定多次履行的，也不能一次履行。如一份水果预购合同，规定分批分量交付，就不能一次全部交付，否则需方会因水果不能及时卖完而腐烂，造成损失。

（2）是由当事人亲自履行，还是允许他人代为履行。如建设工程合同里，是建筑承包方承包所有的工程，还是允许他可以部分地转包给其他人，合同里必须明确下来。一般情况下，合同必须由签约的当事人来履行，除非合同另有规定，才能由他人代为履行或部分地代为履行。

（3）合同里应该明确规定合理、经济、有效的货运方式。即在有利于生产和市场供应的前提下，用最少的费用与时间，走最短的路线，把货物完好无损地运到履行地点。

（六）违约责任

违约责任包括经济责任和法律责任，其目的在于保证合同履行，维护当事人的利益。因此在合同中应划清责任及违约后所要采取的制裁措施及赔偿金额。

在此条款里，通常规定违约金或赔偿金的内容。违约金的数额，国家有规定的，应按规定来执行；国家没有规定的，则由双方协定数额，并明确写进合同里。除违约金外，合同还应对赔偿金作出明确规定。因为合同的某一方如果违约，给对方造成的损失超过违约金时，就应向对方另外交付赔偿金，补足违约金不足的部分。所以，任何一份合同都应有违约金的规定，它是合同的必备条款。

（七）解决争议的方法

解决争议的方法有协商、调解、仲裁、诉讼这四种。因此在合同中应明确规定解决争议的方法和机构。如选择仲裁方法，则必须注明由哪个仲裁机构来执行。

五、合同的写作要求

（一）真实合法，平等互利

合法性是合同的一大特点，因此在写作时必须做到合同的各项条款都要符合国家的法规政策。内容必须真实，不能有意隐瞒、欺骗对方，要遵守诚信原则，达到平等互利的目的。

（二）格式规范，内容完备

合同是具有法律效力的文书，它关系着当事人的切身利益，因此合同的制订必须符合《合同法》的要求，保证合同条款的齐备，按照不同标的的特点，作出明确、具体、详细的规定，对当事人的义务和权利也要明确界定。

（三）语言准确，表达严谨

合同语言必须准确，表达必须严谨，切忌用语模糊，避免引起误解或歧义。

六、例文评析

［例文 6－1］　　　　　　简易租房合同

甲方姓名(出租方):＿＿＿＿＿＿＿＿身份证号码:＿＿＿＿＿＿＿

乙方姓名(承租方):＿＿＿＿＿＿＿＿身份证号码:＿＿＿＿＿＿＿

经双方协商甲方将位于＿＿＿＿＿＿＿＿＿＿＿＿房屋出租给乙方居住使用。

一、租房从＿＿＿年＿＿月＿＿日起至＿＿＿年＿＿月＿＿日止。

二、月租金为＿＿元,缴租为＿＿支付一次,人民币(大写)＿＿＿＿元(￥＿＿元),以后应提前＿＿天支付。

三、约定事项

1. 乙方入住时,应及时更换门锁,若发生意外与甲方无关。因乙方不慎或使用不当引起火灾或电、气灾害等非自然灾害所造成损失由乙方负责。

2. 乙方无权转租、转借、转卖该房屋及屋内家具家电,不得擅自改动房屋结构,应爱护屋内设施,如有人为原因造成破损丢失应维修完好,否则照价赔偿。并做好防火、防盗、防漏水和阳台摆放、花盆的安全工作,若造成损失责任自负。

3. 乙方必须按时缴纳房租,否则视为乙方违约,协议终止。

4. 乙方应遵守居住区内各项规章制度,按时缴纳水、电、气、光纤、电话、物业管理等费用。乙方交保证金＿＿＿＿元给甲方,乙方退房时交清水、电、气、光纤和物业管理等费用,并保证屋内设施家具、家电无损坏,下水管道、厕所无堵漏,甲方验收后如数退还保证金。

5. 甲方保证该房屋无产权纠纷。如遇拆迁,乙方应予以配合在约定时间搬出,合同中止后已交租金按未满天数退还。

6. 备注:

＿＿＿＿＿＿＿＿＿＿＿＿＿＿＿＿＿＿＿＿＿＿＿＿＿＿＿＿＿＿

四、本合同一式两份,甲乙双方各存一份,自双方签字之日起生效。

甲方签章(出租方):　　　　　　　　乙方签章(承租方):

电话:　　　　　　　　　　　　　　电话:

年　月　日　　　　　　　　　　　　年　月　日

［**评析**］此合同格式规范,约定事项简洁明确,语言准确。但此合同对乙方只有义务规定而无权利说明。对甲方的义务没有明确规定,没有注明解决争议的方法。

［例文6－2］

茶叶购销合同

合同编号：

经双方同意按表列项目和条款签订本合同。合同签订日期：　　年　月　日

茶类	品种（花色）	级别	单位	数量	单价（元/担）	总金额（元）	交货时间	交货地点	交提货方式	结算方式	备注

条款：

一、本合同签订之日起生效。

二、未经双方同意，单方终止或废除合同的，承受未执行合同金额百分之五十的违约金。

三、除人力不可抗拒的原因外，调出（入）方不能按合同规定交货、接货的，承受未执行部分的金额百分之五十的违约金。其他违约责任按《茶叶购销合同实施办法》规定处理。

四、本合同一式____份，正本两份，双方各执一份，副本____份，分送单位：

五、如有附加条款，可在备注栏中说明。

调入执行单位：
代表（签字）：
电话：
E-mail：
银行账号：

调出执行单位：
代表（签字）：
电话：
E-mail：
银行账号：

［评析］本合同格式规范，标的描述详细，当事人的权利和义务及违约责任明确清晰。全文用语准确简朴，是标准的合同文本。

第二节　市场调查报告

一、市场调查报告的概念和特点

（一）市场调查报告的概念

市场调查报告是在对市场进行深入系统的调查，进而对调查所获得的有关资料做科学的归纳、整理和分析研究之后所形成的书面报告。市场调查是市场调查报告写作的前提和

基础。

（二）市场调查报告的特点

市场调查报告是调查报告中的一种，它除了具备调查报告的一般特征之外，还具有以下较为鲜明的特点：

1. 针对性

撰写市场调查报告的根本目的是摸清市场行情，了解市场供需情况，了解消费者的多种需求，以利于企业按照消费者的需求生产产品，提高产品在市场上的占有率。因此，市场调查报告的针对性越强，其指导意义和社会作用就越大；反之，如果市场调查报告泛泛而谈，没有针对性，或针对性不强，则起不到指导企业生产的作用。

2. 时效性

随着我国社会主义市场经济日趋成熟，市场变化日益加快，新情况、新问题会不断出现，这就需要市场调查报告及时、迅速、准确地反映市场变化的信息，及时为管理部门和企业决策提供参考意见。报告一旦过时，就失去了应有的价值和意义。

3. 实用性

市场调查报告可在一定程度上反映市场的现状及趋势，充分反映同行业相关信息，指导企业制订相应的生产、供应计划和开发新产品等，以提高企业的市场竞争力，因此，这一文书具有十分明显的、直接的实用价值。

二、市场调查的种类

市场调查报告的范围很广，凡是影响市场经营销售的各类信息都属于这一文种的范畴。总体来说，根据调查内容的不同，可将市场调查分为以下三类。

（一）市场需求调查

市场需求调查主要是针对市场对产品的需求及影响需求的因素而进行的，其目的是寻找市场经营机会。调查时需紧紧抓住消费者的消费心理、购买能力、购买动机和潜在需求等方面来展开。

（二）竞争对手调查

竞争对手调查主要是针对竞争对手的竞争能力而进行的，内容涉及其产销背景、经营战略以及新产品的开发动向、销售渠道、售后服务等多个方面，目的是知己知彼，取长补短。

（三）经营策略调查

经营策略调查主要是针对企业的产品、价格、广告和推销策略、销售渠道、包装及售后服务等方面而进行的，目的是了解企业的销售能力是否适应消费者的需要、企业的经营策略是否合理等，以便及时发现问题，调整经营策略，迎合市场需求。

三、市场调查报告的结构和写法

市场调查报告，一般包括标题、前言、主体、结尾四个部分。

（一）标题

市场调查报告的标题没有严格的规定，但一般要写出调查单位、调查时限、调查对象、调查内容和范围、文种等相关信息，写作中可根据实际情况省略其中的一项或几项。如《2019年上海小家电市场分析报告》《2019年第三季度北京轿车市场销售情况调查》，就是由时限、调查对象和内容、文种构成的；也可以写出调查对象、调查范围和文种，如《关于国产彩电在国外市场地位的调查报告》；也可以直接指出或以提问的方式揭示调查对象的状况，如《出口商品包装不容忽视》《国产名牌冰箱为何如此热销》等；也可以采用正副标题的形式，正标题揭示主旨或结论，或以形象的手法暗示主体，副标题则交代调查对象、内容、时限等具体信息，如《泥巴换外汇——陶瓷品出口情况调查》等。不过，采用正副标题形式，标题一定要做到与市场调查报告的内容相符，力求简洁、醒目、新颖。

（二）前言

前言又称导语，其作用是使读者对该报告的内容有一个初步的印象。因此，前言内容要写得简明扼要、精练概括。一般应交代三个方面的情况：调查的缘由、目的、对象、范围，调查的经过（时间、地点、过程）和方法；也可概括调查报告的基本观点或结论，以便让读者对全文的内容、意义等获得初步了解；还可用一过渡句开启下文，引出主体部分。如《农村家电商品市场需求趋势调查》一文的前言："近几年，家电商品需求在农村市场上呈上升趋势"——写出了调查的背景；"为了深入了解农民家庭对家电商品的购买需求，准确分析农村家电商品市场的需求动向"——写出了调查的目的；"我们对全市乡镇以上商店进行了走访，并细致了解了 40 个典型农户"——交代了调查者、调查对象、范围及方法；"对 20××年农村家电商品市场的需求特点有了一定的了解"——这里交代了调查的时间、内容及收获。一百多个字就介绍了众多内容，可谓言简意赅。

（三）主体

主体部分是市场调查报告的核心，也是写作的重点和难点之所在。它要求完整、准确、具体地写明调查的基本情况，并据以对其进行科学合理的分析预测，且在此基础上提出有针对性的对策和建议，以便为市场预测提供有价值的参考。具体包括三方面的内容：

1. 基本情况

基本情况即对调查所获得的基本情况进行介绍。这是全文的基础和主要内容，要用叙述和说明相结合的手法，将调查对象的历史和现实情况包括市场占有情况、生产与消费的关系、产品、产量及价格等情况表述清楚。在具体写法上，既可按问题的性质将其归结为几类，采用设立小标题的形式，也可以时间为序，或列出数字、图片、表格等加以说明。

2. 分析预测

分析预测即在对调查所获得的基本情况即典型事例、统计数据进行综合分析的基础上，归纳成几个要点、方面进行具体说明，得出调查结论。有的调查报告在这部分还要对市场发展趋势作出预测。对调查结果的评价正确与否，会直接影响到有关部门、企业领导的决策行为，关系到企业的经济效益和未来，因而这部分必须着力写好。在具体写作上，要采用议论的手法，对调查所获得的资料条分缕析，进行科学的研究和推断，并据以形成符合事物发展变化规律的结论性意见。

3. 措施建议

措施建议是市场调查报告写作目的和宗旨的体现，它要求在上文调查和分析的基础上，有针对性地提出具体的建议、对策和方法、措施等，以供决策者参考。

（四）结尾

结尾是全文的落脚点。这部分或是对全文内容进行概括归纳；或者重申观点，强调意义;或是展望未来,提出希望和建议;或者由调查引出存在的问题。调查报告的署名和日期可放在全文的结尾处,也可以将署名放在标题之下。

四、市场调查报告的写作要求

(一) 坚持实事求是原则

实事求是地开展市场调查是写好市场调查报告的前提。因此,调查一定要真实地反映市场的情况,一是一,二是二,不夸大,不缩小;作者一定要亲自全程参与调查,亲手收集材料;调查得来的材料也一定要翔实可靠,数据须反复核实;同时选材应客观全面,防止片面、主观。

(二) 做到观点与材料相统一

市场调查报告以调查的材料为依据,但并不是材料的堆砌和数字的罗列,写作中只有坚持材料支撑观点,观点统率材料的原则,做到两者的有机融合,才能写出真正有价值的报告文书。

(三) 选择恰当的表达方式

市场调查报告是兼有说明文、记叙文、议论文的一些特点而又有别于它们的表达方式的一种应用文体,一方面它需要以叙述、说明的方式来客观介绍调查的实际情况;另一方面它也需要运用议论的表达方式对调查得来的材料进行分析研究,预测市场的发展趋势,并提出相应的建议与决策。因此,它常常要综合运用叙述、说明和议论三种表达方法,写作时要注意正确运用。叙述时,选用的材料要真实,数据和图表要准确;说明时,逻辑表述要清晰严密;议论时,材料与观点要统一。

(四) 突出重点

市场调查报告的内容比较广泛,涉及的问题也比较多,写作时不能眉毛胡子一把抓,应选取一两个重要问题进行系统论述,切忌面面俱到。

(五) 讲究时效

作为一种贴近市场的报告文书,时效性是市场调查报告的价值和意义之所在。市场调查报告只有迅速、及时、客观地反映当前的市场动态,才能有助于企业管理者和决策者尽快作出科学合理的市场判断,从而指导其产品的生产和销售,提高其产品或服务的竞争力。

五、例文评析

[例文 6-3]　　　　20××年珠宝市场调查报告

中国珠宝首饰市场经过短短的几年时间,已由前几年仅占全球1%跃居世界前列,仅次于美国和日本。随着中国经济的发展,人民消费水平的提高,珠宝首饰正在成为继住房、汽车之后中国老百姓的第三大消费热点。面对激烈的市场竞争,珠宝企业越来越注重市场营销,不断提高营销管理水平。珠宝市场调查作为珠宝企业经营决策的起点,是珠宝企业制订市场营销策略的基础。

调查项目:××购物中心

活动次数：4次
活动人数：1人
调查对象：消费人群
时间：20××年12月16日—20××年12月19日

一、市场现状

珠宝首饰行业对繁荣市场、促进国民经济发展起着重要的作用。它的发展折射出老百姓生活从温饱到小康的历史发展轨迹。珠宝首饰的消费，正式成为继住房、汽车之后中国老百姓的第三大消费热点，据权威统计显示，2001年，国内总销售额已逾800亿元人民币，出口达到25.3亿美元。其中，国内黄金首饰的年销售从20年前的0.7吨增长到207.5吨。首饰黄金用量跃居世界第四位。铂金首饰的销售量在全球市场的比重从1%跃升到52%，达130万盎司。钻石首饰所占的全球市场份额也从0.5%上升到1.8%，年销售量总件数突破100万件。此外，红蓝宝石、翡翠、珍珠、中低档宝石饰品的年销售量也达到200亿元左右。

相对于其他高档消费品，珠宝业确实有其独特的发展空间。随着国内经济的迅猛发展、人均收入的增长和生活水平的提高，珠宝首饰逐渐从少数显贵人物的奢侈品转变为寻常百姓的消费品，而且人们的消费心理也逐渐从保值性、拥有性向追求品牌、时尚和个性转变。调查显示，越来越多的消费者购买首饰不只是作为礼品馈赠他人，而是自用。我国每年约有1 000万对新人结婚，婚庆消费总额达2 500亿元，只要其中的10%用于珠宝消费，那全年就是250亿元以上。

从市场供应商角度来看，内地珠宝产业的日益蓬勃发展，使香港许多知名品牌看好内地珠宝市场，许多国外知名的珠宝商也纷纷将目光投向中国。洋品牌开始抢滩中国市场。

二、市场前景

自1982年我国恢复黄金饰品市场后，内地黄金及珠宝首饰消费迅速增长。据不完全统计，2001年我国首饰消费超过600亿元人民币，黄金消费量则连续数年平稳保持在200吨左右。

全球最大的钻石经销商戴比尔斯早在20世纪50年代就开始了与中国内地的商务接触。20世纪90年代以来，戴比尔斯在中国加大了消费营销方面的投入，其位于北京、上海和广州的“钻石推广服务中心”和“钻石信息中心”通过举办各种行业会议、培训研讨会、竞赛等方式，大大推动了中国钻石饰品消费市场的增长。香港知名珠宝首饰品牌周大福选择了以特许品牌连锁的方式开拓内地市场。

作为全球第三大黄金需求市场，中国正在吸引世界的目光……目前，上海钻石办、上海钻交所和中国宝玉石协会、国土资源部珠宝玉石首饰管理中心就钻石进出口环节的有关税收调整问题做了大量工作，希望通过钻石税收政策的合理调整，理顺钻石产业的环节，推动国内钻石加工业的大发展。

三、珠宝首饰消费市场顾客心理调查分析

珠宝消费者作出购买决策，主要受文化、社会、个人心理等因素的影响。文化是人类欲望和行为最基本的决定因素。人们在成长过程中逐步形成了自己的价值观、兴趣爱好和行为方式。珠宝消费者都会受中国历史文化的影响。一个人所属的社会群体、家庭及其所担当的社会角色等因素对其看法和行为都有直接或间接的影响，因而对其购买行为也有重要影响,特别是年龄、职业、经济状况、生活方式、个性等个人特性因素是决定购买的重要因素。

最近两年,白金首饰以气质高雅等特点越来越受到消费者的喜爱,尤其受到女性消费者的青睐。目前,市场上50%以上的首饰是白金制造的。调查显示:有60%的消费者喜欢白金饰品;另有50%的消费者喜欢钻石饰品;而对黄金首饰的需求已经趋于饱和,市场份额比例与往年相比有所下降,但男性首饰中黄金首饰还占有相当大的市场份额。另外,玉石类首饰主要以手镯和项链为主,具有一定的市场份额。

珠宝首饰是贵重的消费品,消费者的购买行为也相当理性。调查显示:61%的消费者在光顾3~4家卖场后才会作出购买决定;26%的消费者是在光顾5~6家卖场后才会作出购买决定。只有9%的消费者只光顾1~2家卖场就会作出购买的决定。同时,调查显示,43%的消费者对珠宝消费存在信心不足,主要表现在:消费者对商家信心不足,即商家是否诚信;对珠宝商品信心不足,即珠宝商品是否货真价实;对自己的购买行为信心不足,即自己的消费行为心理成熟度不够。所以对那些只是在柜台前仔细观看或试戴,并不会立刻就买的顾客,商家应给予理解。在珠宝品牌琳琅满目的今天,广告宣传对品牌的推广越来越重要。32%的消费者主要是通过广告了解珠宝品牌、种类、款式;28%的消费者是通过亲友对已消费品牌的介绍了解珠宝品牌,有12%的消费者只购买在广告上见过的产品;有26%的消费者只购买名牌产品。即使这样,50%的消费者仍然要到卖场亲自体验后才会作出购买的决定。可见现在的珠宝消费已经到了品牌消费时代。那些不知名的产品或品质较差的产品将逐渐被市场所淘汰。

婚礼消费一直占珠宝首饰消费最大的市场份额。53.5%的消费者在结婚时购买珠宝;16.2%的消费者在结婚纪念日有消费行为;23.2%的消费者在情人节有购买行为。但随着生活水平的不断提高,五一节、国庆节、三八节、母亲节以及亲友的生日也成为重要的消费时机。珠宝首饰不仅是定情的信物,也是增进感情和友谊的使者。

××

20××年12月23日

[评析] 这篇关于20××年珠宝市场的调查报告结构完整。标题由时限、调查对象和文种构成。前言以交代中国珠宝市场当前上扬的势头为背景,自然引出主体部分。主体部分则运用翔实的数据对珠宝市场的现状和前景及珠宝市场消费者的心理进行了细致的分析,为珠宝企业经营决策者制订市场营销策略提供了参考。

第三节 可行性研究报告

一、可行性研究报告的概念和特点

(一)可行性研究报告的概念

可行性研究是有关部门、企业或专家组在拟作出一项决策、上马一个建设项目之前,经过对技术、经济及环境等方面的全面调查研究、分析论证之后，对决策或项目作出的可行性论证报告，以为有关单位或部门的投资决策提供科学的依据。

可行性研究报告在确定决策或建设立项过程中具有决定性的意义，其作用概括起来有以下几个方面：它是项目决策和编制设计任务书的依据；是与有关方面协商、谈判、签订合同的依据；是安排投资计划、控制预算的依据；是向银行贷款的依据；是审计部门检查财务、信贷的依据。

可行性研究及分析，作为一种科学的方法，可以提高决策水平，减少或避免失误。因此，它越来越受到人们的重视，其适用范围越来越广。可行性研究报告已成为国家机关和企事业单位经常使用的一种文书样式。

（二）可行性研究报告的特点

1. 严格的论证性

可行性研究报告是在作出决策之前，从经济、技术、资金、市场销售等方面，对决策或项目就法律、政策、环保以及对整个社会的影响等方面，进行科学论证与评析的书面表达形式。因此，严格的论证性就成为其主要特征，它常常需要运用介绍、分类、比较、图表、数字说明等方法，对决策或项目进行全面、系统的分析、说明和评价。

2. 科学的预见性

任何可行性论证都是在决策或项目实施之前进行的，决策或项目的可行性及其可能遇到的各种问题都是科学预测和估量的结果。这就要求可行性研究报告中所依据的理论和原理必须经得起实践检验，研究的方法必须具有科学性，研究的结论必须在科学的基础上得出。

3. 内容的综合性

可行性研究报告要围绕拟建项目或决策的各种因素进行全面、系统的分析，分析的内容往往涉及各个方面，具有综合性的特点。

二、可行性研究报告的种类

根据不同的划分方法，可行性研究报告可分为不同的种类。

（一）按内容划分

按内容划分，可行性研究报告可分为政策、改革方案可行性研究报告，建设项目可行性研究报告，中外合资经营可行性研究报告和新产品开发报告。

政策、改革方案可行性研究报告，是对拟议中的经济、技术政策和措施的必要性、有效性和实施的可行性进行的分析、论证，以为科学决策提供依据和建议。

建设项目可行性研究报告，主要是为那些生产建设、基础设施建设以及利用外资、技术改造、技术引进和进口设备等项目撰写的研究报告。

中外合资经营可行性研究报告，是对中外合资经营项目可行与否进行研究论证的报告其研究论证的重点是外国合营者的资信度及产品销路。

新产品开发报告是企业在开发新产品之前，根据社会需求和企业实际情况，并充分结合市场环境，具体分析新产品开发方案在实践中的可行性、可操作性以及所能达到的效果和具体实施步骤的书面报告。

（二）按性质划分

按性质划分，可行性研究报告可分为肯定性可行性研究报告、否定性可行性研究报告、选择性可行性研究报告。

肯定性可行性研究报告，即肯定、认可拟议项目实施的必要和可行的报告。

否定性可行性研究报告，即通过分析论证，发现拟议中的项目不具备实施的条件，从而予以部分否定或彻底推翻的报告。

选择性可行性研究报告，即原拟议项目可能提出两个以上实施方案，通过分析论证，肯定其中一个方案而否定其他方案；或者在肯定原项目前提下否定其具体实施方案，再提供两个以上可行方案供决策者选用。这两种情况都可称为选择性可行性研究报告。

三、可行性研究报告的结构和写法

可行性研究报告一般包括标题、前言、主体、结尾、附件、落款六部分。

（一）标题

标题一般由拟建项目单位、项目名称和文种构成，但项目单位可以省略，如《中大尺寸电容式触摸屏项目可行性研究报告》《新建九景衢铁路可行性研究报告》。

（二）前言

前言是报告的纲要，主要是让读者了解该报告的来龙去脉和主要内容。因此，该部分一般需包括项目的由来、目的、意义、范围以及预想中的社会效益和经济效益、本项目的承担者和报告人、研究的简况等。文字要简洁，篇幅不宜过长。

（三）主体

主体是结论和建议赖以产生的基础。它要求以系统分析为主要方法，围绕影响项目的各种因素，运用大量的数据资料，以论证拟建项目是否可行；或对各种预选决策方案进行分析、比较、论证和预测，以得出拟立项目或决策的必要性、可行性等信息。论证时既要力求全面、细致地逐项分析，又要注意突出重点，对关键处或难点的分析要透彻深入。对非可行性方案，也不能简单否定，而要有充分的理由来说明其为何不可行。

一般情况下，拟建项目的主体可按以下层次来展开论证：① 项目概况；② 需求分析及拟建规模；③ 原材料、工艺设备及生产条件分析；④ 建设进度及生产计划；⑤ 环境保护；⑥ 经济技术指标及投资效益分析。对不同项目的可行性研究报告，以上各项应有所侧重或增减。

主体部分的写作要求层次清楚、条分缕析、有理有据、具体充分。

（四）结尾

结尾是对可行性研究项目的总评和建议。即当项目的可行性研究完成了所有的分析之后，应对整个可行性研究提出综合性的评价和明确的结论，也可适当提出一些建议。

（五）附件

附件包括不宜放在正文当中，但又具有一定参考价值或补充作用的材料，如试验数据、论证材料、计算图表、附图等，以增强可行性研究报告的说明力度。

（六）落款

落款包括署名和日期两部分。在正文右下方署呈报单位名称、负责人姓名；写明呈报日期。

四、可行性研究报告的写作要求

（一）尊重事实

要坚持实事求是原则，严格按科学规律和经济规律行事，对决策或立项的必要性、可能性、效益性，需进行科学的、全面的论证，以得出科学可靠的结论。

（二）严格论证

撰写可行性研究报告要进行大量的数据核算和理论与事实的论证，论证过程要严密科学，要符合逻辑，环环相扣，要用具体数据和有力的事实说话。材料与观点要高度统一，不可相互背离，更不可自相矛盾。结论用语力求鲜明突出，准确精练，力戒含糊其词、模棱两可。

五、例文评析

[例文 6-4]　　旅游风景区项目可行性研究报告

一、项目总览

本项目拟建立一个以元江特大桥景观为背景，以解放战争历史回顾、民族风情体验为主题的休闲度假娱乐区。

游客进入景区后可根据自己的喜好和需求，选择单纯的休闲娱乐、观光游览、历史回顾项目或者选择三大功能区都串联起来的“夺标”游乐项目。本项目的设计方案既充分利用了景区的旅游资源，扩充了旅游的内容，延长了游客停留的时间；同时，又加强了对游客的积极性和参与性方面调动，延长了项目的生命周期，可以创造更大的经济效益。

二、项目功能区规划

本项目规划分为三个功能区：元江特大桥探险运动区，解放战争历史回顾及夺标区，哈、彝、傣三民族风情园及休闲度假区。

（一）元江特大桥探险运动区

1. 该区拟建蹦极、攀崖、水上漂流、高空溜滑钢索等运动设施。

……

（二）解放战争历史回顾及夺标区

该区位于元江峡谷地带，为解放战争时期遗留下来的战争遗址。该区的主要功能为解放战争历史回顾及“夺标”。本区规划建设如下：

1. 建设纪念碑、纪念馆作为历史回顾爱国教育基地，向游客普及红色文化。

2. 修复遗留下来的作战区、战壕及军事设施仿制品，如铁丝网、栅栏及一些军事障碍比赛使用的器材。

3. 购置军事娱乐设施，如迷彩服、“匹特博”枪具、面具、红旗、蓝旗等。

（三）哈、彝、傣三民族风情园区及休闲度假区

该区位于元江峡谷地带，与解放战争历史回顾及夺标区毗邻。主要功能为民族风情体验或游客观景、休闲、度假。该区也是在红河谷寻梦园进行夺标运动的第一关——民族风情体验关。

1. 停车场。分为大客车、中巴车、轿车等区域，设入口、出口各一处。

2. 景区标志性门景。采用哈尼族或彝族的寨子寨门，既有地方特色，又简易可行。

……

三、项目游览线路规划

（一）游览线路一

入口—哈、彝、傣三民族风情园—民族竞技园—观景台—元江特大桥—夺标区或解放战争历史回顾区—哈、彝、傣三民族风情园—出口

（二）游览线路二

入口—夺标区或解放战争历史回顾区—元江特大桥—观景台—民族竞技园—哈、彝、傣三民族风情园—出口

四、项目建设规模

项目总占地面积为500亩，分两期进行投资，本项目一期主要是游路建设、基础设施和民族风情园区、探险运动区和历史回顾及夺标区的建设。本项目一期投资1 762.05万元。其中，固定资产投资1 572.05万元，无形资产投资190.00万元。项目二期将扩建游客服务中心，并增加旅游休闲娱乐设施，预计二期投资350.00万元。

项目正常营运后，年营运收入5 329.06万元（平均值），总成本费用2 304.33万元，营运利润3 074.73万元，盈亏平衡点42.43%。本项目的实施还将有利于促进当地经济的发展，增加当地居民的经济收入，增强当地生态环境的保护，从而实现旅游业带动地方经济的可持续发展。

五、附表

项目建设投资估算表、项目总投资估算表、项目资金筹措和投资计划表、项目营业收入估算表、项目总成本费用估算表、项目现金流量表、项目损益和利润分配表、项目盈亏平衡表、项目敏感性分析表。

×××

2016年5月

［评析］这篇旅游风景区项目可行性研究报告，根据内容需要，分五个大的方面进行了有序论述，行文层次清晰，结构严密。因论证对象为旅游风景区项目，故该报告的重点放在了对休闲度假娱乐区三大功能区的介绍上，其介绍分析详细、具体、清晰，文字精练。项目建设规模对项目所需占地面积、分期经费、可产生的经济效益等做了明确说明，并且用附表的形式对经费预算进行详细分解。该报告不足的地方在于对项目的背景介绍不够详细，最后应补充总结性结论。

第四节 经济活动分析报告

一、经济活动分析报告的概念和特点

（一）经济活动分析报告的概念

经济活动分析报告是指以科学的经济理论和现行的经济方针政策为指导，根据计划指

标、会计核算资料、统计资料和调查研究所掌握的材料，运用科学的方法，对经济、金融领域中的某一业务、某一经营单位的经济活动状况进行系统的分析研究后写出的一种书面报告。

在实际工作中，经济活动分析报告也被简称为“经济活动分析”“经济活动总评”“经济情况说明”等。

经济活动分析报告使用范围较广，从某种意义上来说，凡是涉及经济、金融领域的一切行政机关和单位都要经常使用经济活动分析报告。它在宏观和微观经济领域都具有重要的应用价值，是科学管理中必不可少的应用文体。

（二）经济活动分析报告的特点

1. 定量性

经济活动分析报告的专业性很强。为解决经济、金融工作中的某一问题，它往往借助计划指标、会计核算资料、统计资料等，综合成一个指标体系，通过定量分析，剖析经济、金融活动变化的原因。“无数不成文”，量化分析是其最大的特点。

2. 指导性

经济活动分析报告是对经济、金融活动的过程及结果进行的回顾和剖析，是对现有的经济、金融活动的经验与问题进行的评价，目的是找出影响计划指标完成的原因和影响总体经济效益的薄弱环节，因而它对改善经济工作，制订发展规划，提高经济效益具有重大的指导意义。

二、经济活动分析报告的种类

（一）根据内容划分

根据内容不同，经济活动分析报告可分为综合分析报告和专题分析报告，但这种划分具有一定的相对性。

综合分析报告是根据各项主要经济指标，对某个部门或某个单位一定时期的经济活动，从总体上进行系统的分析研究，以期从中揭示经济活动的规律。其内容广泛，综合性强。如《湖北省上半年经济、金融形势分析》《××公司经营与财务状况分析报告》等。

专题分析报告是根据经营管理的需要，对某项经济活动中带有普遍性、典型性的关键问题做专门的、重点的分析研究，其内容专一，分析透彻。如《土地资源利用效果分析》《农副产品消费倾向分析》等。

（二）根据报告目的划分

根据报告的目的，经济活动分析报告又可分为效果分析报告、控制分析报告和预测分析报告。

效果分析报告是采用科学的方法，对经济、金融活动的结果与效益进行分析与评价。

控制分析报告是检查并发现执行计划、预算、定额中的情况与问题，分析原因，找出对策，以保证经济、金融活动按预定方向运行。

预测分析报告是分析经济、金融活动的现状，以预测经济、金融活动运行的趋势、发展前景和企业的未来效益。

三、经济活动分析的常用方法

撰写经济活动分析报告常用的分析方法有以下四种。

（一）比较分析法

比较分析法又称“对比分析法”“指标分析法”，是定量分析中的常用方法。它往往将两个或两个以上的项目或内容中具有可比性的数字加以对比，并根据对比结果来反映经济运行的状况，说明事物之间的联系和差距。在实际运用中，人们常从以下三个角度进行分析比较：

1. 比计划

将本期实际完成的指标与计划指标相比较，检查计划指标执行的进度与程度，从而确定分析的主要问题，查找完成计划的可能因素或未能如期完成计划的种种原因。

2. 比历史

用本期实际完成指标与上期或上年同期实际完成指标或历史最高水平相比，从而分析经济活动的发展水平，了解经济活动的变化趋势和规律，以提高经营管理水平。

3. 比先进

用本期的实际指标与条件大致相同的同类型先进单位的实际指标相比较，明确本单位存在的问题和薄弱环节，找出差距及其原因，以改善经营管理。

（二）因素分析法

因素分析法又称“因素替换分析法”“连环替代法”。它是将综合经济指标分解成各个经济因素，然后分别测定这些因素对整个经济指标完成结果的影响程度，找出其因果关系。经济活动是一项复杂的社会活动，其活动产生的结果，与诸多外部和内部因素有关，进行因素分析就是要把影响某一指标的诸多因素找出来，明确各因素的影响程度。

如果说对比分析法侧重于数字、情况的比较，以明确差距、发现问题的话，那么因素分析法则侧重于对事实的说明和问题的剖析，以分析矛盾产生的根本原因。

（三）动态分析法

动态分析法又称“趋势分析法”，一般运用发展速度、平均发展速度等指标来进行分析。即将不同时期的同类指标数值进行对比，求出比率，然后用以分析该项指标的增减速度和发展速度，以掌握经济发展变化的规律，明确经济活动发展的总趋势。

（四）综合分析法

综合分析法即将多项经济指标的执行情况进行综合对比、计算和评价，分析影响经济活动总体变化的诸多因素，从整体上权衡利弊得失，然后作出相应评价或建议。此方法常与因素分析法结合使用，既着眼全局又突出重点。

四、经济活动分析报告的结构和写法

经济活动分析报告一般包括标题、前言、主体和结尾四个部分。

（一）标题

标题一般由单位名称、时间、分析内容和文种构成。如《中国农业银行××省分行20××年第四季度储蓄结构分析报告》等；有时也可省略单位或时间，如《20××年下半年度财务情况分析报告》等；也可直接陈述观点或内容，如《影响我国中药产品出口主要因素分析》《信贷资产质量下降的问题必须尽快解决》等。

（二）前言

前言又称为“导语”“引言”，主要起点题、说明情况、提出问题、明确目的、引入主题的作用。其写法较为灵活，多围绕分析的内容、范围、对象、目的、背景做简单介绍。

（三）主体

主体是经济活动分析报告的核心部分，一般包括三大要素：基本情况、分析评价、建议措施。主体可采用文字说明和数字说明的形式，或先列数据指标，后用文字分析说明；或先用文字分析说明，后用数字列表说明；也可在文字说明中穿插数字、图表来予以说明。

1. 基本情况·

基本情况即以文字和数据相结合的形式来反映经济指标的完成、变化情况及其存在的问题，这是分析的基础。基本情况应包括历史沿革和现状等，如一份经济预测报告，就要对预测对象做历史性的回顾和目前现状的相关说明，以作为预测分析的基础；还应包括主要经济指标的完成情况、业务的开展情况和技术情况、管理实施情况等。如《××公司20××年度的财务分析报告》就可从利润、资金、成本和费用四个方面详细地说明相关情况。

2. 分析评价

分析评价可采用比较分析法、因素分析法等专业分析方法对相关财务指标值进行分析，以指出其中的差异或问题存在的原因，然后进行综合评价。分析的过程应本着从现象到本质，从对比分析到因素分析的顺序进行，即先通过数据的纵横比较，找出问题，进而深入分析影响经济活动的主客观因素，把握主要矛盾，找出问题所在。这一部分应涉及成绩与问题，并查找主客观原因。

3. 建议措施

经济活动分析报告的写作目的不仅仅是发现问题，而且应根据分析的结果，针对今后的经济活动提出切实可行的意见或建议。在具体写作中，该部分的侧重点要针对不同情况而有所不同。有的侧重于进一步提高经济效益的途径；有的侧重于改进今后工作的措施；有的侧重于对经济活动的前景和趋势作出预测等。

（四）结尾

大多数的经济活动分析报告在提出相应的建议或意见之后自然收束，不专门作结。但有些篇幅较长的经济活动分析报告，则在结尾处进行归纳总结，或照应开头，深化主题；或预测前景，展望未来。

五、经济活动分析报告的写作要求

经济活动分析报告的写作应做到文字说明和数字说明相结合，情况说明和理性分析相结合，有针对性地阐明经济、金融活动“怎么样”“为什么会这样”“应该怎么做”等，条理清晰地表达出经济活动的情况、成绩、问题、建议等内容。写作时应做到以下几点。

（一）宏观分析和微观分析相结合

企业、部门的经济活动与整个国民经济形势息息相关。写作经济活动分析报告，既要从微观入手，分析一个企业或部门的经济活动，也要着眼于宏观，把握国内外经济发展的动态和趋势，充分考虑国家的经济、金融政策对每一种经济活动情况的影响和制约。分析经济效益，则要将近期利益和长远利益、局部利益和整体利益、经济效益和社会效益综合考虑，分析要全面准确。

（二）动态材料和静态材料相结合

全面把握经济活动是写好分析报告的前提。动态材料是指来自调查研究的第一手资料和对实物的清查;静态材料是指来自计划、报表凭证、账表及其他书面材料。撰写经济活动分析报告,既要重视手头与经济活动有关的静态材料,还要到企业、部门中认真收集反映新情况、新问题的动态材料。只有全面掌握了经济活动的静态材料和动态材料,才能权衡利弊,评析得当,从而得出正确的结论。

(三)文字材料和数字材料相结合

与其他的报告文体相比,经济活动分析报告更注重用数据说话,尤其是分析部分,为此既要强调文字的说服力,也要注重数据的准确性,注重数据优先、叙议结合的写作原则。

六、例文评析

[例文6-5] ××电力集团公司20××年上半年经济活动分析报告

一、集团公司系统在集团公司党组的正确领导下,真抓实干,克服困难,实现了“时间过半、任务过半”的目标。上半年集团公司经济运行主要呈现以下特征:

(一)电力生产和基建安全形势总体良好。上半年,未发生电力生产、基建人身死亡事故或群伤事故,未发生特别重大事故,未发生责任性重大设备事故,未发生垮坝或水淹厂房事故,未发生重大火灾事故。发生发电生产人身重伤事故1次,同比增加1次;发生一般设备事故2次,同比减少7次;发生设备一类障碍77次,同比减少48次;发生非计划停运108次,同比减少135次。

(二)在电力供应紧张的形势下,充分挖掘现有机组潜力,克服煤炭供需矛盾突出和南方来水偏枯等不利因素影响,发电量和售电量保持稳步增长。上半年,集团公司发电量637.91亿千瓦时,同比增长5.84%,完成全年计划的50.49%。……

(三)供电煤耗和综合厂用电率均有下降,节能降耗工作取得成效。上半年,集团公司综合厂用电率7.03%,同比下降0.43个百分点。其中,火电8.13%,同比下降0.33个百分点;水电1.16%,同比下降0.62个百分点。上半年,集团公司供电煤耗366.74克/千瓦时,同比下降1.04克/千瓦时。

(四)销售收入增长幅度高于电量增长。售电量的增加和火电售电单价的提高推动了电力收入的增长。上半年,集团公司实现销售收入137.87亿元,同比增长10.11%,与预算执行进度基本同步。其中,电力销售收入132.76亿元,占总销售收入的96.29%,同比增长9.97%;热力销售收入3.74亿元,占总销售收入的2.71%,同比增长7.65%。……

(五)固定成本得到有效控制,但因电煤价格不断攀升,总成本未能控制在预算执行进度之内,成本增长远高于收入增长。上半年,集团公司销售总成本118.92亿元,为年度预算的51.06%,同比上升14.04%,高于收入增长3.93个百分点。其中,电力产品销售成本112.51亿元。……

(六)在电力利润下降、热力增亏的情况下,由于财务费用大幅下降、营业外支出减少,保持了利润的基本稳定。上半年,集团公司实现利润10.68亿元,同比减少0.24亿元,下降2.17%,其中,电力产品利润同比下降8.02%;热力亏损1.71亿元,同比增亏43%。从利润形成结构来看,财务费用大幅降低和营业外支出减少是保持上半年利润基本稳定的主要原因。……

（七）固定资产投资按计划实施，发展布局和结构调整取得明显成效，前期项目规模初步满足集团公司持续发展需要。上半年，固定资产投资16.17亿元，完成年度计划的40.77%。实际到位资金31.13亿元，其中，资本金0.96亿元，银行贷款6.38亿元，企业债券22.4亿元，利用外资0.58亿元，其他资金0.81亿元。上年结转建设规模322.6万千瓦。上半年新开工大连、泰山两个热电项目共28.5万千瓦。……

同志们，我们在面临诸多非常尖锐和复杂的矛盾的情况下，能够形成经济运行的良好局面，是非常不容易的。比较而言，我们是在老小旧机组比较多、设备长期处于高负荷运行、煤质下降、新机组投产压力大的情况下，保持了生产、基建的安全稳定局面；我们是在煤电油运供需矛盾突出、新增生产能力相对不多、市场结构发生新的不利变化、南方来水偏枯的情况下，实现了发电量的稳定增长；我们是在电煤价格飞涨、电价调整不能弥补燃料成本增加的情况下，保证了经济效益基本稳定，亏损面没有扩大，亏损额大幅下降；我们是在成立之初发展项目严重不足、电源前期竞争极其激烈的情况下，初步为合理布局、结构调整和产业技术升级，进行了规划储备；我们是在着力消除旧的体制、机制性障碍的变革探索实践过程中，认真贯彻年初工作会议精神，坚持以增收节支促进经济效益的稳步提高，坚持以业绩评估促进经营管理水平的全面提升，坚持以改革创新促进管理体制和经营机制的根本转变。这些都是集团公司系统全体干部员工齐心协力、坚强拼搏的结果。

二、经营形势严峻，机遇与挑战并存，内部管理仍有薄弱环节，完成全年任务还很困难，要把握主要矛盾，趋利避害，巩固和发展上半年良好势头。综观当前和今后的经营工作：

第一，外部市场环境存在诸多不利因素。

一是电煤供应紧张、煤质下降、价格大幅上扬，严重危及设备运行的安全性和经济性，严重影响经济效益的稳定和提高。上半年，集团公司供煤量低于耗煤量，截至6月底，实际库存煤同比下降69.65万吨，下降幅度达33.92%。阜新、娘子关、平圩、姚孟等大部分电厂库存煤经常处于警戒线以下，造成部分机组降负荷运行，甚至被迫停机检修。……

二是电力市场不规范和市场结构变化存在不利影响。在国家多次规范电价管理的情况下，上半年，批准的基数电量安排不到位、自行组织竞价和计划外电量、压低或变相降低电价的现象，在相当多的地区仍然存在。……

第二，迎峰度夏、防洪度汛面临严峻考验。一是设备可靠性要求提高。一方面，今年以来电煤质量下降直接影响设备的健康状况，另一方面，夏季用电要求调峰能力提高。二是防洪度汛压力加大。目前正值主汛期，沅水上的三板溪已进入施工高峰期，在建项目较多的黄河来水好于去年，公伯峡又是今年计划投产的关键项目。

第三，企业管理仍存在薄弱环节。一是一些企业违规违纪问题仍然存在。上半年审计检查、财务整顿和业绩评估工作中，发现一些单位违反国家财经纪律、违规经营的现象并未杜绝，与集团公司反复强调的法制化、规范化管理要求仍然存在很大差距。有的单位私设“小金库”、账外账，编制虚假工程，人为调整消耗指标，截留收入利润，乱挤乱摊成本，关联交易很不规范等。有的违纪金额较大，问题性质还很严重。二是部分单位计划和预算指标完成存在较大差距。

第四，核心竞争力有待加快培育和壮大。一是前期规划形成的布局和结构，要加快推进，尽快形成电力生产力，形成规模和结构优势。二是集团公司组建以来，坚持不懈为之实践的，符合集团公司特点和适应市场化要求的，在继承旧体制的历史遗产同时开辟未来的专业化、集约化的管理模式，要进一步实践并完善，破中求立，立中完备。三是……

三、振奋精神，迎难而上，完善措施，狠抓落实，继续坚持以增收节支、业绩评估、改革创新推动重点工作开展，确保全年任务完成。

（一）加强安全生产管理，保证发电设备安全、稳定、经济运行……

（二）以市场为导向，有重点地推进市场营销……

（三）进一步加强经营管理，巩固和扩大经营成果……

（四）加快前期工作，确保开工投产，尽快形成生产能力……

（五）推进资产重组和资本运作，扩张经济规模和提高盈利能力……

（六）落实改革的各项配套措施，促进深化内部改革……

（七）加大监督力度，促进企业依法经营和健康发展……

同志们，今年是集团公司深化改革、加快发展的重要一年。全年各项任务目标不变。让我们在集团公司党组的正确领导下，认真贯彻落实党中央、国务院一系列重大决策和部署，求真务实，艰苦奋斗，全面完成全年各项工作任务，为国民经济发展和社会进步作出不懈努力！

［评析］ 此报告用大量翔实的数据并配以文字说明，对集团公司上半年的经济活动进行了理性分析，指出在生产和基建安全形势、发电量售电量、节能降耗工作、销售等七个方面取得成绩的同时，还存在四个方面的问题与矛盾，进而提出相应的建议和措施。有针对性地阐明了此集团公司上半年经济活动方面“怎么样”“为什么会这样”“应该怎么做”三个方面，结构完整，语言简洁。

第五节　贷款调查报告

一、贷款调查报告的概念和特点

（一）贷款调查报告的概念

贷款调查报告是金融机构在接受申请银行贷款的个人或单位的报告之后，在放贷之前，就申请人的资信情况、财务状况、经营管理、贷款用途、还款能力及借贷后带来的经济效益等方面，进行相关调查取证后所形成的书面报告。

金融系统进行贷款贷前调查，是为了提高信贷资产质量，防范和化解金融风险，确保银行资金的合法、安全和盈利，因此，撰写贷款调查报告具有重要意义。

（二）贷款调查报告的特点

1. 材料的真实性

作为放贷重要依据的贷款调查报告，一定要在调查时深入了解申请贷款人或企业过去和现在的状况，并准确评估其今后的发展趋势，同时还要关注国内外市场的变化及趋势，从而作出准确的贷款风险判断。因此，撰写贷款调查报告一定要在掌握第一手资料的基础上，作出实事求是的分析和评价。

2. 表达的灵活性

在写作中，贷款调查报告表达灵活：对申请贷款对象基本情况的介绍，如存款情况、历年来的贷款情况、贷款人与担保人之间的关系等方面，主要采取叙述的方式；而在对其风险预测和化险措施方面则主要采取说明和议论的方式；最后在签署意见部分主要采取议论方式，直接表明观点。

二、贷款调查报告的结构和写法

贷款调查报告包括标题、正文、署名和时间四个部分。

（一）标题

贷款调查报告一般采用公文式标题，由放贷单位名称+事由+文种三个部分构成，如《中国农村信用合作社××县支行关于××企业申请××贷款的调查》。

（二）正文

正文一般包括引言、主体和意见三大部分。

1. 引言

引言部分主要写调查报告的缘由，交代申请贷款一方因何原因于何年何月提出了贷款申请，放贷单位针对该申请在何地进行了什么样的调查。

2. 主体

主体部分是贷款调查报告的核心，主要介绍调查所得的实际情况，包括申请贷款一方的性质、固定资产、负债情况、生产规模（包括设计规模和实际规模及产值、产品的生产情况等）、经营状况（包括产品的销售周期、产品销售形势等）、市场适应前景以及申请贷款的用途等，并要做好贷款的可行性分析、资产负债分析、生产周期与流动资金分析、现金流量分析、资金分布分析、生产与销售分析等，以判断该贷款申请对象能否带来可观的经济效益以及贷款能否按期收回本息等内容。

如果有旧贷款，还要写清贷款到期的归还情况和结息情况；如果有不良贷款，应重点分析成因及还款的可能性。

3. 意见

根据贷款调查报告的结果和现行的贷款政策明确给出相应意见，如贷还是不贷，贷多贷少，都应在贷款调查报告的结尾处明确表明。如果不贷款，则应说明理由；如果贷款，还应说清贷款金额以及发放贷款的时间、利率、贷款方式和还贷时间等。

（三）署名

在报告正文的右下方应写明“调查人：×××”，表明贷款调查报告的责任人。

（四）时间

在署名之下的右下方，写清楚具体的年月日。

三、贷款调查报告和银行贷款项目评估报告的区别

（一）写作目的不同

贷款调查报告是在收到申请贷款的个人或单位的贷款申请之后，经过调查得出能否放贷以及放贷多少的结论，专管银行贷款业务的领导或有关部门以此作为参考；银行贷款项目

评估报告则是受国家有关经济机构或部门的委托而写的，其功能除了作为放贷的依据之外，还可作为优化工程项目的依据。

（二）作者不同

贷款调查报告的作者一般为银行负责贷款的代办工作人员，而银行贷款项目评估报告则是项目评估专家与银行部门组成的评估组。

（三）针对对象不同

贷款调查报告针对向银行提出贷款申请的个人或有关企业而写，而银行贷款项目评估报告针对的一般是大型经济建设项目。

四、例文评析

［例文 6-6］

关于王××申请 21 万元个人房产抵押贷款的调查报告

申报单位：池州九华××行个私部

借款申请人王××于 20××年××月××日向我行申请个人经营贷款 21 万元，客户经理张××与李××按照相关规定对王××的家庭资产负债情况、借款用途、还款能力、信用状况和担保情况等进行了深入调查。

一、借款申请人家庭基本情况

（一）申请人及配偶基本情况。王××，女，汉族，31 岁，已婚，身份证号 34290119840820××××，户籍地址为池州市贵池区××乡××村桥河组××号，现租住在×××小区。联系电话 1366456××××、1513166××××。申请人现从事网吧经营行业，注册有个人独资企业，企业名称为池州市××网吧，经营场所位于池州市××区××小区 13 号楼 101—104 号门面，经营范围为互联网上网服务。企业营业执照注册号 34170100004××××，网络文化经营许可证号为池文网字 070××××#，持有市公安局核发的安全审核意见书，编号××××号。申请人丈夫刘××，现年 34 岁，身份证号 34290119640208××××，系市公安局驾驶员。经社会调查和查看个人征信系统，王××夫妇信誉状况良好，无不良嗜好。

（二）家庭资产负债情况。目前申请人家庭资产约 75 万元，主要有网吧电脑设备以及服务器等。其中电脑服务器三台价值约 15 万元，蓄电池和电脑终端 95 台约 20 万元，网吧经营许可证价值约 20 万元，另持有市场价值约 20 万元的股票。王××在我行木闸分理处有农户贷款 9 万元，未到期。

二、借款申请人经营情况

申请人经营网吧已有五年，有一定的从业经验，所经营的市××网吧位于市××小区 13 号楼 101—104 门面，经营场地租赁，面积 182 m^2，拥有可供上网计算机 91 台，地处闹市区，人口密度高，人流量大，日均 24 小时上网人数约 130 人次，入座率在 70%左右，平均每人每小时收费 3 元，日均营业收入在 2 000 元左右，月营业额 60 000 元左右，目前雇工三人，其中勤杂人员两名，网络管理员一名，月工资支出约 5 000 元，每月电脑维护费用约为 1 500 元，每月场地租赁费为 3 500 元，月电费为 20 000 元左右，月毛利润为 30 000 元左右，扣除税金、设备折旧和其他开支，净利润约为 12 000 元。现场查看申请人提供的上网人员记录以及银行交款记录，可以证明申请人网吧经营正常、红火。由于本地市区基本停止审批新的网吧经营资质，因此该网吧经营前景在一定期间内较好，收入比较稳定。

三、借款用途及合理、合规性分析

申请人此次申请借款主要用于购置、更新网吧电脑设备。为扩大网吧规模，提高网吧服务质量，申请人于2009年7月20日与供货方签订电脑设备订货合同，合同金额为317 390元，申请人已预付100 000元。因资金不足，向我部申请抵押贷款21万元，期限3年，按月结息，分年还本。还款计划如下：第一年归还7万元，第二年归还7万元，第三年归还7万元。

四、担保分析

申请人本次以其亲戚吴××名下的一套商业房抵押向我行申请借款，抵押物权证编号为池字第09499×××号，权利人为吴××，位于××区××路以东胜利路以北城北花园C区4幢××室，建筑面积38.17平方米，钢混结构，国有出让土地，房屋设计用途为商业。该抵押物于2009年购买，发票价值329 789元，与现行市场价值基本相符，按贷款21万元计算，抵押率63.68%。经实地察看，该房产地理位置较好，实物状态良好，变现力较强，有较大升值空间。抵押物现出租他人使用，抵押人抵押意思明确并已告知出租方，符合我行抵押条件。

五、还款能力分析

该笔借款的主要还款来源是申请人经营的网吧营业收入，该网吧年收入约14.4万元。按照制订的分年还款计划，未来三年需还本付息的资金分别为8.5万元、8万元、7.5万元，因此在贷款存续期间申请人经营净收入在扣除必要的家庭生活开支后能覆盖贷款本息，第一还款来源充足。抵押物产权明晰、位置较好，有一定升值空间，抵押物变现能力较强，第二还款来源有保障。

六、风险和收益

（一）风险分析和防范措施

1. 行业分析。虽然目前由于网吧数量相对固定，网吧经营收入比较稳定，但随着家庭和办公电脑的普及和茶楼、浴池等休闲场所都逐渐配备电脑，网吧经营收入下降成为必然，因此从长远看该行业成长性较差。

2. 经营风险。文化主管部门对该行业监管力度较大，如有违规经营行为，处罚措施严厉。此外，还有安全管理的风险，如果出现火灾和其他突发事件，将直接关系到其能否持续经营。

3. 防范措施。一是对信贷资金的支付严格管理，防止改变贷款用途；二是放款前办妥我行为第一顺序抵押权人的抵押登记手续；三是对抵押物承租人履行抵押告知手续，并要求其在告知书上签字；四是要求借款人的经营收入必须全部归集到其在我行开立的账户；五是加强贷后管理，定期检查其在我行账户资金流量，发现异常要立即查明原因。定期现场查看经营情况和抵押物实物状态。

（二）综合收益

该笔贷款的直接收益为贷款期间能收取3万元贷款利息，间接受益包括存款、网上银行等。

七、调查结论

同意对王××发放房产抵押贷款人民币21万元，期限3年，用途为购买电脑设备，按月结息,分年还款。贷款利率执行基准利率上浮30%,以其亲戚吴××名下位于××区××路以东胜利路以北城北花园C区4幢××室抵押。

调查人:张×× 李××

调查日期:20××年××月××日

[评析] 此文是针对个人贷款而作的调查报告。全文对申请人的基本情况,经营情况,借款的用途及合理、合规性,担保,还款能力,风险与收益六个方面进行分析,数据翔实,分析透彻,对贷款风险和收益进行了较为切实的评估,最后得出放贷的结论,写作规范,结构完整。

第六节 策 划 书

一、策划书的概念和特点

(一)策划书的概念

中国最早出现"策划"一词是在《后汉书·隗嚣传》中:"是以功名终申,策画复得。""画"与"划"相通,所以"策画"即"策划",有"筹划、谋划、对策等"意思。从英文词源来看,"策划"一词发源于战略中的计划"strategy",后又演变为"strategy"和"plan"的结合,也有人将之翻译为"企划"。

对"策划"的理解,不同的学者有不同的看法,如美国《哈佛企业管理丛书》编委会认为:策划是一种程序,在本质上是一种运用脑力的理性行为。《现代汉语词典》对策划的定义是"筹划、谋划"。

到目前为止,策划的定义有几十个之多,尽管说法不同,但归纳起来,再结合策划的过程、目的和表现形式,我们可以将策划定义为"它是根据现有资源信息,判断事物变化的趋势,确定可能实现的目标和预算结果,再由此来设计、选择能产生最佳效果的资源配置与行动方式,进而形成决策计划的复杂思维过程"。而将这一复杂思维过程用文字方式完整地呈现出来的文本就是"策划书"。

从表面看,策划与计划似乎是相同的,但实际上它们有着本质的区别。计划可以说是所有机关、企事业单位、社会团体的一种日常事务活动,是常规性的工作流程,而策划却是只在某种特定情况下才采取的措施,必须具有超常的创新性。计划一般是对具体事物的处理程序和细节安排,是具体的,而策划只对具有方向性的问题进行描述,是一种原则性的指导。因此两者属于不同的活动,相对而言策划的思维过程更复杂。

(二)策划书的特点

1. 前瞻性

分析市场环境,并由此判断市场的发展趋势,这是制定策划的前提,因此,一份优秀的策划书必然具有高远的前瞻性。

2. 目的性

策划书的提出本身就是为了达到一定的目标，比如为了推广新的产品、为了拓展新的市场或为了改善品牌的形象等，因此，只有目标明确，策划才能顺利进行，获得预期效果。

3. 创意性

创意是策划的生命，如果没有创意，就不能称之为策划，只能说是一项工作计划。唯有充满新意的、独创性的策划方案才能被客户接纳，才有实施的可能。

4. 可行性

任何新奇的创意，只有付诸实施，才能变为现实。因此在制定策划方案时，一定要考虑实施的条件，一定是可以具体操作的。

5. 指导性

策划书是策划系列活动的纲要，策划书制定之后，后期所开展的任何活动都要以策划书为指导，这是策划活动的目的性和计划性的根本保证。

二、策划书的种类

（1）根据内容不同，可分为活动策划书、广告策划书、营销策划书、创业策划书等。

（2）根据行业不同，可分为医疗策划书、婚礼策划书、网站策划书等。

（3）根据策划层次不同，可分为战略策划书、策略策划书和部门工作策划书等。

三、策划书的结构和写法

不管是哪种策划书，它们的结构大致相同，一般是由封面、目录、摘要、正文、附录这几个部分组成的。

（一）封面

策划书的封面由策划书的名称、策划机构或策划人的名称、策划书完成的日期等构成。

策划书的名称要让人一目了然地明白策划内容，因此，它由策划对象、策划主题、策划种类等构成，如《“乐高”玩具展示会策划书》。也可以在名称中加入策划开展的时间和地点，如《“童趣岛”2016年武汉市场上市推广策划书》。当然，策划书的名称不必都使用“策划书”一词，也可以用“方案”“策划案”等词，如《“万科 · 城市之光”一期项目包装及推广方案》。

策划人是指本策划书的制作者与他所属的机构、部门及职务等。如果是由一个策划团队制定的，应先写上策划团队的名称、所属机构，再写团队负责人和团队成员的姓名。

策划书完成的日期指整个策划书撰写完成的时间。

（二）目录

一般说来，超过10页的策划书要制作目录，以便读者了解策划书的逻辑结构，也便于读者迅速找到自己感兴趣的部分。

（三）摘要

摘要是对策划书主要内容的概述，其目的是使读者对策划书有一个大致的了解，知晓策划书中所要开展的战略和策略。因此摘要的语言要简练准确，一般控制在200字左右，重点放在策划书中与众不同的创意点上。

（四）正文

正文是策划书的核心，是策划方案成功与否的关键，当然也是写作的重点，正文的内容一般由策划背景、目标与任务、策划方案这几部分组成。该部分写作要求详细具体，逻辑清晰，层次分明。有的还要指出问题与困难之所在、产生问题与困难的原因，并提出行之有效的解决方案等。因此不同类型的策划书内容也有所不同。这里具体介绍几种常用策划书的正文写法。

1. 营销策划书

营销策划，是指对一定时期内企业营销行为的方针、目标、战略及实施方案的预先设计和规划。营销策划书则是关于设定企业营销活动及其行动方案的文字载体。其正文包括：

（1）营销宗旨及目标。

这部分旨在说明企业通过本策划书所要达到的目的，所要完成的营销任务等，目的在于强调此次策划的重要意义，统一策划人员的认识，便于协调各部门的工作，从而确保策划的完成。

（2）市场分析。

这是对营销环境的一个总体分析，是制定营销策略的依据，主要有以下几个方面的内容：

宏观环境分析：主要是对企业营销策划所涉及的政治、法律、文化、人口统计、经济发展状况等的分析。

目标市场分析：主要分析市场规模、增长潜力、市场销售总量、需求特征、消费者基本状况等，其目的是预测目标市场的发展趋势。

产品分析：这是针对产品目前营销现状的分析，包括产品特性、产品定位、产品成本、产品市场销售状况等。

竞争状况分析：主要是针对现有及潜在竞争者的分析，包括对竞争者的市场规模、市场份额、市场地位、产品质量、产品定位、营销策略、消费者对其认知程度等的分析，其目的是制定更有针对性、更有效的营销策略。

分销渠道分析：主要是对行业市场和各竞争品牌在分销渠道上的现状进行分析，以找出更合理的销售网络。

SWOT 分析：分析旨在分析企业的 S（strengths 优势）、W（weaknesses 劣势）、O（opportunities 发展机会）及 T（threats 内外威胁）等，以便寻找合适的对策。

（3）营销战略。

这是企业根据上述状况分析后制定的具体战略和战术。企业一般会根据发展目标和现状制订不同的策略，常用的策略有如下几种：

产品策略：包括产品定位、改善产品功能、强化品牌建设、美化产品包装、提高产品服务等。

价格策略：指以价格作为主要竞争手段的策略。或采用低价促销的方式占领大规模市场，或采用高价限量销售方式塑造高端产品的地位。

销售渠道策略：依据现有的销售渠道状况，整合资源，提供优惠政策，调动中间商、代理商的积极性，积极开拓新的销售渠道，以扩大市场。

促销策略：有长期的常规广告投放、不定期的促销活动以及与消费者沟通的公关活动等。

(4) 方案执行。

方案执行是指根据营销策略而制定的具体行动方案,从某种意义上来说它可以被看作活动安排表,因此方案要清楚明白地说明各项活动的具体内容、执行人、时间、方式、费用及其注意事项。

(5) 经费预算。

这部分是指整个营销策划案实施过程中产生的所有费用,要求清楚详细地标明项目支出的具体金额。

2. 广告策划书

广告策划书,是对广告策略及其实施步骤的完整说明,包括对某一具体产品或品牌的背景、历史及其过去为此所做的广告的执行记录。同时,也是在未来广告活动期间对广告、促销活动及其公关宣传的建议方案。它是提供给广告主予以审核、认可的广告活动的策略指导性文件。广告策划书一般包括以下几个方面的内容:

(1) 情况分析。

情况分析主要包括四个方面的内容:公司及产品历史、产品分析、消费者分析和竞争者分析。与营销策划书不同的是,广告策划书对这几个方面的分析更注重广告方面。

公司及产品历史的分析,主要围绕本产品或品牌的背景、社会影响、过去的广告预算、广告主题、过去的媒体或消费形态、目前在广告或推广中所使用的创意主题、目前本品牌所面临的问题点和机会点等方面来进行。

产品分析,即对一切可能影响产品或劳务销售的要素进行概要分析。其要素包括产品特性、消费者对产品的态度、本品牌认知度和理解度、接受度等。

消费者分析的内容主要有:消费者的基本情况,包括性别、年龄、收入、职业、教育、地理区域等;消费者的态度情况,指对本产品的知晓程度、喜爱程度、原因分析等;消费者的行动情况,指在何处使用本产品、使用频率、对同类产品尤其是竞争对手评价如何等。

竞争对手分析,指与竞争对手有关的广告分析,这是为广告主提供一个衡量的参照物。具体内容包括:竞争对手包装设计、品牌命名的长处和短处,竞争对手目前的广告运作针对何人,正在使用何种策略,产生何种影响,广告费用支出与分配情况,广告主题的变化等。

(2) 广告预算。

广告预算指此次广告活动中所需的费用,包括广告制作费、媒体费用等。该部分要求详细列出每项开支的具体数额。

(3) 广告建议事项。

该部分是广告策划书的核心,主要包括如下内容:

产品问题点、机会点:要用简明扼要的语言清晰地叙述存在的主要问题,它可能是一个产品问题,也可能是一个行销问题,但这些问题必须是在广告的影响范围之内。

广告目标:指此次广告策划所要达到的目的。

广告定位:说明此次广告策划中将采用的广告定位。

广告诉求对象:根据前面的消费者分析,指出此次广告活动的诉求对象,并说明选择这一目标市场的理由。

广告表现:是指制作出来的广告创意作品的表现形式,如文稿图案、广播脚本、电视脚本、广告主题词和美工表现、包装设计、插图、户外广告牌之设计、广告特制品等。

广告媒体策略：该部分是对广告媒体计划进行清晰、完整而简短的陈述，至少包括媒体目标、媒体组合、媒体计划三个部分。

3. 活动策划书

相对上述两种策划书，活动策划书要简单一些，其内容主要由以下几个方面组成：

（1）活动背景：指开展此次活动所涉及的社会背景和活动单位背景，主要是为了凸显活动的意义。

（2）活动目的及意义：主要指明开展此次活动所要达到的目的，有何商业价值和社会意义。

（3）资源需要：指开展活动时需要哪些物资或人力资源，也要说明这些资源的来源和具体配置。

（4）活动开展：指活动的流程和步骤，该部分是活动策划书的重要部分，因此要详细说明。

（5）经费预算：指此次活动所需的费用，这部分最好以图表形式表现，要明确指出每一笔经费的金额。

（6）活动负责人及参与者：活动负责人包括活动总负责人及活动中每一步骤的负责人；参与者指此次活动所邀请的人员，要具体说明被邀请人的情况及应如何接待和安排。

（7）注意事项：指开展活动时所要注意的事项。

（五）附录

附录指所有不便收入正文，但对正文有补充说明的资料，包括正文中所引用数据、资料的来源，一些说明性的图表等。

四、例文评析

[例文 6－7]

水果时光之果宝特工营销策划案

——以××学院为目标市场

一、背景介绍

水果时光是山东远康食品有限公司（海敬控股）旗下的产品，是“果汁+果肉 100%”内容物的水果罐头产品，在全国率先使用“覆膜铁、两片罐”铁罐包装，采用时尚新颖的“彩印纸托+热收缩膜”的外包装材料和包装形式，彻底改变了传统糖水罐头加工工艺标准。水果时光从产地到消费者餐桌的整个流通过程，包括种植、栽培、收获、加工、运输等环节都严格要求，打造绿色产业链。

二、目标市场分析

此次营销目标市场为××学院，受访对象以××学院师生为主。根据调查可知，相较男性，水果罐头在女性中市场更广。女性零食的消费行为呈现随意性，感性诉求更强。购买场所主要是在学校附近的大型超市、便利店，一部分人会选择网购。选择水果罐头的原因是易保存、不用削皮和清洗，在购买因素中最被看重的是味道和健康。在购买价格方面，受访人群中 85%的人能接受 210 g 的标准下，3～8 元/罐。在媒体方面，受访人群常用的社交媒体有微博、微信、QQ，关注内容为搞笑、文艺、明星八卦以及新闻。因此，我们可以利用微博、微信以及QQ来提高大学生对水果时光的关注度,以搞笑、文艺的口吻推出我们的营销方案。

三、品牌理念

懒和宅成了当下大学生的流行词,为此水果时光传达的观念为“不是懒,只是不想浪费时间”和“宅也可以过得有滋有味”。通过对水果时光出现的方式和场合进行精心设置,向他们传递“有时候偷会儿懒也是一种智慧”的理念。

四、营销策略

根据产品特征和大学生群体的接受程度,我们将营销策划分为前期、中期和后期三个阶段进行,以期达到步步深入、逐渐强化的效果。

(一) 前期

活动名称:校园送温暖。

活动目的:通过这一活动,引起大学生的注意、好奇。

活动场地:图书馆。

活动步骤:图书馆送温暖。

图书馆作为大学的重要场所,也是宅的一种场所。我们的活动便是给这些宅在图书馆的大学生的生活增添一些新鲜的滋味,这也贴合我们所提炼的品牌理念:给宅生活添滋添味。

活动人员:果宝特工队。

装束:帽子、围巾、墨镜等。

装备:给热水暖过的水果时光罐头(冬季)贴上温馨小语。

时间:3天。

备注:暗中拍摄活动过程,制成视频,在网络上进行传播,引起其他高校关注。

活动流程:

1. 果宝特工队成员埋伏在图书馆各个地点,观察宅在图书馆的大学生,给其中一部分大学生送上温暖的水果罐头,温馨小语要与此大学生的状态贴近。如针对考研学生,小语可以是“考研之路长且艰,剩者为王,加油!@果宝特工队(不会告诉你,微博@我们有惊喜)”。

2. 在图书馆外面贴上醒目的平面广告,文案为“今天,你收到礼物了吗?”引起学生的注意、好奇,让收到罐头的大学生觉得惊喜、幸运,激发他们去发微博、朋友圈等进行二次传播。

3. 利用校园媒体,如广播台,进行当天播报,在校报、校园杂志等上面刊登软文,以引起大学生的二次关注。

4. 线上:利用微博与大学生互动,和线下活动相呼应。

“果宝特工们秘密给××学院的宅男宅女们送去了暖心的水果时光,收到的请举爪!”

与此同时,在官微上发微博,要表现懒得高明、宅出滋味的主题。与线下活动跟踪微博穿插进行,让粉丝对微博抱有兴趣,并吸引关注,提高粉丝活跃度。

(二) 中期

活动名称:校园快闪。

活动目的:继前期暖心活动勾起部分大学生的好奇心之后,此活动目的是在校园内造成强烈的轰动效应。

活动场地:食堂、操场。

线下活动:快闪之送惊喜。

中期送惊喜更多的是为了让大学生生活激起一点波澜,也更贴合我们所提炼的品牌理念:给宅生活添滋添味。

活动内容:

1. 果宝特工队成员埋伏在食堂前较隐蔽的地点,等待事先确定的当天过生日的学生或随机选择一位大学生,然后突然出现,进行舞蹈或唱歌等小表演,然后给这位大学生送上温暖的水果罐头并附上相应的温馨小语,送完礼物后迅速离开。

2. 利用校园媒体,如广播台,进行当天播报,在校报、校园杂志等上面进行新闻报道,以引起大学生的二次关注。

3. 线上活动:快闪活动小提醒+“比比谁会偷时间”微博话题

(三)后期

活动名称:寻找果宝特工队。

活动目的:继校园送温暖和校园快闪活动之后,果宝特工队已经在校园形成一定的影响,已经有了一部分固定的粉丝,这时我们需要的是在保证原有粉丝的同时,去引起更多的关注,挖掘更多的潜在粉丝。

活动内容:寻找果宝特工联盟。

1. 在官方微博上发布寻找果宝特工队的活动细则。

2. 将果宝特工队成员的信息依次在微博上公布。

3. 将队员近期的行程、打扮、饮食等在微博上展示。

4. 让大学生将拍到的果宝特工队成员的照片发微博@我们,我们会给出回复和奖励。

五、校园媒介投放

广播台、学院动态微博、微信

[评析] 此营销策划书通过调查,准确地把握了消费者的购买习惯和心理,由此制定出的营销方案也比较有效,广告媒体的投放比较准确。稍微欠缺的是整体观念不强,缺乏对营销环境的分析,尤其是对市场的分析不足。

[例文6-8] “冬日里的阳光”公益募捐活动策划书

一、活动目的

(一)通过我们策划的募捐活动,为切实解决法学院××级贫困生过冬物品匮乏问题作出力所能及的贡献,用大家的力量共同托起贫困学生生活的信心与希望;通过这次募捐活动,可以进一步让法学院贫困生感受学校大家庭的温暖,更懂得感恩之情。

(二)通过这次募捐活动,进一步培养大家的社会责任感、使命感,并带动周围更多的老师和同学加入我们的爱心行列,播撒爱心,收获爱心。

(三)弘扬中华民族扶贫济困的优良传统,推动大学精神文明建设,培养大学生的公益意识,营造良好的校园风气。

二、活动主题:捐献衣物,温暖冬日

三、活动时间:20××年10月28—30日

四、活动地点：北方民族大学校园内

五、活动对象：北方民族大学全体师生

六、活动组织

主办单位：北方民族大学法学院党总支

承办单位：北方民族大学法学院学生会实践部

七、活动宣传

（一）平面宣传：展板、条幅、海报、12号楼大屏幕；具体安排（略）

（二）媒体宣传：焦点论坛，校广播站进行新闻跟踪报道

八、活动准备（略）

九、活动具体安排

（一）时间：10月28—30日每天10:00—13:00，17:00—19:00

（二）形式：现场募捐越冬衣物。在募捐越冬衣物的同时，开展“签名祝愿”活动，丰富活动内容。由捐衣物者写一句祝福的话贴于备好的展板上，活动结束后摆在12号楼大厅。

（三）活动人员：由志愿者组成，每处工作点十人。各位工作人员要求着装统一，态度友好，各负其责。其主要职责维持现场秩序，引导前来募捐的师生；现场宣讲活动的意义，回答募捐者关心的问题；登记、收集募捐的衣物等。

（四）活动要求：参加活动的同学须工作认真，做事负责。本次活动需轮流值班，各值班同学须在活动开展前将场地布置完毕，下午值班的同学必须将活动材料收集好，以备次日之用，并将桌椅搬回12号楼原处。

（五）移交捐助物品：活动结束后，我们将统计募捐活动所得衣物，并举行募捐衣物移交仪式。

十、经费预算（略）

法学院学生会实践部

20××年9月26日

［评析］此活动策划书主题单纯，目的明确，要素齐全，内容详尽周到，对组织、开展好活动有着很强的指导意义。

第七节　招 标 书

一、招标书的概念和特点

（一）招标书的概念

在市场经济条件下，工程建设项目的发包、各种服务项目的采购，都会由招标人发出招标通知或招标公告，说明采购的商品名称、规格、数量及其他条件，邀请投标人在规定的时间、地点按照一定的程序进行投标。招标方在招标过程中使用的文书称为招标书。招标书

是招标人对招标的有关事项和要求作出的具体说明。

（二）招标书的特点

招标书具有实用性、告示性、广告性、竞争性和紧迫性等特点。

招标书是招标过程中介绍情况、指导工作、履行招标程序所使用的一种文书，因而具有很强的实用性。招标书也是一种告示性文书，因为它能提供招标的全面情况，便于投标方根据招标书提供的情况做好准备工作。同时它还指导招标工作的开展，而且一般通过大众传媒公开，因而也称招标广告。此外，招标书还是吸引竞争者加入招标竞争的一种文书，这使它具有相当强的竞争性。招标书一般要求在短期内就能获得结果，招标过程不能将时间拉得过长，因此，它又有着时间上的紧迫性的特点。

二、招标书的分类

招标书按时间长短可分为长期招标书和短期招标书；按内容及性质可分为企业承包招标书、工程招标书和大宗物资交易招标书；按招标的范围可分为国际招标书和国内招标书。

三、招标书的结构和写法

招标书是招标项目的说明书，一般由标题、招标编号、正文和落款四部分组成。

（一）标题

标题一般由招标单位名称、招标项目和文种三个元素构成，如《××大学多媒体投影仪等招标公告》《××公司消防器材购买及维修招标公告》等，也可省略招标单位名称或招标项目，如《车辆门禁系统招标公告》《物业管理项目招标公告》，还可直接称《招标书》。

（二）招标编号

凡是由招标公司制作的招标公告，都必须在标题下一行标明公告文书的编号，以便归档备查。编号一般由招标单位名称的英文缩写、年度和招标公告的顺序号组成。

（三）正文

正文由引言、主体部分组成。引言部分要求写清楚招标的缘由、目的或依据，招标项目名称，招标范围和资金来源等内容。

主体部分是招标公告的核心部分，通常采用条文式或分段式结构，要翔实交代招标方式（公开招标、内部招标、邀请招标）、招标项目基本情况、招标范围、招标步骤、招标内容等具体要求，写明投标人应具备的条件、招标的起止日期、开标的时间地点等。有的还要写明签约的时间和期限、双方签订合同的原则、招标过程中的权利和义务、项目开工的时间或时限等。

（四）落款

招标书的结尾，应写明招标单位的全称、详细地址、电话、传真、邮编等，有的还应写明联系人姓名，以方便投标者联系。有的招标公告还带有附件，将一些繁杂的内容，如项目数量、工期、设计勘察资料等作为附件列于文后。

四、招标书的写作要求

招标书写作是一项严肃工作，以下几个方面需要注意：

（一）周密严谨

招标书不但是一种“广告”，而且也是签订合同的依据。因此，它是一种具有法律效力的文件。这里的周密与严谨，不仅指内容，而且包括措辞。

（二）简洁清晰

招标书没有必要长篇大论，只要把所要讲的内容简要介绍，突出重点即可，切忌没完没了地胡乱堆砌语言。

（三）注意礼貌

招标书涉及的是双方经济贸易活动，要遵守平等原则，保持诚恳态度，切忌盛气凌人，更反对低声下气。

五、例文评析

［例文6－9］

浙江××学院20××年纸质图书采购项目招标公告

根据《中华人民共和国政府采购法》的有关法律规定，绍兴市嘉华项目管理有限公司受浙江××学院委托，就下列项目进行公开招标，特邀请国内合格的供应商前来投标，现将有关事项公告如下：

一、招标编号：SXJHCG－2019－N0031

采购组织类型：分散采购委托代理

二、招标项目名称及数量（详见招标文件）

标项	标段名称及数量（详见招标文件）	预算金额或上限价（单位：人民币元）	投标保证金（单位：人民币元）
01标	浙江××学院20××年纸质图书采购项目	¥300 000.00	¥3 000.00

三、投标供应商的资格要求

1. 符合政府采购法第二十二条之供应商资格规定。

2. 投标人必须是入围20××—20××年度浙江省高校纸质图书项目部门集中采购的中标供应商（项目编号：浙教技采2017－GXTS－02）。

3. 不允许联合体投标。

四、资格审查方式

1. 资格后审。

2. 法定代表人的被授权委托人必须是投标单位职工。需在投标响应文件技术部分内提供由社保机构出具的该授权代表的社保证明（如该授权代表为离退休返聘人员的，投标响应文件技术部分内需提供退休证明及单位聘用证明；如由第三方代理社保事项的，则需提供加盖供应商公章的委托代理协议复印件）。

3. 未在招标代理机构报名并购买招标文件的单位均无资格参加本次投标。

五、报名

1. 报名：20××年3月8日至20××年3月14日上午8:30—11:30时整；下午14:00—16:30时整（双休日及法定节假日除外）在绍兴市越城区二环北路88号五联印象城2楼201－B1现场报名（不接受电话报名）。

2. 具有投标资格的供应商报名时随带营业执照（副本）、单位介绍信、报名者身份证等资料，复印件加盖公章装订成册（报名资料原件现场备查）。

3. 供应商必须向采购代理机构购买招标文件并登记备案，未向采购代理机构购买招标文件并登记备案的潜在供应商均无资格参加投标。

4. 招标文件售价：300元/份（售后不退）。

5. 报名联系电话：0575－852206××。

6. 提示：

（1）采购代理机构将拒绝接受非报名供应商的采购响应文件（如以联合体形式参加政府采购活动的，联合体成员中至少有一方报名）。

（2）报名截止时间之后有潜在供应商提出要求获取采购文件的，允许在20××年3月27日16:30时之前获取，如对采购文件有异议应当自报名截止之日起计算，在七个工作日之内并于采购响应截止时间之前以书面形式向采购代理机构提出。

（3）更正补充公告请自行登录浙江政府采购网或绍兴公共资源交易网，在更正公告页面中下载。

六、投标截止时间及地点

供应商应于20××年3月28日14:30时整以前将投标响应文件密封送交到绍兴市越城区二环北路88号五联印象城2楼201－B1绍兴市嘉华项目管理有限公司，逾期送达做无效投标处理。

七、开标时间及地点

20××年3月28日14:30时整在绍兴市越城区二环北路88号五联印象城2楼201－B1绍兴市嘉华项目管理有限公司开标，法定代表人或其授权代表必须出席开标会议。

八、投标保证金

供应商应在投标报名前（以保证金到账时间为准）交至绍兴市嘉华项目管理有限公司（开户名称：绍兴市嘉华项目管理有限公司，账号：200396820200××××，开户银行：绍兴银行中兴支行）。投标保证金应当以支票、汇票、本票等非现金形式交纳（收据请在开标前或开标时向代理公司工作人员领取）。

九、招标公告发布

http://www.zjzfcg.gov.cn 和 http://ggb.sx.gov.cn/。

十、质疑和投诉

供应商认为招标文件、采购过程和中标、成交结果使自己的权益受到损害的，可以在知道或者应知其权益受到损害之日起七个工作日内，以书面形式向采购人或采购代理机构提出质疑。供应商对采购人或采购代理机构的质疑答复不满意或者采购人或采购代理机构未在规定时间内作出答复的，可以在答复期满后十五个工作日内向同级政府采购监督管理部门投诉。质疑受理地点：绍兴市越城区二环北路88号五联印象城2楼201－B1；联系人：戴琦瑾；联系电话：0575－852206××。

十一、联系方式

1. 采购人联系方式：浙江××学院王婷婷，881730××

2. 代理机构项目联系人：绍兴市嘉华项目管理有限公司戴琦瑾，852206××

浙江××学院

绍兴市嘉华项目管理有限公司

20××年3月8日

［评析］这是一则图书采购项目招标公告，招标书报告招标项目名称及数量、投标供应商的资格要求、资格审查方式、报名、投标截止时间及地点、开标时间及地点、投标保证金、质疑和投诉、联系方式等方面的内容。该招标书对每个部分进行了逐层介绍，内容具体、形式规范，对重点内容投标者的资格要求、资格审查、报名等环节均有详细的说明和解释，考虑问题周全，行文周密规范，文字简洁清晰，对投标方而言具有很强的操作性。

第八节　投标书

一、投标书的概念和特点

（一）投标书的概念

投标书与招标书相对应，是投标单位见到招标书之后，准备参加投标竞争活动所写的文书。从实质上讲，投标是对招标提出的邀约的响应、回答或承诺，同时提出具体的标价和条件承诺来竞争中标。它往往通过密封后邮寄或派专人送交的方式递送到招标单位，故又称“标函”。

（二）投标书的特点

一般来讲，投标书具有以下特点。

1. 针对性

投标书的内容是按照招标书提出的项目、条件和要求，为竞标而写，针对性很强。所以，投标书要实事求是地对投标项目进行分析，客观介绍己方，然后在能力所及的范围内提出措施和承诺。投标方只要对招标文件中若干实质性要求和条件的某一条未作出响应，都将导致标书作废。

2. 约束性

投标书具有严格的法律约束力。它的条款一经写入投标书中，就具有法律约束力。对于投标单位而言，投标书寄出后不能返回或更改，如违背承诺将承担法律责任。

3. 保密性

投标书在开标之前要保密，且不得启封。未密封、未盖印以及过期的投标书均属无效。

4. 竞争性

投标人以竞标成功作为自己最终的目的，而招标单位只能选择其一，这就要求投标人在标书中要充分展示自己的实力和优势，以在竞争中脱颖而出。

二、投标书的结构和写法

一份完整的投标书应当包括如下几个部分。

（一）标题

投标书标题一般由投标单位名称、投标项目和文种三个要素组成，如《××公司建筑安装工程投标书》。有时为了简略起见，可省略投标单位名称或投标项目，或者两者都略去，只留下文种名称，如《投标书》或《标函》等。

（二）致送单位

致送单位即投标书的致送对象，指招标单位或者招标办公室，要写其全称或者规范简称，以示郑重，位置在标题下顶格处。如“××招标委员会”“××招标办公室”。

（三）引言

引言是投标书的导语，要用较为概括的语句，简要明确地交代出投标的态度、目的或依据，或简述投标人的基本情况等。

（四）正文

正文是投标书写作的重点，写作时要紧紧围绕招标文件的具体要求进行表述，充分展示本单位的竞争实力。通常来说，投标书的内容应写明投标的项目名称、数量、技术要求、商品价格和规格、交货日期、保证和条件等，注意要写得明确、具体、完整。在具体写法上，可以采取表格形式，也可采取分条列项的形式，反正只需将有关内容依次陈述清楚即可。正文部分所引用的数据要求完整、准确，所提目标必须确凿可信，所提措施必须切实可行。

（五）结尾

投标书的结尾部分应当写明投标单位的名称、地址、邮政编码、法人代表姓名或授权代表人姓名、电话、传真以及电子邮箱等，并注明投标日期，签名并加盖公章。

三、投标书的写作要求

（一）要及时拟制和提交

由于招标具有明确具体的时限要求，因此，投标单位必须确切把握、抓住时机，在特定的时限内拟制并适时送交投标书，以便实现投标目的。

（二）要坚持实事求是的原则

在撰写投标书时，投标单位要认真权衡自身所具有的人员素质、技术水平、经济实力，做到量力而行，量体裁衣，切不可只为中标而夸大其词或弄虚作假。

（三）要研究对方的要求和实力

在写投标书前，投标单位要认真收集市场情报，力求准确吃透招标单位的需求及思路，力图使本单位提出的投标书符合招标书的要求，同时还要认真研究竞争对手的实力与营销策略，做到知己知彼。

（四）要注意文字的简洁和内容的周密

投标书是一种实用性很强的文书，因而在语言表述上应力求准确、简要，在涉及有关技术指标、质量要求和服务承诺方面，要避免“尽可能”“力求”“以后”等模糊词语，同时要对照招标书的要求，严格检查投标书的各项表述，以免粗心大意，遗漏重要事项。

投标书有下列情况之一者无效：一是标书未加密；二是标书未盖投标单位和负责人印章；三是标书未盖保证单位和保证人印章；四是标书投寄日期超过规定时间；五是标书内容不符合招标文件的要求。

四、投标书的格式

（一）投标书封面格式

投　标　书 建设项目名称： 投标单位： 投标单位全权代表： 投标单位：　　　　（公章） 年　月　日

（二）投标书内页格式

投　标　书

致：__________

根据贵方为______项目招标采购货物及服务的投标邀请________（招标编号），签字代表__________（全名、职务）经正式授权并代表投标人__________（投标方名称、地址）提交下述文件正本一份和副本一式____份。

1. 投标一览表
2. 投标价格表
3. 货物简要说明一览表
4. 按投标须知第 14、15 条要求提供的全部文件
5. 资格证明文件
6. 投标保证金，金额为人民币________元。

据此函，签字代表宣布同意如下：

（1）所附投标报价表中规定的应提供和交付的货物投标总价为人民币元。

（2）投标人将按招标文件的规定履行合同责任和义务。

（3）投标人已详细审查全部招标文件，包括修改文件（如需要修改）以及全部参考资料和有关附件。我们完全理解并同意放弃对这方面有不明及误解的权利。

（4）其投标自开标日期有效期为________个日历日。

（5）如果在规定的开标日期后，投标人在投标有效期内撤回投标，其投标保证金将被贵方没收。

（6）投标人同意提供按照贵方可能要求的与其投标有关的一切数据或资料，完全理解不一定要接受最低价格的投标或收到的任何投标。

（7）与本投标有关的一切正式往来通讯请寄：

地址：______________________________　电话：______________________________

邮政编码：______________________　传真：________________________

(8) 投标人代表性名、职务(签章)：__________________

投标人名称(签章)：______________

日期：________年__月__日

全权代表签字(签章)：______________

五、例文评析

[例文 6－10]　　　　　　　　投　标　书

致：中铁十四局集团有限公司重庆轨道环线二期机电设备安装一标项目经理部；中铁二十三局集团公司重庆轨道环线二期机电设备安装二标项目经理部

我方已经仔细阅读 CQGDHX－JD01－010(招标编号)招标文件，我方同意招标人在招标文件中对招标方的约束。我方愿意参加 CQGDHX－JD01－010－01(包件号)的投标，并已按照招标文件中要求的内容和格式充分、如实、准确地向贵方递交投标文件(正本一份，副本 4 份)，若中标，我方将以此作为提供第 CQGDHX－JD01－010－01 包件的设备及服务必须严格遵循的合同条件的组成部分，并愿以与投标报价表相一致的合价总计人民币(小写)______元整(大写______元整)。按建设项目分别报价如下：

……

我方将按照招标文件的要求，提供并交付与其相一致的设备与服务。

我方保证，如果我方的投标被接受，将严格执行投标文件中的各项条款，认真履行卖方的责任及义务，兑现我方投标文件中提出的各项承诺。

我方同意投标文件在投标人规定的递标截止日期起 120 天内有效，对我方具有约束力，并可随时接受中标。我方慎重保证，投标文件的所有内容及提供给招标人的所有证明文件和资料是真实的、准确的，一旦发现上述资料和信息的失实和错误，贵方将有权宣布本单位投标作废。

在正式合同准备签订或执行之前，本投标书、招标人的书面通知及中标通知书将构成约束我们双方的合同。我方理解招标人不一定接受最低价或收到的任何投标文件。

投标人名称(公章)：____________

法定代表人或其授权代理人签字：____________

20××年×月×日

[评析] 此投标书根据招标书要求将有关内容依次陈述，条理清晰，逻辑性强，格式规范，表意清晰，对招标方和投标方的权利义务交代清楚，便于执行。

思考与训练

1. 分析下面这份材料，回答下列问题。

个体户张某、王某二人于 2015 年 10 月 1 日从汽车交易中心购得一辆“东风”牌二手卡车，共同从事长途货运业务。二人各出资人民币 3 万元。同年 11 月，张某驾驶这辆汽车外出联系业务时，遇到李某，李某表示愿意出资人民币 8 万元购买此车，张某随即将车卖给了李某，并办理了过户手续。事后，张某把卖车一事告知王某，王某要求分得一半款项。

李某买到此车后，于同年年底又将这辆卡车以人民币 9 万元卖给赵某。二人约定，买卖合同签订时，卡车即归赵某所有，赵某租车给李某使用，租期为半年，租金为人民币 1 万元，二人签订协议后，到有关部门办理了登记过户手续。

在赵某把车租赁给李某使用期间，由于运输缺乏货源，李某准备自己进货做销售，因缺乏资金遂向银行贷款人民币 5 万元，李某把那辆卡车作为抵押物，设定了抵押，双方签订了抵押协议，但没有进行抵押登记。

2016 年 4 月赵某把该车以人民币 10 万元的价格卖给了钱某。7 月赵某以租期届满为由，要求李某归还卡车，李某得知赵某把车卖给钱某，遂不愿归还卡车，主张以人民币 9 万元买回此车，赵某不允，遂产生纠纷。

请问：

（1）张某、王某对卡车是什么财产关系？

（2）张某、李某的汽车买卖合同是否有效？为什么？

（3）李某、赵某约定买卖合同签订时，卡车即归赵某所有，该约定是否有效？为什么？

（4）李某与银行的抵押合同能否生效？为什么？

（5）李某主张买回卡车的主张能否得到支持？为什么？

（6）截至纠纷发生时，该卡车所有权归谁享有？为什么？

2. 可行性研究报告的正文如何写？

3. 撰写一份“月圆中秋情满人间”的文艺晚会活动策划书。

第七章　管理事务文书

第一节　稽核报告

一、稽核报告的概念和特点

（一）稽核报告的概念

稽核报告是稽核人员对财经领域内的单位或个人进行核查后，将核查情况进行归纳、整理、分析、研究，并作出客观、公正、准确的评价，由此撰写而成的专用文书。

（二）稽核报告的特点

1. 公正性

稽核报告是稽核人员对被稽核单位经济运行和管理绩效，以及对个人任期内的工作业绩的考查和评价，稽核以事实为依据，评价以公正为原则。只有这样，才能发现问题，帮助整改，促进工作。客观公正是稽核报告的基本原则。

2. 准确性

就稽核报告的内容来说，引用的材料应确凿而真实，所作出的评价应允当而准确，这是其本身价值和意义之所在。稽核的目的，既是对被核查单位和个人的高度负责，也是为上级机关和领导的决策提供客观依据。

3. 规范性

稽核报告应按照规定的格式及内容编制，做到要素齐全，格式正确，用语专业规范。

二、稽核报告的结构和写法

在撰写稽核报告之前，稽核人员应按照稽核项目对核查事项认真检查，广泛取证，以获取写作的第一手资料。

稽核报告通常由标题、主送单位、正文、附件和落款几个部分组成。

（一）标题

稽核报告多采用公文式标题，通常省略稽核单位，而包括被稽核单位或个人的名称、时限及稽核项目、文种等要素，如《关于××分公司2019年度财务收支情况的稽核报告》等，也可根据不同情况省略部分要素，如《关于××同志离职稽核的报告》，或直接写成《稽核报告》等。

（二）主送单位

主送单位即稽核报告的受文单位，要写全称或规范化简称。

（三）正文

稽核报告的正文一般由稽核概况和评价、稽核出的问题、处理意见与建议、结尾等部分组成。

（1）稽核概况和评价。该部分要说明稽核的依据、方法、时间和范围，对被稽核单位或个人的有关情况要根据事实进行分析，并在此基础上，对稽核结果作出中肯评价。

（2）稽核出的问题。该部分主要写明核查出的主要问题，这些问题的性质、成因及造成的不良影响，经济损失程度及后果等。这部分是稽核报告中至关重要的内容，所以表述要实事求是、观点明确，要用数据、材料说明观点，引用的相关法规、制度要准确，要尽力做到客观、公正。问题要有针对性、完整性。

（3）处理意见与建议。在查明问题的基础上，要针对这些发现的问题，提出具体明确的处理意见和改进建议，提出的处理意见要符合有关法规制度的规定，做到具体问题具体分析，切实得当；改进建议要做到有理有据，具体明确，并有参考价值。

（4）结尾。稽核报告的结束语多为“特此报告，请审定”“以上报告妥否，请指示”等，也可省略结束语。

（四）附件

附件作为稽核报告文字说明部分的补充和佐证，附件附在正文之后，主要是指稽核报告中所附的事实与佐证材料，如有关凭证、账表、证据的影印件等。如果稽核出的问题较多，不便在正文中一一说明，也可分类列表作为附件。对稽核出的违规违纪行为的有关证据，更应作为附件附在稽核报告之后，以备查用。附件要写清名称和件数。

（五）落款

落款要写明稽核机构的名称、稽核组负责人的姓名及稽核报告写作的日期（年、月、日），并加盖印章。

三、稽核报告的写作要求

写好稽核报告，对严格工作程序、规范财经纪律、考查工作业绩、核查经济问题等有着十分重要的意义，写作时应予以高度重视。

（一）尊重事实，客观评价

对被稽核的单位或个人来说，稽核报告关系重大，因此，稽核内容应客观反映被稽核单位或个人的真实状况，对核查出来的每个问题都要做深入细致的分析，并要作出公正评价，力戒片面认识和主观臆断。

（二）准确定性，切实建议

定性是检查工作的关键环节，也是处理问题的依据所在。如果定性不准的话，不仅会掩盖问题的实质，不利于纠正错误，达不到稽核工作的预期目的，反而会给工作造成负面影响。因此，稽核人员一定要实事求是，全面分析，慎重定性，并在发现问题之后，有的放矢，提出切实可行的意见或建议，以供上级机关和领导了解情况。同时也便于帮助被稽核单位或个人认识不足，整改提高，这也是维护稽核工作独立性和严肃性的重要表现形式。

（三）突出重点，内容充实

在撰写稽核报告时，要注意各核查项目之间的联系，突出重点，分清详略，合理布局，以使报告内容充实，结构完整。

四、例文评析

［例文7－1］

厦门××股份有限公司
20××年“质量、环境、职业安全健康”
管理体系内部审核报告

一、审核目的

（一）评价质量、环境及职业安全健康管理体系在运作过程中的强项与弱项。

（二）质量、环境及职业安全健康管理体系的运行是否满足质量标准或其他约定的文件（如合同、相关的法律法规等）。

（三）内部审核作为一种重要的管理监督手段，及时发现质量、环境及职业安全健康管理体系的问题，并加以纠正改善和预防。

（四）作为一种自我改进的机制，使质量、环境及职业安全健康管理体系持续运行，并保持体系的有效性，持续改进、不断完善。

二、审核范围

GB/T 19001—2008 idt ISO 9001：2008 质量管理体系

GB/T 24001—2004 idt ISO 14001：2004 环境管理体系

GB/T 28001—2011 idt OHSAS 18001：2007 职业安全健康管理体系

三体系标准所覆盖的要素、条款及体系所涉及的公司所有部门详见附件一。

三、审核依据/准则

（一）GB/T 19001—2008 idt ISO 9001：2008 质量管理体系

GB/T 24001—2004 idt ISO 14001：2004 环境管理体系

GB/T 28001—2011 idt OHSAS 18001：2007 职业安全健康管理体系

（二）公司的质量、环境及职业安全健康管理体系手册、程序、SOP等体系文件。

（三）质量、环境及职业安全健康计划、合同等。

四、审核组

审核组长：×××

审核员：×××、×××

五、审核时间及审核部门

（一）审核时间：20××年7月23—26日。

（二）审核覆盖部门：25个课、室。

六、审核过程综述

（一）感谢受审核方的合作。审核是一般抽样调查活动，对承担责任比较多的部门或过程，审核员抽样会多一些，可能发现的问题也会多一些；相反抽样少，发现的问题也会少一些;但没有发现问题并不等于没有问题,问题可能没有被抽到。希望各部门针对存在的问题,分析原因,采取有效措施进行纠正,并通过配合审核,进行过程监控,不断发现和解决问题,持续改进。审核工作因时间及水平有限,审核过程中必定存在错误或不足,但审核过程始终是规范和严格的。

（二）审核所发现的不符合项的分布及影响:

……

（三）本次审核所发现的18个不符合项涉及16个课、室,占总课、室数的64%。与上年度相比,发现不符合项增加6个,涉及单位增加了5个课、室,主要是由于:运行控制较去年增加较多;不符合项涉及条款9项,较去年多5项,问题点范围更广;本次内审结合安全生产标准化同步进行,审核内容较以往更深,审核范围更广。

（四）本次审核所发现的不符合项,其中“运行控制”类有8项,占总数44%,较其他问题多出数倍,说明问题比较集中在此类型方面,并普遍发生在日常的管理与执行过程中。

（五）本次审核的重点之一是“记录管理、文件管理”方面,在审核中问题点较少,说明各课、室对文件、记录管理有所规范和加强。

（六）改进建议:日常运行控制、监督检查是体系运行的关键,各部门应继续加强日常管理,保持体系的良好运行。

七、审核结论

（一）本次审核发现的问题点,都与各课、室主管或审核陪同人员进行了面对面的沟通与交流,审核结束时共开出:

《不符合项报告》18份(详见附件二《不符合项汇总表》);

《整改通知单》46份(详见附件三《交流项汇总表》)。

审核发现的不符合项和交流项已在要求时间内全部完成整改,并得到验证,整改内容均以书面方式反馈至质保环安课,由其整理归档。

（二）此次内审中未发现重大不符合项,所发现的问题均为一般不符合项及交流项,问题中既有普遍性问题,也有个别性问题,对于审核的问题与所在课均已达成共识。通过审核,确认公司“质量、环境及职业健康安全管理体系”运行情况基本符合标准要求,是适宜的、充分的、持续有效的。

（三）公司20××年“质量、环境及职业安全健康管理体系内部审核”达到预期目的。

八、其他要求或事项

（一）要求各课、室除对此次内审发现的本课问题进行整改之外,也要对本次审核涉及其他单位的问题,进行全面了解,结合本课现况举一反三,以利纠正或预防。

（二）质保环安课将对审核问题继续进行追踪,如加强相关培训等,以便为20××年度管理体系“管理评审”和20××年管理体系“外部审核”做准备。

（三）本次审核员基本是ISO干事,这对提升他们的管理意识、规范及管控作业人员的执行等方面,均有促进作用,也为企业锻炼了一批优秀人才。今后将继续发挥这种平台的作用。

……

审核组长:×××

管理者代表:×××

［评析］本报告主旨明确、内容全面、数据翔实，对稽核的事实作出了客观且公正的评价，并给出了合理评价及建议，得出了相关结论，提出了合理要求。同时，本文语言精练、表述准确，是一篇颇具代表性的佳作。

第二节　年度(财务)报告

一、年度报告的概念

年度报告是企业根据国家的相关规定和自身的经营情况，在年度范围内对本单位的财务运行状况和经营管理情况进行总结而写成的书面材料。

二、年度报告的分类

根据时间不同，分为第一季报(披露时间为当年的 4 月期间)；半年报(披露时间为当年的 7 月到 8 月期间)；第三季报(披露时间为当年的 10 月期间)；年报(披露时间为次年的 1 月到 4 月期间)。

根据年报披露盈余情况的不同，分为好消息、无消息与坏消息三种类别。判别的标准取决于本年度年报与上一年度年报净资产收益率的离差。

三、年度报告的结构和写法

年度报告包括标题、正文、落款三个组成部分。

(一) 标题

标题标明公司的名称及报告的年度，如《××公司 2016 年度报告》。

(二) 正文

1. 重要提示

在年度报告的正文之前，需根据《公开发行股票公司信息披露实施细则(试行)》的规定，对年度报告中所涉及的内容加以说明(如“本公司董事会确信本报告所载资料不存在任何重大遗漏、虚假陈述或者严重误导，并对其内容的真实性、准确性和完整性负个别及连带责任。本报告由公司董事会负责解释”)，以保证年度报告的写作是符合法律规定和真实可信的。此外提示还需写上“经第×届第×次董事会会议审议通过”和“经××会计师事务所审计，并出具××意见的审计报告”等内容，以示年度报告符合法定程序和经过了相关独立机构的审计。

如有董事、监事、高级管理人员对年度报告内容的真实性、准确性和完整性无法确信或存在异议的，应当声明：××董事(监事、高级管理人员)无法保证本报告内容的真实性、准确性和完整性，理由如下：……请投资者特别关注。如有董事未出席董事会，应当单独列示其姓名。

如果执行审计的会计师事务所对公司出具了非标准审计报告，重要提示中应增加以下陈述：××会计师事务所为本公司出具了带强调事项性的无保留意见(或保留意见、无法表示意见、否定意见）的审计报告，本公司董事会、监事会对相关事项亦有详细说明，请投资者注意阅读。公司负责人、主管会计工作负责人及会计机构负责人（会计主管人员）应当声明：保证年度报告中财务报告的真实性、完整性。

2. 基本情况简介

基本情况简介部分的目的是反映公司的行业特点。需概述以下内容：

（1）公司中英文全称、简称。

（2）公司法定代表人。

（3）公司董事会秘书及其证券事务代表的姓名、联系地址、电话、传真、电子信箱。

（4）公司注册地址、办公地址及其邮政编码、公司国际互联网网址、电子信箱等联系方式。

（5）公司选定的信息披露报纸的名称、登载年度报告的中国证监会指定网站的网址、公司年度报告备置地点。

（6）公司简况、公司的主要产品或者主要服务项目简况、公司所在行业简况、公司所拥有的重要的工厂、矿山、房地产等财产简况。

（7）公司发行在外股票的情况（公司股票上市交易所、股票简称和股票代码，持有公司5%以上发行在外普通股的股东的名单及前10名最大的股东名单、公司股东数量、公司董事、监事和高级管理人员简况、持股情况和报酬）。

（8）公司首次注册或变更注册登记日期、地点、公司营业执照号、税务登记证号、组织机构代码。

（9）公司的各项主营业务突出特点及规模，公司负责信息披露事务人员的姓名、地址及联系方式等。

3. 会计数据和业务数据摘要

会计数据和业务数据摘要是全文高度概括和浓缩的部分，主要反映至报告年度末为止的公司前三年（或自公司成立以来）的主要会计数据和财务指标。包括以下内容：

（1）报告期主要财务数据（本年度实现的营业利润、利润总额、归属于上市公司股东的净利润、归属于上市公司股东的扣除非经常性损益后的净利润、经营活动产生的现金流量净额）。

（2）公司近三年或者成立以来的财务信息摘要。

（3）报告期内的权益变动情况。

（4）该上市公司为控股公司的，还应当包括最近两个年度的比较合并财务报告。

（5）证监会要求载明的其他内容。

4. 公司经营情况和重大事项报告

公司经营情况和重大事项报告是年度报告写作的核心，主要从投入与产出的角度分析公司在报告年度内的经营情况和发展思路以及公司下一年度的发展思路和发展目标，重点反映在董事会报告、监事会报告、股东大会基本情况中。写作上要求客观真实、全面细致，能完整反映公司的实况，以使股东或投资者了解公司的发展前景和进行投资的风险。如为上市公司，还需披露股本变动及股东情况，董事、监事、高级管理人员和员工情况以及公司治理情况等信息。

（三）落款

落款包括署名和日期。

四、年度报告的写作要求

(一) 内容真实

作为企业一定时期内经营情况的准确反映,年度报告必须是在掌握真实材料的基础上,对相关会计数据和业务数据进行认真的分析研究和合理的核实查证,然后才动手写作。内容真实是年度报告的写作前提。

(二) 制发及时

根据中国证监会发布的《公开发行股票公司信息披露实施细则(试行)》第三章第十五条规定:公司应当在每个会计年度后一百二十日内编制完成年度报告。报告完成后应当立即报送证监会十份备案,并在年度股东大会召开之前至少二十个工作日,将不超过五千字的报告摘要刊登在至少一种证监会指定的全国性报刊上,同时将年度报告备置于公司所在地、挂牌交易的证券交易场所、有关证券经营机构及其网点,以供公众查阅。可见,制发及时是对年度报告的硬性规定。

五、例文评析

[例文7-2]　招商银行股份有限公司二〇一五年半年度报告

A股股票代码:600036

二〇一五年八月二十五日

重要提示

1. 本公司董事会、监事会及董事、监事和高级管理人员保证年度报告内容的真实、准确、完整,不存在虚假记载、误导性陈述或重大遗漏,并承担个别和连带的法律责任。

2. 本公司第九届董事会第三十八次会议于2015年8月25日在深圳招银大学召开。李建红董事长主持了会议,会议应参会董事17名,实际参会董事16名,黄桂林独立董事因公务未出席会议,委托梁锦松独立董事行使表决权,本公司6名监事列席了会议,符合《公司法》和《公司章程》的有关规定。

3. 本公司2015年中期不进行利润分配或资本公积转增股本。

4. 本公司2015年中期财务报告未经审计。

5. 本报告除特别说明外,金额币种为人民币。

6. 本公司董事长李建红、行长兼首席执行官田惠宇、常务副行长兼财务负责人李浩及财务机构负责人汪涛保证本报告中财务报告的真实、准确、完整。

7. 本报告包含若干对本集团财务状况、经营业绩及业务发展的展望性陈述。报告中使用诸如"将""可能""有望""力争""努力""计划""预计""目标"及类似字眼以表达展望性陈述。这些陈述乃基于现行计划、估计及预测而作出,虽然本集团相信这些展望性陈述中所反映的期望是合理的,但本集团不能保证这些期望被实现或将会证实为正确,故不构成本集团的实质承诺,投资者不应对其过分依赖并应注意投资风险。务请注意,该等展望性陈述与日后事件或本集团日后财务、业务或其他表现有关,并受若干可能会导致实际结果出现重大差异的不明确因素的影响。

释义(略)

重大风险提示

本公司已在本报告中详细描述存在的主要风险及拟采取的应对措施,敬请参阅第三章“风险管理”的相关内容。

第一章　公司简介

1.1　法定中文名称:招商银行股份有限公司(简称:招商银行)

法定英文名称:China Merchants Bank Co., Ltd.

1.2　法定代表人:李建红

授权代表:田惠宇、李浩

董事会秘书:许世清

联席公司秘书:许世清、沈施加美(FCIS,FCS(PE),FHKIoD,FTIHK)

证券事务代表:吴涧兵

1.3　注册及办公地址:中国广东省深圳市福田区深南大道7088号

1.4　联系地址(略)

1.5　香港主要营业地址:香港夏悫道12号美国银行中心21楼

1.6　股票上市证券交易所:

A股:上海证券交易所

股票简称:招商银行;股票代码:600036

H股:香港联交所

股份简称:招商银行;股份代号:03968

1.7　国内会计师事务所:毕马威华振会计师事务所

办公地址:中国北京东长安街1号东方广场东2座办公楼8层

国际会计师事务所:毕马威会计师事务所

办公地址:香港中环遮打道10号太子大厦8楼

1.8　中国法律顾问:君合律师事务所

香港法律顾问:史密夫斐尔律师事务所

1.9　A股股票的托管机构:中国证券登记结算有限责任公司上海分公司

1.10　H股股份登记及过户处:香港中央证券登记有限公司

香港湾仔皇后大道东183号合和中心17楼1712~1716号铺

1.11　本公司指定的信息披露报纸和网站:(略)

1.12　本公司其他有关资料:(略)

第二章　会计数据和财务指标摘要

2.1　主要会计数据和财务指标(略)

2.2　补充财务比率(略)

2.3　补充财务指标(略)

2.4　境内外会计准则差异

本集团2015年6月末分别根据境内外会计准则计算的净利润和净资产无差异。

第三章　董事会报告

3.1　总体经营情况分析(略)

3.2　利润表分析(略)

3.3　资产负债表分析(略)

3.4　贷款质量分析(略)

3.5　资本充足率分析(略)

3.6　分部经营业绩(略)

3.7　其他(略)

3.8　业务发展战略(略)

3.9　外部环境变化及措施(略)

3.10　业务运作(略)

3.11　风险管理(略)

3.12　利润分配

年度利润分配方案(略)

年中期利润分配(略)

3.13　社会责任

2015年,本公司秉承"致力可持续金融,提升可持续价值,贡献可持续发展"的社会责任理念,不断加强社会责任管理,加强与利益相关方沟通交流,切实履行社会责任,为经济社会可持续发展作出贡献。报告期内,本公司继续支持云南武定、永仁两县发展,组织员工为两县捐款捐物;与壹基金联合发起关爱自闭症儿童活动、"为爱同行"2015公益健行活动;持续倡导"月捐"理念,推动人人公益,支持公益的可持续发展。更多详细内容将在本公司2015年社会责任报告中呈现。

承董事会命

李建红

董事长

8月25日

第四章　重要事项

4.1　买卖或回购本公司上市证券

报告期内,本公司及子公司均未购买、出售或回购本公司任何上市证券。

4.2　募集资金使用情况(略)

4.3　董事、监事及高级管理人员的权益及淡仓(略)

4.4　公司、董事、监事、高管及持有5%以上股份的股东受处罚情况(略)

4.5　公司及持股5%以上的股东的承诺事项(略)

4.6　重大关联交易事项(略)

4.7　重大诉讼、仲裁和重大媒体质疑事项(略)

4.8　重大合同及其履行情况(略)

4.9　股权激励计划在报告期的实施情况

本公司股权激励计划实施情况详见第六章“员工持股计划及H股增值权激励计划”一节。

4.10　关联方资金占用情况

就本公司所知,报告期内本公司不存在大股东及其关联方非经营性占用本公司资金的情况,也不存在通过不公允关联交易等方式变相占用本公司资金等问题。

4.11　审阅中期业绩

本公司外部审计师毕马威会计师事务所已对本公司按照国际会计准则和香港上市规则的披露要求编制的中期财务报告进行审阅,同时本公司董事会审计委员会已审阅并同意本公司截至2015年6月30日期间的业绩及财务报告。

4.12　发布中期报告

本公司按照国际会计准则和香港上市规则编制的中英文两种语言版本的中期报告,可在香港联交所网站和本公司网站查阅。在对中期报告的中英文版本理解上发生歧义时,以中文为准。

本公司按照中国会计准则和半年度报告编制规则编制的中文版本半年度报告,可在上海证券交易所网站和本公司网站查阅。

第五章　股份结构及股东基础

5.1　报告期内本公司股份变动情况(略)

5.2　前十名股东和前十名无限售条件股东(略)

5.3　香港法规下主要股东及其他人士于股份及相关股份拥有之权益及淡仓(略)

第六章　董事、监事、高级管理人员、员工和机构情况

6.1　董事、监事和高管人员情况(略)

6.2　聘任及离任人员情况(略)

6.3　董监事任职变更情况(略)

6.4　员工持股计划及H股增值权激励计划(略)

6.5　员工情况(略)

6.6　分支机构(略)

第七章　公司治理

7.1　公司治理情况综述(略)

7.2　股东大会召开情况(略)

7.3　董事会及其专门委员会会议召开情况(略)

7.4　监事会及其专门委员会会议召开情况(略)

7.5　董事、监事及有关雇员之证券交易(略)

7.6　内部控制(略)

7.7　遵守香港上市规则声明(略)

第八章 备查文件

8.1 载有本公司董事、高级管理人员签名的半年度报告正本(略)

8.2 载有法定代表人、行长、财务负责人、财务机构负责人签名并盖章的财务报表(略)

8.3 报告期内在中国证监会指定报纸上公开披露过的所有公司文件的正本及公告的原件(略)

8.4 在香港联交所披露的中期报告(略)

8.5 《招商银行股份有限公司章程》(略)

第九章 财务报告(见附件)

……

未经审计合并资产负债表

2015 年 6 月 30 日

(除特别注明外,货币单位均以人民币百万元列示)

……

未经审计资产负债表

2015 年 6 月 30 日

(除特别注明外,货币单位均以人民币百万元列示)

……

未经审计合并利润表

截至 2015 年 6 月 30 日止 6 个月期间

(除特别注明外,货币单位均以人民币百万元列示)

……

未经审计利润表

截至 2015 年 6 月 30 日止 6 个月期间

(除特别注明外,货币单位均以人民币百万元列示)

……

未经审计股东权益变动表

截至 2015 年 6 月 30 日止 6 个月期间

(除特别注明外,货币单位均以人民币百万元列示)

……

未经审计合并现金流量表

截至 2015 年 6 月 30 日止 6 个月期间

(除特别注明外,货币单位均以人民币百万元列示)

……

未经审计现金流量表

截至 2015 年 6 月 30 日止 6 个月期间

(除特别注明外,货币单位均以人民币百万元列示)

……

［评析］这份半年度财务报告结构比较完整，而且安排得当，重要的内容如会计数据和财务指标摘要、董事会报告、重要事项等均安排在前半部分，使读者能很快抓住报告的要领和核心内容。全文条理清晰、逻辑严密、格式规范、数据详尽。在语言的运用上，遣词造句严谨准确、简明扼要，凸显了财务报告的特点。

思考与训练

1. 什么是稽核报告？它有哪些特点？
2. 撰写稽核报告要注意哪些问题？
3. 年度（财务）报告的正文由哪些内容组成？
4. 年度（财务）报告有哪些写作要求？

第八章　法律事务文书

第一节　法律事务文书概述

一、法律事务文书的概念和分类

（一）法律事务文书的概念

法律事务文书是指在现代社会中，国家、集体和个人进行司法实践活动时，专门用来处理法律事务、反映法律问题的专门文书。从它的性质和功能上来说，是指一切在法律上有效力或者有意义的文书的总称。它是法律实践活动的产物，必须依法制作；它是作为法律实践活动中的依据、凭证和记录而存在的，充当实施法律行为的重要工具，是重要的以行事功能为主的应用文书。

（二）法律事务文书的分类

法律事务文书，从总体上可以分为两大类：第一类是指国家权力机关依照立法程序制定的法律、法规，国家行政机关依据法定职能颁布的规章、制度等；第二类是指公安机关、检察机关、法院等司法组织代表国家运用司法权力处理各种诉讼案件时制作的文书，仲裁机构依据当事人双方协议授权裁决民事、经济纠纷时制作的文书，各级行政管理机关依法行政过程中制作的文书，以及个人、法人和其他组织作为法律关系主体在参加诉讼、仲裁活动或办理非诉讼法律事项时，依据法律赋予的权力，向上述机关单位提出主张、申明态度的文书。第一类文书对社会所有成员具有普遍的约束力，又称为规范性法律事务文书；第二类文书则只对具体案件或活动当事人具有约束力，又称非规范性法律事务文书。

就非规范性法律事务文书而言，它又有着狭义和广义之分。狭义的非规范性法律事务文书是指公安机关、检察机关、法院专用的侦查文书、检察文书、裁判文书等，以及司法行政机关的执法文书和这些机关所制作发布的各种公告、命令等。广义的非规范性法律事务文书则是指除以上所说的公文外，还包括公证机关使用的各种公证文书、诉讼当事人依法向司法机关递交的各种诉讼文书等。

在具体的法律实践活动中，根据案件的性质，非规范性法律事务文书一般可分为民事文书类和刑事文书类。而民事法律文书的种类很多，从程序意义上，可将民事法律文书划分为民事诉讼类文书、法院裁判类文书、笔录文书等。从实体意义上，可将民事诉讼文书划分为民事、经济、行政三种文书类型。

二、民事诉讼类文书的特征和作用

（一）民事诉讼类文书的特征

如上所述，法律事务文书的具体文种众多，不可能一一论及，故而本章所论述到的法律事务文书，仅仅是指非规范性法律文书中的民事诉讼类文书，它是法律事务文书中的一个重要分支。它的写作，往往是在当事人为了维护自身的合法权益，依法向有关司法机关、仲裁机构提交书面请求时才会有的。因此，它的写作，无论是在文体的特征上，还是写作的要求上，既不同于一般的处理日常事务的应用文书，也不同于有关司法机关、仲裁机构办理案件及相关法律事项的应用文书。其主要特征表现为：

1. 写作的合法性

这里所说的“合法性”包括三层含义：一是指民事诉讼类文书的写作及其应用必须有法律、法规的依据。即当事人对民事诉讼类文书中任何一个文种的使用，不能随着自己的意愿来，而必须根据法定程序的规定来使用什么文种。二是指民事诉讼类文书写作的内容必须符合有关法律的规定。三是指民事诉讼类文书的写作，要履行一定的法律手续。如民事诉讼活动当事人应该签名或者盖章，或者需要有律师、证人的签名盖章等。

2. 内容的真实性

民事诉讼类文书的写作内容，是司法机关或仲裁机构在法律实践活动中的主要根据之一。从某种意义上说，它关系到法律法规能否贯彻实施，关系到民事诉讼当事人的合法权益能否得到保障，关系到法律法规的公正性和严肃性，故而对民事诉讼类文书内容的真实性有着极其严格的要求。因此，在民事诉讼类文书中，无论是反映的事实内容，还是对行为人法律责任的认定，都必须遵循“以事实为依据，以法律为准绳”的原则，必须做到真实有据，准确无误；绝对不允许隐瞒情节或者故意夸大事实，更不允许弄虚作假或者有意诬告；否则，将要承担相应的法律责任。

3. 格式的规范性

格式的规范性是应用文书重要的外在形式，也是其有别于其他文体的显著标志。而法律文书较之于其他应用文书，在结构格式方面有着更为严格的要求，更看重规范性的结构格式。这不仅仅是一个因长期法律实践所形成的体式结构形式反映的问题，更是一个经过相关司法主管部门专门行文，作出统一规范，具有结构格式法定性质的问题。而规范化的结构格式，不仅可以有效地保证法律文书的写作程序合法，还可以使它的项目要素齐备完整，内容表述清晰周全；既便于在全局范围内统一使用，又便于计算机的操作管理，进行快速的分类归档和检索查用。

4. 法定的时效性

针对具体的民事诉讼法律实践活动，国家立法机构专门作出了诉讼时效和有效期限的法律规定。如我国《民法通则》就明确规定：“向人民法院请求保护民事权利的诉讼时效期间为二年，法律另有规定的除外。”“诉讼时效期间从知道或应当知道权利被侵害时起计算。”这就意味着民事诉讼类文书的写作和应用，有着严格的法定时效性。其具体表现为：一是相应的民事诉讼文书在什么时间写作使用，一般都有着法定程序的时间规定，必须遵守，不能违反。二是如前所述，相关法律对民事诉讼当事人可以提出权利主张的诉讼时效有严格规定，如果当事人于规定的时间内不起诉，而是逾期后再起诉，尽管法院仍可受理，但会因为原告已超过了诉讼时效，从而丧失了胜诉的机会，其所写作的诉讼文书也就失去作用。故而重视民事诉讼类文书写作的时效性，是充分发挥民事诉讼类文书作用的必要前提。

（二）民事诉讼类文书的作用

无论是从理论层面上分析，还是从实践环节层面上印证，民事诉讼类文书在法律实践活动过程中都发挥着重要的作用，其主要表现：

一是民事诉讼活动得以顺利进行的基本保证。在具体的诉讼活动或者非诉讼法律实践活动中，严格按照一定的法律程序来进行，不仅是法律实践活动本身的需要，也是体现法律的权威和尊严的需要。但一定的法律程序的进行，则必须以相应的法律文书为具体的依据。例如，人民法院如要受理某一民事诉讼案件的话，其前提必须是诉讼当事人要向人民法院递交民事起诉状；诉讼当事人如没有递交民事起诉状，法院是不会主动受理立案的。因此，民事诉讼类文书就起到了保证相关的民事诉讼活动得以顺利进行的作用。

二是国家法律得以正确实施的基本保证。在具体的法律实践活动中，国家法律能否得到正确的实施，与法律文书能否得到正确运用有着直接的关系。因为法律文书是审理机关、仲裁机关、公证机关以及司法行政管理机关等职能部门查明事实、分清责任，进而作出正确处理的重要环节，是保证法律程序公正，提高案件处理质量的重要手段。

三是民事诉讼当事人依法维护自己合法权益的重要工具。一个法制健全的国家或社会，除了建立健全立法、司法制度外，还必须有一支过硬的高素质的执法队伍，更需要有全体国民法律意识的提高才行。这是建立法治社会的重要条件，也是实施依法治国方略的重要途径。故而，全体国民除应当自觉遵纪守法，自觉地用法律法规来规范自己的言行外，更重要的是当遇到涉及法律问题的事情时，还应当懂得用法律来处理问题，用法律来帮助自己，懂得凭借法律武器来维护自己的合法权益。因此，民事诉讼类文书就是个人、法人和其他组织依法维护自己合法权益的重要工具。

四是实施法律监督的有效手段。我国相关法律法规明确规定，民事诉讼当事人如不服一审法院的裁判结论，可以用民事诉讼类文书向二审法院提请诉讼。这既是民事诉讼当事人行使正当的诉讼权利，也可以促使二审法院通过终审程序，或纠正一审法院的失误，或维持一审法院的正确裁判。这样就可以在一定程度上确保司法的公正性和严肃性，维护法律的权威性。而在行政管理执行的过程中，如当事人对行政机关具体行为不服，也可以依法用相关文书申请复议，并可在不服复议决定时提起行政诉讼，这样也能有效地防止越权行政和滥用职权现象的发生。因此，个人、法人和其他组织依法维护自身合法权益的过程，同时也是对相关司法机关审理案件和政府部门行政行为实施法律监督的一种有效形式。

法律文书的写作，是人们法律实践活动全部过程的一个重要环节。某一个文种的使用是否准确，其格式是否符合规定要求，文字表达水平的高低等，都直接关系到法律实践活动的质量，影响整个法律实践活动的进行。因此，全面掌握法律文书的基础知识，本着认真、严谨的写作态度，并且在具体的写作过程中一字不苟，反复推敲，精益求精，才有可能写出高质量的法律文书。

根据法律文书在社会实践中运用的具体情况，本章重点介绍非规范性法律文书中的民事诉讼类文书，它们分别是起诉状、答辩状、上诉状、申诉状、仲裁申请书。

第二节　起　诉　状

一、起诉状的概念

诉讼俗称“打官司”,起诉状则称为“状子”或“诉状”。民事纠纷起诉状,是指在民事、经济、行政等活动中,一旦发生了民事纠纷后,原告当事人或其法定代理人,为了维护自身的民事合法权益,或就有关民事、经济纠纷的权利、义务关系,基于事实和法律,依法向人民法院提起诉讼,要求依法处理的书面请求;或在行政机关及其工作人员的具体行政行为侵犯其合法权益时,按照行政诉讼法的规定,依法向人民法院提起诉讼,要求依法裁判而提出的书面请求。

根据我国有关法律的规定,在我国任何公民或者法人和其他组织,在认为自己的民事利益遭到侵犯,受到损失时,或与他人发生经济纠纷时,认为某一行政行为侵犯其合法权益时,都有权依法向人民法院提交民事纠纷起诉状,提起诉讼请求。而人民法院在收到民事纠纷起诉状后,经审查认为符合起诉条件的,按照我国民事诉讼法的有关规定,应在 7 日内立案。因此,民事纠纷起诉状是人民法院立案和审理的依据,它能够引起民事诉讼程序的开始。

二、民事纠纷起诉状的特征和功能

(一) 民事纠纷起诉状的特征

民事纠纷起诉状是当事人的一种诉求形式,是我国的一项法律制度。在民事诉讼活动中,民事纠纷起诉状的写作必须受制于民事诉讼规定的条件。这就使得民事纠纷起诉状具有以下主要特征:

(1) 原告必须是与本案有直接利害关系的个人、企事业单位、机关团体或其他组织。

(2) 必须有明确的被告,有具体的诉讼请求和事实根据。

(3) 必须属于人民法院管辖的范围,且必须向有权受理本案的第一审人民法院提起。

(4) 双方争执的焦点必须属于民事权益调整范围内的民事纠纷。

(二) 民事纠纷起诉状的功能

1. 民事纠纷起诉状能够反映原告的诉讼请求和事实根据

民事纠纷诉讼的诉讼请求和事实根据,是民事纠纷起诉状的主要内容。因此,诉讼当事人在起诉状中需要详细叙述被告行为发生的时间、地点、动机、手段、情节等具体内容,指控被告的违法事实,并在此基础上提出自己的某种请求。原告当事人的这种行为,意在告诉人民法院,自己是在判定事实存在并真实的基础上,运用法律来保护自身的民事、经济等利益。而人民法院也能够根据民事纠纷起诉状的内容,了解原告对民事纠纷的意见和要求。

2. 民事纠纷起诉状是人民法院立案和审理的依据

民事纠纷起诉状只是原告单方面的陈述,它所体现出来的主要是原告的愿望和利益。因此,人民法院必须对起诉状依法进行审查。人民法院能否受理案件,首先就是从审查原告的起诉状开始的。符合起诉条件的，人民法院在接到起诉状之日起 7 日内立案；不符合起诉条件的，需在 7 日内通知原告不予受理，并说明理由。人民法院对符合法定起诉条件的予以接受的诉讼行为，称为受理。在这个过程中，起诉状就是人民法院受理案件的依据，起诉和受理相结合，引起具体案件诉讼程序的开始。

3. 民事纠纷起诉状是当事人维护自身合法民事权益的手段

民事纠纷起诉状是当事人从个人利益出发，来对待具体的民事纠纷和争执，因此带有很大的倾向性。但在我国社会主义制度下，法律面前人人平等，所有公民的合法权益，都受到法律的保护。经过人民法院的审理，没有理由或者不合法的诉讼请求，是不能得到法律的承认和保护的；而合法的诉讼请求则会得到认可，被侵害的利益会得到补偿，双方当事人经过诉讼，依法承担义务和享受权利，从而使纠纷得到合理解决。所以，民事纠纷起诉状体现了当事人的权利义务关系，是当事人维护自身合法民事、经济等权益的手段。

三、民事纠纷起诉状的结构和内容

民事纠纷起诉状的结构一般由首部、正文、尾部和附项组成，各部分有其特定的内容。

（一）首部

首部包括文书名称与原告、被告及其他诉讼参加者的基本情况等。

1. 文书名称

文书名称即标题，在文书首页上部的正中写上“民事（经济）纠纷起诉状”或“行政起诉状”即可。

2. 原告基本情况

凡是为了保护自身民事权益，并以自己的名义向人民法院提起诉讼，因而引起民事诉讼程序发生的人或组织，称为原告。原告是自然人的，要在“原告”之后空两格依次写明姓名、性别、年龄、民族、籍贯、文化程度、职业或职务、工作单位、住址及邮政编号。如果原告是企事业单位、机关团体或其他组织的，则先写单位名称、地址及邮政编号，再另起一行写明法定代表人的姓名和职务。原告如有法定代理人、指定代理人或委托代理人参加诉讼的，应在原告之下另起一行列出其代理人的称谓、代理人的基本情况及与被代理人的关系。如委托律师担任代理人，则只写律师姓名与其所在的律师事务所或法律顾问处的名称。有共同原告的，接着排列，所列项目同前。

3. 被告基本情况

凡是经原告诉称曾侵犯他的民事权益，或者对他的民事权益发生争执，而由人民法院传唤应诉的人或单位、组织，称为被告。在民事诉讼中，被告与原告是相互对立的，因此，其基本情况以及有关诉讼代理人的基本情况的写法要求与原告的写法要求基本相同。如果被告是多人的，应根据他们在案件中的地位、作用及主次情节依次排列，所列项目同前。

（二）正文

正文包括诉讼请求、事实与理由、证据等事项。这是民事起诉状的主要内容，也是民事起诉状的写作重点。

1. 诉讼请求

诉讼请求是原告在民事纠纷产生后，为达到自己起诉的目的而向人民法院所提出来的请求。因此,要写清楚请求解决的诉讼标的,即请求解决的具体事项。

2. 事实和理由

事实和理由是民事纠纷起诉状的主体部分,也是原告用客观事实和法律理由对自己提出的诉讼请求进行的论证,同时还是人民法院如何依法裁决的重要依据。其写作应重在摆事实,讲道理。

诉讼事实,一般有两个方面:一是双方当事人之间法律关系的发生、变更、消灭的事实;二是民事权益受到侵犯或权利、义务关系发生争执的事实。原告只有在上述两方面的事实具备时,才能使自己的诉讼请求得以实现。所以,事实的叙述,应按照实事求是的原则,真实地反映具体情况,应将事实的时间、地点、动机、目的、手段、情节、后果等要素明确交代清楚,特别是争议的焦点和实质性的分歧意见及被告所造成的严重后果要写清楚。

诉讼理由,一般包括:① 列举证据,说明所叙事实并非凭空捏造的,而是真实可靠的;② 分析证据,即对证据的价值进行分析论证,意在说明证据与案件之间的内在关系;③ 剖析纠纷性质,为的是说明是非曲直;④ 论证权利、义务的关系,证明所提出的诉讼请求是合理的;⑤ 援引法律条文,意在说明起诉是有法律依据的。

3. 证据

证据包括人证、物证、书面证据,它是说明事实的关键,所以,凡有利于支持诉讼请求的相关证据及来源,都要交代清楚。证据是人证的,还应写明证人的姓名、职业、工作单位、住址等,以便人民法院进行调查。

正文部分写完后,在行文上可写"据此,要求……,请求依法裁判"等文字,使正文与尾部能有机地衔接起来。

(三) 尾部

尾部即民事纠纷起诉状的结尾形式。应依次写清楚民事纠纷起诉状的致送机关即管辖的人民法院的名称;在其右下方写明具状人(起诉人、法定代表人、委托代理人)的签名或盖章,并注明提交起诉状的年、月、日时间。具体写法是:文尾先写明"为此(为……),特依法向你院起诉,请依法判决"等请求语,再另行写:

此致

××××××人民法院

具状人:×××(盖章)

××××年×月×日

起诉状如果是请律师代写的,应在具状日期之下,写明律师的姓名、职务、律师事务所名称及"代书"字样。

(四) 附项

附项即民事起诉状的附注部分。一般应写明与诉讼有关的事项,如起诉状副本份数,证据种类(物证或书证)、名称、数量,证人姓名、住址等。具体写法是:

附:1. 本状副本×份。

2. 物证×件。

3. 书证×件。

4. 证人:×××,住址:××××××××。

四、民事纠纷起诉状的写作要求

（一）写作态度要求：尊重法律，严肃认真

起诉状在诉讼程序中有着重要的作用，是实施法律的重要手段，因此，写作时一定要有严肃认真的态度，要充分认识到，起诉状写作质量的高低，事关能否有效地维护法律的尊严，执行法律，保障国家、集体和公民的合法民事权益不受侵犯；事关能否尽快处理好诉讼纠纷，维护社会的安定团结。

（二）写作内容、格式要求：内容确凿，格式规范

在民事纠纷起诉状的写作内容上，要充分体现"以事实为根据，以法律为准绳"的基本原则，要尊重客观事实；所反映的争议事实要客观准确，清楚具体，重点突出，既不夸大，也不缩小；举证要确凿可靠，论据充分，观点鲜明，不能含糊其词、模棱两可；引用法律条文要恰切，必须做到法律法规和事实的统一，诉讼理由要经得起法院的分析、调查。国家有关法律规定，在民事诉讼中有一整套严格的诉讼程序，因此，民事纠纷起诉状的写作格式，有着极强的程式性，写作时一定要按照有关规定要求，要规范化，结构严谨，格式完整，甚至连标点符号也要准确无误，这样才能保证起诉状的正确性和合法性。

（三）写作语言、表达形式要求：严谨庄重，准确无误

写作民事纠纷起诉状，其语言要求得体。所谓"得体"，即朴素自然、严谨庄重、准确无误。需要庄严时，决不戏耍；需要直率时，决不扭捏；需要明确时，决不含糊；需要含蓄时，决不直露，以达到文章表达的目的。要精心选择最确切、最恰当的词语，正确地反映客观事物，贴切地表达思想认识。要正确使用法律术语，准确使用数量词，文字表意必须是单一的，不要生造词语，慎用网络语言，忌用方言土语。用语要文明，不要在行文中使用污言秽语，不要使用贬低对方人格的词语。注意不要有错别字或病句，不要犯语法、逻辑、修辞方面的毛病。常用说明、叙述和议论三种表达形式。其说明一般用于诉讼状的首部、尾部和附项，其特点是在内容上只说明事物，不表示意见。在结构上，依照事物本质的条理进行说明，如按时间顺序、先后顺序，从大到小、由总到分、由表到里等；要做到条理清晰、层次分明、简洁明了。其叙述一般用于诉讼状的事实部分，叙述案情发生的时间、地点、过程、结果等，通常按时间顺序、空间顺序和主次顺序等进行分条、分类和分段叙述；要做到主次分明、条理清晰、详略得当、承接自然，切忌杂乱无章、前后矛盾。其议论常用于理由论证部分，而起诉状的理由论证，通常是在对事实的分析中形成概念，再运用概念进行推理，并援引有关法律条文来分析定性，判断是非；要做到立论有力、言之成理、词锋犀利、论说力强。

五、民事纠纷起诉状常见问题

（一）纸张、笔、墨要求

起诉状用纸型号，现在普遍要求的是A4纸，同时，因为法院审理的案件材料最后需要装卷归档，并长期保存，所以，起诉状最好是用黑色字打印，也可用碳素笔、黑色签字笔、黑色钢笔或毛笔书写。但不能用打印后复印件或铅笔、红色笔书写，以便法院长期保存。不符合上述要求，法院是不会接受并立案的。

（二）"当事人"栏

"当事人"栏均应写明姓名（包括曾用名）。现用名与身份证上的名字不一样的，以身份

证上的姓名为准;因某些案件与当事人具体年龄有关,所以最好写明具体的出生年月日,对被告或第三人的出生年月日确实不知的,可写明其年龄或大致年龄;要写明具体单位及住址或办公地址,以便于人民法院送达相关法律文书;尽量写明电话等具体联系方式,便于人民法院电话通知开庭等相关诉讼事宜。

(三)未成年人诉讼问题

如果原告是未成年人,法律规定“无诉讼行为能力人由他的监护人作为法定代理人代为诉讼”。这种情况下,父母不是原告,是以法定代理人身份参加诉讼,所以,写起诉状时不要把父母写成原告。同理,如果侵权人是未成年的案件,也只以侵权的未成年人为被告,并写明其法定代理人或监护人。

(四)“诉讼请求”栏

“诉讼请求”栏应写明具体的诉讼请求。充分体现法律规定的“具体”要求,否则起诉立案时,法院会要求重新制作起诉状。如:只写“要求被告赔偿损失”,而没有写明具体请求数额等,法院是不会立案的。如果有多项诉讼请求,也应分别具体写明。

(五)案由问题

案由是人民法院在立案时,根据最高人民法院《民事案件案由规定》,结合诉讼请求确定的,不属于当事人起诉确定的内容。

法院判决书是必须写明案由的,但起诉状并不要求必须写明具体案由,而且案由的规定也在不断地充实和补充,目前民事案件就有几百个案由,专业的法官或律师往往也很难把握准确,如果案由错误可能直接导致案件败诉,实践中这样的例子并不少见。所以,案由可交给法官来决定。

(六)事实与理由

事实与理由是诉状的主要内容,应紧紧围绕诉讼请求,一般包括六个要素,即时间、地点、人物、事件、原因、结果和证据等。因为该部分的每一句话,都是为了证明原告诉讼请求的合法性和合理性,或者证明对方行为的违法性和违约性质,书写时应以陈述事实和理由为主,详略得当,切不可长篇大论像写报告一样;同时,不可用过激或侮辱性的语言。尽量简单地做到“事实清楚”“理由充分”即可,因为现在法官工作量都比较大,如果起诉状写得过长,主次不分,道德感情成分过浓等,不仅会引起法官的反感,也显示起诉者素质“欠佳”,很难做到重点突出,这样对自己是很不利的。要善于把复杂的事情简单化,这种简单是智慧总结的过程,是对一件复杂事情的提炼。

(七)证据问题

有人主张有保留地向法院提交证据,目的是不想让对方全部了解,以便开庭时给对方来个“突然袭击”,让对方“措手不及”,这是律师有时候会采用的一种技巧性做法。

最高院的证据规则实施后,要求在举证期间向法院提交证据,超过举证期限,等开庭时再提交的证据,可能不被允许质证,更不可能被法院所采纳。所以,有保留地向法院提交证据对普通人来说并不明智。

因现在一般都实行庭前交换证据,所以,证据和证据来源,证人姓名和住址等一般不具体写在诉状里,只是在诉状后“附:起诉状副本×份”后简要提到“相关证据复印件×份”如果证据较多,最好另行按一定顺序制作证据清单(表格),并简要说明每份证据说明的主要问题,做到条理清晰,一目了然。

另外,需要特别注意的是,向法院提交的证据最好是复印件,如果有的法院要求提交原件,要注意要求法院出具收到具体证据的“收条”,以防主客观原因的“丢失”。

(八)确定管辖法院

起诉应该符合法律规定的“属于人民法院受理民事诉讼的范围和受诉人民法院管辖”。

一般以被告所在地、侵权行为地、侵权结果发生地、合同签订地、合同履行地、不动产所在地等确定管辖法院。

此外根据案件性质、大小等,还存在级别管辖的问题,选择对自己比较便利的法院也是一种技巧。

(九)起诉人部分

自然人起诉的,应该由本人签名。法人或其他组织的应盖章单位的公章;不可盖财务章或合同章。

(十)所附诉状副本份数

副本的份数应该与诉讼中双方当事人的人数一致,立案时按被告及第三人的人数提交,需要强调的是起诉人自己别忘了保留一份。

[例文 8-1] 施工受伤致残民事起诉状

原告:曾××,男,汉族,1979 年 3 月 2 日生,湖北省××县人,住址:湖北省××县××镇××村××组,身份证号:420×××19790302××××,联系电话:138××××7015。

委托代理人:区士文,孝感盛世律师事务所。

被告:黄××,男,汉族,成年人,住址:湖北省××县××镇××村,联系电话:153××××7205。

被告:李×明,男,汉族,成年人,住址:湖北省××市××区××村,联系电话:130××××7418。

被告:李×根,男,汉族,成年人,住址:湖北省××市××区××村,联系电话:138××××8988。

被告:××县××镇××卫生院,地址:湖北省××县××镇。

法定代表人:唐××,职务:院长,联系电话:139××××7799。

诉讼请求:

一、判令被告支付原告医疗费、住院伙食补助费、营养费、住宿费共计人民币 180 601.05 元(其余残疾赔偿金、被抚养人生活费、伤残鉴定费等各项损失待伤残鉴定结论确定)。

二、判令被告承担本案诉讼费用。

事实与理由:

2018 年 3 月 27 日,被告黄××与被告李×明、李×根签订工程合同,李×明、李×根为发包方,黄××为承包方,承包××镇××卫生院大门、门诊室、防疫室和住房木工工程。被告黄××雇佣原告曾××为其施工,约定报酬为每天 300 元。2018 年 6 月 29 日下午 2 时许,在工程施工过程中,施工现场无任何安全防护措施,导致原告曾××从二楼顶上摔落到地面,身体多处骨折，原告随即被送往××县人民医院诊治，因伤重，稍作检查后转院至武汉市华中科技大学同济医学院附属协和医院住院。目前，原告已瘫痪在床，生活完全不能自理，24 小时需要有人随时陪护身边。不仅如此，原告身体内固定物仍未取出，二次手术还需上万元。

原告原本有一个健康强壮的身体，一个幸福美满的家庭，现在已经被这次事故彻底粉碎。家人整天以泪洗面，孩子因此考试失意。无疑，此次事故给原告家庭带来了巨大的精神痛苦和经济损失。

综上所述，原告与被告系雇佣关系，依据《中华人民共和国民法通则》《关于审理人身损害赔偿案件适用法律若干问题的解释》的相关规定，被告应当对原告在从事雇佣工作时所受损害承担赔偿责任。为维护自身合法权益，原告遂诉至贵院，望贵院支持原告诉请。

此致

××县人民法院

具状人：曾××（盖章）

20××年 11 月 9 日

附件：

1. 本诉状副本 2 份。
2. 证据 10 份，共 13 页。
3. 原告的身份证复印件。
4. 被告的信息资料。

［**评析**］这是一份因建筑施工受伤致残引起纠纷的民事起诉状。该起诉状写得较为规范：首先是结构、格式较为规范，符合要求；其次是层次清晰，语言简洁明了，行文较为通畅；三是相关信息完备、准确；四是此案涉及的人虽多，但对施工受伤致残的起因、过程的叙述清晰、准确，事情的来龙去脉，一目了然；时间、数字、自身的身体状态、有关证据等，十分齐全；其诉讼请求合情合理。

第三节　答辩状

一、民事纠纷答辩状的概念

答辩状又称为答辩书、辩书，是诉讼活动中的被告或被上诉人，针对原告或上诉人的起诉状或上诉状的内容，进行答复和辩护的书状。答辩是一种应诉行为，它和起诉、上诉是相对应的诉讼活动；因此，答辩状也是与起诉状、上诉状相对应的一种文书。

根据我国有关法律的规定：人民法院对追索赡养费、抚养费、抚恤金和劳动报酬的案件，应当在受理后五日内将起诉状副本发送被告；被告在收到后十日内提出答辩状。其他案件的起诉状副本，应当在受理后五日内发送被告；被告在收到后十五日内提出答辩状。被告、被上诉人在规定时间内不提出答辩状的，法律上被视为放弃应诉权，它不影响人民法院对案件的审理。

在答辩状中，答辩人可以承认对方所诉属实并接受其诉讼请求，也可以在认为对方所诉不符合事实或者所提出的诉讼请求不合理时进行反驳，但不宜用答辩状提出反诉请求。这是答辩状与反诉状的重要区别。

民事纠纷答辩状从诉讼程序上，可分为一审程序中的答辩状和二审程序中的被上诉答辩状两类。

二、民事纠纷答辩状的特征和功能

（一）民事纠纷答辩状的特征

应诉答辩权利，是我国法律赋予每个公民应有的一种诉讼权利，它是被告、被上诉人通过应诉方式，拒绝原告、上诉人的诉讼请求，请求法院依法保护自己合法权益的基本法律手段。其主要特征：

（1）民事纠纷答辩状的作者必须是原告起诉、上诉所指向的民事诉讼法律关系的主体，即被告或被上诉人，而不能是其他的人。

（2）民事纠纷答辩状的写作讲求时效性，必须在规定的时间内上交，否则会被视为放弃。

（3）民事纠纷答辩状的写作内容必须针对起诉状、上诉状的内容来进行，要针对控方的论点予以驳斥和立论。

（二）民事纠纷答辩状的功能

（1）民事纠纷答辩状能有效保护被告、被上诉人的合法权益。被告、被上诉人诉权的核心就是应诉权利和对原告及上诉人的主张进行答辩的权利，这两种权利的结合，就是维护自己的合法权益。行使这种诉讼权的目的，或是在程序上对起诉提出异议，使诉讼不能成立；或是拒绝某些具体的诉讼请求，要求受诉人民法院不要满足起诉的某些具体请求，使自己获得不败诉的结果。

（2）民事纠纷答辩状有助于人民法院在案件审理中兼听双方当事人的意见和理由，以便全面查清案情事实，作出合理、合法的裁判。

三、民事纠纷答辩状的结构与内容

民事纠纷答辩状的结构一般由首部、正文、尾部和附项组成，各部分有其特定的内容。

（一）首部

首部包括文书名称、答辩人的基本情况、答辩事由等。

1. 文书名称

文书名称即标题，应在文书首页上部的正中写上“民事（经济）纠纷答辩状”或“行政答辩状”。如果属于答辩和反诉相结合的，则写“民事（经济）纠纷答辩反诉状”等；二审的应写为“民事（经济）纠纷被上诉答辩状”等。

2. 答辩人的基本情况

答辩人的基本情况即被告、被上诉人的基本情况。答辩人是自然人的应写出其姓名、性别、年龄、民族、籍贯、职业、住址等；答辩人如属法人、机关或其他组织，则要写明全称、地址及法定代表人的姓名、职务；如有委托代理人的，亦应分别写明基本情况。

3. 答辩事由

答辩事由应写明因为何人起诉或上诉的何案而提出的答辩。这是从首部向正文过渡时所使用的比较固定的过渡语，即以简明扼要的文字，表述为什么要进行答辩的意思。

一审答辩状的答辩事由一般行文为："因×××（原告姓名）与×××（答辩人姓名）××××（案由）一案，现就起诉书所诉请求提出答辩如下。"

二审答辩状的答辩事由一般行文为："上诉人×××因××××（案由）一案，不服××××人民法院××××年×月×日（年度）×字第×号判决（或裁定）提起上诉，现就上诉状所列各点，答辩如下。"

（二）正文

正文包括答辩理由和答辩意见两部分内容。这是答辩状内容的主要部分，要针对原告的起诉状或上诉人的上诉状中所提出的事实、理由及诉讼请求，依据事实和法律来进行写作。

1. 答辩理由

答辩理由是针对起诉状或上诉状的内容来进行反驳的，非常重要。应先简要说明与原告或上诉人的关系，然后抓住起诉状或上诉状所叙事实是否真实，所举证据是否充足，所引法律条文是否准确，所行诉讼程序是否得当，所摆理由是否虚假，所提要求是否荒谬等具体情况，有针对性地进行反驳，或部分或全部予以否定。同时还要能够叙述或举出与起诉状、上诉状所列事实与证据直接相对抗的事实与证据，来证明对方事实的不能成立，证据的不可信，从而论证自己行为的合法性和答辩理由的正确性。

2. 答辩意见

答辩意见是答辩人在充分说明事实，阐述答辩理由的基础上，经过综合归纳，提出自己对争讼问题的处理意见。应包括的内容有：① 依据有关法律、规定，说明自己所阐述答辩理由的正确性；② 通过对客观事实的概括归纳，说明自己答辩理由的合理性，并指出起诉状、上诉状里的谬误之处；③ 提出自己的意见主张，请求人民法院根据有关法律作出公正、准确的裁决或提出反诉请求。

（三）尾部

尾部即答辩状的结束形式。按照我国民事诉讼法、行政诉讼法的规定，答辩状结束语要写清楚呈递书状的人民法院名称，或转送人民法院名称；具状人（答辩人、代理人）署名盖章；写清楚具状日期等。例如：

此致

　　××××××人民法院

具状人：×××（盖章）

××××年×月×日

答辩状如果是请律师代写的，应在具状日期之下，写明律师的姓名、职务、律师事务所名称及"代书"字样。

（四）附项

附项即民事答辩状的附注部分。一般应写明答辩状副本份数，证据种类（物证或书证）、名称、数量，证人姓名、住址等。具体写法是：

附：1. 本状副本×份。

2. 物证×件。

3. 书证×件。

4. 证人：×××，住址：××××××××。

四、民事纠纷答辩状的写作要求

（一）写作态度要严肃、认真

民事纠纷答辩状的写作，是法律赋予民事纠纷当事人应诉答辩权利的一种体现，也是答辩人维护自己合法权益的一种手段；而写作民事纠纷答辩状的最终目的，就是要使原告或上诉人诉讼请求失败，要人民法院依据有关法律及事实，接受自己的意见、请求。因此，态度是否严肃、认真将是十分重要的。

（二）写作内容要实事求是

写作民事纠纷答辩状时，一定要客观、全面地回答起诉状或上诉状提出的问题，如实地反映民事纠纷或行政行为纠纷的本来面目，以便使人民法院了解、掌握事实的真相。既不能歪曲或隐瞒事实，也不可强词夺理地进行诡辩。在忠实于事实真相的基础上，对起诉状、上诉状中事实、证据准确的，诉讼请求合理的，就应勇于承认属实，同意对方的要求。只有这样，才有利于问题的合理解决。

（三）写作方法要针对性强

答辩状一定要针对起诉状或上诉状的主要内容，有的放矢地来进行答辩，而不能答非所问，不能丢主干，抓枝节。首先要对对方的诉讼请求，依法依理进行反驳。或驳斥对方事实论述的不真，以便澄清事实真相；或驳斥对方论证理由的不当，以至情理与结论的不合逻辑；或驳斥对方引用法律条文的不正确，以使对方指控的侵犯名目不能成立；或驳斥对方语言逻辑上的漏洞，指出对方表述的荒谬、错误。其次要明确、具体地提出自己的意见和主张。对起诉状、上诉状提出的诉讼请求，是全部反对，还是部分反对，都要逐一说明，不能含糊。

（四）写作行文要言辞得体

答辩状行文多用反驳性言辞，要求表意准确、清晰，故而词锋往往较为犀利，把握不好，容易偏激。因此应注意语言的得体，不要意气用事，不要用挖苦、讥讽的言辞，不要用生硬、武断的语气，要心平气和地叙述客观事实，讲述道理，以理服人。起草答辩状，除写明具体证据和证据来源、证人姓名及其住所外，同时，还可以提出新的事实和理由，进行必要的论辩。

（五）写作时间要遵守有关法律的规定

被告、被上诉人提交答辩状是法律诉讼程序所规定的要求，也是当事人诉讼权利的具体体现。这种权利是任何单位（包括司法机关）、个人不得非法剥夺的，除非当事人自己放弃。但应注意的是：如果当事人决定答辩，其答辩状的写作与提交，就应该在有关法律所规定的时间内进行，超过法律规定的期限，就将被法院视为放弃答辩，而放弃答辩权或超过法定期限未能提交答辩状,并不影响法院对该案件的审理。

(六)应写清楚人的姓名、性别、年龄、民族、职业及工作单位,法人及其他组织的全称

答辩状中应写清楚人的姓名、性别、年龄、民族、职业及工作单位,法人及其他组织的全称。答辩人如果是法人或其他组织的,要由法定代表人或主要负责人签章、加盖单位公章。答辩人应按原告人数提交答辩状副本。

[例文 8-2]　　民事纠纷答辩状

答辩人:××市××医院,地址:××市×××路 276 号。

法定代表人:李××,职务为医院院长,联系电话:138××××7267。

被答辩人:文××,男,43 岁,地址:河南省××市××区××村,联系电话:153××××7186。

案由:答辩人就文××要求××医院人身损害赔偿一案,现提出答辩意见如下。

答辩请求:

被答辩人起诉的主张,××医院为不适合被告,不符合法律规定,请求依法驳回原告诉讼请求。

事实与理由:

一、答辩人与文××之间不存在直接的合同关系。

答辩人于 2018 年 6 月 10 日与××第一建筑安装工程公司订立了一份口头合同,由第一建筑安装工程公司负责把答辩人的一个高压电表柜拆除,文××是受××第一建筑安装工程公司的委托来拆除高压电表柜的,与答辩人之间不存在直接的合同关系。

二、文××的人身损害赔偿费用应由××第一建筑安装工程公司负责。

1. 根据我国法律和有关司法解释规定,××第一建筑安装工程公司对其职工在履行合同的范围内所受到的伤害应负责任,文××的伤害并不是由合同客体以外的事物造成的。

2. 受××第一建筑安装工程公司委托的文××在拆除高压电表柜的过程中,存在着严重违反操作程序的行为,未尽到一个电工应尽的基本安全责任。

三、答辩人对文××伤害赔偿不应承担责任。

根据我国《民法通则》的规定,从事高度危险作业的人致他人损害的,应负赔偿责任。而本案中答辩人与××第一建筑安装工程公司订有合同,高度危险来源已通过合同合法地转移给××第一建筑安装工程公司。××第一建筑安装工程公司成为该危险作业物的主体,文××在操作过程中受到伤害,这是××第一建筑安装工程公司在履行合同过程中,合同客体造成自己员工的伤害行为,与答辩人无关。

综上所述,××医院为不适合被告,不符合法律规定,请贵院依法对原告的各项诉讼请求予以驳回。

此致

××市人民法院

答辩人:××市××医院(公章)

20××年 12 月 6 日

［评析］这份民事答辩状是被起诉人的答辩状，属于“被起诉答辩状”的范畴。状文的答辩请求简洁清晰，一目了然。从答辩人与被答辩人文××之间不存在直接的合同关系；被答辩人文××的人身损害赔偿费用应由××第一建筑安装工程公司负责；答辩人对被答辩人文××伤害赔偿不应承担责任等方面陈述事实和理由，显得有理有据。

这份答辩状针对性强，目的明确，表述清楚，文字简洁，语气畅通，层次分明，格式正确，可供借鉴。

第四节　上诉状

一、民事纠纷上诉状的概念

上诉行为是诉讼当事人或其法定代理人，对地方各级人民法院第一审的判决、裁定表示不服，而在法定期限内，依照法定程序，请求上一级人民法院重新进行审理，并对原判决、裁定作出撤销或变更的一种诉讼行为。民事纠纷上诉状就是表述这种诉讼行为的书面请求。

上诉是诉讼上的一项法律制度。根据我国有关法律的规定：诉讼当事人、法定代理人不服地方各级人民法院第一审判决、裁定的，有权向上一级人民法院提起上诉。诉讼法规定，上诉可以通过原审人民法院提出，也可以直接向第二审人民法院提出。还规定，上诉可以口头提出，也可以递交上诉状。递交上诉状时，应当按照对方当事人的人数提交副本。民事纠纷上诉状也是提起二审程序开始的法律依据。

二、民事纠纷上诉状的特征和功能

（一）民事纠纷上诉状的特征

上诉行为实际上是在诉讼法律关系的存在和继续中，诉讼当事人为了进一步维护自己的权益，对法院的一审程序的审判结果表示不服，进而使得诉讼继续进行。因此，第二审人民法院审查的对象，就是第一审判决、裁定时所适用的法律是否有误，其依据的事实、证据和理由是否清楚、充分和确凿；同时也还要对诉讼当事人提出的补充事实、证据和理由予以审查。这就使得民事纠纷上诉状具有以下特征：

1. 作者的确定性

民事纠纷上诉状必须由民事诉讼当事人或法定代理人提起并进行写作，其他任何人是无此权利的。

2. 内容的限定性

民事纠纷上诉状必须是民事诉讼当事人或法定代理人对地方各级人民法院的一审判决、裁定的结果不服时提起的上诉请求，其写作内容必须针对一审判决、裁定的结果来进行，而不能是其他的。

3. 写作时间、对象的法定性

民事诉讼当事人或法定代理人必须依照法定的程序，并在法律规定的时间里，向作出一审判决或裁定的人民法院的上一级人民法院提起上诉请求。

（二）民事纠纷上诉状的功能

1. 上诉行为及上诉状是监督法律实施的一种形式

在法律实施的具体过程中及结束后，诉讼当事人认为人民法院的判决、裁定有误或某些做法不妥而提起上诉，这是法律赋予诉讼当事人或法定代理人监督法律实施的权利。上诉状正是这种权利的载体形式。通过上诉，使错误的判决、裁定得到纠正，正确的判决、裁定得到肯定，争执得到公平处理，当事人的权利、义务得到确定，法律的尊严得到维护。

2. 上诉状是第二审程序发生的法律依据

上诉状的写作与提起，能够引发民事诉讼第二阶段即第二审程序的开始，构成上一级人民法院与诉讼当事人之间的诉讼法律关系。所以，上一级人民法院是否开启第二审程序，上诉状将是重要的法律依据。

三、民事纠纷上诉状状的结构与内容

民事纠纷上诉状的结构一般由首部、正文、尾部和附项组成，各部分有其特定的内容。

（一）首部

首部包括文书名称、当事人的基本情况和在原审中地位、上诉事由等。

1. 文书名称

文书名称即标题，应在文书首页上部的正中写上“民事（经济）纠纷上诉状”或“行政上诉状”。

2. 当事人的基本情况和在原审中地位

当事人即上诉人和被上诉人。具有上诉权的人应是在第一审中的原告或被告及有独立请求权的第三人。当事人的基本情况包括：上诉人和被上诉人的姓名、性别、年龄、民族、籍贯、职业、工作单位和住址等；还应在上诉人和被上诉人基本情况之后，分别用括号注明其在原审中的诉讼地位，如“一审原告”“一审被告”。当事人是法人或其他组织的，应写明其名称、地址和法定代表人的姓名、职务等。当事人有委托代理人的，应写明代理人姓名、性别、年龄、民族、籍贯、职业、工作单位和住址，以及与被代理人的关系。如委托律师担任代理人，则只写律师姓名和所在的律师事务所或法律顾问处的名称。

3. 上诉事由

上诉事由应写明上诉人因何案，不服何法院，于何时，以何字号判决或裁定而提起上诉。其表述形式为：“上诉人×××（姓名）因××××（案由）一案，不服××××人民法院（年度）民字第×号民事判决（裁定），现提起上诉。上诉请求和理由如下……”

（二）正文

正文包括上诉请求和理由两部分内容。这是民事纠纷上诉状的重点内容所在。

1. 上诉请求

上诉人应根据一审的判决或裁定，准确地、有针对性地向上一级人民法院提起重新审理和改判的请求。一般有下列情况之一者，都可以作为上诉请求：一是原判认定的事实不清，证据不确凿；二是原判适用法律不当，理由不充分；三是原判诉讼程序不合理。

这部分内容大致包括：① 简要概括案情，引述原案判决、裁定的结论；② 表明对原审判决、裁定的结论是全部不服还是部分不服,如是部分不服的,还应指出是对哪一部分不服;③ 提起具体的上诉请求,是撤销原审判决、裁定,还是改变或部分改变原审的处理决定。上诉请求的提起,应具体明确,切忌模棱两可、含糊其词。

2. 上诉理由

上诉理由是为论证上诉人的上诉请求而写作的,上诉请求是否合法,有无根据,理由是否充足,关系到上诉能否成立,上一级人民法院如何审理等。这是上诉状的核心。因此,上诉人应根据法律和事实依据,针对原审的不当之处,进行有理有据的分析与反驳,从而达到全部或部分推翻原审判决、裁定的目的。但要注意的是:上诉理由的阐述,主要是针对原审的结果,而不是如起诉状那样完全针对当事人的无理之处,这是两者的根本区别。

上诉理由,一般可从这几个方面提起:① 原判认定事实不清或有误,应提起纠正或否定的事实和证据,同时如能有新的事实和证据,更能说明问题。② 原判适用法律不当,应提起准确的法律依据。违反法律或运用法律不当,都会造成案件审理失误;而在上诉状中提起问题时,应详细准确引用适用的法律条文,或与案件审理有直接关系的法律文件。③ 原判在诉讼程序上有误,应明确指出错误所在,提起纠正的法律依据,因为,原审程序违法有可能使审判结果受到影响。

上诉理由阐述清楚后,再写上“为此,特向你院提起上诉,请依法撤销(变更或重审)原判决(裁定)”等文字,使正文与尾部有机衔接起来。

(三) 尾部

尾部即上诉状的结束形式。按照我国民事诉讼法、行政诉讼法的规定,上诉状结束语要写清楚呈递书状的人民法院名称,或转送人民法院名称;具状人(上诉人、代理人)署名盖章;写清楚具状日期等。例如:

此致

××××××人民法院

具状人:×××(盖章)

××××年×月×日

上诉状如果是请律师代写的,应在具状日期之下,写明律师的姓名、职务、律师事务所名称及“代书”字样。

(四) 附项

附项即上诉状的附注部分,其内容与写法和起诉状、答辩状的附项相同。

四、民事纠纷上诉状的写作要求

(一) 认真分析,严谨构思,发现问题

上诉状的写作,是在人民法院判决、裁定之后,因当事人不服判决、裁定,要求上一级人民法院撤销原判和重新审理而提交书面请求时的行为。由于这一请求是在原案经过一审并作出判决、裁定之后提起的,而变更原判的请求比达到原先起诉书里所提起的请求,具有更大的难度,因此,在写作时,一定要认真考虑一审法院的意见、观点,详细分析一审结论得出的法律依据与事实依据何在,诉讼程序何如,是否矛盾,是否存在疏漏之处等。只有在发现问题的前提下,才能使自己的上诉请求站得住脚。

（二）针锋相对，据理驳斥

上诉状的主体内容，就是要针对一审判决、裁定的结果，对其在法律、事实或诉讼程序上的错误进行反驳，并提出自己的观点。因此，必须把上诉状写成驳论文的形式，突出其固有的针对性和反驳性。或驳斥一审判决、裁定的错误论点；或驳斥一审判决、裁定过程中所运用的错误论据；或驳斥一审判决、裁定论证时的逻辑错误。只有驳倒了对方，才能突出自己上诉理由的正确。辩驳时要摆事实，讲道理；观点要明确，说理要透彻，引用法律条文要有针对性。在反驳时还应注意语言表达的条理性和逻辑性；语言平和，准确清晰，以理服人，不要用粗俗的语言，更不能使用讥讽、侮辱或谩骂的语言。

（三）写作的时效性

上诉状必须在法定期限内写作提起，才具有法律效力。一旦超出了法定期限，上一级人民法院将不予受理，这将给上诉活动造成难以弥补的损失，所以，写作上诉状时，一定要注意其时间期限。

（四）注意事项

（1）上诉只能采用书面形式。如果当事人仅在一审判决、裁定送达时口头表示上诉而未在法定期限内递交上诉状，则视为未提出上诉。

（2）上诉是当事人享有的诉权，一审原告、被告及被判决承担责任的第三方均有权上诉。

［例文 8－3］

二审民事上诉状

上诉人： 申××（原审被告），男，1975 年 8 月 2 日生，汉族，户籍地：浙江省玉环市兴安街道××村××号，身份证号：××××××××××××××××××，联系电话：150××××6563。

被上诉人： 福建省××鞋服有限公司（原审原告），地址：福建省南安市，法定代表人：章××，联系电话：138××××7187。

上诉事由：

上诉人因不服福建省泉州市中级人民法院（2018）泉民初字第×××号民事判决，原审认定事实不清、适用法律错误，特提出上诉。

上诉请求：

一、撤销泉州市中级人民法院（2018）泉民初字第×××号民事判决中第一、第二项判决；发回重审或依法改判。

二、本案一审、二审诉讼费用由被上诉人承担。

上诉事实和理由：

一、根据双方于 2015 年 10 月 25 日签订的《年度经销合同》（以下简称合同）的约定，被上诉人诉请解除合同不符合合同约定解除的条件，其无权解除合同。

理由如下：根据该合同第七条：违约及终止条款中第一款“乙方违约，经劝阻无效，甲方将视情况，随时可以采取停止供货、终止经销合约、取消经销资格等措施”、第三款“双方中任一方终止本合同，需提前一个月通知对方”、第六款“合同解除后，乙方应在三个月之内付清所欠甲方货款”。

按照合同法相关规定，合同解除只有约定解除和法定解除两种，上述条款就是双方在合同中明确约定的协议解除合同的条件。

按照约定，即使如被上诉人所言我方屡次拖欠货款存在违约行为，被上诉人也应当按照该合同第七条第一款的约定首先必须“劝阻”，如果无效，甲方可视情况采取包括解除合同在内的相应措施。

按照合同双方约定，解除合同存在前置条件。首先必须经过劝阻，劝阻无效的，才可以采取其他措施。被上诉人一审诉讼诉状中、举证证据中并未有任何因我方拖欠货款违约后向我方主张或劝阻的书面凭证，庭审中被上诉人也未有补充证据举证。此外按照该合同第七条第三款约定，任一方终止合同，需提前一个月通知对方。结合《合同法》第九十三、第九十六条规定，即使被上诉人一审诉请能够被支持，也必须按照双方合同约定提前一个月通知我方，而目前证据中并无任何书面、口头通知证据，事实上被上诉人从来就未劝阻、通知过。退一步，即使合同约定解除，按照该合同第七条第六款，我方也只需在解除后三个月内付清所欠货款，一审判决完全违背双方合同约定的付款期限。

一审既然按照合同法第九十三条规定判决，就必须尊重合同双方当事人的意思自治，严格按照合同约定审理。

令人遗憾的是一审庭审中既没有审查查明与此有关的事实，判决中也未有对此进行任何说明，完全无视当事人双方合同中上述约定，导致一审判决认定事实不清、适用法律错误。

二、被上诉人要求我方偿还所谓欠款至起诉时绝大部分均尚未到履行期限，故无权要求我方偿还。根据我方举证的 2016 年全年发货明细、2017 年 1—6 月份发货明细及 2017 年上半年付款明细，结合被上诉人举证的对账单及对账回执（详见一审反诉证据清单证据 4、5、6，注：该组证据虽然系打印件、传真件，但每月结欠数额、本月发生额及累计结欠额等与波辉公司举证的对账单回执及明细高度一致，能够作为证据采信），2016 年底结欠额为 8 326 771.57 元（详见 2017 年 1 月对账明细），但 2017 年 1 月至 7 月我方付款合计 7 323 441.02 元。由于双方未明确付款是支付哪一期、哪一项下的欠款，以结欠先后顺序可认为是偿还上年度结欠款，那么只剩余 100 多万。我方即使拖欠货款，根据合同约定被上诉人必须先劝阻，要解除的也必须提前一个月通知，这是前置条件。在其未履行上述义务情况下无权要求解除合同偿还欠款。2017 年 1—6 月份的经销额相加的数额为 5 242 106.05 元。加上 7 月份的经销额（具体金额见对方举证的 2017 年 8 月 4 日对账单显示是 764 345.5 元），那么经销额 1—7 月份为 6 006 451.55 元，基本和对方起诉额相等。也即今年仅半年时间经营额就为 600 多万元，按照合同约定该笔欠款必须到 2017 年 12 月 31 日前付清，而被上诉人起诉时根本未到合同约定的履行期限。合同第六条第四、六款明确规定“乙方不配合对账，不及时回传对账单或寄送对账单原件给甲方，视为乙方信用缺失”，并规定我方按约对账、回传或寄送对账单，每月、每年的结欠数额即为被上诉人给予我方的信用额度。

事实上我方多年来均按此约定履行对账、回传或寄送义务，从没有违反此约定，这点能够与被上诉人多年来从未要求我方偿还欠款的事实相互印证。故被上诉人认为我方长期拖欠货款的理由不能成立，希望二审在认定本案货款偿还期限时能够结合信用额度从合同整体的角度考虑。

三、一审认定我方在合同履行期间，未经被上诉人同意擅自转让经销权给案外人，故判定依约解除合同系认定事实错误。

理由如下：2017 年 8 月 10 日该份未生效协议内容中载明，该协议中丙方陈继胜是公司法定代表人陈洪七的侄子(是亲叔侄)。事实上是被上诉人授意陈继胜与我方磋商交接事宜的,其对此是明知的(理由:在该协议中第三条第三款中提及的《对外债权统计表》,即被上诉人在向江苏盐城××法院起诉我方时举证的证据,该份证据中被上诉人代表签字人为陈金龙,结合我方一审反诉中举证的证据8中代表被上诉人签字的也是此人)。一审认定完全无视上述证据直接认定导致事实判断错误。事实上,该份协议是被上诉人以断货行为逼迫我方转让经营权,并授意案外人陈继胜接手江苏地区经销权,但是由于该协议中主要的条款未能达成一致(处于空白状态),更为重要的是被上诉人未予以盖章确认,根据该协议最后一条:本协议经甲乙丙三方签订之日起生效,故该份协议根本未产生法律上的效力。一审以此未生效协议判定我方擅自转让经销权无法律依据。相反,2017年8月15日被上诉人公司与案外人也即江苏南京地区经销商王恒斌签订了取代我方地位的年度经销合同(合同期限为2017年8月15日至2018年9月30日,经销区域完全与我方相同,且合同期也覆盖我方原来的合同期,该协议的真实性一审庭审中被上诉人已认可)。被上诉人上述行为未经我方同意,在未协商解除双方经销合同的情况下,擅自将江苏省总代理权另授权给案外人,这才是严重的违约行为。最后,退一步讲,即使认定我方擅自转让经营权,请问合同中有哪条规定了转让经营权的,被上诉人可以立即解除合同的?一审在没有合同明确约定情况下径行判决的法律依据在哪里?

四、一审严重违反法定程序,不尊重上诉人合法诉讼权利,请求二审查明:一审开庭时双方明确在庭审笔录中载明“庭后将邮寄书面代理意见至法庭,并以书面代理意见为准”(详见一审庭审记录),我方在庭后于2018年5月26日发出书面代理意见,而一审法院于2018年5月23日就直接予以判决,一审有没有尊重上诉人的诉讼权利显而易见!一审中上诉人提起反诉,按照《诉讼费用缴纳办法》第十八条:被告提起反诉、有独立请求权的第三人提出与本案有关的诉讼请求,人民法院决定合并审理的,分别减半交纳案件受理费。一审时上诉人明确指出我方提出反诉的按规定需减半收取案件受理费,但一审法院置《诉讼费用缴纳办法》不顾仍全额收取上诉人的反诉费用,真不知其用意何在?综上,上诉人强烈要求二审能够履行监督下级法院的职能,纠正一审法院上述错误做法!

据此,请求二审法院撤销原判,发回重审或对一审判决直接予以改判,支持上诉人的上诉请求。

此致

福建省高级人民法院

上诉人:申××(盖章)

20××年6月17日

附件:1. 本状副本1份。

2. 有关物证×份。

[评析] 这份上诉状结构、格式符合规定要求;上诉请求明确具体;内容上详略得当。作者是把主要的力量都放在事实与理由这部分上了,因此,不但重点突出,而且颇具特点。

首先，作者从四个方面对被上诉人和一审的错误加以综合归纳，这就等于是树立了批驳的靶子，为驳斥的展开打下了基础。

其次，诉状内容针对性极强。作者针对原判决中存在着的诸多问题，采取全面出击，逐一批驳的手法。作者对问题抓得较准，一语中的，重点突出，极有气势，先批什么，再驳什么，显得逻辑性强，层次分明。

第三，注意发挥证据的巨大作用。无论是阐述客观事实真相，还是引述有关法律条文，或是列举有关证据材料，都恰到好处；加上分析缜密有深度，使得自己的观点与论据能有机统一起来，这样就极大地发挥了证据的作用。全文注意摆事实讲道理，坚持以理服人，并进行了必要的情感抒发，富有极强的说服力和感染力。

第四，语言的运用清晰准确，无歧义产生；专用术语使用得体，解释单一明确；句式多用长句、复句，使得整篇诉状表意周密、严谨、确切。

第五节 申诉状

一、民事纠纷申诉状的概念

申诉状又叫申诉书或再审申请书，是民事诉讼当事人、法定代理人对已经发生法律效力的判决、裁定，认为确有错误而不服，向原审人民法院或其上一级人民法院提起要求再审的书面请求。

根据我国有关法律的规定：诉讼当事人、法定代理人对已经发生法律效力的判决、裁定，认为确有错误的，可以向原审人民法院或其上一级人民法院申诉，但是不停止判决、裁定的执行。申诉是我国法律赋予公民的一项政治民主权利，是对审判机关行使民事审判权的一种监督形式。但诉讼当事人、法定代理人的申诉，只能给人民法院提供说明原审确有错误的信息。是否能提起再审程序，则需有提起再审程序权力的人民法院或其他工作人员审查案情后确定。

申诉状与上诉状的主要区别在于：上诉状是对未发生法律效力的判决、裁定不服而提起的书状，有上诉的期限；而申诉状是对已经发生法律效力的判决、裁定，认为确有错误而提起的书状，一般不受时间限制。

二、民事纠纷申诉状的特征和功能

（一）民事纠纷申诉状的特征

民事纠纷申诉状的写作及提起者必须是诉讼案件的当事人、法定代理人，或者是与诉讼案件利益直接有关的其他公民。

民事纠纷申诉状写作、提起的对象，必须是原审人民法院或其上一级人民法院。

民事纠纷申诉状写作、提起的前提，必须是诉讼当事人、法定代理人等认为已经发生法律效力的判决、裁定确有错误，或是发现与本案有关的新的事实证据，能够说明原判决、裁定确有错误。

（二）民事纠纷申诉状的功能

申诉行为及申诉状的写作，是对审判机关行使民事审判权的一种监督形式。它的使用，不属于民事审判程序，而是为审判监督程序的提起与否，提供事实方面的信息。故而申诉状只能被视为决定是否引起审判监督程序的主要参考材料，可能由此引起这一程序的发生，也可能不会引起这一程序的发生。如果受理申诉的人民法院认为原审确有错误，那么，再审程序就会开启；否则，则不会。它体现的是有法必依，违法必究，有错必纠的原则，能最大限度地减少冤假错案。较之于上诉状递交后即可引起二审判决程序的发生是显然不同的。

申诉状是我国宪法和民事诉讼法赋予公民一项政治民主权利的具体表现。在我国社会主义制度下，全体公民的合法权益都受法律的承认和保护，公民在法律面前人人平等。所以，诉讼当事人、法定代理人，或者是与诉讼案件利益直接有关的其他公民，一旦认为已经发生法律效力的判决、裁定有误时，就可以依法申诉，要求再审，以达到维护自己合法权益的目的。

三、民事纠纷申诉状的结构与内容

民事纠纷申诉状的写作并无严格的规定，但在具体的司法实践中，申诉状一般也按首部、正文、尾部和附项的结构来书写。

（一）首部

首部包括文书名称，申诉人的基本情况和申诉事由等。

1. 文书名称

文书名称即标题，应在文书首页上部的正中写上“民事（经济）纠纷申诉状”或“行政申诉状”。

2. 申诉人的基本情况

申诉人应当是诉讼案件的当事人、法定代理人，或者是与诉讼案件利益直接有关的其他公民；申诉人的基本情况包括：姓名、性别、年龄、民族、籍贯、职业、工作单位和住址等；申诉人是法人或其他组织的，应写明其名称、地址和法定代表人的姓名、职务等。申诉人有委托代理人的，应写明代理人姓名、性别、年龄、民族、籍贯、职业、工作单位和住址，以及与被代理人的关系。如委托律师担任代理人，则只写律师姓名和所在的律师事务所或法律顾问处的名称。

3. 申诉事由

申诉状应写明申诉人对哪个人民法院的什么判决（裁定）不服而提起申诉。其表述形式为：“申诉人因×××（原告或上诉人姓名）诉×××（被告或被上诉人姓名）××（案由）一案，对××××人民法院（年度）民字第×号民事判决（裁定）不服，现提起申诉。”

（二）正文

正文包括申诉事实、理由与申诉请求等。

（1）申诉事实、理由。这是民事纠纷申诉状的核心部分，也是能够引起审判监督程序的重要依据。在具体写法上，应该首先简述案件发生、发展的客观情况，全面地说明民事或行政纠纷争执的情况，重点叙述双方当事人在权利义务实体方面的分歧焦点。其次要简述第一审判结束后所认定的事实根据和判决、裁定的内容。如果案件经过二审程序审理，还应简述二审法院审判结果。申诉理由的阐述,则是先要明确指出原审判的错误所在,或是不符合审理程序,或是认定事实不准确,或是主要证据不确凿,或是发现了与本案有关的新的事实和理由;总之,要提出足以证明原判确有错误的事实、理由和法律依据。然后再准确引用法律条文和有关政策规定,对其进行分析,充分论证申诉的理由。

(2) 申诉请求。即申诉所要达到的目的要求。应当具体写清楚申诉人要求人民法院再审,启动审判监督程序的申诉请求。比如要求人民法院予以解决什么问题,对原判结果给予怎样的变更处理等。

(三) 尾部

尾部即申诉状的结束形式。按照我国民事诉讼法、行政诉讼法的规定,申诉状结束语要写清楚呈递书状的人民法院名称;具状人(申诉人、代理人或与诉讼案件利益直接有关的其他公民)署名盖章;写清楚具状日期等。例如:

此致

××人民法院

具状人:×××(盖章)

××××年×月×日

申诉状如果是请律师代写的,应在具状日期之下,写明律师的姓名、职务、律师事务所名称及“代书”字样。

(四) 附项

附项即申诉状的附注部分,应写明申诉状副本份数,物证、书证的件数,证明人姓名、住址等;同时应附上第一、二审判决书、裁定书,调解协议的原件或复印件。

四、民事纠纷申诉状的写作要求

(一) 对原审判定结果要有准确的判断

申诉状是在认定已经发生法律效力的判决、裁定有错而不服的情况下才来进行写作的,因此,对原审判定结果的判断准确与否,将是申诉状是否写作及申诉能否成立的关键。这既是申诉状写作的出发点,又是最后的落脚点。只有准确判断原审判定结果有错,才能写作申诉状提起申诉;如果看不出原审判定结果有什么具体错误,而只是感情用事地提起申诉,那么这种申诉是注定要失败的。

(二) 法律和事实是申诉状写作的重中之重

民事纠纷申诉状只有写得事实准确、理由充分,能够说明原判确有错误,才能帮助有权提起审判监督程序的机关或其工作人员提起再审,从而达到申诉的目的。因此,对法律条文的准确引用,进行合乎逻辑的分析判断,摆出客观真实的事实和铁证如山的充足证据,将是申诉状写作的重中之重。

具体来说,就是于事实上求全,即所申诉的事实应是全面的,不仅要主要事实俱全,次要事实也应列出,以使受理法院对案情事实有全面的了解。于事实上求实,即要实事求是,例如,原裁判认定恰当之处,应承认其恰当而不应反驳;原裁判事实确实不恰当的,也应用事实证据来说话,应将与申诉事实相关的各项证据明确列出,具体说明。于事实上求准,即所申诉的事实在内容和文字上准确无误。还应说明法律适用情况:一是如果原裁判适用法律不当,应在申诉状中阐明正确适用法律以及应当援引的法律条、款、项;二是如果原裁判严重违反诉讼程序，也应在申诉状中阐明正确执行诉讼程序的意见。

只有以法律和事实作为衡量案情是非曲直的标准，司法机关才会受理申诉人的申诉，进一步去研究案情，申诉人也才会有申诉获胜的可能。

［例文 8-4］

工伤民事裁决申诉状

申诉人（一审原告、二审上诉人）：钱××，男，1974 年 10 月 22 日生，汉族，住址：上海市松江区××镇××村。

法定代理人：刘××，女，系申诉人配偶，联系电话：138××××3427。

委托代理人：焦××，上海君拓律师事务所律师，联系电话：139××××3573。

被申诉人：上海××物流有限公司，法人代表：白××，联系电话：139××××6668，地址：上海市徐汇区××一路 138 号，邮编：200030。

申诉事由：

申诉人因不服上海市徐汇区人民法院（2017）徐民一（民）初字第 4507 号《民事判决书》和上海市第一中级人民法院（2018）沪一中民一（民）终字第 1196 号《民事判决书》，特提出申诉。

申诉请求：

请求贵院依法对徐汇区人民法院（2017）徐民一（民）初字第 4507 号《民事判决书》和上海市第一中级人民法院（2018）沪一中民一（民）终字第 1196 号《民事判决书》提起再审。

申诉的事实和理由：

申诉人认为一审、二审法院在认定事实和适用法律上存在下列错误：

一、申诉人伤残是由工伤事故造成的，并且至今没有治愈，所以被申诉人应该支付伤残津贴以及因为治疗发生的医疗费。理由是：

2014 年 2 月 27 日申诉人发生工伤事故后，于 2014 年 10 月 22 日被徐汇劳动能力鉴定委员会鉴定为工伤，2015 年 6 月 19 日伤残鉴定结论出来为“因工致残程度六级”，但是在随后的法院一审、二审中都认定申诉人“工伤已治愈”，并且不支持申诉人的诉讼请求，于是申诉人再次申请伤残鉴定，2017 年 9 月 9 日鉴定结果为“因工致残程度六级”，而且两次工伤鉴定都是依据《职工工伤与职业病致残程度鉴定标准》分级系列第六级第二条即“精神病性症状影响职业劳动能力者”。两次鉴定结果再一次说明申诉人自 2014 年工伤后一直处于残疾状态并且始终没有治愈。

与此同时，2016 年 11 月 9 日上海市精神卫生中心《司法精神医学鉴定书》鉴定结论为“鉴定诊断：抑郁症。关于诉讼行为能力的评定：被鉴定人钱××目前无诉讼行为能力。”该诊断亦能证明申诉人自工伤以后一直没有治愈。

二、一审判决以“体检结果正常，于 5 月 29 日回某物流公司上班”为由，认定“工伤医疗期应视为终结，享受 5 月 28 日后的工伤津贴没有依据”是错误的。理由是：

1. 体检的结果不能证明申诉人已经治愈。申诉人是由吸入大量煤气，脑部供氧不足造成的脑器官的损伤。新华医院诊断意见为“复查脑电图正常，心电图正常，体检神清”，申诉人认为脑器官的损害和残疾是无法通过脑电图、心电图的简单检查能够确认的。而且“体检神清”也不足以认定申诉人的精神状态是正常的，这一点上海市精神卫生中心的《司法精神医学鉴定书》的认定就是最明显的证据。该《鉴定书》第二页也说申诉人“意识清”,但是结果仍然认定申诉人患抑郁症、无诉讼行为能力。试想在这种情况下开车,怎么能够不出车祸呢?由此可见新华医院的诊断只是针对申诉人的伤情,而不是残疾,申诉人的脑部残疾始终没有治愈。

2. 那么第二点“回某物流公司上班”就更不能证明申诉人已经治愈了。在第一次工伤事故以后,申诉人已经呈现出“精神病性症状”,记忆力减退、反应迟钝,这些从申诉人的同事对申诉人“变成憨大”的戏称就能说明。看到申诉人出院以后,被申诉人就要求申诉人马上上班继续出车,申诉人的妻子下岗多年,孩子上高中,申诉人不得已只能继续上班。一审法院以此认定申诉人已经病愈是毫无根据的。

3. 一审法院认定事实的前后矛盾还体现在,既然要以医院的证明认定病愈,那就应该是5月20日,而判决却是以5月28日为认定治愈的时间,那就是以上班作为认定治愈的依据,这本身就是前后矛盾的。

4. 申诉人2014年6月12日再次因工发生的交通事故是第一次事故伤残未愈而直接造成的。申诉人2008年进入被申诉人公司后经常出车,从没有发生交通事故,但是第一次煤气中毒事故以后,5月28日重新上班,6月12日就发生交通事故,也说明申诉人根本就没有治愈,并一直处于“精神病性症状”,也正是基于此原因被申诉人才停止叫申诉人出车的。

三、二审法院以“工伤鉴定的日期在煤气中毒与车祸后”“不能认定该伤残是何种事故造成的”,认定“工伤医疗期至2014年5月28日”,申诉人认为这种认定是毫无道理的。理由是:

首先2014年6月12日的交通事故根本没有对申诉人造成伤害,更不会造成申诉人六级的伤残,申诉人的伤残完全是由2月27日的煤气泄漏事故造成的。两次工伤鉴定依据的都是《职工工伤与职业病致残程度鉴定标准》分级系列第六级第二条即“精神病性症状影响职业劳动能力者”,申诉人2014年6月12日发生的交通事故是不可能导致申诉人“精神病性症状”的。因此申诉人认为二审法院在审理时根本就没有查明申诉人是何种类型的六级伤残。

退一步讲,不管是哪个事故造成的,都是工伤事故,既然是工伤事故致残就应该享受伤残待遇,包括医疗费、伤残津贴等,这是申诉人应得的合法权益。如果是第一次事故造成的六级伤残,2015年与2017年的伤残鉴定也足以证明伤残未愈,如果是2014年6月12日的事故造成的,那被申诉人更应该支付医疗费和伤残津贴。更何况伤残是由哪起事故造成的这本身就是二审法院应该首先查明而且很容易查明的事实,而二审法院就以简单的一句“不能认定该伤残是何种事故造成的”就剥夺了一位工伤致残程度六级的工人受法律保护的权利。

其次,申诉人认为“哪次工伤事故造成的”与“医疗期”之间没有直接的必然的因果关系。只要没有治愈,申诉人就需要医疗费,就需要伤残津贴,跟哪次事故造成的没有任何关系。申诉人主张并且所有证据和材料都显示伤残是由第一次事故造成的,二审法院对该事实没有调查,但是即便如此,法院也应该支持上诉人的诉讼请求。因为申诉人经过工伤事故以后,申诉人处于工伤致残六级的状态,并且一直持续,一直需要治疗,申诉人认为依此要求伤残津贴和医疗费以及其他损失完全有法律依据。

四、申诉人现在非常困难,希望法院本着对当事人负责任的态度,查清事实,保护申诉人的合法权益。

申诉人现在伤残情况日益严重，需要专人护理，而且每月要支付大量的医疗费用，申诉人的妻子已退休，退休工资非常低，儿子仍然在校就读，生活状况非常艰难，现在被申诉人连基本的医疗费都不支付，所以申诉人只有依靠法律来讨回自己应该享有的权利。

综上所述，希望贵院收到本申诉书后能够给予充分的重视，认真调查核实，依法对原审判决提起再审，保护申诉人的合法权益。

此致

上海市高级人民法院

申诉人：钱××(盖章)

法定代理人：刘××(盖章)

2018 年 10 月 23 日

附件：1. 本状副本 2 份。

2. 上海市徐汇区人民法院(2017)徐民一(民)初字第 4507 号《民事判决书》和上海市第一中级人民法院(2018)沪一中民一(民)终字第 1196 号《民事判决书》各一份。

[评析] 申诉状的写作，除结构要求规范外，在内容上要求有很强的针对性。这份申诉状，是申诉人于一审、二审都已结束的情况下写作提交的，其写作的难度是相当大的，但申诉人知难而上。在结构上符合申诉状写作的规范要求，在内容上则是重点突出事实真相，用事实来说话，其叙述清晰，很有层次，针对性很强。它主要是针对原审法院在审理此案所存在的问题：即没有经过仔细的调查研究，认定事实不准，适用法律不当的情况下，就作出判决的错误，客观、冷静地叙述事实真相，阐明应该正确使用法律条文的看法，指明一审、二审适用法律不当的错误，并依据相关法律条款、原有证据和新的证据进行申诉，显得有根有据，入情入理合法，其理由与请求目的之间的内在逻辑联系很强。此外，语言较为准确清楚，语气也平和中肯。

第六节　仲裁申请书

一、民事纠纷仲裁申请书的概念

民事纠纷仲裁申请书属于民事仲裁文书中的一种。民事仲裁文书，是指平等主体的个人、法人和其他组织之间发生劳动、合同或其他财产权益等民事纠纷时，提请仲裁机构仲裁而使用的应用文书，主要有民事纠纷仲裁协议书、民事纠纷仲裁申请书、民事纠纷仲裁答辩书等；还指仲裁机构依据我国《仲裁法》所规定的仲裁程序规则，在仲裁劳动、合同或其他财产权益等民事纠纷时所使用的应用文书，主要有仲裁决定书、仲裁保全提请书、仲裁调解书、仲裁裁定书等。

而民事纠纷仲裁申请书，是指发生劳动、合同或其他财产权益等民事纠纷的某一方当事人,为了维护自己的合法正当权益,根据双方事前或事后达成的仲裁协议,向有管辖权的仲裁机构提交的申请仲裁解决纠纷的书面请求。

我国《仲裁法》第二十二条规定:"当事人申请仲裁,应当向仲裁委员会递交仲裁协议、仲裁申请书及副本。"这是写作仲裁申请书的法律依据。

二、民事纠纷仲裁申请书的特征和功能

(一)民事纠纷仲裁申请书的特征

民事纠纷仲裁申请书的写作及提起者必须是民事纠纷的当事人或法定代理人。

民事纠纷仲裁申请书写作的前提是双方当事人必须事前或事后自愿立下有仲裁协议的约定,然后其中某一方即可写作并提交,而仲裁机构也就可以受理、审理并作出公断。

民事纠纷仲裁申请书的受理机构必须是双方当事人之一所在地的有管辖权的仲裁委员会,而不能直接将民事纠纷仲裁申请书提交法院审理,只有在对仲裁结果不服时才可以提交法院审理。

(二)民事纠纷仲裁申请书的功能

仲裁是法制社会中解决民事纠纷的重要途径之一,而提交仲裁申请书则是直接引起仲裁程序的先决条件。但申请仲裁必须符合法定的条件:要有仲裁协议;要有具体的仲裁请求和事实、理由;要属于该仲裁委员会的受理范围。一方当事人所提交的仲裁申请书符合上述条件,即可引起仲裁程序的发生。因此,民事纠纷仲裁申请书为仲裁机构审理争议案件、进行审理并作出裁决提供了必要的基础和前提。这是仲裁申请书的主要功能。

因为仲裁申请是根据双方当事人协商订立的仲裁协议而提出来的,所以无论哪一方当事人提出仲裁申请,其仲裁申请书都体现出了双方法律地位平等的法制原则。因此,一方当事人有权提出仲裁申请,而被申请的一方当事人则可以针对申请人的请求和事实、理由进行答辩,还有权对申请人提出反请求。民事纠纷仲裁申请书既是申请人依法提起仲裁的书面依据和手段,同时又是被申请人需要答辩时依法向仲裁机构提交仲裁答辩的基础和根据。

三、民事纠纷仲裁申请书的结构和内容

根据《仲裁法》第二十三条规定,仲裁申请书应该载明下列事项:当事人姓名、性别、年龄、职业、工作单位和住所,法人或者其他组织的名称、住所和法定代表人或者主要负责人的姓名、职务;仲裁请求和所根据的事实、理由;证据和证据来源、证人姓名和住所。因此,民事纠纷仲裁申请书的结构一般由首部、正文、尾部和附项组成,各部分有其特定的内容。

(一)首部

首部包括文书名称、当事人的基本情况和案由三个项目内容。

1. 文书名称

文书名称即标题,由事由、文种两项构成。在文书首页上部的正中写上"××仲裁申请书"。注意不能省略"仲裁"二字,以免与其他申请书混淆。

2. 当事人基本情况

一般分为申请人和被申请人两个部分来依次写明双方的各项有关情况。申请人如是自然人,需依次写明其姓名、性别、年龄、民族、籍贯、职业、工作单位、住址等内容。申请人如是法人或其他组织的,则应写明组织的全称、所在地址,另起一行写明法定代表人或主要负责

人的姓名、职务、住址、电话。申请人委托代理人的，再另起一行写明其姓名、工作单位、职务、住址、电话。被申请人有关情况，除称谓外，其余内容应与申请人所写明情况相同。如当事人系外国人、无国籍者或外国企业、其他组织的，应在中文之后加注外文。

3. 案由

案由即该案件的内容提要，写作要规范简明，应提纲挈领地写明民事纠纷的实质，例如"财产保险理赔纠纷""购销钢材合同拖欠货款纠纷"等。必要时，还应将合同签订的时间、编号、内容等写清楚。此项目的设立，目的在于使人对案件的性质、类别一目了然。但注意不能把案由和仲裁请求弄混淆。

（二）正文

1. 仲裁请求

仲裁请求是指申请人请求仲裁机构裁决的具体事项，也就是申请人希望通过仲裁后所要达到的目的，如是要求解除合同，还是支付违约金，或是归还所占财产等。这项内容要写得具体明确、合法合理。如果此项内容较多时，还应该分项列明。

2. 事实和理由

事实和理由是正文部分的核心内容所在，也是仲裁请求能否得以实现的前提和基础，应该着力写好。在具体写作上，一是叙述事实，二是阐述理由。叙述事实应该按照一定的逻辑顺序，把发生纠纷的时间、地点、原因、经过、矛盾的焦点、造成的后果等，逐一交代清楚，分清双方是非责任。然后再紧扣相关的法律、法规条文来阐述理由，依据事实来提出请求，最后作出被申请人应当承担相应的法律责任的结论。此部分写作，遵循的原则就是"摆事实，讲道理"。因为只有事实根据真实、充分，才能在此基础上讲出足以使人折服的道理，而紧扣相关的法律、法规，且所引法律、法规准确无误，才能显示出强硬的力度，所申请的请求才有可能得到满足。

3. 证据与证据来源、证人姓名和住址

证据与证据来源、证人姓名和住址这一部分的写作是为了强调申请人的举证责任。因为，证据是整个案件事实存在的根据，也是申请人论述理由，提出请求的依据，其重要性是显而易见的。在法制的社会里，提出仲裁申请是法律赋予当事人的权利，既然有权主张，当然就有责举证，这既是权责同存的具体表现，也是请求主张得以实现的必备条件。

举证时应当按照类别不同来分项，将证据的名称、来源、份数，有关证人的姓名、职业或工作单位和职务、住址等分别列出，以便案件受理后进行调查核实。

这一部分的写作有两种处理方法：一是在叙述事实的过程中，一边叙述情况一边列举证据，这适用于性质较为简单的案件；二是在叙述完事实和理由之后，再集中列举证据，这适用于性质较为复杂、不宜在叙述文字中夹叙的案件。两者相比较，集中列举证据的效果更好一些。因为这既可以提醒申请人不要忘记了举证责任，又便于受理案件的仲裁机构进行审查。

（三）尾部

尾部是仲裁申请书的结束形式，包括呈送机关名称、署名签章和成文日期等内容。应依次一一写明。在具体写法上，应在正文结束后，另起一行以"此致""××××仲裁委员会"的形式写明呈送机关名称；然后于正文右下方签署申请人（法定代表人或主要负责人）姓名，盖章，并于下一行写上提交申请书的日期。具体形式如下：

此致

××××××××仲裁委员会

申请人：×××（盖章）

××××年××月××日

仲裁申请书如果是由律师或其他公民代书写的，应在申请书的成文日期下写明律师或其他公民的姓名、职务、律师事务所（公民工作单位）及“代书”字样。

（四）附项

附项即仲裁申请书的附注部分，一般应写明与仲裁申请有关的事项，如仲裁申请书副本份数，物证、证书的件数，证明人姓名、住址等。如有不宜随申请书提交的物证等，应注明存放处。如果申请人住址不在受理案件的仲裁机构所在地的，为便于联系，可于附项的最后处写明自己的邮政编码、电话号码、邮箱等。具体写作形式是：

附：1. 仲裁申请书副本×份。

2. 物证×件。

3. 证书×件。

4. 证人：×××，住址：×××××××。

四、民事纠纷仲裁申请书的写作要求

（一）要注意《仲裁法》相关条款所作出的硬性规定

一是注意仲裁申请书的提交时间。提交仲裁申请书必须是在《仲裁法》所规定的仲裁有效期限内进行，如超过有效期限，仲裁机构是不会受理的。二是注意仲裁的使用范围。申请仲裁的事项，应当是属于《仲裁法》所规定的、可以由仲裁机构来受理的范围之内的事项。而婚姻、收养监护、抚养、继承等民事纠纷，以及依法应当由行政机关处理的行政争议等，不能仲裁解决。

（二）要注意附项中附件的完备，并能及时提交

向有管辖权的仲裁机构提交仲裁申请书，必须附交仲裁协议书，或者有仲裁协议条款的合同书。因为，只有先就仲裁问题与对方当事人达成书面协议，才能够写作仲裁申请书，前者是后者的必备条件，否则，仲裁机构依法是不会受理的。

（三）要注意申诉事实的真实充分，明确清晰

申诉事实是申请人提出仲裁请求的基础和根据，也是申请人提请仲裁的最终目的能否得以实现的关键因素。因此，对双方发生争议的事实经过必须客观地具体叙述，事实要明确清晰，证据要充分确定。在写作时要注意重点写明双方争议的由来、发生经过、双方权益争议的焦点，以突出主要矛盾之所在，以便引起仲裁机构受理时的关注。

（四）要注意法律、法规条文引用的准确恰当，申请理由的合理合法

在具体写作过程中，要准确恰当地援引相关的法律、法规条款，紧扣相关的法律、法规条款来阐述申请理由；而且在引用的法律、法规时，一定要写明具体的条款、项目，不能笼统地写为“根据有关法律规定……”之类的话。而申请理由的提出，必须以事实为依据，即每一个理由的提出，都必须能够在前面所叙述的事实部分里找到充分的依据。要做到事实与理由必须前后对照，联系紧密；推论判断，恰如其分；以使仲裁请求理由的合理合法。

（五）要注意仲裁请求的合情合理，语言表述的准确、简洁、得体

仲裁申请书写作所要达到的最终目的，就是要实现其所提出来的仲裁请求。而仲裁请求能否实现，与其所提出来的请求程度有着密切的联系。因此，仲裁请求程度的定量，要经过一个科学的推算，要合情合理，要能为对方所接受，而不能狮子大开口，漫天要价，这不利于问题的解决。要注意语言表述的准确、简洁，不能使用模棱两可的模糊性语言或易产生歧义的语言。而且语言的使用应平缓，措辞讲究分寸、得体，不宜使用过激的语言。

［例文 8-5］

仲裁申请书

申请人：王××，男，汉族，1986 年 11 月 15 日生，身份证号：××××××××××××××××××，住址：湖北省孝感市××大道 35 号，联系电话：152××××7177。

代理人：刘××，金××，武汉维正律师事务所律师。138××××7086。

被申请人：武汉××通信有限公司，地址：武汉市东湖开发区关山二路。

法定代表人：程××，职务：总经理，住址：武汉市光谷一路××号，联系电话：139××××3353。

案由：劳动合同解约赔偿争议。

一、仲裁请求

1. 请求确认被申请人与申请人之间的劳动合同关系已解除；
2. 裁决被申请人向申请人支付解除合同经济补偿金 6 291 元；
3. 裁决被申请人向申请人支付所欠工资和各项补贴 18 600 元；
4. 裁判被申请人支付赔偿金 9 480 元；
5. 裁决被申请人向申请人支付申请人加班费 1 060 元（2018 年 4 月份加班费）；
6. 裁判被申请人根据合同约定向申请人按比例发放年绩效工资 6 066.67 元；
7. 裁判被申请人根据合同向申请人按比例发放第 13 个月工资 5 430 元；
8. 裁判被申请人为申请人补缴 2017 年 12 月 25 日至 2018 年 9 月份社会保险费；
9. 裁判被申请人承担申请人的律师代理费 2 000 元。

二、事实与理由

2017 年 12 月 25 日申请人到被申请人处正式工作，并于同日与被申请人签订了固定期限的《劳动合同》一份，双方在合同中明确约定：合同期限为 2017 年 12 月 25 日起至 2020 年 12 月 24 日止，其中约定试用期为 3 个月；工作内容为工程师；被申请人支付申请人工资报酬为年薪 64 500 元，支付方式：年薪中的 80%约定为年基本工资，共计 51 600 元，按 13 个月发放，第 13 个工资参照当年业绩评定进行发放，约定月度基本工资为 3 970 元，试用期工资为每月 3 000 元，年薪中的 20%约定为年绩效工资，共计 12 900 元，在财年度发放；《劳动合同》还对其他事项进行了具体约定。合同签订后，由于申请人工作表现出色，被申请人于 2008 年 1 月 5 日将其提前转为正式工并提升为用服部经理。

申请人在被申请人处努力工作，但被申请人自申请人用工之日至今一直未予办理社会保险。且自 2018 年 5 月份起也未向申请人足额发放工作及支付福利待遇（每月 300 元交通及午餐补助、400 元的电脑补助）；更为让人气愤的是被申请人未与申请人协商一致，于 2018 年 6 月 25 日擅自变更了申请人的工作岗位。

综上所述，申请人认为被申请人的行为严重违反《劳动法》《劳动合同法》及相关法律法规，为维护申请人的正当权益，特向劳动仲裁委员会提出申请，请求支持申请人的请求！

此致

武汉市东湖高新技术开发区劳动仲裁委员会

申请人：王××(盖章)

20××年 11 月 27 日

附件：1.《劳动争议仲裁申请书》副本 2 份。

2.《证据清单》1 份。

[评析] 该仲裁申请书结构完整，较为严谨，相关信息齐全。仲裁请求明确、具体。全文内容安排紧凑，条理清晰。事实经过叙述清楚、简洁，援引相关的法律条款恰当、有力，显得根据充分，索赔理由充足。语言准确流畅。

思考与训练

1. 什么是民事纠纷起诉状？它有何特征？

2. 下面一段文字摘自一份民事纠纷起诉状里的“事实与理由”部分，请你据此写出这份民事纠纷起诉状的“请求事项”。

2018 年 4 月 20 日，原告经发包方同意，与第三人签订《土地承包经营权流转合同》，将第三人承包的土地委托给原告代为承包经营，2019 年被告无视原告作为该地块合法承包经营者之事实，以无端理由强占原告之承包地，将碎石等杂物堆放在承包地上，妨碍了原告对土地的经营使用权，侵害原告对物权的行使。经原告多次交涉，被告置之不理，并继续无理侵占该诉争土地，又经村、镇相关部门和组织调解，被告态度恶劣，拒不执行。

3. 怎样理解民事纠纷答辩状写作中“答辩”的准确含义？为何应是“答辩”，而不是“诡辩”，更不是“狡辩”？

4. 试分析民事纠纷起诉状与民事纠纷上诉状的异同。

5. 民事纠纷申诉状有何写作要求？

6. 仲裁申请书的写作应该注意哪些事项？

第九章　毕 业 论 文

撰写毕业论文，是每个大学生应当完成的一门必修课程，同时也是高等院校授予毕业生相应学位的一项重要考核条件。传授毕业论文的撰写方法，是高等院校不可或缺的一个基本教学环节。那么，毕业论文到底是一种怎样的文章，它又该如何撰写呢？本章主要介绍这方面的内容。

第一节　毕业论文的性质与特点

一、毕业论文的性质

毕业论文是高等院校毕业生提交的一篇有一定学术价值的文章。它是检验大学生掌握知识的程度，展示大学生分析、解决问题基本能力的一份综合答卷，是大学生完成学业的标志性作业，是大学生从事科学研究的尝试，是大学生在导师指导下所取得的科研成果的文字记录。

从文体上看，毕业论文属于议论文之列。议论文是包括政论、文论、杂论在内的一切证明事理的文章，它运用说理、评论、辩驳或疏证的方法，以达到明辨是非、解除疑惑、驳斥谬误、发展新知等目的。就其内容来讲，毕业论文属于议论文中学术论文之列。它或为解决学科中的某一问题而作，或提出学科中的某一问题，指明进一步探讨的方向，是在实验性、理论性或观测性上获得科学研究成果或创新见解与知识的科学记录。

二、毕业论文的特点

毕业论文虽属学术论文中的一种，具有学术论文的理论性、创新性等一般特征，但和学术论文相比，它又有自己的特点，主要表现在以下两个方面：

（一）学术训练的初步性

与专业科研人员撰写的学术论文相比，毕业论文，尤其是本科毕业论文属于作者进行初步科研尝试的作品。多数大学生由于受知识水平、研究能力、社会阅历等因素的限制，无法写出成熟的学术文章。毕业论文只是大学生进行学术探索的开始。通过毕业论文的撰写，学生可以了解学术成果写作的基本程序，为以后进行深入的专业学习和研究打下良好的基础。

（二）写作过程的受指导性

毕业论文是学生在导师的指导下完成的科研成果。大学生因为受各方面条件限制，无法独立完成毕业论文，所以，毕业论文的写作离不开导师的指导和帮助。导师要对学生进行某一领域科研规律、论文撰写规律的指导；在写作过程中，导师要帮助学生确定选题，指定参考文献，帮助学生形成写作思路，指导学生修改初稿，解答学生写作过程中的疑难问题等。所以，导师的指导是学生完成毕业论文的重要条件。

第二节　毕业论文的写作过程

毕业论文写作的基本环节包括选题的确定，文献材料的收集、整理与分类，文献综述与开题报告的撰写，论文的结构安排与书面表达，论文的修改等。

一、毕业论文的选题

毕业论文的选题，就是确定论文撰写过程中所要研究的对象和所要解决的问题。

选题是实现毕业论文写作目的、保证毕业论文质量的关键环节。爱因斯坦说过，在科学面前，“提出问题往往比解决问题更重要”。我国著名哲学家张世英也曾指出：“能提出像样的问题，不是一件容易的事，却是一件很重要的事。说它不容易，是因为提问本身就需要研究；一个不研究某一行道的人，不可能提出某一行道的问题。也正因为要经过一个研究过程才能提出像样的问题，所以我们也可以说，问题提得像样了，这篇论文的内容和价值也就很有几分了。这就是选题的重要之所在。”可见，提出问题是解决问题的前提，问题提得不正确或提得不恰当，不只会影响论文的写作，更会影响论文的质量。好的选题是毕业论文写作成功的先决条件。

（一）毕业论文的选题原则

毕业论文的选题原则，就是大学毕业生选择研究对象和问题时所要遵循的指导性标准。总的来讲，主要有如下几点。

1. 专业性原则

大学是培养各类专门人才的阵地，出于人才培养专业化的需要，也出于检验专业知识、训练学术能力的需要，毕业论文的选题都要求在本专业或与本专业相关的领域，而且就绝大多数大学生的知识结构来说，对本专业或与本专业相关领域的研究，也更容易了解和把握问题的实质。因此，研究专业问题，体现专业特点，这是毕业论文选题的首要原则。

2. 价值性原则

所谓价值性原则是指确定某个论题时，首先要看它有没有价值。一般而言，论文的价值可从理论价值与实用价值两方面进行衡量。理论价值是指在揭示社会现象、自然现象和历史规律的本质特性方面，在完善和发展已知认识、预见未知认识方面，尤其是对前沿理论问题的探索方面有独到见解的理论成果。实用价值是指有关的研究可以解决实际生活中一些现实问题，或者可以转化为现实生产力。

3. 创新性原则

创新是指论文立意要新，道人之所未道，"发人之所未发"，或"发人之所已发，而意犹未尽也"——虽有人言说，但仍有可商榷、可完善之处，作者则延伸旧论，勇创新说。初学论文写作者可从以下几个方面去追求创新：一是寻求新材料，指作者要尽量寻找前人没有探索过的新领域，没有接触过的新材料，尤其是第一手材料等；二是提出新观点，指作者在前人成果的基础上做进一步的研究，有新的发现或提出新的看法，形成一家之言；三是确立新角度，指作者可对已有的材料和观点，换一个角度、换一种方法去重新加以思考、概括和表述，从而产生新的看法和见解。

4. 可行性原则

可行性是指选题的方向、大小、难易都应与自己的知识积累、分析问题和解决问题的能力、写作经验等相适应，也就是人们通常所说的要知己知彼，量力而行。

所谓"知己"，首先，要充分客观地分析和估计自己的知识储备情况和分析、解决问题的能力。其次，要充分考虑自己的专业特长和兴趣爱好。选题时尽可能选择那些能发挥自己特长、学有所得、学有所感的题材，兴趣越浓厚，研究的欲望就越强烈，内在的动力和写作情绪就越高，成功的可能性就越大。所谓"知彼"，一是要考虑到是否有充足的材料或材料来源。材料是论文写作的基础，没有材料或材料不足就难写论文，即使勉强写了，也缺乏说服力。二是要了解所选课题的研究动态和研究成果，掌握目前此领域的最新研究情况，以避免盲目性和无效劳动。要注意从已有的研究成果中寻找薄弱环节，即他人研究中存在的疑点、漏洞或不足。这些疑点、漏洞和不足之处，往往就是学术选题的所在，以此为研究的突破口，在理论上修正、补充或丰富已有的结论，容易有大的收获。

量力而行是指选题要适中。一是指选题难度要适中。如果难度过大，一旦贸然动笔，可能会难以为继，半途而废，徒然耗费时间和精力；但如果选题过易，写作简单，既反映不出自己的真实水平，也达不到通过撰写论文锻炼、提高自己的目的。二是选题大小要适度。一般说来，宜小不宜大，宜实不宜空，宜窄不宜宽。题目过大、过空，不切实际，写出的论文就难免无法深入，终致泛泛而谈，空洞乏味。选择小题目，有两种方式可供参考：一是直接选小论题，二是在大论题中选定小的论证角度。一般说来，论题越小越具体，就越容易驾驭和把握，越容易写得厚实深入。

（二）确定毕业论文选题的方法

毕业论文有多种选题方法，大家可以从所学的某个知识点中选择自己感兴趣的问题进行研究，也可从当前热门话题及新的交叉学科中选择论题，还可从日常思考所得中确立研究的题目，除此之外，下面两种方法也值得大家借鉴。

1. 浏览捕捉法

浏览捕捉法是通过对已收集到的文献材料进行快速大量的阅读，在比较中来确定论文选题的方法。浏览，一般是在材料收集达到一定数量时，集中一段时间专心致志地对材料进行全面的阅读。浏览的目的是在咀嚼消化已有材料的过程中，提出问题，确立自己的研究方向。这就需要对收集到的材料做全面的阅读与研究，主要的、次要的、不同角度的、不同观点的都应了解、比较、分析，从而发现疑点，寻找突破口。切忌浮光掠影，看了一些材料，有了一点看法后，就急于确定选题；也不能先入为主，以自己头脑中原有的观点或看了几篇材料后得到的看法就决定取舍。浏览捕捉法一般可按以下步骤进行：

第一步，广泛浏览材料。在浏览中要注意勤作笔录，随时记下材料的纲目，记下材料中对自己影响最深刻的观点、论据、论证方法等，记下脑海中涌现的点滴体会。当然，手抄笔录并不等于有言必录，有文必录，而要细心选择，有目的、有重点地摘录，当详则详，当略则略，一些相同的或类似的观点和材料则不必重复摘录，只需记下材料的来源及页码即可，以免浪费时间和精力。

第二步，分类整理材料。将已阅读的各方面材料进行分类、排列、整理，从中寻找疑点，发现问题。材料可按类别分纲立目，如：涉及某一问题的书刊材料、实验数据；对某一问题最新研究的材料和成果；系统介绍某一问题研究发展概况的材料；对同一问题几种不同观点的材料等。

第三步，发现疑点，寻找突破口。将自己在阅读中的体会与材料分别加以比较，找出哪些体会在材料中没有或部分没有，哪些体会虽然材料已有，但看法不同，以确立那些值得延伸、深化和发挥的疑点，确定研究方向，明确研究选题。

2. 追溯验证法

追溯验证法是一种先有拟想，然后再通过阅读材料加以验证来确定选题的方法，这有些类似现代大学者胡适先生提出的“大胆假设，小心求证”的学术方法。这种选题方法必须先有一定的想法，即根据自己平时的积累，初步确定准备研究的方向、题目或选题范围，然后跟踪追溯各种观点和材料，以求验证。追溯可从以下几个方面考虑：

(1) 看自己的“拟想”别人是否论及或者论及多少，如别人已论及，则考虑还有哪些可延伸、深化和发挥的空间。而这研究的空间，即可作为毕业论文的选题。

(2) 如自己的“拟想”他人尚未论及，但自己目前还缺乏足够的材料加以论证，考虑到写作时间问题，则应重新构思选题，将“拟想”留待以后研究。

(3) 要善于捕捉一闪之念，深入研究。在阅读文献材料或调查研究中，有时会蓦然产生一些思想火花，尽管这种想法很简单、很朦胧，也未成型，但千万不可轻易放弃。因为这种思想火花往往是在对某一问题做了长时间思考后的理性升华，如果能及时捕捉，并顺势追溯下去，最终形成自己的研究方向和观点，则很有意义。

需要说明的是，追溯验证的选题方法，是以主观“拟想”为出发点，通过寻找材料，证明“拟想”的研究方法，但这种主观的“拟想”，绝不是凭空想象而来的，它是长期阅读思考之后的“顿悟”。

二、毕业论文材料的收集和整理

撰写毕业论文必须详尽地收集材料。俗话说，“巧妇难为无米之炊”。材料是论文写作的基础，没有材料，研究无从着手，观点也就无法成立，论文自然也就不可能形成。因此，详尽地收集材料是论文写作之前的另一项重要准备工作。

（一）毕业论文材料的收集范围

毕业论文写作之前，至少应收集如下四个方面的材料。

第一，事实材料，即第一手材料和第二手材料。包括自己通过观察、实验、实地调查等途径获得的材料，以及与论题有关的原始文字材料、数据材料（含图表），譬如统计材料、典型案例、经验总结等。事实材料真实性高，可信度强，是论文写作中最基本、最值得重视的材料。

第二，他人的研究成果，即国内外有关该选题学术研究的最新动态。毕业论文的写作不是凭空进行的，而是建立在他人研究成果基础之上的创新行为，因此，对于他人已经论述的问题可不必重复研究，只可以此作为出发点，继续研究和探索。切忌只顾埋头写作，不管他人研究，以免白费工夫。

第三，边缘学科的材料。在今天这个信息化时代，人类的知识体系呈现出大分化又大融合的状态，传统学科的界限已逐渐被打破，各种分支学科和边缘学科正悄然涌现。努力掌握边缘学科的材料，对于所要进行的学科研究、选题研究很有帮助，它可以使我们的研究视野更开阔，支撑的论据更充分，分析的方法更多样。大量研究工作表明，不懂得一些边缘学科的知识，不掌握一些边缘学科的材料，将会导致知识受限，思路狭窄，很难写出高质量的论文。

第四，经典论述。包括名人的论述、有关政策文献等。名人的论述具有权威性，对准确有力地阐述论点大有益处。而国家的有关方针、政策，一则体现了国家层面的指导思想和政策导向，二则体现了时代建设的实践总结，三则反映了实际工作中的诸多问题，因此，研究一切现实问题都必须了解国家的方针、政策，收集这方面的相关材料，以免出现与国家方针、政策不一致的言论，导致论文立论错误。

（二）毕业论文材料的收集方法

毕业论文材料的收集几乎与选题同时进行。收集材料的方法如下：

1. 阅读法

阅读法是指作者通过对图书、报刊及有关文件的学习和阅读以收集材料的一种方法。阅读范围应包括以下几个方面：一是学术著作。学术著作中论述的观点都比较成熟，能帮助你比较系统、全面地了解某一问题的研究程度。对于初涉研究领域的大学生来说，在开始写论文之前，深入扎实广泛地研读相关书籍，尤其是原典著作，非常必要。二是学术期刊。最新的科学研究成果很大一部分是通过学术期刊发表的，它是了解各种新理论、新观点、新信息、新知识的重要途径，而且期刊是连续出版的，对期刊的查阅能帮助你了解和掌握某一方向的研究过程、动态。三是报纸。报纸是各种新信息最迅速、最灵活的来源渠道，它反映的各方面的新动向往往能使你从中产生新的灵感。四是学术会议文献。学术会议文献具有专业针对性强、反映信息全的特点，通过学术会议文献能收集到有关本专业领域最新最全的研究成果，这里的许多信息也是通过其他途径无法获得的。五是学位论文，尤其要注重对硕士论文和博士论文的查阅。这两类论文的选题一般较为新颖，参考价值较高。

2. 观察、调查法

观察是认识事物的开始，是获取第一手材料的重要方法。科学知识体系的建立，很大一部分首先是通过观察，然后分析归纳总结而成的。细心观察和感悟社会生活，可以获得各方面的信息，从而为后续研究打下基础。

实地调查也是获取第一手材料的重要方法。这种方法旨在针对选题方向，通过访谈、问卷、专家征询等形式获取有关数据、实例、典型经验等相关材料，以为研究准备足够的感性材料。古今学者向来重视实地调查活动，明末著名思想家、史学家顾炎武的传世之作《日知录》，就是他在“足迹半天下，所至交其贤豪长者，考其山川风俗，疾苦利病，如指诸掌”后写成的。

在进行调查之前，必须制订周密的调查计划，以保证调查质量。调查计划应包括调查目的、调查对象、调查地域、调查方法、调查项目及编制调查表等元素。

3. 网络检索法

网络能以最快的速度帮助人们查找国内外比较新的材料，它为论文撰写者查询材料提供了极大的便利，现已成为当今人们获得材料信息的重要途径，大学生应充分利用好这一方法。具体来说，下列几种检索法可供我们采用：

(1) 利用搜索引擎搜索与选题有关的网站及网页材料。如用“百度”可搜索中文信息资源。

(2) 利用图书馆的全文数据库可收集到与本选题相关的论文及著作。常用的数据库：中国学术期刊、维普信息数据、万方数字化期刊、人大复印资料等全文数据库。

(3) 利用中国学术会议在线(http://www.meeting.edu.cn)，能收集到许多重要的科研论文及会议文献。

(三) 文献材料的整理

获得了数量可观的材料后，接下来要做的工作就是对所收集到的材料进行全面浏览并对材料进行筛选、分类、整理，使材料条理化、系统化，以为写作论文所用。材料的整理过程实质上就是材料的辨析过程，这里有几方面的工作是不可缺少的。

1. 辨析材料的适用性

材料选择的依据，只能是作者所要阐明的中心论点，什么材料可用，什么材料不能用，必须根据这个中心论点来决定。毕业论文的中心论点一经确定之后，它就是统率一切的“主脑”，材料必须服从于此。因此在毕业论文写作过程中，我们既不能将与中心论点无关的材料塞进文中，也不能将与中心论点关系不大的材料搬来充数，以免文章偏离中心，臃肿庞杂。比如《“城市更新”与园林绿化关系的几个问题》一文，作者将收集到的大量有关园林绿化的材料用于文中，却几乎没有用上城市建设与园林绿化关系的材料，这就使论文的中心完全被冲淡了。

2. 辨析材料的全面性

有人说，材料的收集应如“韩信将兵，多多益善”，其实，“多”只是问题的一面，“多”而“全”才算完善。如果材料不全，缺少某一方面的材料，论文的论述往往难以进行，会出现偏颇、漏洞，或由于论据不足而难以自圆其说的弊端。以《浅论厂长负责制与职工民主管理》一文为例，由于作者只收集了两者相互依赖、相互促进的材料，没有收集两者存在矛盾的材料，结果文章只论述了一半，如何处理好两者之间的矛盾这一重要方面就被疏漏了，因而大大影响了论文的质量。

3. 辨析材料的真实性

材料真实与否直接关系着论文的价值，真实可靠的材料是得出科学结论的前提。在这方面我们应注意：① 要尊重客观实际，避免先入为主，选择材料不能歪曲材料本来的客观性，不能夹杂个人的好恶与偏见；② 要有根有据，第一手材料一定要亲自得来，第二手材料一定要与原始文献认真核对，以求准确；③ 要辨别材料来源，弄清原作者的政治态度、生活背景、写作意图，并加以甄别、分析，社会科学方面的材料尤其要注意这一点；④ 辨析材料是否新颖。所谓新颖的材料包括两方面的含义：一方面是指前所未有、近期才出现的新情况、新事实、新思想。另一方面是指某种材料虽早已存在，但“旧料”新用，或新近才为人们所发现。所以，所谓新颖，不仅仅是对材料产生的时间有所要求(不能太陈旧)，更重要的是要从普遍常见的材料中发掘别人尚未利用的内容。

三、文献综述的撰写

文献综述是开题报告中的一个重要组成部分。它是在对文献进行阅读、比较、选择、分类、分析和综合的基础上,研究者对与其论题相关的研究进展情况、研究成果、研究水平、研究趋势所作的综合性叙述。文献综述重在“述”,也就是客观地叙述,兼及评论。一般由六个部分组成。

一是标题,一般可由论题加“文献综述”四字构成。如《国内外住房补贴模式研究文献综述》。

二是引言,也叫前言。主要介绍文献综述的对象、原因、目的、意义、文献的范围、标题及基本内容提要。

三是正文,这是文献综述的主体部分。主要是对综述的对象由浅入深、广泛系统地叙述。可纵向叙述某一论题的发展状况或横向进行对比分析,重点叙述论题研究的现状和发展趋势、已经研究解决的问题和尚待深入研究的问题,这样不但可以使研究者确定研究方向,而且便于他人了解该论题研究的起点和切入点,以在他人研究的基础上有所创新。该部分要尽量客观反映方方面面的观点和意见。

四是结论,这是对全文的总结。通过对正文的综述,归纳与研究论题相关问题的研究程度,了解、掌握他人“未发”或“已发而意犹未尽”之处,以提出自己论题的研究方向和意义。

五是参考文献,这是综述的依据,用来标注材料的来源,为读者查对或进一步研究提供方便。

六是附件,将重要材料作为附件置于综述之后。

总之,文献综述主要是为研究问题提供背景,让人知道现在的研究基础怎样,起点在哪里,同时也表明作者对该问题研究情况的把握程度。文献综述可以是有关研究工作近期进展状况的描述,也可以是国内外刊物发表的研究成果的简介。综述不是文献的堆砌,要简练,要有概括。对有争议的观点应同时列出。如“在对幼儿道德发展阶段的研究中,有人认为……也有人认为……”或“综合儿童游戏理论的研究,大致可分为两种类型,一是……代表人物有……;二是……代表人物有……”。文献综述均要作注,说明文献的来源出处。

[例文 9-1] 关于企业税务风险内部控制的文献综述

前言

我国现有税收征管体制成型于传统计划经济时代与市场经济初期,其核心内容是属地管理,比较适应当时企业经营规模较小、跨区域经营较少的经济发展水平。随着我国改革开放三十年的经济发展,大型企业集团应运而生,总部控制、跨区域经营的分支机构遍布全国甚至遍布全球。这些大企业的构成:一类是大型国有企业,具有强烈的行政色彩,其分支机构受控于总部,其分支机构执行税收政策的状况取决于总部的税收安排。二类是非国有大型企业和跨国集团,这些企业大部分是上市公司,除受控于总部之外,任何一项违法行为都会对公司经营产生重大影响,都会影响到其股票价格的涨跌,违法成本极高。这两类企业总部从主观上都不愿意或不敢违反税收政策,从客观上都能控制下属分支机构的经营行为。所以,紧紧抓住大型企业集团总部,就是抓住了税源管理的源头。

随着我国企业国际化水平的不断提高,企业日益与国际接轨,企业更加关注内部管理质量。企业内部控制与税务风险防范是企业管理中至关重要的两个部分,内部控制与税务风险防范贯穿于企业的始终,是企业提高其管理水平的重要体现。但是根据调研发现,目前,在我国内部控制中关于税务风险的防范还存在一系列的问题,不能满足企业加强税务管理的需要。比如,在内部控制中,对于税务风险的防范重视度不够等。我国企业有些税务风险并不是有意识去做的,是在不知情或者是税收知识缺乏的情况下,导致了严重税收风险,给企业带来了巨大的灾难。

近年,《大企业税务风险内控机制研究报告》(以下简称《研究报告》)出炉。该报告是国家税务总局重点课题。该报告建议,税企双方应该共同努力,加快推进风险内控机制建设。在《研究报告》的专家评审会上,来自国家税务总局大企业税收管理司、法规司、税收科学研究所、财政科学研究所,中国社科院经济研究所等单位的专家纷纷表示,《研究报告》比较客观地总结了当前大企业税务风险内控机制建设中存在的问题,如法律支撑不够、治理经验能力不足、激励效果不明显、配套措施不完善等,借鉴了国际上部分发达国家和地区的成功经验,并结合我国客观实际提出了完善大企业税务风险内控机制的若干措施与建议,对推动我国大企业建立税务风险内控机制具有重要的借鉴意义。

1 国外研究

1.1 国外关于内部控制的研究

内部控制的演进遵循着内部牵制—内部控制制度—内部控制结构—内部控制整体框架的轨迹[1]。

内部控制理论的提出是在20世纪40年代以前,该理论以防止错误和防范舞弊作为基本目的;20世纪40年代至80年代美国各行业协会和委员会陆续发布文件,针对内部控制及相关概念进行修改和重新定义,主要体现在内部控制应当包括内部会计控制和内部管理控制;从20世纪80年代至90年代初,关于内部控制的研究逐步深化,控制环境的重要性得以突显,内部控制的核心转变为内部控制结构。

1992年9月,全美反舞弊性财务报告委员会(Treadway委员会)的发起组织委员会(COSO委员会)发表题为《内部控制-整体框架》的研究报告(COSO报告)[2]。该报告认为,内部控制是受公司的董事会、管理层和其他人员影响,旨在为取得企业运营的效率,确保财务报告的可靠性、相关法规的遵循等提供合理保证的一个过程。它认为内部控制框架主要由控制环境、风险评估、控制活动、信息与沟通、监督五个要素组成。该框架被认为是迄今为止最具权威且被广泛认可的关于内部控制的概念框架,同时该框架的提出标志着内部控制进入了一个新的发展阶段。

2004年9月,美国COSO委员会在原有的COSO报告的基础上,结合各方面的意见和建议,正式公布了《企业风险管理-整合框架》[3]。该框架首先强调了风险管理的重要性,认为内部控制涵盖于企业风险管理活动之中;同时拓展内部控制的目标,增加了战略目标;另外将内部控制五要素扩充为了八个,增加了目标设定、事项识别和风险应对三个要素,更加突出了风险评估在风险管理中的基础地位。

2013年,5月,随着美国COSO委员会发布《2013内部控制-整体框架及其配套指南》,一系列严密的内控措施被全球众多公司高管所认知,这些措施在企业运营、法规遵从以及财务报告等方面都将发挥十分重要的作用，新一轮的内部控制改革和创新即将随之开始。

1.2 国外关于税务风险及管理的研究

1994 年 Michael C. Jensen 等学者认为，容易出现内部控制漏洞的企业偷税漏税的可能性比一般企业要大，同时这也与企业缺乏内部控制意识有关[4]。

1997 年，经济合作与发展组织（OECD）通过了一个名为《风险管理》的实践报告，该报告对风险管理和风险管理模型的运用都进行了一定的描述，税务风险管理就此进入税务研究领域。

2003 年 Kerim Peren Arine 提到，税务风险属于企业面临的众多风险中的一种，它归属于财务风险，但同时又具有法律风险的特征[5]。

同年，Donald Nicolaisen 提出：税务风险管理是通过对企业的生产经营活动及相关涉税事项的合理统筹安排，并充分有效地利用税收优惠政策，在合法的情况下尽可能取得最大利益的过程。

2004 年 Tony Elood 等认为，税务风险大致可以分为五类，其中包括：操作运行风险、交易转让风险、税务合规风险、财务会计风险、企业声誉风险[6]。

同年，Tom Neubig 指出，企业税务风险管理是一个过程，该过程是对企业的生产经营活动和涉税事项进行全面的分析和审查，找出容易引发税收执法部门注意的事件并以少缴税款作为最终目的来对其进行合理的统筹安排[7]。

2005 年 Weili Ge 等学者认为，薄弱的内部控制环节最容易诱发相关的经营风险和财务风险，然而无论是经营风险还是财务风险都将诱发最终的税务风险[8]。

同年 Krishnan 等以为，内部控制一旦出现缺陷会导致无法识别已存在的税务风险或者即便识别也无法作出及时的应对反应[9]。

目前，国外涉及将税务风险与内部控制相结合的理论并不多，2006 年 Jeffrey Doyle 等学者指出，税务风险及相关的内部控制比一般的风险管理受到的关注要少，通常认为税务风险管理的重要性低于一般风险管理[10]。

2 国内研究

2.1 国内关于内部控制的研究

我国对于内部控制的研究起步比较晚，诸多学者在吸收国外内部控制发展经验下，结合我国国情和国内企业管理现状，通过内部控制理论研究和法规制定积极推动我国国内企业内部控制建设。

2000 年，我国吴水澎等学者认为，COSO 报告对构建我国企业内部控制综合框架的启发和借鉴意义体现在五个方面，即完善企业的控制环境、进行全面的风险评估、设立良好的控制活动、加强信息流动与沟通、加强企业的内部监督，建议有关部门和团体制定企业内部控制准则或指南，为企业内部控制建设提供一个框架和参考依据[11]。

2001 年，国内学者阎达五、杨有红认为，内部控制与公司治理及公司管理是密不可分的。内部控制框架与公司治理机制的关系是内部管理监控系统与制度环境的关系。在我国，内部控制外延的拓宽是由于公司治理机制变化而导致的[12]。

2006 年 6 月，国资委出台了《中央企业全面风险管理指引》，在国内首次提出了全面风险管理的概念。全面风险管理指企业围绕总体经营目标，通过在企业管理的各个环节和经营过程中执行风险管理的基本流程，培育良好的风险管理文化，建立健全全面风险管理体系和内部控制系统,从而实现风险管理的总体目标提供合理保证的过程和方法。

2007年谢志华认为,公司治理的本质是旨在控制风险,而风险控制基于公司组织层次的改变,以及这些层次所要进行的战略选择与经营决策,故通过拓展内部控制目标和提升控制层次就可以达到公司内部治理的要求[13]。

2008年5月,财政部、证监会等五部委联合发布中国第一部《企业内部控制基本规范》,该基本规范自2009年7月1日起先在上市公司范围内施行,鼓励非上市的大中型企业施行。《企业内部控制基本规范》在形式上借鉴了内部控制五要素的COSO框架,但在内容上体现了COSO-ERM框架的实质[14]。

2009年,汤云为认为,对企业内部控制评价可以从企业层面和流程层面两方面来展开,并详细介绍了从企业层面评价内部控制的方法和基本步骤[15]。

2010年,张先治、戴文涛认为,完善国内企业内部控制应该从公司治理结构来入手,内部控制环境是内部控制五要素的基础[16]。

2010年4月,财政部等五部委联合发布《企业内部控制配套指引》,包括《企业内部控制应用指引》《企业内部控制评价指引》和《企业内部控制审计指引》。配套指引自2011年1月1日起首先在境内外同时上市的公司施行,自2012年1月1日起扩大到上海证券交易所、深圳证券交易所主板上市的公司施行;而在此基础上,择机在中小板和创业板上市公司施行;同时鼓励非上市大中型企业提前执行。

2011年,张先治、戴文涛认为,应当将董事会内部控制评价、注册会计师财务报告审计还有政府监管部门内部控制评价三方面相结合,以此来建立合适我国制度下的三位一体的内部控制评价模式[17]。

2.2 国内关于税务风险及管理的研究

2008年韩灵丽认为,企业税务风险主要是一种法律风险,没有税务违法便意味着没有税务风险[18]。

2009年刘珍学者认为,税务风险是纳税人在经营过程中的涉税事项因为违反税收政策法规等问题而遭受税务机关的处罚、加收滞纳金甚至刑事处分的可能性[19]。

同年国内学者盖第等认为,税务风险应该包括两个方面,其中一方面是因为企业经营行为适用税法不准确,对于税收政策没有用足用活,多缴税款,承担了不必要的税收负担[20]。

同年的5月5日,国家税务局总局正式出台了《大企业税务风险管理指引(试行)》(国税发〔2009〕90号),指引中分别对税务风险管理目标、管理组织、税务风险识别和评估、税务风险应对策略和内部控制、信息与沟通、监督与改进等各方面进行详细的说明,为企业税务风险提供了框架式的指导[21]。

2010年杨进军强调了风险识别在整个管理中的重要性,风险识别主要包括战略层面和操作层面的风险分析识别。另外风险评级排序是风险识别与风险应对之间的一个承上启下的环节[22]。

2011年,张帆认为企业经营行为与财务行为的不规范、涉税岗位工作人员素质有限、税收筹划行为的不恰当等因素都将导致企业的税务风险加剧,而这些因素可以通过改善企业内部控制得到缓解,故控制税务风险与企业内部控制的关系密不可分[23]。

同年程亚兰、徐雯靖认为建设税务内控体系是一个系统的工程,要实施好税务内控建设需要协调好几个关系,分别是税务部门和财务部门的关系、业务人员和财务人员的关系、税务部门与内部审计机构的关系以及企业与税务机关的关系[24]。

2012 年林莉提出了建立现代化税务内控体系的必要性,并从企业的角度探索如何具体建立系统的税务内控体系[25]。

2013 年郝艳华对国内所得税税务内控的现状进行了简单的分析,同时提出了加强所得税税务内控的对策分析,比如完善公司治理结构和使税务沟通常态化等措施[26]。

随着安然公司的破产案件爆发以及美国颁布的《萨班斯法案》,人们再一次关注税务风险。我国学者在税务风险的研究中偏重于其内部因素。国内学者对税务风险管理的研究虽然起步比较晚,但是随着国家税务局 2009 年的《大企业税务风险管理指引(试行)》以及 2011 年《国家税务总局大企业税收服务和管理规程(试行)》的颁布,国内学者也确立了以大企业风险为导向的管理模式。但就现有的文献来看,国内学者在税务风险管理方面的研究仍存在不足：第一,对税务风险管理的概念界定不清;第二,对税务风险管理的研究偏向以理论研究为主,与实际案例结合较少;第三,关于文化产业的税务风险研究较少,且大部分研究是从国家的角度,提出为促进我国文化产业健康快速发展需要采取的政策措施。

参考文献

[1] 方红星.内部控制：审计与组织效率[J].会计研究,2002(7).
[2] COSO. Internal control-integrated framework [R]. Jresey City, 1992.
[3] COSO. Enterprise risk management-integrated framework [R]. Jresey City, 2004.
[4] Michael C. Jensen. The modern industrial revolution, exit, and the failure of internal control systems [J]. Journal of Finance, 1994(3).
[5] Kerim Peren Arine. An empirical investigation of tax policy in G-7 countries [D]. Baton Rouge: Louisiana State University, 2003.
[6] Elgood, Paroissien, Quimby. Tax risk management [M]. London: Price water house Coopers, 2004.
[7] 迈伦・斯科尔斯.税收与企业战略：筹划方法[M].张雁翎,译.北京：中国财政经济出版社,2004.
[8] Weili Ge, Sarah McVay. The disclosure of material weaknesses in internal conteol after the Sarbanes-Oxley act [J]. Accounting Horizons, 2005(3).
[9] Krishnan, Jayanthi. Audit committee quality and internal control: an empirical analysis [J]. Accounting Review, 2005(2).
[10] Jeffrey Doyle, Weili Ge, Sarah McVay. Determinants of weaknesses internal control over financial reporting [J]. Journal of Accounting and Economics, 2006(3).
[11] 吴水澎,陈汉文,邵贤弟.企业内部控制理论的发展与启示[J].会计研究,2005(5).
[12] 阎达五,杨有红.内部控制框架的构建[J].会计研究,2001(2).
[13] 谢志华.内部控制、公司治理、风险管理：关系与整合[J].会计研究,2017(10).
[14] 李晓慧,何玉润.内部控制与风险管理：理论、实务与案例[M].北京：中国人民大学出版社,2012.
[15] 汤云为.内部控制评价刍议[J].新会计,2009(1).
[16] 张先志,戴文涛.公司治理结构对内部控制影响程度的实证分析[J].财经问题研究,

2010(7).
[17] 张先治,戴文涛.中国企业内部控制评价系统研究[J].审计研究,2011(1).
[18] 韩灵丽.公司的税务风险及其防范[J].税务研究,2008(7).
[19] 刘珍.企业税务风险绩效评估研究[J].企业家天地下半月刊：理论版,2009(6).
[20] 盖地,张晓.企业税务风险管理：风险识别与防控[J].财务与会计,2009(16).
[21] 国税发〔2009〕90号.大企业税务风险管理指引：试行[S].北京：国家税务总局,2009.
[22] 杨进军.企业所得税纳税遵从风险与防范[M].济南：山东科学技术出版社,2010.
[23] 张帆.基于内部控制的企业税务风险防范探讨[J].改革与开放,2011(12).
[24] 程亚兰,徐雯靖.加强税务内控建设的思考[J].财政监督,2011(24).
[25] 林莉.浅谈现代企业税务内控体系建设[J].企业研究,2012(16).
[26] 郝艳华.加强所得税税务内控的对策分析[J].商业会计,2013(11).

[评析] 这份文献综述的特点：一是选择将企业税务风险和内部控制联系进行研究,具有交叉性研究的特点,选题有一定创新;二是材料丰富,国内外的研究成果均有体现;三是结构完整,行文规范,语言简洁有力。前言部分交代研究的背景,正文部分对国内外的研究成果进行了整体梳理评价。

四、开题报告的结构和写作要求

(一)开题报告的结构

开题报告是为了阐述、审核和确定毕业论文选题而做的专题书面报告,是毕业论文写作的计划和依据,是保证论文写作质量的重要措施。一般情况下,开题报告需要经过论证,只有论证通过后,才能进入论文初稿的写作阶段,也就是我们通常所说的研究阶段。

那么为什么要写开题报告呢？其一,开题报告是对选题所做的初步研究或曰预先研究,是学生对选题在收集材料、确定写作框架、明晰写作思路、运用研究方法和确立写作进程等方面的一个全面总结和构想,一经通过,对下一步的写作具有明显的计划作用。其二,开题报告是经指导老师审核认可的书面报告,学生必须照此报告中的计划去完成写作任务,导师则按此计划指导论文的写作。因而,开题报告又具有指导作用。

开题报告的结构一般包括：论文题目、选题依据(包括选题的目的与意义)、本论题的国内外研究现状(相当于文献综述);研究方案(包括研究目标、研究内容、研究方法、步骤与撰写措施,拟解决的关键问题及创新点、研究的时间安排);已有的研究条件(前期研究基础及参考文献等)等。上述内容概括起来就是“为什么做”“做什么”“怎么做”“凭什么做”四个方面的内容。

(二)开题报告的写作要求

(1) 要准确、规范、简洁地确定论题的题目。一般不得超过20个汉字。

(2) 要明确回答选题的目的、意义及研究现状。即一要回答为什么选择这个题目,选题的现实意义及理论和学术价值何在。二要回答本选题国内外的研究状况,也就是文献综述,其写作要求如前所述。

(3) 要回答如何研究这个选题。其要点包括：① 研究的目标。目标要明确、重点突出，要有具体的研究方向。② 研究的内容。要根据研究目标来确定具体的研究内容，最好能写出比较完整的写作提纲。③ 研究的方法。选题确立后，研究方法就显得尤为重要。学术论文的研究方法通常有实证分析法、系统分析法、横向纵向比较法等，具体运用哪种方法，要视选题而定。研究方法不同，论证的角度和内容也会发生变化，即便是对已研究过的选题，只要采取一种新的视角，一种新的方法，也常能得出创新的结论。④ 研究的过程。即在整个研究时间及顺序上的安排。研究要分阶段进行，开题报告要对每一阶段的起止时间、相应的研究内容及成果均有具体的安排，阶段之间不能间断，以保证研究进程的连续性。⑤ 拟解决的关键问题。对可能遇到的最主要的、最根本的关键性困难与问题要有准确、科学的估计和判断，并采取可行的解决方法和措施。⑥ 创新点。要突出重点，突出所选选题与其他同类研究的不同之处。

(4) 研究条件：本科毕业论文一般只列出参考文献，如果学生自己有前期研究成果，也可列出。

五、毕业论文的结构和写法

一篇毕业论文的主要结构包括论文题目、中英文摘要、关键词、目录、前言、正文、注释、参考文献等部分组成。

(一) 毕业论文题目

题目又称题名、篇名、标题、文题，是毕业论文的总纲，是能够反映论文中心内容的最恰当、最简明的词语的逻辑组合。题目是一篇文章的缩影，拟好题目至关重要，读者查阅论文材料时，往往首先阅读题目，以判断有无检阅的必要。毕业论文的题目要求简明、准确、恰当、完整。一般情况下，在能够保证准确反映中心内容的前提下，题目字数越少越好，以不超过20个汉字为宜，同时要求不使用非规范的缩略词、符号、代号和公式。中英文题目应一致。

(二) 毕业论文摘要

摘要是对论文的主要内容如写作目的、研究方法、研究成果和结论的简要陈述，主要起报道和检索的作用。在写作上，应做到以下几点。

(1) “目的”部分只要回答两个问题即可，即解决什么范围的什么问题。这两个“什么”用专业术语或短句代替，就能基本表达论文的主题和研究目的了，既简洁又明确。

(2) “方法”部分的内容最重要，但也最容易被遗漏。一个主题可能会有很多人在研究，也会提出不同的理论、思路和方法，因此摘要要体现论文的创新之处，就要将论文中采用的“新颖、独特”的方法和思想写进去，且不能过于简单。

(3) “结果结论”部分写出研究所得结果和结论即可，尽量要有定性、定量的表述。尽量避免“广告词”，如“研究成果如何好、如何高、如何准、指标如何高”等。按照要求，中文摘要还要翻译成英文。

[例文 9-2]

摘　要

金融市场上的金融异象对传统金融理论的挑战，促进了行为金融学的兴起。行为金融学主要源自心理学，而在心理学领域有关个人判断的研究成果中，最重要的结论之一就是人的过度自信。本文在综合国内外学术文献的基础上，阐述了过度自信理论的产生背景和理论基础，并通过对国内外专家学者研究成果的梳理，揭示了过度自信情绪产生的原因和表现出的特征以及过度自信对金融市场的主要影响。

[评析] 这份论文摘要基本要素齐全，结构清晰，言简意赅。首先简要介绍研究背景，便于读者第一时间了解相关的背景；其次按研究的逻辑思路介绍了文章的研究思路、主要内容和结论，这也是研究成果的具体体现。

（三）毕业论文关键词

关键词是将论文研究中能反映研究方向和研究领域的最重要的词或词组提取出来，放在摘要之下，以便读者检索、查阅研究论文的主要方向和内容。

选择关键词要注意以下几点：首先，关键词是词或词组，不要写短语，除非该短语名词化了；其次，关键词一般与题目直接相关，因为题目就是论文的核心所在；最后，关键词一般为3~5个。

（四）毕业论文前言

前言又称“引言”“序言”“导言”“导论”等，用在论文的开头。前言一般要说明论文的选题目的、背景和意义，概括地写出作者的研究工作。前言要紧扣主题，简洁明确。前言还可以综合评述前人工作和进行现状分析，本文将有哪些补充、修正或发展，也可简单介绍研究方法。

（五）毕业论文正文

正文是论文的主体部分，通常由绪论（引论）、本论、结论三部分组成。绪论主要说明研究本论题的理由、意义，提出问题，阐明本论题的基本思路以及对本论题所使用的研究方法等。本论部分是论文的主体，即表达作者的研究成果，主要阐述自己的观点及论据。这部分要以充分有力的材料阐述观点，要准确把握文章内容的层次、大小段落间的内在联系。篇幅较长的论文常用推论式（即由此论点到彼论点逐层展开，步步深入的写法）和分论式（即把从属于基本论点的几个分论点并列起来，一一分别加以论述）两者结合的方法。结论是整篇论文的总结。结论的写法可以是对全文的总结，也可提出展望及有待进一步研究的问题等。总结应该鲜明、精练、完整、准确。

在毕业论文的写作中，正文部分往往会出现这样或那样的问题，如材料不够典型，说服力不强；论点与材料脱节；论点不凝练、不集中；结构不严密，缺乏逻辑性；语言表述口语化、文学化，缺乏论述性，或论证浅尝辄止，缺乏深度和广度等，写作时需加注意。

（六）毕业论文注释

注释是对文中引用的说明、支撑文章观点的材料和文中提及的术语、人物的解释。常用的注释方法如下：

（1）页注：也称脚注，是在行文作注的那一页的最下面画一横线，进行注释。

（2）尾注：是将整篇论文的注释按先后顺序排列起来，放在论文正文后面一起注释。

（3）作者注：指作者为帮助读者理解文中某些术语、人物、专有名词等而作的解释，有时作者在行文中产生的某些联想和评论性文字也用这种形式标注。只是这样的注释后面，要写明是作者注。

（七）毕业论文参考文献

科学研究总是在前人已有成果的基础上进行的。在撰写研究论文的过程中，将与论题有关的参考材料或摘录引用已发表的文献材料标注出来，编排成目录列于正文之后，这是一项必做的基本工作。这项工作一方面有助于读者了解材料的来源，有助于读者查证有关线索，另一方面也反映出作者的治学态度，表示对原作者研究成果的尊重。

参考文献的具体格式如下。

1. 专著：[序号]作者.专著名[M].出版地：出版者，出版年份.
2. 期刊中析出的文献：[序号]作者.题（篇）名[J].刊名，出版年，卷号（期号）.
3. 会议论文：[序号]主要责任者.篇名[C].会议名，会址，开会日期.
4. 学位论文：[序号]作者.题（篇）名[D].授学位地：授学位单位，授学位年份.
5. 专利文献：[序号]专利申请者或所有者.专利题名：专利国别，专利号[P].出版日期.
6. 报纸文章：[序号]作者.题（篇）名[N].报纸名，出版日期（版次）.

[例文 9-3]　　毕业论文参考文献样本

[1] 程莉，郑越.品类管理实战[M].修订版.北京：电子工业出版社，2008.
[2] 方厚枢.中国当代出版史料文丛[M].北京：中国书籍出版社，2007.
[3] 方卿，姚永春.图书营销学[M].太原：山西经济出版社，1998.
[4] 蔡京生.新闻出版业标准化战略构想与实施[J].出版发行研究，2006（12）.
[5] 陈洁，司莉.社会分类法（Folksonomy）特点及其应用研究[J].图书与情报，2008（3）.
[6] 陈洁.从用户分析角度看网络信息分类的发展[J].科技情报开发与经济，2005（15）.
[7] 陈月清，潘涛.电子出版的标准化与质量管理[J].出版发行研究，2000（9）.
[8] 周鹏.标准化、网络效应以及企业组织的演进[D].大连：东北财经大学，2003.
[9] 史豪.农业标准化理论与实践研究[D].武汉：华中农业大学，2004.
[10] 邹昱琴，倪成.实体书店新媒体营销怎么做？[N].中国图书商报，2013-05-17（9）.
[11] 文枫.来自一线门店的少儿书一季度销售点评榜[N].中国图书商报，2013-05-17（15）.

需要说明的是，论文写作完成后，修改是一个必不可少的环节。好的文章也是修改出来的。进行论文修改，要认真推敲以下几个方面的问题：首先看观点是否鲜明；其次看论据是否充分；再次看结构是否合理；最后看语言是否准确合理。一篇合格的毕业论文，总是在老师的多次指导和自己的反复修改下完成的。

思考与训练

1. 简述毕业论文选题的基本原则。
2. 根据专业方向，拟定一个选题，到图书馆网站相关数据库进行材料收集。
3. 结合专业实际，选择一个论题，在收集资料的基础上，写一篇 3 000~5 000 字的文献综述。

附录一　党政机关公文处理工作条例

中办发〔2012〕14号

（2012年4月16日由中共中央办公厅和国务院办公厅联合印发）

第一章　总　则

第一条　为了适应中国共产党机关和国家行政机关（以下简称党政机关）工作需要，推进党政机关公文处理工作科学化、制度化、规范化，制定本条例。

第二条　本条例适用于各级党政机关公文处理工作。

第三条　党政机关公文是党政机关实施领导、履行职能、处理公务的具有特定效力和规范体式的文书，是传达贯彻党和国家的方针政策，公布法规和规章，指导、布置和商洽工作，请示和答复问题，报告、通报和交流情况等的重要工具。

第四条　公文处理工作是指公文拟制、办理、管理等一系列相互关联、衔接有序的工作。

第五条　公文处理工作应当坚持实事求是、准确规范、精简高效、安全保密的原则。

第六条　各级党政机关应当高度重视公文处理工作，加强组织领导，强化队伍建设，设立文秘部门或者由专人负责公文处理工作。

第七条　各级党政机关办公厅（室）主管本机关的公文处理工作，并对下级机关的公文处理工作进行业务指导和督促检查。

第二章　公文种类

第八条　公文种类主要有：

（一）决议。适用于会议讨论通过的重大决策事项。

（二）决定。适用于对重要事项作出决策和部署、奖惩有关单位和人员、变更或者撤销下级机关不适当的决定事项。

（三）命令（令）。适用于公布行政法规和规章、宣布施行重大强制性措施、批准授予和晋升衔级、嘉奖有关单位和人员。

（四）公报。适用于公布重要决定或者重大事项。

（五）公告。适用于向国内外宣布重要事项或者法定事项。

（六）通告。适用于在一定范围内公布应当遵守或者周知的事项。

（七）意见。适用于对重要问题提出见解和处理办法。

（八）通知。适用于发布、传达要求下级机关执行和有关单位周知或者执行的事项，批转、转发公文。

（九）通报。适用于表彰先进、批评错误、传达重要精神和告知重要情况。

（十）报告。适用于向上级机关汇报工作、反映情况，回复上级机关的询问。

（十一）请示。适用于向上级机关请求指示、批准。

（十二）批复。适用于答复下级机关请示事项。

（十三）议案。适用于各级人民政府按照法律程序向同级人民代表大会或者人民代表大会常务委员会提请审议事项。

（十四）函。适用于不相隶属机关之间商洽工作、询问和答复问题、请求批准和答复审批事项。

（十五）纪要。适用于记载会议主要情况和议定事项。

第三章 公文格式

第九条 公文一般由份号、密级和保密期限、紧急程度、发文机关标志、发文字号、签发人、标题、主送机关、正文、附件说明、发文机关署名、成文日期、印章、附注、附件、抄送机关、印发机关和印发日期、页码等组成。

（一）份号。公文印制份数的顺序号。涉密公文应当标注份号。

（二）密级和保密期限。公文的秘密等级和保密的期限。涉密公文应当根据涉密程度分别标注“绝密”“机密”“秘密”和保密期限。

（三）紧急程度。公文送达和办理的时限要求。根据紧急程度，紧急公文应当分别标注“特急”“加急”，电报应当分别标注“特提”“特急”“加急”“平急”。

（四）发文机关标志。由发文机关全称或者规范化简称加“文件”二字组成，也可以使用发文机关全称或者规范化简称。联合行文时，发文机关标志可以并用联合发文机关名称，也可以单独用主办机关名称。

（五）发文字号。由发文机关代字、年份、发文顺序号组成。联合行文时，使用主办机关的发文字号。

（六）签发人。上行文应当标注签发人姓名。

（七）标题。由发文机关名称、事由和文种组成。

（八）主送机关。公文的主要受理机关，应当使用机关全称、规范化简称或者同类型机关统称。

（九）正文。公文的主体，用来表述公文的内容。

（十）附件说明。公文附件的顺序号和名称。

（十一）发文机关署名。署发文机关全称或者规范化简称。

（十二）成文日期。署会议通过或者发文机关负责人签发的日期。联合行文时，署最后签发机关负责人签发的日期。

（十三）印章。公文中有发文机关署名的，应当加盖发文机关印章，并与署名机关相符。有特定发文机关标志的普发性公文和电报可以不加盖印章。

（十四）附注。公文印发传达范围等需要说明的事项。

（十五）附件。公文正文的说明、补充或者参考资料。

（十六）抄送机关。除主送机关外需要执行或者知晓公文内容的其他机关，应当使用机关全称、规范化简称或者同类型机关统称。

（十七）印发机关和印发日期。公文的送印机关和送印日期。

（十八）页码。公文页数顺序号。

第十条　公文的版式按照《党政机关公文格式》国家标准执行。

第十一条　公文使用的汉字、数字、外文字符、计量单位和标点符号等，按照有关国家标准和规定执行。民族自治地方的公文，可以并用汉字和当地通用的少数民族文字。

第十二条　公文用纸幅面采用国际标准 A4 型。特殊形式的公文用纸幅面，根据实际需要确定。

第四章　行 文 规 则

第十三条　行文应当确有必要，讲求实效，注重针对性和可操作性。

第十四条　行文关系根据隶属关系和职权范围确定。一般不得越级行文，特殊情况需要越级行文的，应当同时抄送被越过的机关。

第十五条　向上级机关行文，应当遵循以下规则：

（一）原则上主送一个上级机关，根据需要同时抄送相关上级机关和同级机关，不抄送下级机关。

（二）党委、政府的部门向上级主管部门请示、报告重大事项，应当经本级党委、政府同意或者授权；属于部门职权范围内的事项应当直接报送上级主管部门。

（三）下级机关的请示事项，如需以本机关名义向上级机关请示，应当提出倾向性意见后上报，不得原文转报上级机关。

（四）请示应当一文一事。不得在报告等非请示性公文中夹带请示事项。

（五）除上级机关负责人直接交办事项外，不得以本机关名义向上级机关负责人报送公文，不得以本机关负责人名义向上级机关报送公文。

（六）受双重领导的机关向一个上级机关行文，必要时抄送另一个上级机关。

第十六条　向下级机关行文，应当遵循以下规则：

（一）主送受理机关，根据需要抄送相关机关。重要行文应当同时抄送发文机关的直接上级机关。

（二）党委、政府的办公厅（室）根据本级党委、政府授权，可以向下级党委、政府行文，其他部门和单位不得向下级党委、政府发布指令性公文或者在公文中向下级党委、政府提出指令性要求。需经政府审批的具体事项，经政府同意后可以由政府职能部门行文，文中须注明已经政府同意。

（三）党委、政府的部门在各自职权范围内可以向下级党委、政府的相关部门行文。

（四）涉及多个部门职权范围内的事务，部门之间未协商一致的，不得向下行文；擅自行文的，上级机关应当责令其纠正或者撤销。

（五）上级机关向受双重领导的下级机关行文，必要时抄送该下级机关的另一个上级机关。

第十七条　同级党政机关、党政机关与其他同级机关必要时可以联合行文。属于党委、政府各自职权范围内的工作，不得联合行文。

党委、政府的部门依据职权可以相互行文。

部门内设机构除办公厅（室）外不得对外正式行文。

第五章　公 文 拟 制

第十八条　公文拟制包括公文的起草、审核、签发等程序。

第十九条　公文起草应当做到：

（一）符合党的理论路线方针政策和国家法律法规，完整准确体现发文机关意图，并同现行有关公文相衔接。

（二）一切从实际出发，分析问题实事求是，所提政策措施和办法切实可行。

（三）内容简洁，主题突出，观点鲜明，结构严谨，表述准确，文字精练。

（四）文种正确，格式规范。

（五）深入调查研究，充分进行论证，广泛听取意见。

（六）公文涉及其他地区或者部门职权范围内的事项，起草单位必须征求相关地区或者部门意见，力求达成一致。

（七）机关负责人应当主持、指导重要公文起草工作。

第二十条　公文文稿签发前，应当由发文机关办公厅（室）进行审核。审核的重点是：

（一）行文理由是否充分，行文依据是否准确。

（二）内容是否符合党的理论路线方针政策和国家法律法规；是否完整准确体现发文机关意图；是否同现行有关公文相衔接；所提政策措施和办法是否切实可行。

（三）涉及有关地区或者部门职权范围内的事项是否经过充分协商并达成一致意见。

（四）文种是否正确，格式是否规范；人名、地名、时间、数字、段落顺序、引文等是否准确；文字、数字、计量单位和标点符号等用法是否规范。

（五）其他内容是否符合公文起草的有关要求。

需要发文机关审议的重要公文文稿，审议前由发文机关办公厅（室）进行初核。

第二十一条　经审核不宜发文的公文文稿，应当退回起草单位并说明理由；符合发文条件但内容需作进一步研究和修改的，由起草单位修改后重新报送。

第二十二条　公文应当经本机关负责人审批签发。重要公文和上行文由机关主要负责人签发。党委、政府的办公厅（室）根据党委、政府授权制发的公文，由受权机关主要负责人签发或者按照有关规定签发。签发人签发公文，应当签署意见、姓名和完整日期；圈阅或者签名的，视为同意。联合发文由所有联署机关的负责人会签。

第六章　公 文 办 理

第二十三条　公文办理包括收文办理、发文办理和整理归档。

第二十四条　收文办理主要程序是：

（一）签收。对收到的公文应当逐件清点，核对无误后签字或者盖章，并注明签收时间。

（二）登记。对公文的主要信息和办理情况应当详细记载。

（三）初审。对收到的公文应当进行初审。初审的重点是：是否应当由本机关办理，是否符合行文规则，文种、格式是否符合要求，涉及其他地区或者部门职权范围内的事项是否已经协商、会签，是否符合公文起草的其他要求。经初审不符合规定的公文，应当及时退回来文单位并说明理由。

（四）承办。阅知性公文应当根据公文内容、要求和工作需要确定范围后分送。批办性公文应当提出拟办意见报本机关负责人批示或者转有关部门办理；需要两个以上部门办理的，应当明确主办部门。紧急公文应当明确办理时限。承办部门对交办的公文应当及时办理，有明确办理时限要求的应当在规定时限内办理完毕。

（五）传阅。根据领导批示和工作需要将公文及时送传阅对象阅知或者批示。办理公文传阅应当随时掌握公文去向，不得漏传、误传、延误。

（六）催办。及时了解掌握公文的办理进展情况，督促承办部门按期办结。紧急公文或者重要公文应当由专人负责催办。

（七）答复。公文的办理结果应当及时答复来文单位，并根据需要告知相关单位。

第二十五条　发文办理主要程序是：

（一）复核。已经发文机关负责人签批的公文，印发前应当对公文的审批手续、内容、文种、格式等进行复核；需作实质性修改的，应当报原签批人复审。

（二）登记。对复核后的公文，应当确定发文字号、分送范围和印制份数并详细记载。

（三）印制。公文印制必须确保质量和时效。涉密公文应当在符合保密要求的场所印制。

（四）核发。公文印制完毕，应当对公文的文字、格式和印刷质量进行检查后分发。

第二十六条　涉密公文应当通过机要交通、邮政机要通信、城市机要文件交换站或者收发件机关机要收发人员进行传递，通过密码电报或者符合国家保密规定的计算机信息系统进行传输。

第二十七条　需要归档的公文及有关材料，应当根据有关档案法律法规以及机关档案管理规定，及时收集齐全、整理归档。两个以上机关联合办理的公文，原件由主办机关归档，相关机关保存复制件。机关负责人兼任其他机关职务的，在履行所兼职务过程中形成的公文，由其兼职机关归档。

第七章　公文管理

第二十八条　各级党政机关应当建立健全本机关公文管理制度，确保管理严格规范，充分发挥公文效用。

第二十九条　党政机关公文由文秘部门或者专人统一管理。设立党委（党组）的县级以上单位应当建立机要保密室和机要阅文室，并按照有关保密规定配备工作人员和必要的安全保密设施设备。

第三十条　公文确定密级前，应当按照拟定的密级先行采取保密措施。确定密级后，应当按照所定密级严格管理。绝密级公文应当由专人管理。

公文的密级需要变更或者解除的，由原确定密级的机关或者其上级机关决定。

第三十一条　公文的印发传达范围应当按照发文机关的要求执行；需要变更的，应当经发文机关批准。

涉密公文公开发布前应当履行解密程序。公开发布的时间、形式和渠道，由发文机关确定。

经批准公开发布的公文，同发文机关正式印发的公文具有同等效力。

第三十二条　复制、汇编机密级、秘密级公文，应当符合有关规定并经本机关负责人批准。绝密级公文一般不得复制、汇编，确有工作需要的，应当经发文机关或者其上级机关批准。复制、汇编的公文视同原件管理。

复制件应当加盖复制机关戳记。翻印件应当注明翻印的机关名称、日期。汇编本的密级按照编入公文的最高密级标注。

第三十三条　公文的撤销和废止，由发文机关、上级机关或者权力机关根据职权范围和有关法律法规决定。公文被撤销的，视为自始无效；公文被废止的，视为自废止之日起失效。

第三十四条　涉密公文应当按照发文机关的要求和有关规定进行清退或者销毁。

第三十五条　不具备归档和保存价值的公文，经批准后可以销毁。销毁涉密公文必须严格按照有关规定履行审批登记手续，确保不丢失、不漏销。个人不得私自销毁、留存涉密公文。

第三十六条　机关合并时，全部公文应当随之合并管理；机关撤销时，需要归档的公文经整理后按照有关规定移交档案管理部门。

工作人员离岗离职时，所在机关应当督促其将暂存、借用的公文按照有关规定移交、清退。

第三十七条　新设立的机关应当向本级党委、政府的办公厅（室）提出发文立户申请。经审查符合条件的，列为发文单位，机关合并或者撤销时，相应进行调整。

第八章　附　　则

第三十八条　党政机关公文含电子公文。电子公文处理工作的具体办法另行制定。

第三十九条　法规、规章方面的公文，依照有关规定处理。外事方面的公文，依照外事主管部门的有关规定处理。

第四十条　其他机关和单位的公文处理工作，可以参照本条例执行。

第四十一条　本条例由中共中央办公厅、国务院办公厅负责解释。

第四十二条　本条例自2012年7月1日起施行。1996年5月3日中共中央办公厅发布的《中国共产党机关公文处理条例》和2000年8月24日国务院发布的《国家行政机关公文处理办法》停止执行。

附录二 《党政机关公文处理工作条例》权威解读

为统一中国共产党机关和国家行政机关公文处理工作，2012 年 4 月 16 日，中办、国办联合印发了《党政机关公文处理工作条例》（以下简称《条例》），同时废止了 1996 年中办发布的《中国共产党机关公文处理条例》和 2000 年国务院发布的《国家行政机关公文处理办法》（以下简称《办法》）。《条例》的发布施行，对推进党政机关公文处理工作科学化、制度化、规范化必将发挥重要作用。与《办法》对比，《条例》主要有以下特点：

1. 重新定义了公文处理相关概念

《办法》规定："公文处理指公文的办理、管理、整理（立卷）、归档等一系列相互关联、衔接有序的工作。"也就是说公文处理由公文办理、管理、整理（立卷）、归档等工作组成。

《条例》规定："公文处理工作是指公文拟制、办理、管理等一系列相互关联、衔接有序的工作。"其中，公文拟制包括起草、审核、签发三个环节（在《办法》中，这三个环节均隶属发文办理）。《条例》同时将整理（立卷）、归档划归公文办理范畴。经此调整，公文处理工作由公文拟制、公文办理、公文管理组成。

2. 增加了公文种类

《办法》规定公文种类有 13 种，《条例》规定文种为 15 种，增加了"决议"和"公报"，同时将"会议纪要"改为"纪要"。《条例》中除"决议"和"公报"外的 13 个文种的适用范围与《办法》的规定基本相同。

3. 调整了公文格式要素

《条例》规定："公文一般由份号、密级和保密期限、紧急程度、发文机关标志、发文字号、签发人、标题、主送机关、正文、附件说明、发文机关署名、成文日期、印章、附注、附件、抄送机关、印发机关和印发日期、页码等组成。"

从格式要素看，增加了"份号""发文机关署名""页码"，减少了"主题词"。考虑到《办法》虽未对"份号""页码"作出规定，但实际工作中一直在使用，所以实际上增加的要素只有"发文机关署名"。

格式要素的应用有以下变化：一是规定涉密公文应当标注份号（《办法》只要求对绝密、机密公文标注份号）；二是规定紧急公文应当分别标注"特急""加急"（《办法》要求标注"特急""急件"）；三是规定联合行文时发文机关标志可以单独用主办机关名称；四是明确规定公文标题应标发文机关（《办法》未作强制性要求）；五是规定有特定发文机关标志的普发性公文可以不加盖印章。

4. 行文规则方面增加了一些具体规定

《条例》减少了“行文规则”一章的条目,但增加了一些具体规定,主要包括:上行文“原则上主送一个上级机关”(《办法》只对请示作此规定);“党委、政府的部门向上级主管部门请示、报告重大事项,应当经本级党委、政府同意或者授权”;“下级机关的请示事项,如需以本机关名义向上级机关请示,应当提出倾向性意见后上报,不得原文转报上级机关”;“不得以本机关负责人名义向上级机关报送公文”;“属于党委、政府各自职权范围内的工作,不得联合行文”。

5. 公文拟制更加强调程序规范

在“起草”环节强调,“一切从实际出发,分析问题实事求是,所提政策措施和办法切实可行”;“深入调查研究,充分进行论证,广泛听取意见”;“机关负责人应当主持、指导重要公文起草工作”。

在“审核”环节强调,“需要发文机关审议的重要公文文稿,审议前由发文机关办公厅(室)进行初核”。

在“签发”环节强调,“重要公文和上行文由机关主要负责人签发”(《办法》只对上行文作此规定);“党委、政府的办公厅(室)根据党委、政府授权制发的公文,由受权机关主要负责人签发或者按照有关规定签发。”

6. 简化了公文办理的环节

在“收文办理”中,将“审核”改为“初审”,将“拟办”“批办”并入“承办”,并增加了“传阅”“答复”两个环节。

“发文办理”的环节由8个减少为4个,其中,“草拟”“审核”“签发”三个环节列入“公文拟制”,“用印”并入“印制”。

《条例》将发文办理的“分发”改为“核发”,规定:“公文印制完毕,应当对公文的文字、格式和印刷质量进行检查后分发。”

7. 公文管理更加注重安全保密

《条例》在第七章“公文管理”中着重强调了有关保密规定,提出了设立保密室和阅文室的要求,对公文确定密级和解密、密级文件的复制和汇编、公文的销毁和移交、新设立机关的发文立户等作出具体规定。

参 考 文 献

[1] 周振甫.文章例话[M].北京：中国青年出版社,1983.
[2] 唐弢.文章修养[M].北京：生活·读书·新知三联书店,1983.
[3] 吴楚材,吴调侯.古文观止[M].北京：中国言实出版社,2001.
[4] 冯广艺.语言和谐论[M].北京：人民出版社,2007.
[5] 朱光潜.大美人生：朱光潜随笔[M].北京：北京大学出版社,2008.
[6] 赵振宇.新闻报道策划[M].武汉：武汉大学出版社,2008.
[7] 朱琳,刘建强.新编大学应用写作教程[M].3版.北京：首都经济贸易大学出版社,2013.
[8] 叶圣陶.怎样写作[M].北京：中华书局,2013.
[9]《咬文嚼字》编辑部.2015年《咬文嚼字》合订本[M].上海：上海锦绣文章出版社,2016.
[10] 徐中玉.应用文写作[M].5版.北京：高等教育出版社,2016.
[11]《咬文嚼字》编辑部.2016年《咬文嚼字》合订本[M].上海：上海文艺出版社,2017.
[12] 夏丏尊,叶圣陶.文心：不一样的国文课[M].北京：开明出版社,2017.
[13] 易大东,张子清,姜艺,等.办公室文秘写作与范例大全[M].北京：中国言实出版社,2017.
[14] 岳海翔.最新公文写作规范与格式标准[M].北京：中国文史出版社,2017.
[15]《咬文嚼字》编辑部.2018年《咬文嚼字》合订本[M].上海：上海文艺出版社,2019.

参考文献

[illegible]

高等教育出版社

教学资源索取单

尊敬的老师：

您好！

感谢您使用张军主编的《现代应用文书写作教程》。为便于教学，本书另配有课程相关教学资源，如贵校已选用了本书，您只要添加 QQ 服务号 800078148，或者把下表中的相关信息以电子邮件或邮寄方式发至我社即可免费获得。

我们的联系方式：

联系电话：（021）56718921/56718739　　电子邮箱：800078148@b.qq.com

大学语文、写作教师 QQ 群：279433803　　通识论坛 QQ 群：278499548

地址：上海市虹口区宝山路 848 号　　邮编：200081

姓　名		性别		出生年月		专　业	
学　校				学院、系		教 研 室	
学校地址						邮　编	
职　务				职　称		办公电话	
E-mail						手　机	
通信地址						邮　编	
本书使用情况	用于_______学时教学，每学年使用_________册。						

您对本书有什么意见和建议？

您还希望从我社获得哪些服务？

□ 教师培训　　□ 教学研讨活动

□ 寄送样书　　□ 相关图书出版信息

□ 其他____